Reinhard Erös

Unter Taliban, Warlords und Drogenbaronen

Eine deutsche Familie kämpft
für Afghanistan

I Hoffmann und Campe I

1. Auflage 2008
Copyright © 2008 by Hoffmann und Campe Verlag, Hamburg
www.hoca.de
Gesetzt aus der Sabon und der Frutiger
Satz: Pinkuin Satz und Datentechnik, Berlin
Druck und Bindung: Friedrich Pustet, Regensburg
Printed in Germany
ISBN 978-3-455-50074-5

Ein Unternehmen der
GANSKE VERLAGSGRUPPE

Unseren Kindern in den Bergdörfern von
Zawa, Chewa, Paghman, Eslamabad, Markikhel,
Kashmund und Tani gewidmet:
Ihr seid die Zukunft dieses geschundenen Landes!

Inhalt

Vertreibung aus dem Paradies	9
Grenzüberschreitungen	23
Das Sterben in den Bergen	41
Zelte oder Blechhütten	50
Kubaner im Schnee	58
Der Revolutionär unter dem Turban:	
Khazan Gul Tani	66
Die Maus, die Katze und die Reiterherde	89
Mit Journalisten unterwegs	110
Eine kleine Dorfschule	135
Große Organisationen machen große Fehler,	
kleine Organisationen machen kleine Fehler	146
Mutige Schritte	160
Hightech am Hindukusch	173
Computerkurse unter der Burka	184
Vom Allgäu an den Hindukusch	195
Heute Rambo, morgen Mutter Teresa –	
Strategie des »hässlichen Amerikaners«?	223
Das süße Gift der Mohnblume	242
Frühstück beim Warlord	257
Der Weg zu den Taliban	274
In der Löwengrube	293
Schule, Kinder, Küche, Afghanistan	308
»Die Tinte der Schüler ist heiliger als das	
Blut der Märtyrer«	326
Ehrenvolle Auszeichnung	339
Glossar	345

Vertreibung aus dem Paradies

Der Tag beginnt wie ein Märchen aus »Tausendundeiner Nacht«. Es ist erst 8.00 Uhr morgens, und schon wärmt die afghanische Sonne das tiefgrüne Gras der Felder. Wir warten. Hunderte von Mädchen, sehr kleine und schon halb erwachsene, warten mit uns seit über einer Stunde ungeduldig zwischen graubraunen Lehmhütten am Westrand der Paschtunenstadt Jalalabad.

Die Kleinen kichern und albern herum. Sie stecken in festlichen, gold- und silberbestickten Brokatkleidchen. Ihre glänzend schwarzen schulterlangen Haare spitzen unter den weißen Kopftüchern hervor. Die älteren Mädchen unterhalten sich dezent mit der Würde der Beinahe-Erwachsenen – züchtig im schwarzen Schülergewand, das Haar vollständig unter einem weißen Schleier versteckt. Heute ist ein besonderer Tag für die Kinder. Ein Tag, um zu feiern. Viele Mädchen sind aus Jalalabad und den umliegenden Dörfern hierhergekommen. Sie haben schulfrei, und darüber freuen sich nun mal alle Kinder auf der Welt. Für die anderen Mädchen, die hier leben, ist dieser Tag der Beginn einer neuen Zeit. Denn heute wird der Grundstein für eine Schule gelegt. Für ihre neue Schule! Darauf haben sie, ihre Eltern und die Lehrerinnen seit vielen Jahren gewartet. Während der Herrschaft der Taliban*[1], deren Sturz ja erst wenige Jahre zurückliegt, waren alle Mädchenschulen geschlossen worden. Damals war es Mädchen strengstens ver-

---

[1] Die bei der ersten Erwähnung mit * versehenen Begriffe werden im Glossar am Ende des Buches erläutert.

boten, zur Schule zu gehen, und Lehrerinnen erhielten Berufs-
verbot. Nur wenige Mutige haben heimlich und unter Lebensgefahr in ihren privaten Häusern Mädchen unterrichtet.

Seit dem Sturz der Taliban können Mädchen wieder zur
Schule gehen – aber natürlich nur, wenn es Schulen gibt. Bislang fehlte es an Geld. Nun aber kann die ersehnte Schule
endlich gebaut werden. Das verdanken wir der Großzügigkeit
des bekannten Schauspielers Walter Sittler, der seinen 65 000-
Euro-Gewinn bei der Quizsendung »Wer wird Millionär« unserer Organisation gespendet hat. Deshalb sind wir nun alle
hier: die aufgeregten Mädchen, meine Frau Annette und ich
sowie unsere Freunde Sigrid und Walter Sittler. Wir stehen auf
einem staubigen Feldweg, der zu einer riesigen, herbstbunten
Wiese führt, und erwarten die Ankunft hoher Gäste aus Kabul, die uns die Ehre geben wollen, der Grundsteinlegung bei-
zuwohnen.

Wir Ausländer werden in Afghanistan *almani* genannt. Das
bedeutet ganz sachlich »Deutsche«, hat hier im Osten des
Landes aber seit Jahrzehnten einen überaus positiven Klang.
Weniger freundlich ist für nicht moslemische Ausländer die
Bezeichnung *farangi*. Das Wort stammt vermutlich aus der
britischen Kolonialzeit und ist eine Verballhornung von *foreigners* – »Fremde«.

Im Unterschied zu den jungen Einheimischen rinnt uns ob
der ungewohnten Hitze schon am frühen Morgen der Schweiß
von der Stirn. Der lockere, leichte Shalwar-Kamez – die Baum-
wollbekleidung der Paschtunen* mit Pluderhose und weitem,
knielangem Hemd – klebt uns sichtbar am Rücken.

Plötzlich kommt geordnete Bewegung in die Grüppchen der
schwatzenden Mädchen. Wie auf Kommando nehmen sie zu
beiden Seiten des Weges Aufstellung. Aus ihren Schultaschen
ziehen sie Stofffähnchen hervor, reißen die Arme hoch und
winken. Schwarz-rot-grüne Fähnchen – die afghanischen Nationalfarben – flattern links des Weges, die deutschen Farben
Schwarz-Rot-Gold auf der rechten Seite. Zwischen den Fähn-

chen nähert sich ein Kleinbus. Annette und Sigrid ziehen den ungewohnten seidenen Schal auf ihren Köpfen zurecht, streichen die zerknitterten Pluderhosen und weiten Baumwollblusen glatt und gehen auf eine Gruppe von Frauen zu, die nun dem Bus entsteigen. Sie tragen knöchellange, bis zum Hals hochgeknöpfte Mäntel von edlem Grau: die typische Kleidung der liberalen Lehrerinnen Afghanistans. Keine dieser gebildeten Frauen, weder die jungen noch die älteren, trägt hier in der Öffentlichkeit die Burka* – dabei befinden wir uns im Herzen des Paschtunengebietes! Nun heißen sie unsere Frauen herzlich willkommen. Die Afghaninnen unterrichten an der Allaei- und der Bibi-Hawa-Mädchenoberschule, die in den vergangenen Jahren von unserer Organisation gebaut wurden. Meine Frau, selbst Lehrerin, kennt die meisten von ihnen mit Namen und unterhält sich auf Englisch über Kinder und Familie, denn das sind für afghanische Akademikerinnen wichtige Themen.

Währenddessen treffen weitere Gäste ein: Zusammen mit Walter und unseren männlichen afghanischen Mitarbeitern begrüße ich – in gebührendem Abstand zu den Frauen – den Gouverneur und den Schulminister der Provinz Nangahar sowie den Bürgermeister von Jalalabad. Er war einst ein berüchtigter Taleb, ist aber inzwischen »bekehrt«. Dann stellt uns der Gouverneur den Rektor der Universität von Nangahar vor. Dieser ist erst vor wenigen Monaten aus den USA zurückgekehrt, wo er an einer renommierten Südstaaten-Universität fünfundzwanzig Jahre als Professor für Rechtsmedizin tätig war. Er trägt einen dunklen, westlichen Anzug mit weißem Hemd und blau gestreifter Krawatte, eine elegante Brille, aber keinen Bart. Wie er uns in bestem Texanisch erläutert, will er jetzt seiner »patriotischen Pflicht« nachkommen und die unter den Taliban daniederliegende Hochschule wieder zum Leben erwecken. Etwas abseits von uns steht eine schweigsame Gruppe würdiger alter Männer mit Vollbärten und gewaltigen Turbanen. Kritisch beäugen sie den »Amerikaner« und die anderen Ausländer. Es sind die Maliks*, Khans und Mullahs* – Dorfbürgermeister, noble Herren und Religionsgelehrte aus den Nachbardörfern. Auch ohne Musikkapelle und roten Teppich herrscht auf dem Acker eine Atmosphäre wie bei einem Staatsempfang. Stil und äußere Formen spielen bei den Afghanen, besonders auf dem Land, eine wichtige Rolle.

Endlich nähert sich, flimmernd wie eine Fata Morgana, ein langer Autokonvoi aus Richtung Kabul. Der Erziehungsminister des Landes beehrt uns mit der in Afghanistan üblichen Entourage. Kein Wunder, dass alle hier aufgeregt sind. Der Konvoi aus noblen Geländefahrzeugen biegt jetzt in den Feldweg ein und fährt, eine gewaltige Staubwolke hinter sich herziehend, durch die Reihen der Fähnchen schwingenden und jubelnden Mädchen. Der Ranghöchste unter uns, der Gouverneur, eilt zum Fahrzeug an der Spitze und begrüßt den Rais. Das ist ein ursprünglich arabischer Ehrentitel für besonders hochgestellte Persönlichkeiten, der auch von den Afghanen benutzt wird. Der Minister fährt einen Landcruiser, das neueste Modell mit Ledersitzen, Klimaanlage, Autotelefon und Funkantenne. Ein halbes Dutzend uniformierter, mit Maschinenpistolen bewaffneter Männer springt von der Ladefläche des begleitenden Pick-ups. Mit finsteren Blicken umringen sie uns Umstehende, halten den »Chef« im Auge und die Gewehre im Anschlag. Minister leben auch in Afghanistan gefährlich, besonders in den östlichen Provinzen. Beflissen stellt der Gouverneur dem hohen Gast aus Kabul zunächst seinen Stab und die beiden männlichen Ausländer vor. Mit etwas Abstand folgen dann die Frauen. Eine Rang- und Reihenfolge, an die sich Ausländer in diesem zumindest äußerlich männlich dominierten Land immer wieder gewöhnen müssen. »Wir Männer präsentieren in der Öffentlichkeit – unsere Frauen regieren im Haus und von zu Hause aus«, hat mir einst ein alter Paschtunenfürst augenzwinkernd anvertraut.

Nun kann der Festakt beginnen. Afghanen sind großartige und begeisterte – meist auch begeisternde – Redner und Schauspieler. Heute geben sie mit Walter Sittler erstmals einem deut-

Mädchen bei der festlichen Grundsteinlegung ihrer neuen Schule

schen Schauspieler eine Probe ihrer Talente. Der Mullah, ein würdiger Alter mit grauem Vollbart und weißem Turban, leitet den Festakt mit einem Gebet ein. Er erbittet und ersingt mit einem bühnenreifen Bariton den Segen Allahs für den Bau und alle, die daran mitwirken. Die eben noch vor Aufregung übersprudelnde Schar der Mädchen ist jetzt mucksmäuschenstill und lauscht den Rednern mehr als zwei Stunden lang.

Der Minister aus Kabul schreitet natürlich als Erster an das Mikrofon. Wie in jedem streng islamischen Land üblich, beginnt er seine Rede auf Arabisch mit der *basmala*, der Eröffnungsformel aller Suren: *Bismillah ir-rahman ir-rahim* – »Im Namen Allahs, des Barmherzigen, des Erbarmers«. Ganz Staatsmann, dankt er zunächst überschwänglich uns Deutschen, die den weiten Weg aus Europa nach Afghanistan gewagt haben, um am heutigen Tag mit der Grundsteinlegung für eine weitere Mädchenschule die fast einhundertjährige Freundschaft zwischen beiden Völkern fortzusetzen. Aufgrund der weitsichtigen Politik des Präsidenten Karzai sei in den vergangenen Jahren dem Wiederaufbau des von den Taliban zerstörten Bildungssystems besonderes Augenmerk geschenkt worden, und vor allem mit der Hilfe aus Deutschland könnten inzwischen wieder Hunderttausende Kinder eine Schule besuchen.

Der Gouverneur und sein Schulminister danken wiederum dem Minister aus Kabul, dass auch er den beschwerlichen Weg nicht gescheut habe. Nicht ohne Stolz weisen sie darauf hin, dass mit dem »Doktor Sahib« aus Deutschland ein alter Freund der Paschtunen zurückgekehrt sei, der schon während des Dschihad gegen die sowjetischen Besatzer an ihrer Seite stand. Mit Unterstützung der »Kinderhilfe Afghanistan« – dieses deutsche Wort geht beiden inzwischen geläufig über die Lippen – sind in Nangahar während der letzten vier Jahre sieben Schulen gebaut und modern eingerichtet worden. Und heute wird diese Arbeit sichtbar fortgesetzt. Mit strengem Blick zu den Kindern erläutern die Redner die Bedeutung von Schule, Bildung, Erziehung und fleißigem Lernen für den Wiederaufbau des Landes, »denn sonst wird das Unheil kein Ende nehmen«.

Nach den Reden hat wiederum der Mullah das Wort und beginnt mit der Sure 58 aus dem Koran: »Allah wird diejenigen erhöhen, die nach Wissen streben.« Und an die Mädchen gewandt, zitiert er zwei Sätze aus den Hadith, den Berichten von beispielhaften Aussprüchen und Taten des Propheten Mohammed: »Sich Wissen anzueignen, ist die Pflicht von Mann *und* Frau.« Und: »Wissen ist das verlorene Erbe der Muselmanen. Bewahrt es, wo immer ihr es findet.«

Nun stimmt eine Gruppe blumengeschmückter Erstklässlerinnen der Bibi-Hawa-Mädchenoberschule paschtunische Volkslieder an, in denen die Schönheit der Heimat mit ihren ewig schneebedeckten Bergen, dem saftigen Grün der Wiesen und Weiden und den köstlichen Früchten der Felder besungen wird.

Nach mehr als zwei Stunden Reden, Beten und Singen überreicht unser langjähriger, bewährter Bauleiter Haji Ashraf dem

Mullah, dem Minister, dem Gouverneur und uns beiden männlichen Deutschen einen sicher fünfzehn Kilogramm schweren Feldstein. Die »Grundsteinlegung« nimmt man in Afghanistan wörtlich: Gemeinsam legen wir fünf den Stein an der Stelle ab, wo schon am nächsten Tag der erste Spatenstich erfolgen wird. Wir umarmen uns und durchschneiden ein buntes Band. Dieses Ritual hat in Afghanistan etwa die Bedeutung des Handschlags, mit dem Bauern und Viehhändler in Deutschland ein für beide Seiten einträgliches Geschäft besiegeln: Nachdem das Band durchschnitten ist, gibt es kein Zurück mehr.

Den Kindern und Gästen werden Bonbons gereicht, die afghanischen Ehrengäste umarmen sich und uns – und dann geht es endlich »zu Tisch«, genauer gesagt, auf Teppiche und Bodenkissen. Für uns Ausländer hat der fürsorgliche Gastgeber extra zwei bunt bemalte *tschapoi* vorbereitet: bettähnliche, mit Lederstreifen bezogene Gestelle. Walter – zum ersten Mal in Afghanistan – verschmäht diesen Komfort und setzt sich zu den Afghanen auf den Boden. Annette und ich feixen, denn wir wissen aus schmerzhafter Erfahrung, dass er bald keinen Mus-

Begrüßung der Gäste durch einen Mädchenchor

kel mehr wird rühren können. Aber noch sind wir frisch und genießen auf echten Turkmann-Teppichen den Festschmaus unter luftigen Zeltdächern im Schatten dicht belaubter Maulbeerbäume. So stelle ich mir das Paradies vor.

Junge Burschen aus dem nahe gelegenen Dorf servieren riesige Schüsseln mit dampfendem *kofta tschalau* – Reis mit Fleischklößchen, Kichererbsen und Pflaumen –, schwere Platten mit knusprigen Hähnchenschlegeln und dicken, saftigen Brocken von fettem Hammelfleisch in dunkler, schwerer Soße und schließlich große Teller mit *kabab-e-tekka,* den köstlichen Lammfleischspießchen mit Zwiebeln und Paprika. Dazu reicht man uns kleine Schüsseln mit *tschhatni-mast,* der berühmten afghanischen Joghurtsauce mit viel Knoblauch und Zitronensaft. Zum Nachtisch gibt es zartgelbe kleine Bananen, kupferfarbene Granatäpfel, geteilt in kleine Stückchen, und unvergleichlich süße Weintrauben aus Nuristan – die besten Trauben, die Allah auf dieser Welt wachsen lässt. Die Afghanen essen gern, viel und gut – sofern sie es sich leisten können. Wer als Ausländer sein Gewicht reduzieren möchte, sollte seinen Urlaub also besser nicht bei den Paschtunen verbringen.

Wie überall auf der Welt haben Minister und andere Amtsträger auch in Afghanistan eine Unmenge von Verpflichtungen. Und so ist niemand gekränkt, als Minister und Gouverneur sich frühzeitig verabschieden. Der Politiker aus Kabul verspricht uns feierlich, zur Schuleröffnung im Frühjahr wieder in den Osten zu kommen; dies sei er schon allein den Gästen aus Deutschland schuldig. Ich danke ihm, obgleich ich mir keineswegs sicher bin, ob wir uns wiedersehen werden. Die Fluktuation im Kabinett von Präsident Karzai gilt als eine der höchsten weltweit. Auch der Gouverneur versichert mir bei der herzlichen Abschiedsumarmung, dass er sich persönlich regelmäßig über die Baufortschritte informieren wird. Faulheit der Arbeiter oder Materialmängel werde er nicht dulden. Als die Schule dann ein halbes Jahr später eröffnet wird, sind beide Politiker nicht mehr im Amt.

Der Festschmaus ist für unsere Freunde aus Deutschland eine Premiere der besonderen Art. Bei stolzen fünfunddreißig Grad im Schatten hocken sie mit angewinkelten Beinen auf dem Boden; Mücken sitzen auf Gesicht, Kopf und Beinen; Käferchen krabbeln über Platten und Teller. Und nun soll man sich ohne Löffel, Gabel und Messer feinkörnigen Reis und daumengroße, fetttriefende Fleischbrocken zum Munde führen. Das ist nicht jedes Europäers Sache. Darüber hinaus müssen Sigrid und Walter Sittler ihre afghanischen Nachbarn ständig daran hindern, ihnen Fleisch, Gemüse und Reis nachzureichen. Die Afghanen sind die gnadenlos besten Gastgeber des Mittleren Ostens.

Am späten Nachmittag und nach vielen Gesprächen über unser Heimatland, die deutsch-afghanische Freundschaft und die »komplizierte Politik der Amerikaner« brechen wir auf. In unserem alten Pick-up, einem Relikt aus Talibanzeiten, fahren wir zurück zu unserem kleinen Büro, einem einfachen Lehmhaus in einem kleinen Vorort im Süden von Jalalabad. Ein paschtunischer Freund, der jetzt im pakistanischen Peschawar lebt, hat es uns vor einem Jahr für umgerechnet 120 US-Dollar im Monat vermietet.

Wir haben uns ganz bewusst für dieses einfache Häuschen entschieden, weil wir die schwindelerregenden Mietpreise für Ausländer in Kabul weder uns noch unseren Spendern in Deutschland zumuten wollten. In der Hauptstadt wimmelt es seit dem Sturz der Taliban im Winter 2001 von Hilfsorganisationen. Angeblich sind in Kabul mehr als zweitausend sogenannte NGOs (Nichtregierungsorganisationen) registriert, die von dort seit über drei Jahren zusammen mit Dutzenden UN-Organisationen den Wiederaufbau »planen und organisieren«. Mit mäßigem Erfolg, wie man hört und liest – und wie wir es im Osten leider live erleben müssen. Wir meiden Kabul, wo immer es geht. Seit dem Sturz der Taliban hat sich die Einwohnerzahl dort versechsfacht. Rund um die Uhr quälen sich Kolonnen von Autos durch die Straßen und Gässchen der Metropole und verpesten die früher so wunderbar frische Luft der Hochebene. Abwässer fließen zum Teil offen und stinkend am Straßenrand entlang. Kabul ist zu einem typischen »Dritte-Welt-Moloch« verkommen. Natürlich lebt es sich in der Hauptstadt trotzdem bequemer und angenehmer, zumindest für die wohlhabenden Afghanen und natürlich für die »reichen« *farangi*.

Die meisten Ausländer residieren in den Nobelvierteln von Wazir-Akbar-Khan und der Shar-E-Now. Inzwischen gibt es in der Hauptstadt Hunderte exzellente Restaurants – Lokale für Ausländer haben oft auch eine Alkohol-Lizenz –, Fünf-Sterne-Hotels mit Butler-Service, luxuriöse Gästehäuser mit Kabelfernsehen und hundert Kanälen sowie Internetzugang via WLAN, Videotheken mit Edelpornos und »Härterem«, Feinkostgeschäfte, die Schweizer Schokolade und englisches Roastbeef führen, blau verglaste, mehrstöckige Kaufhäuser mit Rolltreppen und Parkplatzproblemen, Golfclubs, bei denen man zwei Jahre auf seine Mitgliedschaft warten muss, und seit Kurzem auch Hundefriseure. Von anderen »Etablissements« ganz zu schweigen. Aber: Wir spielen weder Golf, noch haben wir einen Hund – und schon gar keinen, der im Fachgeschäft gegen harte Dollars gewaschen und geföhnt werden müsste. Videos könnten wir auch zu Hause ansehen, und auf original bayerisches Bier, schwäbische Spätzle, chinesische oder italienische Küche können wir – zumindest einige Wochen lang – gern verzichten, zumal diese exotischen Einrichtungen nichts Wesentliches zum Wiederaufbau Afghanistans beitragen.

Unser Häuschen war etwas heruntergekommen, doch wir haben es in mühsamer Eigenarbeit mit einer Dusche und einer komfortablen, sauberen Küche mit Gaskocher und kleinem Kühlschrank ausgestattet. Auf den Lehmböden der vier Zimmer haben wir einfache, dunkelrote Teppiche ausgelegt, wie sie in Afghanistan üblich sind. Dagegen ist es, zumindest außerhalb von Kabul, noch völlig unüblich, dass wir unser heißes Wasser über eine Solaranlage auf dem Dach beziehen – und mit einer kleinen Fotovoltaik-Anlage auch genügend Strom für die Beleuchtung der Zimmer, die Deckenventilatoren, unseren Weltempfänger und einen Schwarz-Weiß-Fernseher der Marke Grundig produzieren. Für 300 Afghani, also weniger als 10 Euro, haben wir dieses Monstrum von Röhrenfernsehgerät auf dem Basar erstanden. Der Oldtimer ist vermutlich ein Überbleibsel aus den Siebzigern, als deutsche Entwicklungshelfer hier in einem paradiesisch friedlichen Umfeld die Gastfreundschaft der Paschtunen genießen durften.

Deutsche Pädagogen haben viele Jahre lang an der Dar ul-Malemin, einer Art pädagogischer Hochschule, die Lehrerausbildung geleitet und dafür deutsche Curricula eingeführt. Ein bayerischer Professor baute an der Universität von Nangahar die erste zahnmedizinische Fakultät auf, und auf der Strecke nach Kabul haben Siemens-Ingenieure Wasserkraftwerke errichtet. In den vergangenen Kriegsjahrzehnten sind diese Kraftwerke schwer beschädigt, aber nicht völlig zerstört worden. Jetzt, beim Wiederaufbau des Landes, wäre billiger Strom lebenswichtig, auch um »Licht zu den Menschen zu bringen«. Niemand kann hier verstehen, warum die beliebten Deutschen nicht endlich wiederkommen und die benötigten Ersatzteile liefern und einbauen. »Haben die Deutschen Angst vor uns?«, werde ich immer wieder gefragt. Für unsere kleine »Kinderhilfe Afghanistan« ist ein solches Projekt allerdings einige Nummern zu groß. Und die leistungsstarken und fachlich kompetenten Organisationen sitzen eben alle in Kabul. *Tempora mutantur* ... Wie sich doch die Zeiten geändert haben.

Als wir unser Haus übernahmen, wucherte im völlig verwahrlosten Garten nur Unkraut. Inzwischen blühen dort liebevoll angelegte Rosenbeete. Unser Koch, ein begeisterter Hobbygärtner, hat für seine Küche einen umfangreichen Kräutergarten sowie Tomaten-, Gurken- und Kartoffelfelder angelegt. Ein Orangenhain trägt dieses Jahr erstmals Früchte, und die Limonen hat Pacha Sahib, unser Buchhalter und Hausverwalter, vor wenigen Tagen geerntet. Meterhohe, uralte Maulbeerbäume bieten uns Schutz vor der im Sommer unerträglich brennenden Sonne im Kabul-Tal, einer der heißesten Gegenden des Landes. Die Herbstabende bringen jedoch rasch eine angenehme Abkühlung. Der Himmel über Nangahar wird nie richtig schwarz; er behält auch in tiefer Nacht sein dunkles Lapislazuliblau mit unzähligen Sternen und Sternschnuppen, die wie Goldstreifen glitzern und funkeln.

Unser Koch Taraki bleibt heute arbeitslos, denn nach einigen Gläsern *chin-chai*, dem mit Kardamom gewürzten grünen Tee, begeben sich die deutschen Gäste zur Ruhe. Vor dem Schlafengehen genießen wir die Annehmlichkeit unserer blitzsauberen Dusche mit Wasserreservoir auf dem Dach, waschen uns den Staub des Tages vom Körper und sinken um Mitternacht todmüde auf unsere afghanischen Betten. Ob der 1,95 Meter lange Walter allerdings auf der viel zu kurzen, brettharten Liege im Nachbarzimmer sofort einschlief, habe ich nie erfahren.

Mitten in der Nacht werde ich von einem Albtraum heimgesucht. Alles um mich herum schwankt. Noch im Halbschlaf klammere ich mich mit beiden Händen an die Rundhölzer meiner Liege. Die Erde bebt! Ich bin schweißgebadet. Sand aus der Lehmdecke rieselt mir ins Gesicht. Ich richte mich auf, reibe mir den Sand und Staub aus den Augen und sehe, wie sich über mir die Holzbalken biegen und seltsam hin und her bewegen. Es knirscht an Decke und Wänden. Plötzlich beginnen auch die Wände bedrohlich zu wanken. Eine Fensterscheibe zerspringt mit lautem Knall. Jetzt bin ich hellwach und springe hastig vom *tschapoi* auf. Das ist kein Albtraum, das ist Realität! Die Erde bebt! Ein solches Beben kann verheerend sein. Das habe ich in dieser Gegend vor vier Jahren schon einmal erlebt. Unser Buchhalter, der sonst für seine Überkorrektheit bekannte Pacha Sahib, stürzt ohne anzuklopfen in mein Zimmer: »Doktor Sahib, aufstehen, aufstehen!«, brüllt er mich wild gestikulierend an; völlig überflüssigerweise, denn ich stehe ja bereits. »Stehen« ist allerdings das falsche Wort: Wir wanken beide wie Betrunkene, und dies im »alkoholfreien« Paschtunengebiet. Nur halb angezogen stürze ich mit Pacha zusammen ins Freie. Walter, Sigrid und meine Frau torkeln ebenfalls aus dem Gebäude.

Für einige Minuten steht die Erde wieder im Lot. Wir atmen auf. Doch dann beginnt das Beben erneut: mal schwächer, dann wieder stärker. Dieses Horrorspiel geht minutenlang weiter. Unser kleines Lehmhaus wird mehrmals durchgeschüttelt, bleibt aber erstaunlicherweise stehen. Hilflos wie Kinder und starr vor Schreck halten wir Deutschen uns wortlos an den Händen. Pacha ist in sein Büro zurückgelaufen und schleppt Computer, Akten und Kisten ins Freie. Unsere drei anderen afghanischen Mitarbeiter haben im Garten ihre *patu,* die typisch afghanischen Wollumhänge, als provisorische Gebetsteppiche ausgebreitet und beten. Sie wirken ruhig und besonnen, als wäre dies ein ganz normaler Morgen. Ihre Gelassenheit strahlt langsam auch auf uns Deutsche ab, die wir über keine große Erdbebenerfahrung verfügen. Alem Jana, mein kampferprobter Freund aus den Zeiten der sowjetischen Besatzung und seit 2001 der afghanische Leiter unserer Projekte in den Ostprovinzen, zeigt ebenfalls keinerlei Panik und hängt an seinem Mobiltelefon. Ohne uns zu beachten, versucht er, eine Verbindung aufzubauen.

In Afghanistan gibt es zwar schon seit 2003 ein Mobiltelefonnetz, aber eben ein »afghanisches«, und da braucht man Geduld und nochmals Geduld. Mit Gesten fordert er mich auf, unseren Weltempfänger aus dem Häuschen zu holen und einzuschalten, damit wir Nachrichten hören können. Er selbst spricht jetzt mit seinem ältesten Sohn Mustafa in Peschawar, um zu erfahren, wie es in der nur etwa hundert Kilometer entfernten pakistanischen Stadt aussieht und ob es seiner elfköpfigen Familie gut geht. Noch während des Gesprächs wird Alem kreidebleich. Er winkt mich in den Garten. In den BBC-Nachrichten auf dem Weltempfänger wurde noch kein Erdbeben gemeldet. Doch Alem hat von seinem Sohn erfahren, dass in Peschawar Häuser eingestürzt und Dutzende von Toten zu beklagen sind. Auch aus dem Nordosten des Landes, aus der

Hauptstadt Islamabad und aus Kaschmir, gibt es schreckliche Nachrichten. Ich informiere meine Frau und die Sittlers. Wir beschließen, Afghanistan sofort zu verlassen und über den Khyber-Pass nach Peschawar zurückzufahren. Noch wissen wir aber nichts vom Schicksal unserer Schulen. Vor drei Jahren sind einem Erdbeben nördlich von Kabul Hunderte von Menschen zum Opfer gefallen, und auch unser erster, gerade fertiggestellter Bau, die Allaei-Mädchenoberschule in Jalalabad, wurde in Mitleidenschaft gezogen. Mehrere Mädchen waren damals beim Einsturz einer Treppe verletzt worden.

Auf der Rückreise nach Pakistan wollen wir daher alle Schulen aufsuchen, die auf unserer Strecke liegen. Hat sich die aufwendige, stabile Bauweise der letzten Jahre wirklich gelohnt?

Alem ist damit einverstanden. Zwar möchte auch er so schnell wie möglich zu seiner Familie nach Peschawar, aber nicht ohne Zwischenstopp an den erst jüngst fertiggestellten Gebäuden. Wir umarmen Pacha, unseren treuen Buchhalter, Taraki, den frisch verheirateten Koch, und Farid, den graubärtigen *chowkidar,* unseren zuverlässigen, aber stets missmutig wirkenden Torwächter. Sie haben inzwischen erfahren, dass das Beben in Pakistan besonders schlimm gewütet hat, und verabschieden uns mit den Worten: *Ba mane choda* – »Gott schütze uns«. Pachas jüngerer Bruder Rohullha, unser furchterregend schielender Fahrer, sitzt bereits am Steuer des Pickups. Der alte Farid hat das schwere Eisentor geöffnet, und als er uns mürrisch wie immer zum Abschied winkt, liegt ein Hauch von Schmerz auf seinem Gesicht. Die Unbeschwertheit des letzten Tages ist vergessen und einer düsteren Ungewissheit gewichen. Voller Bangen verlassen wir unser kleines Paradies.

Grenzüberschreitungen

Unsere Angst um die Schulen erweist sich als unbegründet: Weder Schüler noch Lehrer sind verletzt worden. Auch sie hatten zum Zeitpunkt des Bebens noch in ihren Betten gelegen, sind dann aber alle zum Unterrichtsbeginn erschienen. Bei der »Bauprüfung« stellen Alem und ich stolz und glücklich fest, dass sich unser hoher Aufwand bei der Errichtung der Schulen gelohnt hat. Stahlbeton und Eisenträger haben den Preis für die Bauarbeiten fast verdoppelt, nun aber dem Beben standgehalten. Im erdbebengefährdeten Afghanistan sind Schulen eben nicht nur durch die bildungsfeindlichen Taliban bedroht.

Wir fahren entlang des Kabul-Flusses der afghanisch-pakistanischen Grenze entgegen, der sogenannten Durand-Linie. Nach den ersten britisch-afghanischen Kriegen hat Sir Henry Mortimer Durand, Außenminister der Kolonialverwaltung Indiens, im Jahr 1893 mit einem Federstrich auf der Landkarte eine Demarkationslinie durch die Paschtunengebiete gezogen und ein Drittel afghanischen Territoriums annektiert. Er wollte aus Afghanistan eine Pufferzone machen, um so das Volk dieses Landes besser kontrollieren zu können. Mit militärischem Druck zwang er den afghanischen König, diese Grenze zumindest für hundert Jahre anzuerkennen.

1947 hat Großbritannien seine Kolonie Britisch-Indien in die Unabhängigkeit entlassen: Der Staat Pakistan wurde gegründet. Zwei Jahre später erklärte die Loya Dschirga, Afghanistans Große Ratsversammlung, die Abmachung von 1893 für nichtig, da dieser Vertrag mit den Briten und nicht mit einer pakistanischen Regierung abgeschlossen worden sei. Über

Jahrzehnte hinweg blieb die völkerrechtliche Lage unklar. 1993 ist dann auch der ursprüngliche, auf hundert Jahre festgelegte Vertrag ausgelaufen. So gibt es heute eigentlich keine völkerrechtlich unumstrittene, offizielle Grenze zwischen den beiden Ländern.

Seit dem 11. September 2001 ist diese Demarkationslinie urplötzlich ins Zentrum weltpolitischer Interessen gerückt. Talibankämpfer und al-Qaida-Anhänger bewegen sich fast ungestört in beide Richtungen über die 2500 Kilometer lange Durand-Linie und finden Schutz in den gebirgigen, autonomen paschtunischen Stammesgebieten Pakistans. Für den »normalen« Ausländer und Touristen ist die Frage entscheidend, von welcher Seite er diese Grenze überschreiten möchte. Kommt er aus Pakistan, so erwartet ihn schon 70 Kilometer vor dem Übergang, am Rand der pakistanischen Grenzstadt Peschawar, ein riesiges Schild mit der Aufschrift *Tribal agency, off limits to all foreigners* – »Stammesgebiete, kein Zutritt für Ausländer«.

Eine Sondergenehmigung für den Aufenthalt in den autonomen Stammesgebieten, die sich tausend Kilometer entlang der pakistanisch-afghanischen Grenze erstrecken, ist in diesen Zeiten nicht zu bekommen. Es herrscht Krieg in den Grenzregionen. Genau genommen lodern in dieser unwirtlichen Steinwüste derzeit mehrere Kriege: zum einen regionale Stammesfehden und zum anderen der *war on terror*. Daher braucht ein Ausländer, selbst wenn er lediglich eine Sondergenehmigung für die Durchreise in Richtung afghanischer Grenze beantragt, eine Unmenge Geduld. Mit Bakschisch, sonst ein gängiger Beschleuniger in der Region, hat er hier keinen Erfolg. Die staatlichen Kontrollmechanismen in Kriegszeiten sind überaus engmaschig.

Eine Sondergenehmigung kann nur die Verwaltungsbehörde der pakistanischen Zentralregierung für die Stammesgebiete ausstellen; und die ist seit dem Frühjahr 2002, als Pakistan in den »Krieg gegen den Terror« eintrat, unerbittlich streng.

Ohne Wissen des Ausländers wird sein Antrag zunächst dem pakistanischen Inlandsgeheimdienst Intelligence Bureau (IB), vergleichbar dem deutschen Amt für Verfassungsschutz, zur Prüfung vorgelegt. Hat der Antrag diese Hürde genommen, geht er weiter an den für die Überwachung der Ausländer zuständigen Inter-Services Intelligence (ISI), vergleichbar dem ehemaligen Staatssicherheitsdienst der DDR. Dieser in Pakistan allmächtige Geheimdienst war es auch, der vor Jahrzehnten die Taliban ins Leben gerufen und ihre blitzartige Machtergreifung in Kabul 1994 möglich gemacht hatte. Auch nach dem Sturz der Steinzeit-Islamisten steht der ISI im Verdacht, insgeheim die radikalen Gotteskrieger weiter zu unterstützen und zu schützen.

Erst wenn beide Geheimdienste grünes Licht gegeben haben, lädt die pakistanische Staatsschutzpolizei, Special Branch, die Ausländer in Peschawar zu einem letzten Gespräch vor, das eher einem Verhör gleicht. Haben sich bei den Prüfungen Unklarheiten ergeben, oder handelt es sich bei den Ausländern um Journalisten, die womöglich kritisch über die pakistanische Politik berichten könnten, wird die Genehmigung verweigert. Wer also durch die autonomen Stammesgebiete reisen will, muss schon sehr gute Gründe und enge Beziehungen zu pakistanischen Behörden haben, um ein *tribal permit* zu erhalten.

Wenn der Ausländer dann nach tagelangem Warten endlich das begehrte Dokument in den Händen hält, heißt das nicht, dass er sich in den Stammesgebieten frei bewegen kann. Vielmehr wird er auf der gesamten Fahrt von schwer bewaffneten, schwarz uniformierten Grenzmilizen, den sogenannten *Khyber Rifles*, begleitet. Auf dem zweistündigen Weg bis zum Grenzübergang Torkham darf er sein Fahrzeug unter keinen Umständen verlassen, und seine Kamera muss im Rucksack bleiben. Um dem Reisenden schon vor Antritt der Fahrt klarzumachen, was ihn bei Zuwiderhandlungen erwartet, lässt man ihn vor der Abfahrt in Peschawar schon mal einen Blick in das zuständige Gefängnis werfen. Dort sieht er Gefangene, die, an Armen und Beinen mit Eisenketten gefesselt, oft wochenlang auf ihren Prozess warten.

Ursache für diese strengen Regelungen sind neben dem Anti-Terror-Kampf auch die immer wieder aufflackernden Stammeskriege. Seit Wochen bekämpfen sich in den *tribal areas* zwischen Peschawar und dem Khyber-Pass zwei einflussreiche Clans vom Stamm der Afridis. Dieser stolze Paschtunenstamm – auch »Hüter des Khyber« genannt – herrscht seit Jahrhunderten unangefochten über diese Region. Bei den blutigen Auseinandersetzungen zwischen den beiden Clans hat es in den vergangenen Tagen Tote und Verwundete gegeben. Der Anlass für die brutalen Gefechte, die auch mit Panzerfäusten und Maschinengewehren geführt werden, mag für westliche Gemüter eher banal wirken: Der Sohn eines Clan-Führers wurde – so vermutet es zumindest seine Familie – vom Nachbarstamm an die verhasste pakistanische Bundespolizei verraten. Denn vor mehreren Wochen haben Drogenfahnder aus Islamabad ein Heroinlabor im Gebiet der Afridis gestürmt und dabei den ältesten Sohn des besagten Clan-Führers beim »Kochen« ertappt. Nun sitzt der knapp Zwanzigjährige wegen »illegalen Drogenbesitzes und -handels« im Staatsgefängnis von Lahore. Seine Familie macht dafür den mit ihr verfeindeten Nachbar-Clan verantwortlich: Der habe den Behörden einen Tipp gegeben. Das ist möglich, muss aber nicht sein, denn solche überraschenden Festnahmen ereignen sich häufig.

Der Grund dafür ist die schizophrene Drogenpolitik in diesem Land: Anbau, Besitz und Handel mit Marihuana und Opium ist offiziell auch in den Stammesgebieten verboten. Tatsächlich aber leben die Menschen dort weitgehend vom Drogenanbau und -handel. Wollten die pakistanischen Behörden dem offiziellen Recht Geltung verschaffen, müssten sie eigentlich die Hälfte der männlichen Erwachsenen und 90 Prozent der Clan-Führer einsperren. Das ist natürlich nicht ohne Krieg gegen die Stämme durchzusetzen, und deshalb verhaftet man ab und zu einen der Übeltäter, um der Öffentlichkeit die »Macht des

Staates« zu demonstrieren. Der junge Afridi hat also vermutlich einfach Pech gehabt. Dass er allerdings im fünfhundert Kilometer von seiner Heimat entfernten Lahore eingekerkert wurde, ist eine bewusste Entscheidung der pakistanischen Behörden. Das eigentlich zuständige Gefängnis befindet sich in Peschawar, unweit vom Stammesgebiet der Afridis: Hätte man ihn dort eingesperrt, wäre er längst wieder auf freiem Fuß. Sein Clan hätte ihn entweder mit Drohungen und Gewalt aus dem Gefängnis geholt oder mit Bakschisch, dem gängigen Mittel der »Rechtsprechung« im Nordwesten Pakistans, freigekauft. Aber in das Gefängnis von Lahore reicht der Arm der Familie nicht. So führen jetzt also die beiden Clans einen erbitterten Rachekrieg, weil einer der Ihren womöglich von den anderen an die staatlichen Behörden verraten worden ist.

Noch irrationaler ist der zweite, der Anti-Terror-Krieg an der pakistanisch-afghanischen Grenze. Die pakistanische Regierung vermutet im Distrikt Nordwaziristan versteckte Terroristenlager. Dort lernen *foreign miscreants*, »ausländische Schurken«, wie sie in den einheimischen Medien genannt werden, ihr blutiges Handwerk. Auf massiven Druck der US-Regierung hat Staatspräsident Musharraf mehrere Elitebrigaden der pakistanischen Streitkräfte in diese unwirtliche Bergwüste entsandt. Das Problem ist jedoch, dass die ausländischen »Schurken« den Schutz und die Gastfreundschaft einiger Stämme genießen.

Diese Gastfreundschaft erkaufen sich die al-Qaida-nahen Ausländer aus Tschetschenien, Usbekistan und aus arabischen Staaten nicht selten durch Drogengelder, die sie beim grenzüberschreitenden Heroinhandel mit afghanischen Warlords kassieren. Und so führen dort Zehntausende pakistanischer Soldaten einen seltsamen Krieg. Als staatstreue und kampferprobte Berufssoldaten gehören sie zur stolzen und äußerst patriotischen pakistanischen Armee. Als Bürger Pakistans sind sie jetzt aber auch in Kämpfe gegen die eigene Bevölkerung, manchmal sogar gegen die eigene Familie, verwickelt und befinden sich dadurch oft in einem tiefen inneren Zwiespalt. Vor einigen Wochen hat mir ein paschtunischstämmiger Bataillonskommandeur anvertraut, dass aus seinem Verband mehr als fünfzig Soldaten desertiert und zum »Feind« übergelaufen seien. Sie hätten es nicht ertragen, gegen ihre paschtunischen Glaubensbrüder zu kämpfen. Die Regierung weiß um diesen Gewissenskonflikt und setzt daher in dem Krieg bevorzugt Regimenter aus Punjab und Sind ein.

Aber auch das bringt Probleme mit sich: Die Soldaten aus dem Osten verstehen meist nicht die Sprache der Menschen im Nordwesten. Die Bauern sprechen hier nämlich ausschließlich Paschtu, ihre Stammessprache. Nur wenige Bewohner der Stammesgebiete haben eine öffentliche Schule besucht, an der sie die Nationalsprache Urdu hätten lernen können. Solche staatlichen Schulen fehlen nämlich zu Tausenden in diesem Armenhaus Pakistans. Die Soldaten aus dem Osten beherrschen zwar Urdu und Punjabi, aber eben kein Paschtu. So ist dieser Krieg, der sich eigentlich gegen die ausländischen Terroristen richten sollte, auch ein Krieg gegen die eigene Bevölkerung geworden. Ein Krieg aus Sprachlosigkeit. Und wo Menschen sich nicht miteinander verständigen können, übernehmen rasch die Waffen das Wort.

Das ist in groben Zügen die für den Ausländer kaum verständliche politische Situation jenseits der Grenze, der wir uns nun langsam nähern. Während der Fahrt hat Alem pausenlos telefoniert und nur niederschmetternde Nachrichten über die Lage in Pakistan erhalten. Es wird von unzähligen Toten im Erdbebenzentrum nördlich der Hauptstadt Islamabad berichtet. Auch in einer vornehmen Wohnsiedlung der Metropole selbst sollen Hochhäuser eingestürzt sein und Dutzende unter sich begraben haben. Uns sitzt der Schreck noch in den Knochen, und Sigrid und Walter beschließen mit Rücksicht auf ihre Familie, von Peschawar aus schnellstmöglich zurück nach Deutschland zu fliegen. Sie wären ohnehin nur noch wenige Tage in Afghanistan geblieben. Auf den letzten Kilometern

geht es steil bergauf, vor uns stauen sich Kolonnen von Lastautos. Im Schritttempo erreichen wir Torkham.

Torkham ist einer der beiden bedeutenden Grenzübergänge
zwischen Afghanistan und Pakistan. Er verbindet den Norden Pakistans mit Jalalabad, wo einstmals Osama Bin Laden
»residierte«. Von dort gelangt man auf einer gut ausgebauten
Teerstraße in drei Stunden nach Kabul. Shaman, der tausend
Kilometer weiter im Süden gelegene zweite wichtige Grenzübergang, verbindet den Süden Pakistans mit Kandahar, der
ehemaligen Hauptstadt der Taliban, die jetzt wieder zu ihrer
Hochburg zu werden droht.

Zwischen diesen beiden Grenzübergängen verlaufen – wie
schon während des Krieges gegen die sowjetischen Besatzer –
die logistischen Wege der Dschihadis, der »Heiligen Krieger«.
Vor dreißig Jahren bewegten sich hier die Mudschaheddin,
heute sind es die Taliban. Damals waren die beiden Grenzübergänge geschlossen; die Transporte mussten mühsam mit Pfer-
den über die Berge organisiert werden. Heute sind die Über-
gänge offen. Hunderte Lastautos und Traktoren und Tausende
Menschen nutzen sie täglich. Wenn man also den Nachschub
für die Taliban aus Pakistan unterbinden oder zumindest erschweren will, sind strenge Grenzkontrollen für Personen und
Güter eigentlich unerlässlich.

Der zu Zeiten des Talibanregimes (1996 bis 2001) noch mittelalterlich anmutende afghanische Grenzübergang bei Torkham wurde in den vergangenen Jahren auch mit deutscher Hilfe zu einem modernen Komplex ausgebaut. Wir betreten ein
zweistöckiges, helles Betongebäude. Die Gänge riechen nach
frischer Farbe, Böden und Wände sind blitzblank. Die Aus-
reiseformalitäten im Passamt für Ausländer verlaufen freund-
lich-korrekt und zunächst auch recht zügig. Der Grenzer trägt
gerade unsere Daten aus den Pässen in ein dickes Buch mit der
Aufschrift *Foreigner* ein, als aus dem Nebenraum ein hoch-
gewachsener Fünfzigjähriger mit buschigem Schnurrbart an
die Holzschranke tritt. Die Uniformierten im Raum springen

von ihren Holzstühlen auf und salutieren dem Zivilisten im blütenweißen Shalwar-Kamez mit schwarzer Weste. Wortlos nimmt dieser dem Unteroffizier die Dokumente aus der Hand und wirft zunächst einen kritischen Blick auf unsere afghanischen Begleiter. Dann erst schlägt er mit einer arroganten Geste unsere Pässe auf. Sein Aussehen und Gehabe sind mir unangenehm vertraut: afghanische Geheimpolizei. Die Nachfolgeorganisation des unter der Sowjetherrschaft allmächtigen und wegen seiner Grausamkeit berüchtigten Geheimdienstes KHAD genießt auch heute keinen guten Ruf. Die Stimmung im Raum ist eisig. Ich fürchte schon, dass es mit einer zügigen Abfertigung nun nichts mehr werden wird, als sich der Gesichtsausdruck des »Geheimen« plötzlich verändert. Sein Schnauzbart hebt sich, die schmalen Augenschlitze öffnen sich, er streckt mir die Hand entgegen und grüßt strahlend und in dezentem Sächsisch: »Gudn Daach, Sie sind Deudsche? Wie gähd's Ihn'n?«

Ich atme tief durch. Gleichzeitig erleichtert und verwirrt über den unerwarteten Stimmungswechsel und seinen Akzent, drücke ich die angebotene Hand: »Weshalb sprechen Sie so gut Deutsch?« Wohlweislich verkneife ich mir ein Kompliment zu seinem »Sächsisch«. Er tut, als hätte er meine Frage nicht gehört, und bittet mich, nur mich, in sein Zimmer. Dieses ist doppelt so groß wie das offizielle Passbüro und mit Plüschsofa, breiten Polstersesseln, einem eleganten Schreibtisch und kunstledernem Chefsessel fast »westlich« ausgestattet. Doch auf einem Tischchen in der Ecke – ich traue meinen Augen kaum – steht ein kleiner Stander: Schwarz-Rot-Gold mit Ährenkranz, Hammer und Zirkel! Ein afghanischer Geheimpolizist mit Hang zu deutscher Ostalgie?

Mein verblüffter Blick auf die »DDR-Devotionalie« entgeht ihm nicht. Er bittet mich, Platz zu nehmen, und beginnt zu erzählen. Mehr als eine Stunde lang lausche ich der unglaublichen, irrsinnig spannenden Vita eines afghanischen »Grenzgängers«.

Lieber Doktor Erös, Ihr Name ist hier in der Provinz und mir persönlich bestens bekannt, und Ihre »Kinderhilfe Afghanistan« hat einen guten Namen. Ich kenne die Schulen, insbesondere die Mädchenoberschulen und die modernen Computerklassen, für die Sie in den vergangenen Jahren hier in den Ostprovinzen Gebäude errichtet haben. Sie leisten damit einen großartigen Beitrag zum Wiederaufbau unseres Landes zu einem modernen Staat. Dafür danke ich Ihnen von ganzem Herzen. Natürlich habe ich Ihren erstaunten Blick bemerkt, als ich Sie vorhin auf Deutsch angesprochen habe, und ich sehe auch, dass Sie sich über die kleine DDR-Flagge hinter mir wundern. Da ich Sie sehr schätze und wir beide in den kommenden Monaten und hoffentlich Jahren wohl noch öfter miteinander zu tun haben werden, werde ich Ihnen nun erzählen, woher meine Deutschkenntnisse kommen und aus welchem Grund die Flagge hier steht.

Ich entstamme einer alten paschtunischen Offiziersfamilie. Mein Großvater und mein Vater dienten als »königliche Aafsari« (Polizeioffiziere) unter unserem letzten Monarchen Zahir Shah (afghanischer König von 1933 bis 1973). Anfang der sechziger Jahre, als ich gerade eingeschult worden war, kamen deutsche Polizisten nach Kabul. Wegen guter Leistungen wurde mein Vater ausgewählt, an einer Sonderausbildung durch diese Deutschen teilzunehmen. Er war begeistert und schwärmte daheim von den deutschen Polizisten, ihrer Ehrlichkeit und Disziplin – Eigenschaften, die bei der afghanischen Polizei damals nicht überall verbreitet waren. Abends brachte er sie häufig mit nach Hause, wo sie uns sechs Kindern von ihrer Heimat und ihren Familien erzählten und Bilder aus Deutschland zeigten.

Deutschland wurde das »Land meiner Träume«, und schon damals wollte ich es unbedingt einmal besuchen. Mein Vater ist nach der privilegierten »deutschen« Ausbildung sehr rasch zum Polizeichef von Nangahar befördert worden. Die Familie zog von Kabul nach Jalalabad, der Hauptstadt der paschtunischen Ostprovinz. Dort wohnten wir in einem palastartigen Haus mit riesigem Garten direkt neben der Winterresidenz unseres Kö-

nigs. Diese Jahre waren vor allem für uns Kinder eine wunderbare Zeit: Unser Vater war eine hoch geachtete Persönlichkeit, meine ältere Schwester heiratete den Sohn des Bürgermeisters, die drei jüngeren Schwestern gingen auf die Allaei-Mädchenoberschule, die Sie, lieber Doktor Erös, vor wenigen Jahre wieder aufgebaut haben. Ajmal, der ältere von uns zwei Brüdern, trat nach dem Abitur als Erster in die Fußstapfen des Vaters und wurde ebenfalls Polizist. 1973 veränderte sich dann unsere bis dahin »heile Welt«: Der König wurde durch einen Putsch gestürzt, und kurz darauf übernahmen die Kalqis – die Kommunisten – die Macht.

Mein Vater, ein überzeugter Monarchist, musste den Dienst quittieren. Als 1979 sowjetische Truppen ins Land kamen, kehrte auch mein Bruder Ajmal der Polizei den Rücken und verließ seine Familie. Er schloss sich den Mudschaheddin an und ging in die Berge, um gegen die Sowjets und die Kabuler Kommunisten zu kämpfen. Ich selbst war hin und her gerissen: Schließlich entstammte ich einer konservativen, wohlhabenden Offiziersfamilie, mein verehrter Vater war ein überzeugter Anhänger der Monarchie und ein tiefgläubiger Moslem, meine fürsorgliche Mutter die Tochter eines reichen Großgrundbesitzers, mein Bruder ein patriotischer Widerstandskämpfer! Das war die eine Welt, die Welt meiner Kindheit, in der ich mich sehr geborgen fühlte. Doch daneben gab es die Welt meiner Freunde, Lehrer und Mitschüler, in der ich die Zukunft Afghanistans sah.

Schon vor dem Einmarsch der Russen sympathisierten an meiner Schule einige Lehrer und Schüler mit sozialistischen Ideen. Ihre Ideale von einer »besseren Welt« begeisterten zunehmend auch mich. Mit dem Aufbau des Sozialismus, so hofften wir, würden technischer Fortschritt, Gerechtigkeit und Gleichheit unser Land verändern. Die Macht gieriger Großgrundbesitzer würde gebrochen werden, und dem Einfluss dummer Mullahs würde man einen Riegel vorschieben. Im Alter von achtzehn Jahren traf ich eine folgenschwere Entscheidung und wurde Mitglied der Kommunistischen Partei. Ein Jahr später trat ich *als Offiziersanwärter in den Polizeidienst. Für meinen Vater war dieser Entschluss ein schwerer Schlag. Mit meiner Mutter und meinen Schwestern ging er ins Exil nach Pakistan. Erst achtzehn Jahre später sollte ich sie wiedersehen.*

Als Jahrgangsbester meiner Offizierklasse schickte mich die Demokratische Republik Afghanistan 1984 in die Deutsche Demokratische Republik. Auf einem Speziallehrgang in Leipzig wurde ich von der Staatssicherheit der DDR zum Geheimdienstpolizisten ausgebildet. Endlich war ich im Land meiner Träume angekommen! Von der BRD, dem anderen Deutschland, wussten wir nur, dass es ein amerikanischer Vasallenstaat sei, in dem – wie früher in Afghanistan – die Armen von der Kapitalistenklasse ausgebeutet würden. Schon in der Schule hatte sich meine Sprachbegabung bemerkbar gemacht, und so lernte ich nun schnell Deutsch. Ich war begeistert von der Kameradschaft und Kompetenz meiner deutschen Ausbilder, der Disziplin, Sauberkeit und Ordnung überall auf den Straßen und fasziniert von der Kultur, dem Reichtum und den Segnungen der modernen Technik. So verbrachte ich drei wunderbare Jahre in dieser für mich neuen Welt.

Nach dem Dienst und der – besonders für mich als Ausländer – sehr anstrengenden täglichen Ausbildung zeigten mir meine deutschen Kollegen das Leipziger Nachtleben. Ich tanzte – in Afghanistan undenkbar – in der Öffentlichkeit mit fremden Frauen und trank zum ersten Mal in meinem Leben Bier und Wein. Als Moslem hatte ich dabei anfangs ein schlechtes Gewissen, doch mit der Zeit kam ich immer mehr auf den Geschmack! Dann verliebte ich mich auch noch in eine deutsche Kollegin aus meiner Klasse und wäre sehr gern für immer in Leipzig geblieben. Mit einem überdurchschnittlichen Abschluss kehrte ich als Liebhaber Deutschlands und nunmehr vollends überzeugter Sozialist in meine Heimat zurück. Deutschland war für mich identisch mit Sozialismus.

Es war die Rückkehr aus einem Paradies in die Vorhölle. Ganz Afghanistan befand sich Mitte der achtziger Jahre in einem grausamen Guerillakrieg. Auf beiden Seiten der Front waren mittlerweile Nachbarn und Freunde aus meiner Schulzeit ums Leben gekommen. Die täglichen Fahrten durch Kabul zu meinem Dienstort am Pul-E-Charki-Gefängnis führten an den großen Moscheen vorbei. Vor ihren Toren sah ich junge Männer in verdreckter Kleidung an Krücken humpelnd, beidbeinig Amputierte in primitiven Rollstühlen, Blinde, die von Kindern an der Hand geführt wurden. Und diese jungen Männer bettelten am Eingang der Moscheen in aller Öffentlichkeit. Ich war empört und schämte mich als Polizist und Afghane vor allem vor den ausländischen Gästen, den russischen Offiziersfamilien und den Lehrern, Ärzten und Entwicklungshelfern aus der DDR, die damals zu Tausenden in Kabul lebten.

Wie schon zur Zeit meines Vaters und des Königs beschleunigte auch im sozialistischen Afghanistan eine »deutsche Ausbildung« die Karriere. Ich stieg rasch auf, und schließlich war ich der jüngste afghanische Polizeigeneral. Mit »meinem« Afghanistan allerdings ging es im gleichen Tempo bergab. Der Rückzug der sowjetischen Truppen im Februar 1989 läutete das Ende des afghanischen Sozialismus ein, und als die Mudschaheddin im April 1992 den Präsidenten Dr. Najibullah stürzten, war meine Karriere zu Ende und mein Traum von Sozialismus, Demokratie und Fortschritt in meinem Heimatland zerstört. Ein Traum, der in Deutschland begonnen hatte. Die Kontakte zu meinen Kollegen von der Staatssicherheit in Leipzig waren auch nach meiner Rückkehr nach Kabul nie abgerissen. Sie überdauerten die »beiden Wenden« in beiden Ländern.

Auf Umwegen gelangte ich 1994 wieder nach Leipzig. Die Staatssicherheit gab es nicht mehr; die »Seilschaften« aber, auch mit Ehemaligen aus dem einstigen sozialistischen Ausland, hielten. Einer meiner Lehrer aus der DDR-Polizeischule leitete inzwischen einen privaten Sicherheitsdienst, ein Gewerbe, das zu Zeiten des Sozialismus unvorstellbar und überflüssig gewesen war. Nicht zuletzt wegen meiner Sprachkenntnisse – neben Deutsch spreche ich natürlich auch meine Muttersprachen

Paschtu und Farsi, das pakistanische Urdu, etwas Russisch und recht passabel Arabisch – erhielt ich von ihm eine interessante und gut bezahlte Stellung. Rasch lebte ich mich in dem für mich neuen »kapitalistischen« Deutschland ein. Geheimdienstler – auch ehemalige – sind überaus »anpassungsfähig«.

Nach dem Sturz Najibullahs und dem Ende der Demokratischen Republik Afghanistan hatten Horden marodierender Mudschaheddin das Land geplündert und wie im Dreißigjährigen Krieg gewütet. Morde, Brandschatzungen und Vergewaltigungen prägten das Leben besonders im Süden, im Osten und auch in Kabul. Die nach dem Sturz des gemeinsamen Feindes wieder völlig zerstrittenen Mudschaheddin-Gruppen waren es, die das bis 1992 unversehrte Kabul durch monatelangen Artillerie- und Raketenbeschuss zur Hälfte dem Erdboden gleichmachten.

Im Sommer 1994 erschienen die Taliban auf der Bildfläche. Was weder den Kommunisten noch den Mudschaheddin in einem fünfzehn Jahre währenden Bürgerkrieg gelungen war, schafften diese Koranschüler in wenigen Monaten. In einem »Blitzkrieg« eroberten sie – bis auf wenige Distrikte im Norden – das gesamte Land und riefen im September 1996 das »Islamische Emirat Afghanistan« aus, einen Gottesstaat von arabisch-wahhabitischer* Prägung. In meiner Heimat herrschten jetzt »Recht und Ordnung« eines primitiven, menschenverachtenden Regimes von ungebildeten, zivilisationsfeindlichen Mullahs. Den »freien Westen«, einschließlich Deutschland, hat das wenig interessiert. Die sowjetischen Truppen waren aus Afghanistan vertrieben worden, und wenige Jahre später war das »Reich des Bösen« vollends kollabiert. Sowjetunion und Warschauer Pakt existierten nicht mehr. Die Karawane der Weltpolitik zog weiter, und niemand kümmerte sich mehr um das Schicksal Afghanistans.

Aus Pakistan erreichte mich ein erstes Lebenszeichen meiner Familie. In einem herzzerreißenden Brief verzieh mir mein Vater und flehte mich an, zur Familie zurückzukehren: Ich sei *nunmehr der einzige Sohn, denn mein älterer Bruder Ajmal sei gegen Ende des Dschihad gegen die Russen gefallen. Auch meine Mutter und Schwestern würden mich sehr vermissen. Eine Rückkehr nach Afghanistan sei unmöglich, denn das Terrorregime der Taliban sei noch schlimmer als die Kommunisten. Er selbst sei schwer krank und benötige dringend meine Hilfe. Da ich bei meiner Arbeit in Leipzig gut verdiente, konnte ich die Kosten für die Behandlung meines Vaters in einer Privatklinik in Islamabad problemlos übernehmen. Im Spätsommer 2001 reiste ich dann nach Pakistan, um meine Familie wiederzusehen.*

Am 11. September, dem Tag meiner Rückkehr nach Deutschland, explodierte die Welt. Wenige Wochen später bombardierten Kampfflugzeuge der USA die Steinzeit-Islamisten in meinem Heimatland. Im Herbst 2001 kehrte das kleine, wirtschaftlich unbedeutende Afghanistan zurück auf die Bühne der Weltpolitik. Und Deutschland, inzwischen meine zweite Heimat, wurde zum politischen Motor des Wiederaufbaus. Ich wollte daran mitwirken und meine Fähigkeiten einbringen, die ich in der DDR und in der Bundesrepublik erlernt hatte. Mit Unterstützung meines Vaters, des von den Kommunisten entlassenen königlichen Polizeigenerals, wurde ich, der Ex-Kommunist, im Sommer 2002 als Polizeioffizier in Kabul reaktiviert. Meine politische Vergangenheit kam nie zur Sprache, und ich bin glücklich, dass ich jetzt in dieser Provinz, in der ich meine Jugend verbracht habe, arbeiten und mit meiner Familie leben kann. Morgen kommen übrigens deutsche Polizisten hierher in meine Dienststelle. Sie werden einige meiner jungen Kollegen auswählen und sie an der von euch Deutschen wiederaufgebauten Polizeiakademie in Kabul ausbilden. Wir Afghanen kommen einfach nicht los von Deutschland. Und das ist gut so.

Ich fühle mich erschlagen von dieser Lektion in Afghanistans jüngster Geschichte und bin fasziniert vom Schicksal dieses paschtunischen »Wanderers zwischen den Welten«. Trotz Dutzender Fragen, die mir auf den Nägeln brennen, muss ich mich verabschieden, denn die Zeit drängt. Mit dem Versprechen, uns bald wiederzusehen, umarmen wir einander: *Ba mane choda* – »Gott schütze uns«.

Um die Grenze zu überschreiten, müssen wir unseren Pickup zurücklassen. Wie die meisten Lkws darf er die Grenze nicht passieren. Da wir den Oldtimer sowieso nur in Afghanistan benötigen, verabschieden wir uns von unserem Fahrer Rohullah und gehen mit unserem Gepäck zu Fuß durch das meterhohe, grün gestrichene Stahltor. Auf der pakistanischen Seite wollen wir dann mit einem Minibustaxi den Weg nach Peschawar fortsetzen.

Die Laxheit der pakistanischen Grenzkontrollen erstaunt mich. Die Fahrer legen den Beamten zwar die Zolldokumente vor, zwischen denen ab und an auch ein Geldschein zu sehen ist; doch nur bei jedem zehnten Fahrzeug werfen die Uniformierten einen ernsthaften Blick auf die Ladefläche. Martialische Gesten und scharfe Worte ersetzen korrekte Überprüfungen. Tonnenweise könnten so tagtäglich Sprengstoff, Waffen und Munition auf Lastautos nach Afghanistan eingeführt werden. Auch wir werden beim Grenzübertritt von keinem pakistanischen Polizisten angehalten oder kontrolliert. Die Uniformierten zeigen nicht das geringste Interesse an unseren Taschen und Koffern. Wir könnten kiloweise Opium mit uns führen, ohne dass dies irgendjemandem auffallen würde. Uns soll es heute recht sein, denn wir wollen spätestens am Abend in Peschawar sein und müssen möglichst zügig weiter. Obwohl uns niemand kontrollieren möchte, müssen wir hier an der Grenzstation Torkham ins pakistanische Zollamt, um eine Einreisebestätigung in unsere Pässe eintragen zu lassen. Andernfalls bekämen wir bei der Rückreise von Pakistan nach Deutschland Probleme.

Das pakistanische Grenzgebäude ist – ganz anders als das afghanische – ein armseliges, halb zerfallenes Lehmziegelhäuschen, etwa fünfzig Meter oberhalb der Straße an einem Hang gelegen. Bei unserer Ankunft ist es menschenleer. Die Beamten sind beim Mittagsgebet, und danach gehen sie erst einmal mittagessen. Wir müssen also warten. Alem nutzt die Zeit, um mit unseren Freunden im Reisebüro in Peschawar zu telefonieren: »Wenn ihr vor achtzehn Uhr hier ankommt«, so die Auskunft, »können Walter und Sigrid ihre inzwischen unbürokratisch auf den nächsten Tag umgeschriebenen Flugtickets abholen.« In all den Jahren habe ich die Erfahrung gemacht, dass der Servicegedanke bei Unternehmen in weniger hoch zivilisierten Ländern oft wesentlich entwickelter ist als in Deutschland.

Während Alem sich zu den ihm bestens bekannten Grenzbeamten gesellt, mit ihnen betet und zu Mittag isst, beobachten wir das bunte, chaotische Bild, das sich auf der pakistanischen Seite bietet. Auf der mit Schlaglöchern übersäten Grenzstraße stauen sich unzählige Corollas, bunt bemalte Busse und überladene, altersschwache Lkws, die Stahlträger aus Islamabad, Zementsäcke aus Kohat und Lehmziegel aus Peschawar transportieren. Hier und da warten Konvois moderner, leuchtend weiß gestrichener UN-Lastautos, die seit Wochen Tausende Tonnen Weizenmehl nach Afghanistan befördern. Dazwischen drängen Kolonnen von Diesel- und Benzintransportern aus Karachi ungeduldig hupend auf eine bevorzugte Abfertigung. Sie liefern nämlich den Treibstoff für die US-Truppen, deren Hauptquartier sich im unweit von Kabul gelegenen Baghram befindet. Die Fahrer dieser Benzintransporter werden gesondert überprüft, bevor sie den westlichen Truppen diesen »Lebenssaft« für den »Kampf gegen den Terror« bringen »dürfen«. Ihre Touren sind lebensgefährlich: Auf ihrem Weg durch die Stammesgebiete zur afghanischen Grenze und auch innerhalb Afghanistans werden regelmäßig Terroranschläge auf diese Benzintransporter verübt. Daher ist ihre Bezahlung überdurchschnittlich. Für eine viertägige Fahrt von Karachi nach Baghram erhalten sie 100 US-Dollar; das ist mehr, als ein normaler pakistanischer Lastwagenfahrer in einem Monat verdienen kann. Die Dollars erhalten sie allerdings nur, wenn das Fahrzeug auch tatsächlich seinen Bestimmungsort erreicht hat. Hier könnten mutige Regisseure ein wirklichkeitsnahes Remake von Filmen aus meiner Jugendzeit drehen: »Einer kam durch« und »Lohn der Angst« auf Afghanisch.

Ganz am Ende der kilometerlangen Schlange tuckern altersschwache, mit Hausrat beladene Traktoren. Sie befördern afghanische Flüchtlingsfamilien zurück in ihre Heimat, die die meisten von ihnen seit Jahrzehnten nicht mehr betreten haben und kaum mehr wiedererkennen werden. Die Kinder auf der Ladefläche waren noch nie im Land ihrer Vorfahren. Seit dem Sturz der Taliban ist die pakistanische Regierung dabei, mit Zustimmung der UNO alle afghanischen Flüchtlingslager aus den achtziger Jahren zu schließen. So werden die Menschen mit ihren wenigen Habseligkeiten und einem Handgeld von 100 US-Dollar, ausbezahlt vom UNHCR, dem Hochkommissariat für Flüchtlinge der Vereinten Nationen, zurück nach Afghanistan geschickt. Daher liegt in ihren Gesichtern keine freudige Erregung über die Rückkehr in die Heimat. Vielmehr blicken sie ängstlich, hilflos und besorgt in eine unsichere Zukunft.

Inmitten des chaotischen Treibens wuseln Hunderte von Kindern umher. Mit ihren hölzernen Schubkarren verdingen sie sich als Gepäckträger. Barfüßige Zehnjährige, Jungen und Mädchen, schieben zentnerschwere Koffer und Kisten wohlhabender Reisender kilometerweit in beide Richtungen, um sich ein paar Cents pro Tag zu verdienen. Da es in der Nacht zuvor heftig geregnet hat, stapfen sie keuchend durch knöcheltiefe Pfützen. Trotz ihrer anstrengenden Kinderarbeit scheinen sie guter Dinge zu sein. Mit den 80 Rupien (ungefähr ein Euro), die sie an einem solchen Tag verdienen, können sie ihre oft vaterlosen Familien ernähren. Für einen Schulbesuch reicht natürlich weder die Zeit noch das Geld.

Nach zwei Stunden kurzweiligen Wartens öffnet sich jetzt die Tür zum Zollhäuschen. Wir Deutschen wollen uns gerade vor dem Eingang mit dem Türschild *Incoming* am Ende der Schlange von über hundert Pakistani und Afghanen einordnen, da bittet uns ein älterer Beamter mit einem freundlichen »*Please, come with me*« nach vorn. Das hätten Sigrid und Walter in dieser streng islamischen und angeblich so »antiwestlichen« Welt nicht für möglich gehalten: Der Nichtmoslem und Ausländer hat den Vortritt! Die Gastfreundschaft der Paschtunen bewährt sich eben auch in schwierigen Zeiten. Dagegen wird es wohl noch eine Weile dauern, bis Ausländer, insbesondere Moslems, von den Passkontrollstellen in Deutschland bevorzugt behandelt werden.

Bei einem Glas Tee – auch das gehört zum gastlichen Service gegenüber Fremden – spricht uns der Zollbeamte auf das schreckliche Erdbeben an. Er wirkt ernsthaft besorgt um unser Wohlergehen und rät uns dringend, sein Land so schnell wie möglich zu verlassen. »Wir wollen nicht, dass auch noch Deutsche zu Schaden kommen«, erklärt er zum Abschied.

Noch vor Sonnenuntergang erreichen wir Peschawar, die pakistanische Paschtunenstadt am Fuß des Khyber-Passes.

Das Sterben in den Bergen

Es ist heutzutage ein Leichtes, in den Gästehäusern der Millionenstadt Peschawar auch ohne Reservierung Zimmer zu finden. Noch vor wenigen Jahren war das ganz anders. In Peschawar – auf Persisch die »Stadt an der Grenze« und in Sanskrit die »Stadt der Blumen« – wimmelte es während des sowjetischen Afghanistan-Krieges regelrecht von Ausländern: Mitarbeiter der zahllosen Hilfsorganisationen und UN-Behörden, Schwärme von Journalisten aus aller Welt, unauffällige Geheimdienstler und überauffällige *war groupies* – Kriegstouristen – beherrschten damals das Leben auf den Basaren und in den Hotels dieser immer noch mittelalterlich anmutenden Stadt. In den Wochen nach dem 11. September 2001 ließ man sich auch von den horrenden Preisen im Pearl Interconti, dem einzigen westlich geprägten Fünf-Sterne-Hotel, nicht abschrecken: Selbst für ein Notbett in der Abstellkammer zahlten Journalisten locker und gern 250 US-Dollar pro Nacht ohne Frühstück.

Tempi passati. Jetzt sieht man in der »Hauptstadt von Paschtunistan« kaum noch Ausländer. Die Karawane der Hilfsorganisationen und ihre journalistischen Marketender sind längst weitergezogen. »*See you at the next desaster*«, lautet sinnigerweise der Abschiedsgruß in dieser Welt der »humanitären Helfer«.

Alem, der natürlich zunächst bei seiner Familie nach dem Rechten sieht, kommt noch in der Nacht zurück in unser Gästehaus, um das weitere Vorgehen zu besprechen. Bis Mitternacht sitzen wir drei – Annette, Alem und ich – zusammen und beraten, ob und wie wir im Erdbebengebiet helfen können. Der Eigentümer unseres Gästehauses stammt aus der Region um Balakot, einer Stadt, die von dem Beben besonders schwer betroffen ist. Sie liegt etwa 250 Kilometer nordöstlich von Peschawar, nahe der Grenze zu Kaschmir. Von dem Mann erfahren wir, dass in der Nähe seiner Heimatstadt viele afghanische Flüchtlinge leben. Wie er uns berichtet, gibt es dort schon seit zwanzig Jahren ärmliche Flüchtlingslager, wo Paschtunen untergebracht sind. Sie stammen aus den afghanischen Provinzen, in denen wir in den vergangenen Jahren Schulen gebaut haben. Diese Information erleichtert uns die Entscheidung: Wir beschließen, in Pakistan zu bleiben und diesen Flüchtlingen zu helfen. Noch in der Nacht starten die Planungen zu der Aktion »Kinderhilfe Erdbeben«.

Die Medien liefern in den nächsten Tagen erste Zahlen und Angaben über die Opfer. Von mehreren Zehntausend Toten ist die Rede, Millionen seien betroffen und hätten Hab und Gut verloren. Das Fernsehen zeigt erste Luftbilder von zerstörten Städten und Dörfern. Die Zeitungen berichten von Flüchtlingstrecks, die sich aus den Bergregionen nach Süden bewegen. Die Regierung warnt vor Nachbeben.

Auch bei akuten Katastrophen ist es notwendig, vor Beginn von Hilfsaktionen möglichst umfassende Informationen einzuholen, denn »vorschnelle« Hilfe ist nicht immer zweckdienlich. Um wirkungsvoll und nachhaltig helfen zu können, brauchen wir mehr und genauere Erkenntnisse. Mit einem geländegängigen Kleinlaster wollen wir möglichst bald zu einer ersten Erkundung nach Balakot aufbrechen. Um dort nicht mit völlig leeren Händen anzukommen, beschaffen wir uns auf den Basaren zunächst diejenigen Hilfsgüter, welche in der Dritten Welt grundsätzlich benötigt werden: Milchpulver, Proteinkekse und Zucker. Um unmittelbare Notfallhilfe leisten zu können, kaufen wir in einer Großapotheke Medikamente und Verbandsmaterial. Auf dem Sadar-Basar, der mittelalterlichen Händlerstraße im Zentrum der Stadt, erstehen wir Taschenlampen, batteriebetriebene Weltempfänger, regendichte Jacken und Planen sowie Wasserentkeimungstabletten. Wasser, das lebenswichtige Hilfsgut, gibt es in der gebirgigen Gegend hoffentlich ausreichend.

Annette und Alems ältester Sohn Mustafa verbleiben als Ansprechpartner in Peschawar, unserem vorläufigen »Gefechtsstand«. Alem und ich machen uns mit einem voll beladenen Pick-up auf den unsicheren Weg Richtung Karakorum Highway. In dieser Ecke Pakistans kennen wir uns beide nicht besonders gut aus. Als würde der Himmel mit den Menschen trauern, regnet es auf der zwölfstündigen Fahrt ohne Unterbrechung. Nach Norden werden die Straßen immer enger, der geteerte Belag zeigt erste, tiefe Risse. Spätestens jetzt wissen wir, dass wir uns dem Erdbebengebiet nähern. Immer wieder überholen uns schwer beladene pakistanische Militärlaster. Die Sicht – durch den Regen ohnehin schon behindert – wird noch schlechter, als die Dämmerung hereinbricht. Alem muss am Steuer höllisch aufpassen, um den Rissen im Asphalt auszuweichen. Ein zerfetzter Reifen oder gar ein Achsenbruch – nachts bei strömendem Regen, fernab der nächsten Werkstatt, in einer wildfremden Gegend – wäre ein Albtraum.

Die Distrikthauptstadt Balakot liegt in einem weiten Tal unter uns. Obwohl die Sicht von der kahlen Anhöhe einige Kilometer vor dem Ortseingang völlig frei ist, können wir die Stadt in der einsetzenden Dunkelheit nur schemenhaft erahnen. Es sind auch nirgends Straßenlaternen oder Lichter in den Häusern zu erkennen.

Wir fahren hinunter. Unser ursprünglicher Plan, die erste Nacht in einem Gästehaus zu verbringen, erweist sich als makabrer Witz: Geborstene Betonwände, wo vor wenigen Tagen noch der Basar stand, zerbröckelnde Ruinen und halbierte Hausdächer, halb umgekippte Strommasten, großflächige Blechteile und ineinander verkeilte Autowracks versperren uns wenig später die Weiterfahrt. Gespenstische Ruhe umgibt uns. Gibt es hier überhaupt noch Überlebende? Bevor uns die Dun-

Transport unserer Hilfsgüter ins Erdbebengebiet

kelheit völlig einhüllt, steuert Alem den Lastwagen rückwärts in eine Nebengasse. Aus den Ritzen einer verbeulten Blechhütte schimmert Licht. Bei strömendem Regen schließen wir unseren Wagen ab und klopfen an die Tür der Hütte. Drinnen verstummt das unverständliche Stimmengewirr, und die Tür öffnet sich. Der starke Strahl einer Taschenlampe blendet mich und wandert dann rasch zu Alem. Hinter dem Licht ertönt eine tiefe Stimme: »*Salam, Alem Jana, good evening, doctor sahib.*« Ich traue meinen Ohren nicht. Die Stimme ist mir altvertraut. Seit mehr als fünfzehn Jahren habe ich diesen dröhnenden Bass nicht mehr gehört und kann ihn doch schnell zuordnen: Ghul Aga, ehemaliger Polizeichef von Peschawar und guter Freund aus den achtziger Jahren. Wir fallen uns in die Arme, und der *chief cop*, wie ich ihn damals genannt habe, zieht uns mit seinen kräftigen Polizistenhänden rasch ins Trockene. Obwohl Alem und ich nach der langen Fahrt todmüde sind, kommen wir erst am frühen Morgen zum Schlafen. Die Kartusche des

Gaskochers mit dem Teewasser muss zweimal gewechselt werden, so viel haben wir uns zu erzählen.

Ghul Aga, zuletzt Polizeidirektor der nordwestlichen Grenzprovinz, ist vor vier Jahren pensioniert worden und danach in seine Heimatstadt Balakot zurückgekehrt. Das Erdbeben hat ihn hart getroffen. Am Tag zuvor hat er noch mit seiner Familie in Islamabad ausgelassen die Hochzeit seiner jüngsten Tochter gefeiert. In der darauffolgenden Nacht wurde sein gesamtes Hab und Gut vernichtet. Sein Haus wurde dem Erdboden gleichgemacht, Freunde und Nachbarn kamen ums Leben. Mit stockender Stimme, die Tränen nur mühsam unterdrückend, schildert uns dieser einst so mächtige, unverwundbar wirkende Mann die Lage:

Balakot existiert nicht mehr. Eine Stadt mit 80 000 Einwohnern ist in wenigen Minuten von der Landkarte verschwunden. Allah hat es gefügt, dass meine Familie und ich überlebt haben. Dafür stehe ich jetzt in der Pflicht. Obwohl ich schon

Die völlig zerstörte Stadt Balakot: Rund sechstausend Menschen liegen unter den Trümmern begraben

pensioniert bin, habe ich der Regierung sofort meine Hilfe angeboten. Den Zerstörungen sind auch alle öffentlichen Gebäude zum Opfer gefallen, unsere Polizisten und Beamten sind tot oder verletzt. Der Innenminister hat mich zum Chef einer provisorischen Zivilverwaltung ernannt. Gemeinsam mit unserer Armee kümmere ich mich um die Toten und die Überlebenden. In den vergangenen Tagen haben wir die meisten Leichen geborgen und die Schwerverletzten in die weiter südlich gelegenen Krankenhäuser transportiert. Morgen zeige ich euch, was von Balakot übrig geblieben ist. Habt Dank, dass ihr gekommen seid und uns helfen wollt.

Der Regen vor der Hütte hat nachgelassen. Obwohl Ghul Aga mir sein Feldbett anbietet, verlassen wir unseren Freund und seine Mitarbeiter in der engen Behausung und kehren in das Führerhaus unseres Lastwagens zurück. Noch sind die Nächte auch hier in 1200 Meter Höhe erträglich warm.

Das Knattern von Hubschrauberrotoren weckt uns in aller Frühe, kaum dass wir eingeschlafen sind. Die goldene Sonne erhebt sich wie zum Hohn über dieser Trümmerlandschaft. Ghul Aga führt uns stundenlang durch die Ruinen seiner Heimatstadt. An den Mauerresten der ehemaligen Mädchenschule bleiben wir stehen. Eine älter wirkende Frau kauert neben dem Schutt, bewegt ihren Kopf hin und her und singt leise ein Kinderlied. Ich will mich zu ihr hinabbeugen und sie ansprechen, doch Ghul Aga hält mich zurück: »Seit dem Tag des Bebens sitzt diese Frau jetzt hier vor der zerstörten Schule und wartet, dass ihre beiden kleinen Töchter herauskommen. Ihr Mann und die Söhne sind von den Trümmern ihres eigenen Hauses begraben worden. Die beiden Mädchen kamen in der Schule ums Leben. Wir haben die Leichname der Männer und der beiden Töchter schon vorgestern geborgen und begraben. Die Mutter hat das alles nicht verkraftet und ist verrückt geworden. Seither isst und trinkt sie nichts mehr. Wir suchen jetzt nach Überlebenden der Familie – einem Bruder oder Onkel –, um diese arme Frau in ihre Obhut zu geben.«

Unser weiterer Weg führt über Steintrümmer, Ziegelhaufen und Betonbrocken. Rauch und Nebelschwaden steigen aus dieser Wüstenei auf. Im Norden sind die Gipfel der Vier- und Fünftausender schon mit Schneehauben bedeckt. Eine Idylle wie in einem kitschigen Heimatfilm, läge nicht überall der Geruch des Todes in der Luft. Beim Klettern über die verbogenen Streben der Stahlbrücke im Stadtzentrum starre ich fassungslos auf den reißenden Fluss unter uns: Er ist blutrot gefärbt. »Nein«, erklärt Ghul Aga, der meine Frage schon ahnt, »das ist natürlich kein Blut. Unser Fluss führt im Herbst immer eisenerzhaltiges, rötliches Wasser. Daher nennen wir ihn auch den ›Roten Fluss‹.«

Jetzt, da es wärmer wird, begegnen wir endlich Menschen. Die Geisterstadt erwacht zum Leben. Unter den schräg stehenden Betondecken des einstigen Obstbasars preisen die Händler lautstark Gemüse, Äpfel, Orangen und Bananen an. Auf dem jetzt ebenerdigen Dach eines eingestürzten Hotels steht der Barbier hinter einem wackeligen, dreibeinigen Friseurstuhl, der das Erdbeben weitgehend unbeschadet überstanden hat. Er schneidet jungen Männern die Haare und stutzt den Älteren den Bart. Frauen und Kinder suchen in den Trümmern nach Brennmaterial und stopfen Papier, Pappe, Stoffreste und Holzstücke in Plastiksäcke. Soldaten in Uniform, unterstützt von kräftigen Männern in Zivil, entladen Militärlaster und schleppen Säcke voll Reis und Mehl, Bündel mit Decken und Zelten in ein Lager mit Wellblechdach. Die Stadt ist wieder erwacht und atmet. Die lebendigen Gesichter der Menschen und ihre zupackenden Arme zeugen vom Willen zu überleben.

Am späten Nachmittag sitzen wir mit Ghul Aga im Kommandozelt einer pakistanischen Infanteriebrigade. Dieser Großverband soll zusammen mit der improvisierten Zivilverwaltung die Trümmer beseitigen, den Überlebenden schnell ein Dach über dem Kopf verschaffen und die Grundversorgung mit Lebensmitteln und medizinischen Einrichtungen sicherstellen. Eine Massenflucht in die südlicheren Distrikte, die ja

Zelte und Blechhütten

ebenfalls vom Erdbeben betroffen sind, muss unbedingt verhindert werden.

Vom Kommandeur dieser Brigade erfahren wir erstmals Einzelheiten über die Katastrophe: Mit einer Stärke von 7,6 auf der Richterskala wurden der Norden Pakistans und Teile Nordwestindiens vom stärksten Erdbeben seit hundert Jahren getroffen. Für die nächsten Tage und Wochen werden Nachbeben erwartet. Die Zahl der Toten liegt schon jetzt bei über 50 000, mehr als 3,5 Millionen Menschen haben ihren gesamten Besitz verloren. Die meisten Schäden und Opfer sind in den entlegenen Bergdörfern zu beklagen. Straßen und Wege dorthin sind teilweise verschüttet. Es wird Wochen dauern, sie wieder freizuräumen. Bis dahin können die Menschen nur aus der Luft versorgt werden.

Auf zwei entscheidende Fragen geht der General nicht ein: Wie sollen die Menschen in den abgelegenen Dörfern aus der Luft versorgt werden? Die pakistanischen Streitkräfte verfügen zwar über Hunderte von Kampfflugzeugen und Kampfhelikoptern, besitzen aber nur wenige geeignete Transporthubschrauber. Außerdem steht der Winter vor der Tür. Wie können Millionen von Menschen vor Kälte und Schnee geschützt werden?

In Kleingeländewagen der Armee und zu Fuß erkunden wir während der folgenden Tage zusammen mit Pionieroffizieren entlegene Dörfer, die an der Grenze zwischen Kaschmir und der pakistanischen Nordwestprovinz liegen. An den Abenden diskutieren wir mit den Militärs und Ghul Aga, welche Art von Hilfe wir im Raum um Balakot leisten können. Inzwischen laufen im benachbarten Kaschmir bereits die ersten Hilfsaktionen ausländischer Organisationen an.

Wir kehren zurück nach Peschawar. Dort hat Annette während der letzten Tage unsere Freunde in Deutschland per E-Mail und Telefon informiert und erfolgreich um Unterstützung geworben. Sie verlässt Pakistan und wird an der »Heimatfront« die Hilfe organisieren. Alem und ich bereiten die ersten Hilfslieferungen in Pakistan vor.

Zelte oder Blechhütten

In den Bergen Nordpakistans naht der Winter. Vor dem Schnee und der Kälte kommt hier gewöhnlich zunächst Regen. Die obdachlosen Überlebenden des Bebens müssen entweder rasch in den wärmeren und schneefreien Süden transportiert oder einige Monate lang nässe- und kältegeschützt in den Bergen untergebracht werden. Verständlicherweise lehnt die pakistanische Regierung eine Evakuierung von Millionen Bergbewohnern ab. Dazu wäre sie organisatorisch auch kaum in der Lage.

Soldaten lernen und üben das Überleben im Winter. Mitarbeiter von UN- und Hilfsorganisationen sind darauf leider nicht so gut vorbereitet und deshalb häufig überfordert. Natürlich weiß jeder Mediziner, wie anhaltende Kälte auf den Menschen wirkt: Normalerweise hält der Körper seine Temperatur auch bei Schwankungen der Umgebungstemperatur konstant bei rund 37 Grad Celsius. Wird der Körper über längere Zeit kalten Temperaturen ausgesetzt, produziert er innere Wärme, etwa durch automatisiertes Zittern der Muskeln. Zusätzlich ziehen sich die Blutgefäße in Armen und Beinen zusammen. Das »warme« Blut wandert nach innen und versorgt die lebenswichtigen Organe. Das »kalte« Blut bleibt in einer Art »Schale« in der Peripherie. In der Folge kommt es zu Erfrierungen an den Extremitäten. Hält die äußere Kälte an oder wird sie verstärkt durch Wind, sinkt zunehmend auch die Körperinnentemperatur ab. Der Betroffene verliert das Bewusstsein, es kommt zu Atem- und Kreislaufstillstand. Er stirbt. Wenn Wind auf den Betroffenen einwirkt, wird dieser

Prozess stark beschleunigt: Man spricht hier vom »Wind-Chill-Faktor«. Schon bei null Grad Celsius Außentemperatur erzeugt ein mäßiger Wind von 28 Stundenkilometern eine gefühlte und am Körper tatsächlich wirksame Temperatur von minus 13 Grad Celsius. Nässe, körperliche Anstrengung, Verletzungen und Erkrankungen, unzureichende Nahrung und Flüssigkeitszufuhr verstärken diesen Vorgang zusätzlich.

Wenn wir die obdachlosen, erschöpften Erdbebenopfer lebend über den Winter bringen wollen, ist es die dringlichste Aufgabe, sie über längere Zeit regen-, wind- und schneegeschützt unterzubringen. Aber noch ist es angenehm warm und trocken bis auf die Höhe von zweitausend Metern. Die Maschinerie der UN und der großen Hilfsorganisationen läuft zwei Wochen nach dem ersten Beben an. Aus dem Ausland werden täglich Hilfsgüter nach Islamabad geflogen. Die NATO entsendet Pionierkräfte ihrer erst 2002 aufgestellten »Schnellen Eingreiftruppe« *(Response Force)*, die im Erdbebengebiet zum Einsatz kommen sollen. Von Italien kommend, treffen sie und ihr schweres Gerät jedoch erst nach einigen Monaten auf dem Seeweg ein. Die zur Räumung der Straßen bestimmten Baumaschinen hätte man allerdings auch in Pakistan anmieten und damit sofort nach dem Beben einsetzen können.

Das Hauptquartier dieser Truppe, gestellt vom *Joint Command* aus dem warmen Portugal, mietet sich im Marriott, dem teuersten Hotel in Islamabad, ein. Die Kritik der pakistanischen Presse und der Protest deutscher Stabsoffiziere gegen diese unpassend feudale Unterkunft stößt bei der Führung des NATO-Verbandes in den ersten Wochen auf taube Ohren. Dagegen sind die Heeresflieger der Bundeswehr von Anfang an auf dem militärischen Teil des Flugplatzes von Islamabad in einfachen Containern untergebracht. Mit ihren Großraumhubschraubern CH-53 werden sie in den kommenden Monaten auch bei schwierigster Wetterlage Hilfsgüter in die Berge fliegen und auf dem Rückweg Kranke und Schwangere in die Kliniken im Süden bringen.

Anfang November sitze ich mit Alem im Gästehaus in Peschawar, dessen Chef uns wieder einmal einen guten Rat gibt. »Die Winter der vergangenen Jahre waren sehr kalt und schneereich«, erklärt unser *balakoti*. »Die Bergbauern im Norden sind keine Nomaden, die mit Zelten umgehen können. Daher rate ich dringend von Zelten ab.« Aber da es zu diesem Zeitpunkt noch immer nicht geregnet oder gar geschneit hat, ist Nordpakistan in den vergangenen Wochen zum größten Campingplatz der Welt geworden. Zehntausende mehrköpfige Familien hausen in zum Teil winzigen Zelten. Sämtliches Zeltmaterial in Pakistan ist von den Hilfsorganisationen innerhalb weniger Tage aufgekauft worden. Die großen Organisationen beschaffen die Zelte mittlerweile auch in den Nachbarländern sowie in Asien und Europa. Ab Mitte November erwarten die Fachleute zunächst Regen, der dann sehr schnell in Schnee übergehen soll. Also ist Eile geboten. Wenn es nur um wenige Tage geht, kann man natürlich auch im Norden Pakistans bei Regen und Schnee in einfachen Zelten überleben. Vielleicht sogar ein bis zwei Wochen – vorausgesetzt, die Zeltwände sind wasserdicht, der Schnee drückt das Dach nicht ein, die Bewohner sind gesund, werden hinreichend ernährt, können sich warm halten und ihre Bekleidung trocknen. Kurz, die Hilfsorganisationen, die ausschließlich auf Zelte setzen, müssen von einem übermenschlichen Optimismus erfüllt sein.

Wir jedenfalls machen uns große Sorgen um die Menschen in den windigen Zeltstädten, an denen wir auf unseren Fahrten in die Berge vorbeikommen. Jeden Tag ist uns die Gefahr bewusst, wenn wir – wie mit Ghul Aga und dem Brigadekommandeur vereinbart – Reis, Mehl, Milchpulver, Eiweißkekse, Speiseöl, Tee und Zucker auf angemieteten Lkws nach Balakot befördern. Von dort aus verteilen wir, unterstützt von pakistanischen Soldaten, mehrere Hundert Tonnen Hilfsgüter in den zerstörten Bergdörfern.

Noch ist es trocken und tagsüber auch leidlich warm …

Ein pakistanischer Stabsoffizier erläutert Reinhard Erös und seinem Sohn Urs die Lage im Erdbebengebiet

Wir überlegen fieberhaft, ob es eine Alternative zu den Zelten gibt, die bezahlbar und lieferbar wäre. »Blechhütten«, lautet schließlich die Antwort. Diese Lösung ist etwas teurer als einfache Zelte und mit mehr logistischem Aufwand verbunden. Doch Blechhütten sind stabil, regen- und schneedicht, und sie können – in Einzelteile zerlegt – von Tragtieren oder kräftigen Männern auch in Gebirgsregionen transportiert werden. Große Mengen an Wellblechteilen sind in Pakistan nicht überall erhältlich. In Lahore und Faisalabad werden wir endlich fündig. Zwar ist es von dort ein weiter Weg in die Berge, doch die Transportkosten in Pakistan sind sehr günstig. Der Brigadekommandeur in Balakot ist begeistert, als wir ihm unser Konzept »Blechhütten statt windiger Zelte« vorstellen, und verspricht uns seine volle Unterstützung.

So schicken wir noch vor dem Beginn der Regenfälle die ersten Lastautos, beladen mit Blechteilen, Kanthölzern, Metallstreben, Werkzeugsätzen und Kisten voller Nägel und

Schrauben auf die tagelange Reise in die Berge. Dabei sind die Materialbeschaffung und die Finanzierung nur ein Teil des Problems. Die einfachen Bergbewohner müssen auch lernen, aus den Einzelteilen eine stabile Hütte zu bauen. Zu diesem Zweck habe ich zusammen mit dem General die Dorfältesten aus den Bergen zu einer Vorführung eingeladen. Ein Offizier dolmetscht, während ich den erwartungsvoll Lauschenden die Vorzüge und den Aufbau einer Metallhütte erläutere:

Zwei kräftige Männer sind in der Lage, ein zirka dreißig Kilogramm schweres Blechteil auch steile Berghänge hinaufzutragen. Wie viele Teile ihr euren Tragtieren zumuten könnt, wisst ihr besser als ich. Ältere Kinder tragen die Holzteile und Werkzeuge. Für das Zusammensetzen der Metallbleche werden lediglich drei Großgewachsene benötigt, die mit Hammer, Nägeln und Schrauben umgehen können. Das Häuschen verfügt über einen kleinen Rauchabzug. Eure Frauen können also auch bei Regen und Schnee im Innenraum kochen. Das Metall ist feuerfest. Das Dach hält Schnee aus und ist wasserdicht. Sollte es weitere Nachbeben geben, stürzt die Hütte nicht sofort ein. Und selbst wenn sie einstürzt, werden die Bewohner nicht er-

Einweisung eines pakistanischen Pionieroffiziers in den Bau einer Wellblechhütte

Lehrvorführung zum Zusammenbau einer Blechhütte

schlagen. Beim Wiederaufbau eurer Dörfer im Frühjahr können die Blechteile anderweitig genutzt werden.

Schritt für Schritt erkläre ich das Zusammenschrauben der Blechteile. Der Pionieroffizier zimmert parallel dazu mit zwei seiner Soldaten das erste Häuschen in knapp zwei Stunden zusammen. Die Alten aus den Dörfern sind beeindruckt und klatschen begeistert. Dann fordert der Offizier unsere Gäste zum Zusammenbauen einer zweiten Hütte auf. Die drei kräftigen Freiwilligen benötigen zwar eine Stunde länger als die geübten Soldaten; aber dann steht auch dieses Häuschen – schmuck anzusehen und stabil.

Tag für Tag kommen nun Männer auch aus entlegenen Gebieten und schleppen auf Eseln und Maultieren die Blechteile und Werkzeugsätze zu ihren Familien. Sobald sie eine Hütte fertiggestellt haben, wird sie von der Armee registriert, und die Familie erhält von uns eine Grundausstattung für das »neue Heim« mit Gaskocher, Öllampe und Steppdecken. Etwa

750 Euro kostet uns die Komplettausstattung einer Blechhütte einschließlich der Transportkosten aus Lahore. Eine siebenköpfige Familie findet darin nachts – wenn auch unter beengten Verhältnissen – Platz. Tagsüber spielen die Kinder sowieso im Freien, der Familienvater ist unterwegs, und die Mutter kocht bei Regen in der »brandsicheren« Hütte. Im Gegensatz dazu sind Zelte leicht entflammbar: Immer wieder erfahren wir in den kommenden Wintermonaten, dass dort offenes Kochfeuer zu Bränden geführt hat und Menschen zu Schaden gekommen sind.

Meine Frau an der »Heimatfront« in Deutschland ist dank E-Mail-Kontakt, der erstaunlicherweise über meinen Laptop auch im pakistanischen Bergland funktioniert, über den erfolgreichen Beginn unseres Projekts informiert. Sie startet eine Spendenaktion »Blechhütten statt windiger Zelte« und kann in wenigen Wochen Tausende von Hilfsbereiten dazu bewegen, für unsere Häuschen in Pakistan zu spenden. Wir sind überwältigt, als zur Adventszeit bundesweit in deutschen Kindergärten und Schulen, in Kirchengemeinden und Vereinen dazu aufgerufen wird, den Erdbebenopfern in Pakistan mit einer Blechhütte als Weihnachtsgeschenk ein festes Dach über dem Kopf zu bescheren. Als dann auch noch etliche deutsche Zeitungen, darunter *das* deutsche Nachrichtenmagazin, und die pakistanischen Medien über unsere erfolgreiche Arbeit berichten, sind wir schon ein wenig stolz. Dank der großzügigen privaten Spenden und in kameradschaftlicher Zusammenarbeit mit den zupackenden pakistanischen Soldaten und ihrem engagierten Kommandeur haben meine Frau, Alem und ich mehreren Tausend Obdachlosen ein »warmes Weihnachtsfest« und sicheres Überleben im Winter ermöglicht. Und dies ohne aufwendige Bürokratie und »kopflastige« Organisation.

In der Nacht hat es nur wenig geschneit. Der eisige Wind am Vormittag weht dann auch schnell den weißen Staub von der Straße. An den blaugrünen Nadelzweigen der Fichten entlang unserer Route bleibt der Schnee dagegen wie Puderzucker haften. Ich bin gerade auf der Rückfahrt von Balakot nach Peschawar in meinem Beifahrersitz eingenickt, als mich Alem an der Schulter rüttelt: »Schau mal aus dem Fenster. Erkennst du diese Flagge?«

Kubaner im Schnee

Fünfzehntausend Kilometer von Havanna entfernt flattert an der Ausfahrt in eine Stichstraße eine blau-weiß gestreifte Fahne, darauf ein rotes Dreieck mit weißem Stern. Wenn ich es nicht sicher wüsste, würde ich es nie für möglich halten: Es ist die kubanische Nationalflagge! Auf einem zerfledderten, aufgeweichten Pappschild neben der Fahne entziffere ich – mit Filzstift geschrieben –: *Cuban Medicel Unitt.* Die kubanische Flagge, ein billiges Pappschild, falsches Englisch ... Also wohl tatsächlich Kubaner. Aber was, um Himmels willen, machen kubanische Ärzte in einem Erdbebengebiet der verschneiten Bergwelt Pakistans?

Da heute die Zeit nicht drängt und wir am Vormittag ein Dutzend neue Häuschen übergeben haben – also in bester Stimmung sind –, beschließen wir nachzusehen, ob sich hinter dem Gatter in einem grauen Gebäudekomplex am Ende der Stichstraße tatsächlich Kommunisten aus Mittelamerika befinden. Ein einheimischer Wachposten öffnet freundlich das Tor und führt uns zu den *»Doctores from America«,* wie er die Unbekannten nennt. US-Amerikaner, die sich mit einer kubanischen Flagge tarnen? – Völlig unmöglich! »Eher schlüpft ein CSU-Funktionär unter die Burka ...!«, erkläre ich Alem, der mit diesem Vergleich nichts anzufangen weiß, aber trotzdem lacht. Da hören wir auch schon spanische Stimmen. Meine Sprachkenntnisse sind hier eher dürftig, trotzdem erkenne ich üble Flüche mit religiösem Bezug wie *puerco* und *dios.* Als wir den Plastikwindschutz am Eingang zur Seite schieben, erblicken wir als Erstes eine hochgewachsene, breitschultrige,

Feierliche Übergabe eines Blechhüttendorfes an die Erdbebenopfer

dunkelhäutige und kräftig geschminkte Schönheit in weißem Kittel. Sie bückt sich gerade nach den Scherben einer Kaffeetasse. Daher also das Fluchen! In ihrer Rechten glimmt eine dicke Zigarre: *una Cubana autentica*. Die Frau ist nicht allein. Ein halbes Dutzend Männer und Frauen sitzt lachend an einem mit Tassen und Kaffeekanne gedeckten Tisch.

Als ich sie mit meinem holprigen Touristen-Spanisch anspreche, geraten sie regelrecht aus dem Häuschen. Umarmungen und Küsschen auf die Wangen für uns beide – auch von den Frauen. Der arme Alem ist völlig überrumpelt, doch er hat keine Chance, sich dieser gänzlich »unislamischen« Begrüßung zu erwehren. »Da kein anderer Moslem im Raum war und es gesehen hat«, vertraut er mir später verschmitzt an, »war es eigentlich ganz o. k.« Ein echter Fundamentalist wird mein afghanischer Freund wohl nie! Ich genieße den seit Wochen vermissten »Schwarzen ohne Milch und mit viel Zucker« und revanchiere mich mit dem Restbestand aus meiner Kiste Montecristo Nr. 4, die ich auch in den unwirtlichsten Gegenden dieser Welt bei mir zu tragen pflege.

»Man kann – auch in den übelsten Drecklöchern der Welt – auf alles verzichten, außer gelegentlich auf etwas Luxus«, hat mir vor vielen Jahren einer meiner Lehrmeister auf den Weg gegeben und mir dabei eine Zigarre überreicht. Und noch heute erinnere ich mich mit Lustgefühl daran, wie gut mir, dem ärztlichen Greenhorn, im knöcheltiefen Schlamm des überschwemmten Dhaka in Bangladesch seine geschenkte Havanna geschmeckt hat. Wenn Fachleute in Sachen Zigarren – *afficionados* – behaupten, eine Havanna könne man nur ab 20.00 Uhr in einem Nobelrestaurant zu teurem Cognac richtig genießen, so sage ich ihnen: »Falsch. Nach harter Arbeit und stinkend vor Schweiß, bei einem Glas heißem Tee auf dem Lehmfußboden einer afghanischen Hütte, schmeckt sie am besten.«

Unzählige Mal bitte ich die vor Freude übersprudelnden Kolleginnen und Kollegen aus der Karibik, langsamer zu sprechen. Vergeblich. Allem Anschein nach bin ich der Erste und Einzige hier, der sich mit ihnen – wenn auch nur mühsam – in ihrer Muttersprache verständigen kann. Nur einer der Kubaner, der Anästhesist, spricht etwas Englisch. Urdu oder Paschtu, die beiden Landessprachen in dieser Gegend, beherrscht keiner der Ärzte. Und Spanisch ist in Pakistan so verbreitet wie Kisuaheli in Wanne-Eickel. Es ist mir ein Rätsel, wie die Kollegen hier ohne qualifizierte Dolmetscher überhaupt tätig sein können. »Wir arbeiten bisher hauptsächlich chirurgisch«, erklärt mir ihr Chef, »da müssen wir kaum mit dem Patienten sprechen. Viel mehr Probleme bereitet uns die zunehmende Kälte. Sie behindert auch unsere Arbeit in den ungeheizten OP-Räumen. Wir sind mit unserer sommerlichen Kleidung aus Kuba angereist. Und Geld, um uns hier im Land Winterbekleidung zu kaufen, haben wir nicht. Wir verdienen im Monat 150 US-Dollar, und selbst diese werden an unsere Familien zu Hause ausbezahlt. Die 150 *greenbacks*« – diesen Ausdruck für US-Dollars kennen also selbst die Kubaner – »sind doppelt so viel, wie wir daheim verdienen würden. Deshalb haben wir uns gern für diese Mission gemeldet.«

Ich erinnere mich daran, dass Kuba seit Jahrzehnten seine gut ausgebildeten Ärzte – alles Staatsangestellte – als temporäre »Exportschlager« in Südamerika und Afrika einsetzt. Aber im streng islamischen Pakistan?! Beim Abschied verspreche ich, ihnen noch vor Weihnachten warme Winterkleidung zu besorgen. Außerdem will ich versuchen, das Sprachproblem zu beheben. Auf der langen Fahrt nach Peschawar kommt mir da ein guter Gedanke. Unser Sohn Urs hat wie seine drei Brüder vier Jahre lang mit uns in Pakistan gelebt. Obwohl er damals erst in die Schule kam, lernte er neben seiner Muttersprache und Englisch beim Spielen mit unseren pakistanischen Nachbarskindern auch etwas Urdu. Das ist nun zwanzig Jahre her. Seit 2002 begleitete er mich, inzwischen Student der Rechte, mehrere Male nach Pakistan und Afghanistan und hat dabei seine Urdu-Kenntnisse deutlich verbessert. Im vergangenen

Kinder vor einer Blechhütte im Schnee

Jahr arbeitete er mehrere Monate bei einer Rechtsanwalts-
kanzlei in Argentinien und als Praktikant an der deutschen
Botschaft in Quito, der Hauptstadt von Ecuador. Auch seine
Spanischkenntnisse sind inzwischen also recht passabel.

Zurück in Peschawar, gelingt es mir am Abend dann endlich, eine Telefonverbindung nach Deutschland herzustellen.
Urs sitzt gerade über seinen Büchern und bereitet sich auf sein
Erstes Staatsexamen vor. Ich eröffne ihm meinen Plan: »Du
verschiebst dein Staatsexamen – der Vater bezahlt ein weiteres
Semester – und kommst stattdessen für einige Monate zu mir
nach ›Kubanistan‹ in die Berge. Als unbezahlter ›Chefdolmet-
scher‹ sorgst du dafür, dass die kubanischen Ärzte sinnvoll arbeiten und ihre Fähigkeiten zum Wohl der Kranken und Verletzten voll einsetzen können.«

Ich habe nicht erwartet, dass Urs ablehnen würde. Aber mit
einem so begeisterten »Ich fliege gleich morgen!« habe ich auch
nicht gerechnet. Es dauert dann doch einige Tage, bis er ein Visum erhält und sich in der »Holzklasse« des Billigfliegers PIA
(Pakistan International Airlines) auf den Weg machen kann.
Die pakistanische Fluglinie ist nicht umsonst die preisgünstigste; technische Probleme und häufige Verspätungen haben
ihr bei Pakistan-Kennern auch zum Namen PIA – *Perhaps It
will Arrive* verholfen.

Urs kommt wohlbehalten bei uns an und bleibt bis wenige
Tage vor Weihnachten. Während dieser sieben Wochen hat
er ausgiebig Gelegenheit, sich in verschiedenen kubanischen
Krankeneinrichtungen nützlich zu machen: Er übersetzt in der
Ambulanz und im OP. Mit einem Sanitätsrucksack auf dem
Rücken begleitet er die frierenden Medizinerteams in tief ver-
schneite, entlegene Bergdörfer. Zweimal wöchentlich versorgen
Alem und ich die kubanischen Kollegen mit Medikamenten aus
Islamabad. Auch die Lieferungen von Metallhütten, Winter-
kleidung und Lebensmitteln nach Balakot gehen unvermindert
weiter. Regen, Schnee und Schlamm erschweren inzwischen die
»Fußtransporte« der Blechteile in steilere Regionen. Daher ge-

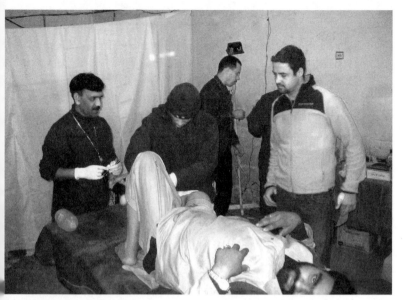

Urs Erös beim Dolmetschen in der chirurgischen Ambulanz des kubanischen Lazaretts

hen wir gern auf das Angebot des Generals ein und fliegen bei halbwegs guter Sicht mit pakistanischen Hubschraubern die lebensrettenden Häuschenteile auf Paletten in große Höhen.

Einige Tage vor Heiligabend sitzen wir auf zweitausend Meter Höhe gemütlich mit unseren kubanischen Freunden um den rot glühenden Kanonenofen in der zigarrenrauchgeschwängerten Luft des Aufenthaltsraums und genießen wieder einmal den wunderbaren »Schwarzen mit viel Zucker ohne Milch«. Draußen ist es bitterkalt. Der knöchelhohe Schnee auf dem gesamten Krankenhausgelände dämpft wohltuend den Dauerlärm des Generators. »Jetzt, zu Weihnachten, haben wir schon etwas Heimweh«, gesteht der Chef der siebenköpfigen Gruppe, »seit mehr als zwei Monaten sind wir nun schon hier und wissen nicht, wie lange wir noch bleiben müssen. Das gilt nicht nur für uns hier in Balakot, sondern für alle Kubaner im Erdbebengebiet.«

Der vorweihnachtliche Abend in Nordpakistan entwickelt

sich dann zu einer Vorlesung zum Thema »Medizin im sozialistischen Kuba«. Der junge, dynamische Unfallchirurg erklärt: *Zurzeit bilden wir auf Kuba 10 000 junge Männer und Frauen zu Ärzten aus. Die meisten entstammen ärmeren Familien aus Lateinamerika und der Karibik. 25 000 kubanische Ärzte und medizinische Hilfskräfte sind jährlich rund um den Erdball im Einsatz. Trotz des jahrzehntelangen US-Embargos ist die medizinische Versorgung in unserem Land für alle Bürger gesichert und kostenlos. Das kubanische Gesundheitssystem gilt als das beste in ganz Lateinamerika.*

Ich kann die Zahlen und Daten, die er uns nennt, zunächst gar nicht glauben.

Mehr als zweitausend Ärzte, Krankenschwestern und technisches Fachpersonal hat unser bekanntlich nicht besonders wohlhabendes Land schon wenige Tage nach dem Beben auf den Weg geschickt. Mit etwa achthundert Ärzten stellen wir das mit Abstand größte Medizinerkontingent aller Länder hier in den Bergen; sogar Pakistan selbst hat nur sechshundert Ärzte im Einsatz. Unsere dreißig Lazarette sind für hiesige Verhältnisse sehr gut ausgestattet – mit Röntgengerät, Ultraschall und EKG. Unsere mobilen ›Pudelmützenteams‹ dringen als Katastrophenhelfer mit ihren Rucksäcken zu Fuß auch in die entlegensten Dörfer vor. Inzwischen haben wir über 200 000 Patienten behandelt. Dein Sohn Urs hat uns einige Male begleitet. Kein anderes Land der Welt, insbesondere keiner der reichen kapitalistischen Staaten, leistet Ähnliches. Darauf sind wir sehr stolz. Umso mehr ärgert es uns, dass wir und unsere Arbeit in den westlichen Medien totgeschwiegen werden. Unsere Bezahlung kennst du ja: 150 US-Dollar im Monat! Trotzdem sind wir kubanischen Ärzte und Krankenschwestern glücklich, diesen armen Menschen – egal ob Moslem oder nicht – helfen zu können.

Seine Geschichte wühlt mich auf, vielleicht, weil der Kollege sie so sachlich erzählt. 150 US-Dollar Monatsgehalt für einen qualifizierten Chirurgen, der bei eisiger Kälte unter schwierigen und gefährlichen Bedingungen hier in den Bergen seit Wochen Leben rettet! Denselben Betrag bezahlt der NATO-Stab in Islamabad für *eine* Übernachtung eines einzigen Offiziers im First-Class-Hotel. Ich schäme mich als ehemaliger Offizier eines NATO-Landes. Man muss das kommunistische, die Menschenrechte im eigenen Land häufig missachtende System Kubas wirklich nicht lieben; doch die humanitären Leistungen seiner »medizinischen Botschafter« hier auf der anderen Seite des Globus sind wahrhaft bewunderns- und berichtenswert.

Dass »Reisen bildet«, ist allgemein bekannt. Aber dass ich, durch ein Erdbeben von meiner eigentlichen Arbeit in Afghanistan in die winterliche Bergwelt an der Grenze zu Kaschmir verschlagen, kubanischen Ärzten begegne und aus ihrem Munde höchst erstaunliche Dinge über das Gesundheitswesen der kommunistischen Karibikinsel erfahre – das grenzt an ein Wunder. Alem, vor zwanzig Jahren Mudschahed und Todfeind aller afghanischen Kommunisten, trifft den (moslemischen) Nagel auf den Kopf, als er beim Abschied zu den Cubanas und Cubanos sagt: »Ich danke und bewundere euch, dass ihr so großartige Hilfe leistet. Schade, dass ihr Kommunisten seid. Ihr würdet wunderbare Moslems abgeben. Überlegt es euch. Dann würden wir uns spätestens im Paradies wiedersehen.«

Der Revolutionär unter dem Turban –
Khazan Gul Tani

Unsere Töchter Cosima und Veda können ihre Aufregung kaum verbergen. Afghanistan gehört zwar zu ihrem täglichen Leben, aber sie selbst sind noch nie dort gewesen. Inzwischen kennen sie viele Deutsch-Afghanen, die als ehemalige Flüchtlinge seit langer Zeit in Deutschland leben. Heute aber erwarten wir zu Hause einen »richtigen« Afghanen, Khazan Gul Tani, den Baumeister unserer Schulen aus Khost. Ich habe unseren Freund seit unserer Zeit in Peschawar nicht mehr gesehen. Damals, in den achtziger Jahren, kam er ab und zu in unser Haus, um Nachrichten aus Deutschland zu erfahren und sich ein wenig vom Krieg zu erholen. Khazan war bei Weitem die intelligenteste und eindrucksvollste Persönlichkeit unter den vielen Mudschaheddin-Kommandeuren, die ich während des sowjetisch-afghanischen Krieges kennengelernt habe. Seine Besuche bei uns in Peschawar waren daher immer ein Erlebnis der besonderen Art.

Und gerade deshalb lud ich zu unseren abendlichen Gesprächsrunden auch immer die gesamte *German Community* aus Westpakistan ein. In fließendem Deutsch erzählte uns Khazan – die Kalaschnikow-Maschinenpistole stets neben sich – aus seinem Leben: vom Studium in Deutschland, von seiner Rückkehr nach Afghanistan und seinem »persönlichen Krieg« gegen die Besatzer, wie er ihn nannte. Der Sohn einer bettelarmen Bauernfamilie im gottverlassenen Distrikt Tani hatte es dank seiner hohen Intelligenz und seinem ungeheuren Fleiß geschafft, in Kabul eine weiterführende Schule zu besuchen. Nach einem exzellenten Abitur durfte er in Deutschland studieren. Seine hervorragenden deutschen Sprachkenntnisse und seine politische Sozialisation verdankte er seiner Zeit an der Frankfurter Universität während der Studentenbewegung der sechziger Jahre. Als überzeugter Patriot und Marxist – in der Terminologie der Studentenrevolte hätte man ihn als »unorthodoxen Kommunisten« bezeichnet – war er nach seinem Physik- und Mathematikstudium in seine alte Heimat zurückgekehrt, obwohl er auch in Deutschland hätte bleiben können.

Wie ich bei unserem Wiedersehen in Deutschland feststelle, prägt der »patriotisch-revolutionäre Geist« noch immer Khazans Denken, doch Kommunist ist er schon lange nicht mehr. Khazans äußere Erscheinung wirkte damals auf uns, als hätte er für Marc Chagalls »König David« Modell gesessen. Seine hagere sehnige Gestalt, seine markante, wohlgeformte Nase, die vorstehenden Backenknochen in dem schmalen Gesicht, der schon damals kräftige, graue Bart und die stets lebendigen, klugen dunkelbraunen Augen weckten bei mir immer das Bild eines alttestamentarischen Propheten, wäre da nicht der sorgfältig gebundene, riesige Paschtunenturban auf seinem filmreifen Kopf gewesen.

Ich bin gespannt, wie uns Khazan heute, zwanzig Jahre nach unserer letzten Begegnung, gegenübertritt. Er ist mit Ariana, der afghanischen Fluggesellschaft, von Kabul nach Frankfurt geflogen. Von dort wollte er mit dem Zug nach Regensburg weiterfahren. Und tatsächlich: Jetzt kommt er mir auf dem Bahnsteig entgegen. Ich erkenne ihn nicht nur an seinem weißen Turban und dem weiten Shalwar-Kamez, in Regensburg eine ungewöhnliche Bekleidung – auch sonst hat er sich kein bisschen verändert. Nur etwas mehr Falten durchziehen das sonnengebräunte Gesicht. Energisch wie einst packt er mich an den Schultern und strahlt mich an: »Na, wie geht es dir, dem imperialistischen Klassenfeind?« Auch die studentischen Klassenkampfparolen aus den Sechzigern hat er anscheinend nicht vergessen. Aus unseren Gesprächen vor zwanzig Jahren weiß er, dass ich während der Studentenrevolte in der Hochschul-

Khazan Gul zu Hause bei den Erös im bayerischen Mintraching

politik auf »der anderen, der konservativen Seite gekämpft« habe, und das hält er mir auch heute humorvoll vor.

Auf der kurzen Fahrt in unser Dorf empört er sich über die Behandlung, die er während seiner kurzen Zugfahrt über sich ergehen lassen musste: »Sechsmal haben die Schaffner meinen Fahrschein sehen wollen, und zweimal musste ich der Polizei meinen Reisepass vorlegen. Wie in alten Zeiten! Damals hielt man uns mit unseren langen Haaren für kommunistische Terroristen, und heute sieht man in mir wegen meiner afghanischen Kleidung wohl einen Taliban. Ihr Deutschen ändert euch nie.«

Der inzwischen über sechzigjährige Khazan versprüht noch immer den Geist des Revoluzzers der Achtundsechziger-Generation! Unsere beiden Töchter mögen ihn auf Anhieb, und auch die Söhne sind beeindruckt von der Wortgewalt und Weisheit des bärtigen Paschtunen. Sie hängen an seinen Lippen, als er nach dem Essen aus seinem wechselvollen und spannenden Leben erzählt. Ein Abend ist viel zu kurz, um auch noch die Ereignisse der vergangenen Jahre Revue passieren zu lassen. Doch Khazan wird zwei Wochen in Deutschland bleiben, um mit uns die Schulen zu besuchen, die unsere Projekte in Afghanistan unterstützen. Da bleibt genügend Zeit, um sich auszutauschen.

Gleich am nächsten Morgen sind wir im benachbarten Landkreisgymnasium Neutraubling. Diese Schule unterhält seit der Gründung der »Kinderhilfe Afghanistan« eine Patenschaft mit unserem ersten Mädchengymnasium in Jalalabad, der Allaei-Mädchenoberschule. Schon beim Betreten des Schulgeländes erregt Khazan mit seiner Tracht großes Aufsehen. Aus allen Fenstern starren Schüler und Lehrer auf den weiß gekleideten bärtigen Mann mit dem wogenden Turban. Als wir mit ihm die Aula betreten und er die dicht gedrängte Schülerschar mit einem kräftigen »Grüß Gott« begrüßt, geht ein Raunen durch die Reihen: »Der Araber spricht ja Bayerisch!«

»Nein, Bayerisch spreche ich nicht, eher Hessisch. Und

Araber bin ich auch nicht, sondern Afghane. Den Unterschied werde ich euch heute auch erklären«, beginnt Khazan seine zweistündige Geschichte. Beeindruckt vom fehlerfreien Deutsch des Afghanen, lauschen die Jungen und Mädchen der Kollegstufe seiner spannenden, oft irrsinnig komischen und manchmal sehr traurigen Lebensgeschichte.

Ich bin wahrscheinlich 1945 geboren, mein genaues Geburtsjahr kenne ich nicht. Aber es war sicher im Herbst, denn mein Name »Gul« bedeutet »Herbstblume«. In Afghanistan, besonders auf dem Land, spielt das Geburtsjahr keine so wichtige Rolle wie hier bei euch. In Afghanistan gibt es keine Geburtsurkunden, und kein Bauer besitzt einen Personalausweis oder gar einen Pass. Man weiß in den Dörfern gar nicht, dass es so etwas gibt. Und wozu sollte er nützen, wenn man sein ganzes Leben eh im Heimatdorf verbringt? Viel wichtiger als das Geburtsdatum ist bei uns der Name. Denn wenn man den Namen kennt, weiß man automatisch, wer der Vater ist. Und wenn der Name des Vaters einen guten und ehrlichen Ruf hat, dann überträgt man das auch auf seine Kinder.

Mein Vater war ein ehrlicher, aber auch sehr armer Mann und ist gestorben, als ich noch ganz klein war. Ich kann mich nicht mehr an ihn erinnern. Meine Mutter hatte als Witwe ein sehr hartes Leben, denn sie musste meine Geschwister und mich jeden Tag satt bekommen. Das war damals nicht einfach in Afghanistan, und daran hat sich bis heute nichts geändert. Bei uns gibt es keine Rente und kein Kindergeld wie hier in Deutschland. Weil wir so arm waren, musste ich auch zur Schule gehen, obwohl meine Mutter und ich das gar nicht wollten. Denn zu Hause hätte ich ihr bei der Feldarbeit helfen können. Sicher könnt ihr gar nicht verstehen, dass man wegen Armut in die Schule gehen muss. Ich will es euch erklären.

Anfang der fünfziger Jahre hat der afghanische König Zahir Shah eine große Alphabetisierungskampagne für das ganze Land gestartet, die bis in die entlegensten Dörfer reichte. Auch unser Dorf im Bezirk Tani in der Provinz Khost, in den Ber-

gen nahe der pakistanischen Grenze, bekam damals eine kleine Schule und einen Lehrer. Eine eingeschränkte Schulpflicht wurde eingeführt, und alle Jungen mussten den Unterricht besuchen. Wenn die Familie reich war, konnte sie den Lehrer bestechen, sodass der Sohn zu Hause bleiben und dort helfen durfte. Meine Mutter hatte aber kein Geld übrig; also musste ich zum Unterricht. Und da sie mich nun einmal in die Schule schicken musste, fürchtete sie, ich könnte ein schlechter Schüler sein und ihr Schande machen. Deshalb war sie schrecklich streng mit mir! Weil ich Angst vor ihr hatte, gab ich mir große Mühe beim Lernen. So wurde ich wohl oder übel zu einem hervorragenden Schüler. Meine Zeugnisse waren so gut, dass man mich nach vier Jahren Dorfschule auf die Mittelschule für Jungen in der Distrikthauptstadt Khost schickte. Diese Schule besuchten vor allem Kinder aus reicheren Elternhäusern, und meine Angst war nun noch größer als zuvor. Ich befürchtete nämlich, dass die Lehrer mir wegen meiner Armut eher schlechte Noten geben würden, und daher habe ich mich besonders angestrengt, um meine Mutter nicht zu enttäuschen. Als Klassenbesten schickten mich die Lehrer dann auf die Oberschule nach Kabul. Dort machte mir das Lernen erstmals richtig Spaß. Besonders gern mochte ich die naturwissenschaftlichen Fächer und Mathematik.

Meine Mutter und meine Geschwister waren sehr stolz, dass ich, der arme Bauernbub aus Khost, mit dem zweitbesten Abitur in ganz Afghanistan auch studieren durfte. Weil es damals bei uns nicht genügend Studienplätze gab, schickte man mich nach Deutschland. Ein Land, zu dem Afghanistan schon seit vielen Jahrzehnten gute Beziehungen hatte und das für uns ein großes Vorbild war. Ein Studium in Deutschland war für jeden Afghanen ein Traum. Und dieser Traum sollte für mich jetzt in Erfüllung gehen. Bei der Abreise sah ich zum ersten Mal in meinem Leben ein richtiges Flugzeug und fühlte mich wie ein König, als mir schick gekleidete Stewardessen ein feines Essen servierten.

Da ich kein Wort Deutsch sprach, schickten mich die deutschen Behörden zunächst zu euch nach Bayern. Auf der Sprachschule in Rosenheim fühlte ich mich anfangs wie zu Hause in Afghanistan: Die Alpen und die bunten Herbstwiesen, später dann die schneebedeckten Berge und der blaue Himmel erinnerten mich jeden Tag an meine Heimat. Trotzdem bekam ich bald schreckliches Heimweh. Denn alles andere war völlig fremd. Das bayerische Essen mit Schweinefleisch und Würsten mit Kraut roch nicht nur furchtbar; für mich als Moslem war es das reine Gift. Noch viel schlimmer litt ich darunter, wie sich hier die jungen Männer und Frauen benahmen. Die Mädchen trugen ganz kurze Röcke und machten den Jungen schöne Augen. Ich sah unverheiratete Männer und Frauen Händchen haltend und schmusend auf offener Straße. Bei uns zu Hause schlagen die Frauen sittsam die Augen nieder, wenn ein Mann in der Nähe ist. Und die Männer würden nie einer fremden Frau direkt ins Gesicht schauen oder sie gar anfassen. Ein deutscher Freund lebte mit einer Frau zusammen, obwohl die beiden gar nicht verheiratet waren. Bei uns suchen die Eltern für ihre Kinder den künftigen Ehepartner aus. Erst bei der Hochzeit lernen sich Mann und Frau richtig kennen, und erst nach der Heirat dürfen sie in einer Wohnung zusammenleben. Wenn sich jemand nicht an diese Regeln hält, büßen er und seine ganze Familie ihre Ehre ein. Dann gilt man als Ausgestoßener. Der Anstand des Einzelnen und die Ehre der Familie sind gleichsam das soziale Skelett eines Körpers, das alles zusammenhält; Anstand und Ehre funktionieren als Überlebensversicherung der Sippe und des ganzen Dorfes. Wer dagegen verstößt, gefährdet die Grundlagen des Zusammenlebens und wird deshalb streng bestraft.

Und jetzt musste ich in Deutschland jeden Tag miterleben, wie »unzüchtig« sich die Kommilitonen um mich herum verhielten. Meinem ersten Schreck folgte innere Erstarrung. Ich wurde regelrecht krank, konnte nichts mehr essen, hatte Bauchschmerzen und Erbrechen. Es ging mir immer schlechter, sodass mich meine Lehrer zu einem Arzt brachten. Obwohl er mich lange untersuchte und Röntgen- und Blutuntersuchungen durchführte, fand er keine Krankheit. »Sie sind körperlich topfit«, erklärte er mir. Mein Zustand besserte sich nicht. Ich wollte unbedingt wieder zurück nach Afghanistan, hatte aber schreckliche Angst vor der Schande, die ich damit meiner Familie zugefügt hätte. Dann kam die Rettung! Der Vater eines Kommilitonen war Psychologe, und sein Sohn hatte ihm von dem »Afghanen mit den unheilbaren Bauchschmerzen« erzählt. Der Vater nahm sich meiner an und führte lange Gespräche mit mir. Mein Deutsch war inzwischen so weit gediehen, dass ich mich halbwegs verständlich ausdrücken konnte. »Du leidest unter einem Kulturschock«, erklärte er mir, »und diesen Schock behandeln wir mit einem Gegenschock.« Er verschrieb mir einen Tanzkurs!

Wir Afghanen sind es gewohnt, auf den Rat der Eltern und angesehener Persönlichkeiten zu hören und ihnen zu gehorchen. Ich befolgte also den Rat des Psychologen und besuchte zusammen mit seinem Sohn einen Tanzkurs. Allein hätte ich mich das nie getraut. Die erste Stunde war schon schlimm genug, obwohl wir da den Mädchen nur gegenübersaßen und dem Tanzlehrer und seiner Frau zusehen mussten. In der zweiten Stunde brach es über mich herein: Die Mädchen sollten sich einen Tanzpartner aussuchen. Ich hoffte inständig, dass sie mich, den Ausländer, übergehen würden und ich das Tanzen nur »theoretisch« würde lernen können. Doch das Gegenteil geschah: Plötzlich standen vier Mädchen vor mir und forderten mich auf! »Deine langen schwarzen Haare und die traurigen braunen Augen des exotischen Ausländers haben mir so gut gefallen«, gestand mir später meine Tanzpartnerin. Erstmals in meinem Leben musste ich jetzt ein fremdes Mädchen anfassen. Nicht nur für wenige Sekunden, sondern minutenlang! Um es kurz zu machen: Nach den ersten Tanzstunden begann die Therapie des Psychologen zu wirken. Schon Tage zuvor freute ich mich auf die Tanzstunden und wurde ein begeisterter und guter Tänzer. Meine Starre löste sich, ich hatte wieder Appetit und fühlte mich von Tag zu

Tag besser. Ich vergaß das Heimweh, und als ich mich auch in der neuen Sprache gut ausdrücken konnte, war ich endgültig in Deutschland angekommen.

Meine nächste Station war die Universität in Frankfurt. Ich studierte Mathematik und Physik und wollte Lehrer werden. Je besser es mir gelang, in die komplizierte deutsche Gesellschaft der späten sechziger Jahre einzutauchen, desto mehr begeisterten mich die revolutionären Ideen der linken Frankfurter Studenten. Sie protestierten gegen die Allmacht der Professoren, das zementierte Machtgefüge an der Universität und in der Gesellschaft, gegen den Krieg der USA in Vietnam und die Unterdrückung der Menschen in der Dritten Welt. Sie demonstrierten für mehr Rechte der Studenten, für Gleichheit, Gerechtigkeit und Sozialismus. Revolutionäre wie Lenin, Mao Tse-tung, Che Guevara und Ho Chi Minh waren ihre Vorbilder, und in jeder Studentenbude hingen ihre Poster. Ich war fasziniert von dieser revolutionären Aufbruchstimmung und beschloss, mich nach meiner Rückkehr nach Afghanistan ebenfalls als Revolutionär zu engagieren. Ich schmiedete Pläne, den König zu stürzen und mein politisch und wirtschaftlich rückständiges Land sozialistisch zu modernisieren.

1972 war es so weit. Nach sechs Jahren hatte ich mein Lehramtsstudium in Mathematik und Physik erfolgreich abgeschlossen und flog zurück in die Heimat. Als ich in Kabul ankam, traf mich gleichsam ein Blitz. Ich erkannte die Stadt zunächst gar nicht wieder! Auf den Straßen flanierten jetzt – wie in Deutschland – geschminkte Mädchen in Miniröcken. Junge Pärchen saßen Händchen haltend in Straßencafés und besuchten gemeinsam die zahlreichen Kinos, die es inzwischen gab. Abends strömten die Menschen ins Theater und zu Konzerten. Die einstmals stockfinsteren Straßen waren nachts beleuchtet. Viele Mädchen studierten gemeinsam mit jungen Männern an der Universität. Während meines Studiums in Deutschland hatte die Regierung das Frauenwahlrecht eingeführt. Frauen saßen im Parlament und bekleideten hohe Ämter in der Regierung.

Ich war verwirrt und gleichzeitig beglückt darüber, was sich in meiner Abwesenheit alles geändert hatte.

Dann fuhr ich von Kabul zu meiner Familie in das kleine Dorf Tani, nur hundert Kilometer von der Hauptstadt entfernt, und alles war wie vor zehn Jahren, als ich das Land verlassen hatte. Die Uhren waren stehengeblieben, die Menschen lebten hier genauso, wie es meine Vorfahren wohl schon vor fünfhundert Jahren getan hatten. Noch immer huschten die Frauen und älteren Mädchen unter der Burka durch die Gässchen. Nur Männer bestimmten das öffentliche Leben. Es gab keinen elektrischen Strom, keine Autos, keine Schulen für Mädchen. Der nächste Arzt war noch immer eine Tagesreise entfernt. Auf den Feldern zogen primitive Ochsenkarren den Holzpflug, und die alten Frauen schlugen mit Dreschflegeln den Weizen. Und hier, im tiefsten Mittelalter, wollte ich jetzt mein an einer modernen deutschen Universität erlerntes Wissen als Mathematik- und Physiklehrer an die Kinder weitergeben. An Kinder, die größtenteils gar nicht lesen und schreiben konnten! Mich traf ein neuer Schock. Ein Zustand, den die Kulturwissenschaftler den »doppelten Kulturschock« nennen:

Vor sechs Jahren hatte mich die Begegnung mit den Freiheiten eines modernen Lebens in Deutschland erschüttert, und jetzt, nach der Rückkehr in meine Heimat, fand ich mich in der unveränderten mittelalterlichen Welt des Dorfes nicht mehr zurecht. Erschwerend kam hinzu, dass sich in diesen Jahren die Hauptstadt meines Landes sehr wohl weiterentwickelt hatte. Wochenlang fühlte ich mich in meinem eigenen Haus wie ein Heimatloser und war völlig ratlos. Sollte ich wieder zurück nach Deutschland oder ins moderne Kabul gehen, oder sollte ich hier bei meiner Familie und meinen Freunden leben und arbeiten? Meine weise Mutter erlöste mich aus dieser Erstarrung mit ihrem Rat: »Du bist hier geboren und aufgewachsen. Deine Wurzeln sind im Dorf Tani. Dein Fleiß und deine Intelligenz haben dir Flügel wachsen lassen, und du bist in die Welt hinausgeflogen, hast dort vieles gesehen und Neues gelernt. Dieses

Wissen musst du jetzt den Kindern in deiner Heimat weitergeben.«

Ich bin in Tani geblieben und habe viele Jahre als einfacher Dorfschullehrer unterrichtet. Ab und zu musste ich nach Kabul reisen, um Schulbücher zu besorgen und im Erziehungsministerium vorzusprechen. Bei diesen Ausflügen in die zunehmend westlich-zivilisierte Welt der Hauptstadt wurde mir ein Grundübel unseres Landes immer deutlicher: der Bruch zwischen Stadt und Land. In Deutschland hatte ich kaum Unterschiede im Lebensstil der Städter und der Dorfbewohner bemerkt. Bei uns lagen Jahrhunderte dazwischen.

80 Prozent aller Afghanen waren und sind Bauern. Sie lebten – und leben noch heute – in einer anderen Welt und Zeit als die modernen Kabulis. Daher wurde mir rasch klar, dass eine kommunistische Revolution und der Sturz des Königs nicht die richtige Lösung für unser Land sein konnten. Nur wenn Bauern und Städter zusammengingen, hatten wir eine Chance, Afghanistan voranzubringen und in die Moderne zu führen. Die Dörfler mussten geistig und technisch den Kabulis folgen können, und die Kabulis hatten bei jedem Reformschritt darauf zu achten, dass die Werte und die Funktion unserer afghanischen Kultur und Stammestraditionen nicht vernachlässigt wurden. Mir war klar, dass dies sehr viel Geduld auf beiden Seiten erfordern würde. Und vor allem würde es sehr lange dauern. Die politische Situation in Kabul gestaltete sich zunehmend unruhig und unübersichtlich. Viele Afghanen waren nicht bereit, die notwendige Geduld für Reformen aufzubringen. Sie wählten den Weg der gewaltsamen Revolution. Es waren vor allem Studenten und Offiziere, die während ihres Studiums in der Sowjetunion mit dem Bazillus des Marxismus-Leninismus infiziert worden waren und diesen jetzt in Afghanistan verbreiteten.

1973 wurde unser König Zahir Shah nach vierzig Jahren friedlicher Herrschaft gestürzt und lebte seither im Exil in Italien. Sein Cousin Muhammmad Daud übernahm die Macht und ernannte sich zum Ministerpräsidenten. Damit endete eine über zweihundert Jahre lange Monarchie. Viel zu hastig ging Daud daran, seine revolutionären Ideen in die Tat umzusetzen. Vor allem die Landbevölkerung konnte und wollte ihm dabei nicht folgen. Einigen Kabulis gingen Dauds Reformen dagegen zu langsam. Es kam zu gewalttätigen Demonstrationen, die oft mit militärischen Mitteln niedergeschlagen wurden. Hunderte kamen dabei ums Leben. In Kabul ging es nun drunter und drüber: Daud wurde gestürzt und mit seiner ganzen Familie ermordet. Die neuen Herren – zunächst Taraki, dann Amin – nannten sich Volksdemokraten oder sozialistische Demokraten. Obwohl sie von Moskau gefördert und unterstützt wurden, entglitt ihnen mehr und mehr die Macht. Sie beherrschten weder das Instrument des Sozialismus noch verfügten sie über die Fähigkeit zu regieren. Afghanistan befand sich auf dem Weg in einen Bürgerkrieg zwischen Stadt und Land.

Gegen diese falsche und verhängnisvolle Politik erhob ich meine Stimme, und bald wusste man auch in Kabul, dass Khazan Gul von Tani nicht mit einer Revolution, sondern in kleinen, kulturadäquaten Schritten Veränderungen herbeiführen wollte. Daher war ich den neuen Machthabern ein Dorn im Auge, und sie steckten mich kurzerhand ins Gefängnis. Für die Sowjetunion war in Afghanistan der Boden mittlerweile für konsequent revolutionäre Maßnahmen bereitet, und man wählte die militärische Lösung. Am christlichen Fest des Friedens, dem zweiten Weihnachtsfeiertag 1979, fiel die Supermacht in unser Land ein. Auf den Teerstraßen, die die Sowjets wenige Jahre zuvor gebaut hatten, erreichten ihre Panzerverbände schon nach wenigen Tagen Kabul. Sie brachten auch gleich einen neuen afghanischen Präsidenten aus Moskau mit: Babrak Karmal. Die technisch weit überlegenen sowjetischen Divisionen eroberten wie in einem Blitzkrieg innerhalb weniger Wochen alle großen Städte des Landes. Ein Teil der gebildeten Städter kollaborierte und arrangierte sich mit dem neuen System, der größere Teil unserer geistigen Elite verließ das Land und floh in die USA oder nach Europa, vor allem nach Deutschland. Bis heute sind die meisten von ihnen im Ausland geblieben; mit ihrer Bildung und ihren Fähigkeiten fehlen sie uns beim Wiederaufbau.

Ich saß zu dieser Zeit immer noch hoffnungslos, krank und schon halb verhungert im Gefängnis in Kabul. Meine Rettung verdanke ich einem meiner Brüder. Er drohte dem damaligen Innenminister, der auch aus Khost kam, er werde mit allen Stammeskriegern unserer Provinz ihn und seine Familie töten, wenn er mich nicht sofort frei ließe. Das wirkte! So konnte ich in mein Dorf zurückkehren, obwohl ich auch nach Deutschland hätte fliehen können. Ich besaß noch immer meinen deutschen Pass, den ich nach meiner Rückkehr aus Deutschland nicht – wie es eigentlich vorgeschrieben war – der Regierung zurückgegeben, sondern in unserem Haus versteckt hatte.

Ich musste zusammen mit den Bauern der Dörfer die Russen wieder aus unserem Land vertreiben. Auf keinen Fall wollten wir dulden, dass sie – gottlose Kommunisten – den Islam abschaffen würden. Eine marxistische Ideologie hätte auch unser gesamtes gesellschaftliches Gefüge zerstört. Wir haben noch nie in unserer Geschichte fremde Soldaten in unserem Land geduldet. Wir haben sie alle besiegt und verjagt: in der Antike Alexander den Großen und später die Mongolenfürsten Dschingis Khan und Tamerlan. Im 19. Jahrhundert brachten wir der damaligen Supermacht, den Engländern, die größte Niederlage ihrer Geschichte bei. Der deutsche Dichter Theodor Fontane beschreibt diese Schlacht in seiner ergreifenden Ballade »Das Trauerspiel von Afghanistan«: Im Winter 1842 lockten die vereint kämpfenden Paschtunenstämme ein britisches Korps mit 20 000 Soldaten und ihren Familien in den Schluchten von Gondomak in eine Falle und vernichteten sie binnen weniger Tage. Nur einem Oberstabsarzt gelang es, dem Massaker zu entkommen und sich nach Peschawar durchzuschlagen. Dort meldete er dem General im britischen Hauptquartier: »Sir, ich bin der einzige Überlebende.«

Die Geschichte unseres Volkes ist überreich an Schlachten und Gefechten gegen ausländische Eindringlinge. Und schon *als Kind habe ich – wie alle Kinder Afghanistans – gelernt, dass keiner unserer Gegner uns je besiegen und Afghanistan unterjochen konnte. Daher war ich überzeugt, dass wir auch dieses Mal siegen und die Supermacht Sowjetunion schlagen und vertreiben würden. Auf die kleine afghanische Nationalarmee konnten wir nicht zählen, denn viele unserer hohen Offiziere waren in der UdSSR ausgebildet worden und sympathisierten mit den Besatzern. Sie zwangen die jungen Wehrpflichtigen, auf der Seite der Sowjets zu kämpfen, wenn sie nicht vor ein Kriegsgericht gestellt und erschossen werden wollten. Wir Bauern waren auf uns selbst gestellt und vertrauten nur auf uns und Allah. Der zehnjährige Widerstand gegen die fremde Macht kam aus den Bergdörfern, nicht aus den Städten. Die Städter kollaborierten oder flohen ins Ausland. Auch in diesem Krieg zeigte sich wieder der Bruch zwischen Stadt und Land.*

Anfangs kämpften wir nur mit alten Flinten, und auch später verfügten wir nie über schwere Geschütze und Panzer, Hubschrauber und Flugzeuge. Wir besaßen auch keine Stahlhelme oder Splitterschutzwesten, wie sie selbst die einfachen russischen Soldaten trugen. Etliche meiner Männer hatten nicht einmal feste Schuhe und kämpften auch im Winter in ihren Sandalen. Aber wir führten die Gefechte in unserem eigenen Land; in den Bergen, wo wir zu Hause waren und jeden Gipfel, jedes Tal und jede Höhle kannten. Wir verteidigten den Islam und hatten daher auch Gott – Allah – auf unserer Seite. Erst ein paar Jahre später erhielten wir dann modernere Gewehre und einige wenige Flugabwehrraketen aus Pakistan, um uns endlich auch gegen die gepanzerten Kampfhubschrauber und hoch fliegenden Jagdbomber verteidigen zu können. Dieser Kampf wurde auf beiden Seiten mit ungeheurer Grausamkeit geführt. Wir Afghanen bezahlten ihn mit 1,5 Millionen Toten und noch mehr Verwundeten. Aber auch die sowjetischen Familien mussten einen schrecklichen Blutzoll entrichten: Rund 20 000 Soldaten, meist junge Wehrpflichtige, kamen ums Leben, und Hunderttausende kehrten verstümmelt in ihre Heimat zurück.

Im Februar 1989 zog diese Weltmacht geschlagen aus unserem Land ab. Was kaum jemand für möglich gehalten hatte: David hatte Goliath besiegt. Einige Monate nach diesem militärischen GAU ist das riesige Sowjetreich zerfallen. Unser Sieg war quasi der letzte Sargnagel für das schon vorher wirtschaftlich desolate System. Die jahrzehntelang von den Sowjets unterdrückten Völker Osteuropas und Asiens erlangten ohne Blutvergießen ihre Freiheit. Mauer und Stacheldraht in Deutschland wurden niedergerissen, und die Deutschen in Ost und West fanden friedlich wieder zusammen. Ohne einen Schuss abfeuern zu müssen, hatte die westliche Welt ihren Feind verloren. Wir hatten ihn für sie endgültig besiegt.

Daher erwarteten wir voller Hoffnung und Zuversicht, dass uns der Westen jetzt als Gegenleistung helfen würde, unser Land wieder aufzubauen. Wir blickten besonders auf die Deutschen, unsere engsten Freunde, die vor dem Krieg unsere Kraftwerke gebaut, Wälder aufgeforstet, Hochschulen eingerichtet und unsere Lehrer ausgebildet hatten. Wir warteten vergebens – niemand kam!

Nach zehn Jahren Krieg standen wir nun da: ohne König, ohne Erfahrung im Regieren eines Landes, geschweige denn Erfahrung mit der Demokratie. Stattdessen gab es Hunderte »arbeitsloser« Mudschaheddin-Kommandeure, die alle eine Führungsrolle beanspruchten. Die Führer der verschiedenen Parteien, die den Krieg gegen die Besatzer noch gemeinsam geführt hatten, kämpften jetzt gegeneinander um die Macht in Kabul. Sie konnten sich zwar darauf einigen, halbjährlich rotierend in Kabul einen Präsidenten zu stellen; aber keiner dieser Präsidenten besaß für dieses komplizierte Herrschaftsmodell die notwendige politische Erfahrung. Ihnen fehlten Disziplin und jeglicher Gemeinsinn. Es ging ihnen nur um ihre persönliche Macht.

Kein Wunder nach zehn Jahren Krieg! Denn der Krieg zerstört nicht nur Gebäude und Felder, er tötet nicht nur Leben und verstümmelt Körper; der Krieg lässt die Menschen verrohen, er *vernichtet Moral und Anstand. Der Krieg entmenschlicht. Wir Afghanen schämen uns heute zutiefst für die Jahre nach dem Abzug der sowjetischen Truppen. Wie Tiere fielen die einst so bewunderten Mudschaheddin-Kommandeure übereinander her. Vieles, was im Krieg gegen die Besatzer heil geblieben war, wurde jetzt zerstört; es wurde gebrandschatzt, geplündert, gemordet und vergewaltigt. Beim Kampf um die politische Macht wurden ganze Stadtteile von Kabul – bis dahin unbeschädigt – in Schutt und Asche gelegt und Zehntausende getötet. Lediglich die Stadtviertel der Wohlhabenden mit den herrlichen Villen der Vorkriegszeit wurden geschont. Schließlich hoffte jeder der Rivalen, letztendlich der Gewinner dieses Machtkampfes zu werden, und dann wollte man die Prachtbauten in Besitz nehmen. Heute wohnen in diesen prächtig herausgeputzten Villen hauptsächlich die zahlreichen Ausländer, die für die UNO und all die anderen Hilfsorganisationen in Kabul arbeiten.*

Während dieser traurigen Zeit blieb ich in Khost bei meinen Bauern. Ich versuchte mich aus diesem grausamen Machtspiel herauszuhalten und wollte unsere durch den Krieg brachliegende Landwirtschaft wieder in Gang bringen; denn viele Familien hatten schon lange nicht mehr genug zu essen. Aber durch die vielen Kriegsherren war die Lage so unübersichtlich geworden, dass ich unweigerlich zwischen die Fronten geriet und mich plötzlich wieder im Gefängnis fand. Überall herrschten Chaos und Anarchie.

Deswegen war ich, wie viele meiner Landsleute, zunächst erleichtert, als die Taliban mit ihrem Blitzkrieg dieses entsetzliche Treiben beendeten und mit ihnen endlich Ordnung und Sicherheit nach Afghanistan zurückkehrten. Ich konnte das Gefängnis verlassen. Doch wieder war meine Erleichterung nur von kurzer Dauer. Schon bald zeigte sich, dass die »Pest des chaotischen Bürgerkrieges« von der »Cholera der brutalen Religionskrieger« abgelöst worden war. Verbrechen wurden jetzt zwar verfolgt und bestraft, und unsere Frauen waren auch wieder sicher vor Vergewaltigungen. Doch die brutalen Strafen auch für kleinste Vergehen schockierten uns: Dieben wurden die Hände abgehackt, Lügnern schnitt man die Zunge ab. Die Taliban brachten neue Gesetze ins Land, Vorschriften, die unserer Kultur und unserem Islamverständnis grundlegend widersprachen. Wir durften keine Musik mehr hören und Instrumente spielen. Theater, Kino und Fernsehen wurden verboten. Unsere Jungen durften nicht mehr Fußball spielen und keine Drachen steigen lassen, was in Afghanistan sehr beliebt ist. Man zerstörte Museen und uralte Kunstwerke und verbrannte nicht religiöse Bücher. Männer ohne Bart wurden ins Gefängnis gesteckt. Frauen, die sich ohne Burka oder ohne Begleitung ihres Mannes auf die Straße wagten, wurden als Prostituierte diffamiert, ausgepeitscht und im Wiederholungsfall gesteinigt oder öffentlich erschossen. In unseren Städten und Dörfern herrschte »Ruhe« – Friedhofsruhe!

Alle Mädchenschulen wurden geschlossen. Unsere Töchter konnten nur noch in kleinen Gruppen heimlich in privaten Häusern unterrichtet werden. Lehrerinnen, die trotzdem unterrichteten, brachten sich und ihre Schülerinnen in Lebensgefahr. Wenn Taliban sich unseren Dörfern näherten, schlugen unsere Wachposten Alarm. Dann löste sich die kleine Lerngruppe schnell auf, die Mädchen versteckten ihre Schulbücher, und die Lehrerin schlüpfte unter die Burka. Wer trotz solcher widrigen Umstände lernt, ist später hochmotiviert. Eine UNICEF-Studie in Afghanistan hat 2002 festgestellt, dass Mädchen unter diesen Bedingungen besonders gute Lernerfolge erzielt haben. Dem Mut dieser Lehrerinnen und ihrer Schülerinnen haben wir es zu verdanken, dass es jetzt wieder einen erstaunlichen Lehrerinnennachwuchs in Afghanistan gibt.

Die Taliban waren junge Paschtunen, meist Jungen afghanischer Eltern. Sie wuchsen während der sowjetischen Besatzung in pakistanischen Flüchtlingslagern auf und wurden dort in Koranschulen mit dem saudi-arabischen Wahhabi-Islam* indoktriniert. Dieser rigide, aggressive, nur aus lieblosen Geboten und strengen Verboten bestehende Islam hat Hunderttausende kleiner Paschtunenjungen der alten afghanischen Kultur und Religion entfremdet und sie in religiöse »Kampfmaschinen« verwandelt. Doch auch sie waren Afghanen, sie gehörten wie ich dem Stamm der Paschtunen an. Deswegen wollte ich nicht mit der Waffe gegen diese irregeleiteten Männer kämpfen, sondern sie mit Worten überzeugen, ihnen die Werte und Normen des Paschtunwali nahebringen und sie zu den Wurzeln des ursprünglichen afghanischen Islam zurückführen – in eine Welt also, in der die Würde der Frau, der Mütter und Schwestern hoch geachtet und die Ehre des Mannes und seiner Familie unantastbar sind.

Vergeblich. Mit massiver Unterstützung aus Saudi-Arabien, den Vereinigten Arabischen Emiraten und Pakistan zogen die fanatisierten Religionsschüler wie fremdgesteuerte Roboter ihre menschenfeindliche und frauenverachtende Politik durch. Die Amerikaner und mit ihnen der gesamte Westen sahen ihrem Treiben untätig zu. Kaum ein Wort der Kritik war im Ausland zu vernehmen. Im Gegenteil: Ölfirmen aus den USA schickten ihre Vertreter zu Mullah Omar*, den geistlichen Führer der Taliban, nach Kandahar, hätschelten ihn und verhandelten jahrelang über gemeinsame Ölprojekte. So setzten sich die verbrecherischen Gotteskrieger auch militärisch durch. Was den Sowjets nicht gelungen war, schafften sie in kaum zwei Jahren. Im September 1996 hatten sie die Hauptstadt und den Großteil Afghanistans unter ihrer Kontrolle; nur ein winziger Teil im Nordosten unseres Landes blieb ihnen verwehrt. Unter der Losung »Mit Terror zur Tugend« unterdrückten sie jeden Widerstand. Da ich nicht mit ihnen kollaborierte, wurde ich erneut eingesperrt und saß bis zum Ende des Taliban-Regimes im berüchtigten Gefängnis Pul-E-Charki in Kabul.

Drei Regime – dreimal Gefängnis. Eine lange, lähmende Zeit! Wie viele meiner Landsleute erfasste auch mich jetzt tiefe Mutlosigkeit, eine schwere Depression raubte mir meine letzte Widerstandskraft. Tausende, die noch tapfer gegen die sowjetischen Besatzer gekämpft hatten, verließen Afghanistan. Eine

neue riesige Fluchtwelle erfasste das Land. Flucht vor dem Is-
lam der Fanatiker. Stattdessen kamen scharenweise arabische
Terroristen zu uns. Ihr Anführer, Osama Bin Laden, wurde von
den Taliban wie ein Heiliger verehrt und fand bei ihnen Schutz
und Unterstützung. Gegen diese geballte Macht war weder im
eigenen Land noch aus dem Ausland Abhilfe in Sicht. Es schien,
als hätte sich die ganze Welt für immer mit diesem Terrorregime
abgefunden.

Die Wende kam völlig überraschend. Am 11. September 2001
attackierten arabische Terroristen im Auftrag Osama Bin La-
dens die USA. Obwohl daran weder die Taliban noch überhaupt
irgendwelche Afghanen beteiligt waren, erklärten die USA und
ihre Verbündeten den Taliban und Osama den Krieg. Wenige
Wochen später waren die Araber aus unserem Land vertrieben,
und die Terrorherrschaft der Taliban war zu Ende. Ich kam
aus dem Gefängnis frei. Glücklich über die wiedergewonnene
Freiheit – meine persönliche und die meines Volkes –, kehrte ich
in mein Dorf zurück und nahm zunächst meinen alten Beruf als
Lehrer wieder auf.

Bei der großen Afghanistan-Konferenz im Dezember 2001 in
Deutschland versprach die ganze Welt, uns nicht wieder – wie
nach dem Abzug der sowjetischen Truppen dreizehn Jahre zu-
vor – im Stich zu lassen, sondern mit voller Kraft unser Land
aufzubauen. Unser Land benötigte jetzt dringend gebildete und
erfahrene Pädagogen – auch in der Politik.

Auf der ersten Dschirga, der großen Volksversammlung von
Khost, wählten mich die Bewohner zum Erziehungsminister der
Provinz.

Voller Optimismus stürzte ich mich auf die neue Aufgabe,
schmiedete Pläne für den Bau neuer Schulen, suchte nach ge-
eigneten Lehrerinnen und Lehrern und erstellte Lehrpläne für
einen modernen Unterricht, so wie ich es vor fast dreißig Jahren
in Deutschland gelernt hatte. Unsere viel zu wenigen Lehrer
waren – nach fast fünfundzwanzig Jahren Krieg – auch fach-
lich schlecht ausgebildet. Wir benötigten also dringend mehr

und vor allem besser ausgebildete Lehrer. Nach den Verspre-
chungen, die uns besonders Deutschland auf der Konferenz am
Petersberg bei Bonn gegeben hatte, war ich sicher, dass uns die
deutsche Hilfe schon bald erreichen und man uns Pädagogen
für die Aus- und Fortbildung von Lehrern schicken würde. Ich
wartete vergebens. Nicht ein einziger deutscher Politiker oder
Diplomat kam zu uns, um mit mir, dem Erziehungsminister von
Khost, zu sprechen. Dabei war diese Region wie keine andere
in den sechziger und siebziger Jahren von deutschen Entwick-
lungshelfern unterstützt worden. Damals hatte man sie bei uns
die »deutsche« Provinz genannt. Doch jetzt blieb die deutsche
Hilfe aus.

Stattdessen kamen amerikanische Soldaten, Kampftruppen,
gepanzerte Fahrzeuge, Hubschrauber ... Sie haben keine Schulen
gebaut, sondern als Erstes ein großes Militärcamp für Tausende
Soldaten und einen riesigen Militärflugplatz. Von dort flogen
Tag und Nacht Kampfhubschrauber und Jagdbomber Einsätze
gegen unsere Dörfer auf der »Jagd nach versprengten Taliban«,
wie sie es nannten. Der Krieg ging weiter, Frieden ist in weiter
Ferne, ein Wiederaufbau findet kaum statt. Auch heute durch-
suchen amerikanische Soldaten regelmäßig unsere Häuser nach
Terroristen, nehmen dabei keine Rücksicht auf unsere Gebräu-
che und Sitten, verhaften oft Unschuldige und verschleppen
sie nach Guantanamo und in andere Folterlager. Der Hass der
Bevölkerung nimmt täglich zu. Ich gehe den Amerikanern, wo
immer möglich, aus dem Weg und arbeite an den Schulen, die
ich in den vergangenen Jahren mit der Unterstützung von euch,
den deutschen Schülern und Lehrern, aufgebaut habe.

Khazan blickt mit ernstem Gesicht in die Runde der Schü-
ler. Fast zwei Stunden haben sie der Lebensgeschichte dieses
Mannes und der Geschichte seiner Heimat gelauscht. Die
Stimmung ist gedrückt, die Schüler wirken ratlos und erwarten
jetzt von ihm einen Lösungsvorschlag. Der erfahrene Pädagoge
Khazan hat seinen Vortrag natürlich ganz bewusst so gestaltet.
Unvermittelt nimmt er seinen Turban vom Kopf und entrollt

ihn auf dem Fußboden zu einem sieben Meter langen und fünfzig Zentimeter breiten Seidenschal. Ein Raunen geht durch die Schülerschar. Verschmitzt lächelnd bittet er einen Freiwilligen zu sich nach vorn. Die Jungen und Mädchen sehen sich verdutzt an: Was will er denn jetzt mit dem Turban?

Ein Mädchen meldet sich und kommt nach vorn. Khazan fordert die Kleine auf, aus diesem sieben Meter langen Tuch nun wieder einen Turban zu binden. Das Mädchen versucht es erst gar nicht: »Das kann ich nicht. Ich bin doch kein Afghane«, antwortet sie schüchtern.

»Das habe ich auch nicht von dir erwartet«, erlöst Khazan das Mädchen aus seiner Verlegenheit, »nicht einmal euer Direktor könnte aus diesem Stück Stoff einen Turban legen, obwohl es gar nicht so schwer ist. Man muss nur wissen, wie. Ihr habt mich heute Morgen für einen Araber gehalten. Araber tragen keinen Turban. Jetzt wisst ihr, dass dieser Turban ein Sinnbild für Afghanistan ist. Unsere dreitausend Jahre alte Kultur ist in den Kriegen der vergangenen dreißig Jahren schwer beschädigt worden. Die Trümmer liegen jetzt überall herum wie hier der aufgelöste Turban. Man kann dieses Tuch nur dann wieder zu einem Turban wickeln, wenn man es gelernt hat und weiß, wie es geht. Bei uns kann das jeder kleine Junge.«

Khazan nimmt den ausgebreiteten Stoff an einem Ende in beide Hände und windet die sieben Meter Seide langsam um seinen Kopf. Nach einer halben Minute schmückt ihn wieder ein gut sitzender, edler Turban. »So, wie ich aus dem Stück Stoff einen Turban geknüpft habe, muss aus den Trümmern unseres Landes wieder Afghanistan entstehen. Wir wollen keine Baseballkappen tragen und wie Texaner leben. Wer uns wirklich helfen will, muss unser Land und seine Geschichte kennen, er muss um unsere Werte wissen, unsere Kultur achten und unsere Religion schätzen. Wir sind keine kleinen Kinder und benötigen keine ausländischen Gouvernanten, die uns die Welt erklären und uns zu anständigen Menschen erziehen wollen. Wir brauchen Hilfe zur Selbsthilfe. Gebt uns nur das

Werkzeug, das in den vergangenen Jahrzehnten zerstört wurde, dann bauen wir unser Land selbst wieder auf. Und wenn wir es aufgebaut haben, dann seid ihr herzlich eingeladen.«

Zehn weitere Tage bin ich mit Khazan in Deutschland unterwegs. Wir besuchen etliche Schulen, die unsere Arbeit unterstützen. Dabei legen wir mehr als zweitausend Kilometer zurück und haben genügend Zeit, uns auszutauschen. Khazan ist beglückt über die Hilfe, die er von uns erfährt, und über das Interesse der Schüler an seinem Land. Aber eines bedrückt ihn sehr: das Bild, das die Deutschen von Afghanistan, seiner Kultur und seinen Menschen, besonders von den Frauen, haben. Es ist ihm zu negativ und zu stark von platten Vorurteilen geprägt. Genauso pauschal und oberflächlich findet er unsere Vorstellungen vom Islam: »Ihr seht in unserem Glauben eine aggressive, feindliche Religion und baut deshalb Ängste auf; so entsteht ein tiefes gegenseitiges Misstrauen. Viel sinnvoller ist es doch, die gemeinsamen Wurzeln unserer Religionen hervorzuheben und zusammen nach der Größe des einen Gottes zu suchen. Der Glaube an Jesus – bei euch Christen der Sohn Gottes, im Islam ein wichtiger Prophet – und die Verehrung seiner Mutter Maria sind ein wunderbarer gemeinsamer Bestandteil unserer beider Religionen.«

Khazan, der Physiker und Mathematiker, ist theologisch erstaunlich bewandert, auch in der christlichen Religion. So erklärt er mir, dem Katholiken, seine Deutung des Geheimnisses und des Sinns der Jungfrauengeburt: »Sie ist ein Bild für Gottes faszinierende und unbegreifliche Größe, die unsere Rationalität immer übersteigen wird. Je mehr wir mit Hilfe aller Wissenschaften erkennen und erforschen, desto wunderbarer offenbart sich uns Gottes Schöpfung. Aber Gott wird immer größer sein und bleiben als all unser Wissen; jede von uns Menschen gewonnene Erkenntnis wird sofort neue und größere Fragen aufwerfen. Das islamische *Allah uh akbar* heißt deswegen folgerichtig in seiner genauen Übersetzung: »›Gott ist größer!‹«

Khazan sorgt sich um uns »Westler«, er fürchtet, dass wir in unserem Streben nach materiellen Gütern und in unseren nur rationalen Erklärungsversuchen für die Welt den Glauben an Gottes Größe und Allmacht vernachlässigen und verlieren, dass er in unserem täglichen Leben keine Rolle mehr spielt. Für ihn, den Afghanen, und für jeden ernsthaften Moslem gilt das *inshallah* – »so Gott will« – immer und in jeder Situation. Auf Gottes Allwissenheit und seine Fürsorge vertraut er, auf sie verlässt er sich, um sie bittet er in seinen Gebeten. »Dieser starke und tiefe Glaube der Moslems ist es, der euch befremdet und auch Angst macht. Und aus Angst erwächst Misstrauen, ja Feindschaft und Unfrieden. Ihr Christen müsst euren Glauben wieder ernsthafter leben«, ist deshalb Khazans großer Wunsch, als er sich am Frankfurter Flughafen von mir, meiner Frau und unseren Kindern verabschiedet, um nach Afghanistan zurückzukehren.

Die Maus, die Katze und die Reiterherde

September 2001

Wenige Tage nach dem Terroranschlag vom 11. September 2001 ertönt spätabends aus meinem Handy *Dueling Banjos*, die Filmmelodie aus »Beim Sterben ist jeder der Erste« – eine feurige, aber zugegeben etwas makabre Erkennungsmelodie bei Anrufen meiner afghanischen Freunde. In holprigem Pidgin-Englisch bittet mich ein Unbekannter, sofort eine bestimmte Nummer in Peschawar zurückzurufen, aber nicht von meinem Apparat aus: »*Call this number from different phone, it is very important, very secret, call very quick.*« Ich habe keine Chance, nachzufragen, um wessen Nummer es sich handelt oder warum ich anrufen soll. Der namenlose Unbekannte hat sofort wieder aufgelegt. Da aus Sicherheitsgründen nur wenige gute Freunde in Afghanistan und Pakistan meine Mobilnummer kennen, bin ich – wenige Tage nach 9/11 – höchst beunruhigt. Solche Heimlichkeiten habe ich bislang nie erlebt.

In unserer kleinen bayerischen Gemeinde gibt es im Jahr 2001 tatsächlich noch eine öffentliche Telefonzelle. Es ist schon nach Mitternacht in Peschawar, als ich die angegebene Nummer wähle. Nach dem geheimnisvollen Vorlauf bin ich auf alles gefasst. Umso größer ist meine Überraschung, als ich am anderen Ende die Stimme eines alten Freundes erkenne: Commander Zamon. Meine Freude ist groß, nach so vielen Jahren erstmals wieder mit dem ehemaligen Mudscheddin-Kommandeur zu sprechen. Und natürlich bin ich sehr gespannt, was ihn dazu treibt, mich unter so mysteriösen Umständen um Mitternacht ans Telefon zu holen.

Nachdem wir die in Afghanistan üblichen, liebenswerten Floskeln ausgetauscht haben – »Wie geht es dir? Ich hoffe, du bist gesund, und auch deiner Familie geht es gut …« –, kommt Zamon endlich zur Sache: »Fahr bitte nach Frankreich, so bald wie möglich. Frag jetzt nicht, warum und weshalb. Glaube mir, es ist ungeheuer wichtig für mein Land und noch wichtiger für eure Sicherheit im Westen. Sprich mit niemandem über dieses Gespräch und unser geplantes Treffen.«

Ich stehe einigermaßen fassungslos in der kleinen Telefonzelle. Ein Hauch von John Le Carré weht durch unser friedliches Oberpfälzer Dörflein. Aus diesem Hauch sollte dann aber sehr bald ein echter Sturm werden … Viele Jahre habe ich nichts von Zamon gehört, und dann ruft er mich plötzlich mitten in der Nacht an und bittet mich um ein konspiratives Treffen in Frankreich. Was soll ich machen? Natürlich sage ich zu. Zwar habe ich den Commander lange nicht gesehen; doch uns verbinden eine enge Freundschaft und existenzielle Erfahrungen.

Commander Zamon ist ein Paschtunenfürst mit einer außergewöhnlichen Biografie. Er entstammt dem alten Paschtunengeschlecht der Gamshariks aus der Provinz Nangahar. Seine Vorfahren waren über Jahrhunderte hinweg reiche Großgrundbesitzer im Bergland von Khugiani, nahe Tora Bora*, etwa dreißig Kilometer südlich der Provinzhauptstadt Jalalabad. Als ältester Sohn wurde Zamon vom Vater dazu erzogen, später die Großfamilie nach den Regeln der Paschtunen zu führen. Als guter Moslem sollte er bescheiden und verantwortungsvoll mit der Macht und dem Reichtum einer wohlhabenden Familie von adeligem Geschlecht umgehen. Besonderen Wert legte der Vater darauf, dass Zamon lernte, Verantwortung und Fürsorge gegenüber den einfachen Bauern auf den Ländereien der Familie zu übernehmen. Zamon wuchs mitten unter den Söhnen der armen Nachbarfamilien auf und besuchte gemeinsam mit ihnen die ersten vier Klassen der Dorfschule.

Mit zehn Jahren wechselte Zamon dann zunächst auf die Militärschule in Kabul, eine Art Kadettenanstalt. Nach dem

Abitur fand er Aufnahme an der Militärakademie, wo er zum Offizier der Aufklärungstruppe ausgebildet wurde. Einige seiner Ausbilder waren Angehörige der Sowjetarmee, die seit den sechziger Jahren jährlich Hunderte Offiziere als militärische Entwicklungshelfer nach Kabul entsandte. Die beiden militärischen Bildungseinrichtungen, die Zamon besuchte, galten neben der französischen Oberschule Isteqlal und der deutschen Amani-Oberrealschule als *die* Eliteschulen des Landes. Noch während seiner Offiziersausbildung nahm der Vater den Zweiundzwanzigjährigen mit auf die Pilgerfahrt nach Mekka, den islamischen Hadsch. Danach durfte Zamon sich mit dem religiösen Zusatznamen Hadschi schmücken.

Als die Sowjetarmee im Dezember 1979 mit Panzern und Fallschirmjägern in Afghanistan einfiel, um das unabhängige Land zu einem kommunistischen Satellitenstaat zu machen, verließ der Sechsundzwanzigjährige, gut ausgebildete Offizier die Armee, und aus dem Hauptmann und Hadschi Zamon wurde der Mudschaheddin-Kommandeur Zamon. Die seit 1976 mit den Sowjets liebäugelnde politische Führung in Kabul und Teile des Offizierskorps unterstützten die Sowjets und funktionierten die afghanische Armee zu einer Hilfstruppe der Invasoren um. Diesen Verrat an Afghanistan und am Islam mitzumachen, war der Patriot und gläubige Moslem Zamon nicht bereit. Er kehrte zurück in die Bergdörfer seiner Heimat.

Binnen kurzer Zeit entwickelte sich der junge Ex-Offizier zu einem der erfolgreichsten jungen Kommandeure beim Kampf gegen die Besatzer in den Bergen Ostafghanistans. Seine solide militärische Ausbildung durch sowjetische Offiziere vor dem Einmarsch der Sowjettruppen machte sich jetzt im Kampf gegen diese bezahlt. Durch seine vornehme Abstammung, seine exzellente Allgemeinbildung und seine klassische militärische Laufbahn unterschied sich Zamon von den meisten anderen Mudschaheddin-Führern. Diese waren häufig Analphabeten, besaßen keinerlei militärische Ausbildung und zeichneten sich in erster Linie durch brutale Grausamkeit im Kampf gegen die Sowjets, aber auch gegen rivalisierende Mudschaheddin-Gruppen aus.

Commander Zamon erwarb sich schnell den Ruf eines vorbildlichen Führers, der seine eigenen Kämpfer nie in sinnlosen Kämpfen verheizte und den Gegner schonte, sobald dieser sich ergeben hatte. Als listenreicher Fuchs wurde Zamon weit über die Grenzen der Provinz Nangahar berühmt, als es ihm gelang, einen sowjetischen Bataillonsgefechtsstand auszuheben und zwanzig Offiziere gefangen zu nehmen, ohne dass ein Schuss gefallen war. Zamon hatte zuvor zwei seiner Männer, bekanntermaßen gute Köche, ins Hauptquartier der Russen eingeschleust. Ausgestattet mit mehreren Großpackungen Schlaftabletten aus unserer Krankenstation, zauberten diese kochenden Mudschaheddin am Festtag der Oktoberrevolution den Offizieren einen »traumhaften« Schmaus. Als diese dann einen Tag später aus dem Traum erwachten, fanden sie sich als Gefangene im Camp von Commander Zamon wieder. Später tauschte er die Offiziere gegen zweihundertfünfzig von den Sowjets gefangene Mudschaheddin aus.

Er war unnachgiebig in den Anforderungen an seine Mudschaheddin, aber ebenso hart gegen sich selbst. Und so war sein Name auch deshalb Mitte der achtziger Jahre zu einem Mythos geworden, weil sich Zamon im Unterschied zu allen anderen Kommandeuren im Osten nie ins benachbarte Pakistan zur »Erholung« zurückzog. Auch ließ er sich nie in die Ränkespiele der Widerstandsführer in Peschawar einbinden, sondern teilte in all den Jahren stets das entbehrungsreiche und gefährliche Leben seiner Männer in den Bergen.

Diese Führer des Widerstands bildeten im pakistanischen Exil das lockere Bündnis der sogenannten Sieben Parteien. Konservative, Königstreue, Anhänger des toleranten Sufi-Islam und westlich gebildete Persönlichkeiten standen hier religiös-fanatischen, wenig gebildeten, wahhabitischen Islamisten gegenüber, denen der Kampf gegen die Sowjets eher Mittel zum Zweck war: Sie wollten nach der Vertreibung der »Gottlosen« in Afghanistan einen rigiden sunnitischen Gottesstaat errichten. Die Galionsfigur dieser islamistischen Fanatiker und der Erzfeind von Commander Zamon war Gulbuddin Hekmatyar*, der politische Führer von Hezb-E-Islami, der radikalsten und brutalsten Partei unter den Sieben von Peschawar.

Commander Zamon kämpfte im afghanisch-russischen Krieg in der NIFA, der National Islamic Front of Afghanistan, einer Partei konservativer, königstreuer Paschtunen. Wie der politische Führer von NIFA, Pir Gailani, stand auch Zamon den moderaten Sufis* nahe. Die Sufis zählen zu den tolerantesten Gruppierungen unter den Moslems. Bis zum Einmarsch der Sowjets wurde ihr Islam-Verständnis von den meisten Afghanen geteilt.

Dieser fundamentale Unterschied von radikalen und moderaten Gruppen innerhalb der Umma, der Gemeinschaft der Moslems, war mir nicht bekannt, als ich Commander Zamon 1986 im 4800 Meter hohen Spinghar-Gebirge, den sogenannten Weißen Bergen, zum ersten Mal begegnete. Auf dem Lehmboden der Häuser in zerbombten Dörfern lauschte ich nächtelang beim trüben Licht der Öllampen den »Vorlesungen« dieses zehn Jahre jüngeren, gebildeten Mudschaheddin-Führers über sein Land, den Islam, die Kultur und Traditionen in Afghanistan. Zamon wurde so zu meinem ersten und wichtigsten Lehrmeister in dieser archaischen Welt des Paschtunwali, des ungeschriebenen Werte- und Rechtskodexes der Paschtunen und im sufitisch geprägten Islam. Ich erfuhr, warum Commander Zamon die *schurawis*, wie die russischen Besatzer von den Afghanen genannt wurden, genauso hasste wie die islamistischen Fundamentalisten vom Schlage eines Hekmatyar. »Dumme arabische Mullahs« beschimpfte er die von Saudi-Arabien, den USA und Pakistan damals bevorzugt unterstützten wahhabitischen Extremisten.

Ihnen ging es im Kampf gegen die sowjetischen Besatzer nicht primär um Unabhängigkeit und Freiheit ihres Vaterlandes. Sie nutzten den Krieg gegen die Sowjets, um den für Afghanistan

Mit Commander Zamon 1987 in den Bergen von Tora Bora

bislang typischen toleranten, liebenswerten und gastfreundlichen sufitischen Islam zu vernichten. An seiner Stelle wollten sie den primitiven, rigiden und intoleranten Wahhabi-Islam zur Staatsreligion machen und die Scharia nach saudi-arabischem Vorbild einführen. Ihre Gegner in diesem Religionskrieg waren daher nicht nur die afghanischen und russischen Kommunisten oder westlich orientierte, dem Islam entfremdete Liberale, sondern auch konservative, königstreue Paschtunen mit einem toleranten Islam-Verständnis wie Commander Zamon.

Osama Bin Laden wurde Mitte der achtziger Jahre zum überragenden Mentor dieser wahhabitischen Religionskrieger. Mit Unterstützung der pakistanischen Regierung und der USA errichtete er in Peschawar, wenige Häuser neben unserer damaligen Wohnung, das zentrale Rekrutierungsbüro für »islamistische Kämpfer«, durch das Tausende fanatischer Kämpfer aus islamischen Ländern nach Afghanistan eingeschleust wurden. Allen Heldengeschichten zum Trotz, die jetzt über ihn in der islamischen Welt und auch im Westen kursieren, hat er sich nie als tapferer Kämpfer hervorgetan. Seine physische

Schwäche stand im krassen Gegensatz zu seiner großspurigen Rhetorik. Mit seinen »arabischen Söldnern«, der späteren al-Qaida, und dem Millionenerbe von seinem Vater gelang es Osama allerdings, im Osten Afghanistans, in der Heimat von Commander Zamon, Fuß zu fassen und in den Höhlen von Tora Bora eine logistische Basis aufzubauen. Dabei hatte er die volle Unterstützung der USA und des pakistanischen Geheimdienstes ISI.

Nach dem Abzug der Sowjettruppen 1989 und dem Sturz von Präsident Najibullah, dem Satrapen der UdSSR, 1992 wurde die Strategie der Wahhabiten vom Erfolg gekrönt, als die Taliban 1996 in Kabul die Macht übernahmen. Sie errichteten das »Emirat Afghanistan«*, den ersten sunnitischen Gottesstaat der Neuzeit. Der Name Commander Zamon stand stets ganz oben auf den Todeslisten der Sowjets, der wahhabitischen Mudschaheddin-Führer und der Taliban.

1985 hatte ich mir bei meinem Dienstherrn, der Bundeswehr, vier Jahre unbezahlten Urlaub genommen und arbeitete als »illegaler Barfußarzt*« unter anderem in den Bergdörfern von Tora Bora, der Heimat von Commander Zamon. »Illegal« deshalb, weil die sowjetischen Besatzer es allen ausländischen Hilfsorganisationen verboten hatten, außerhalb der von ihnen kontrollierten Städte ärztlich tätig zu sein. Unsere humanitäre Hilfe für Frauen und Kinder in den von den Mudschaheddin kontrollierten Dörfern wurde als ausländische Sabotage und Unterstützung der *basmatschi* – »Banditen« – eingestuft, als die die Sowjets die Dorfbewohner bezeichneten. Darauf stand die Todesstrafe.

Einer meiner afghanischen Mitarbeiter, der ebenfalls Arzt war, wurde von sowjetischen Truppen gefangen genommen und sofort standrechtlich erschossen. Auch ein deutscher Kinderarzt und die ihn begleitende deutsche Krankenschwester gerieten in einen Hinterhalt der Speznaz*, der berüchtigten sowjetischen Spezialtruppen. Sie wurden ins Pul-E-Charki-Gefängnis nach Kabul verschleppt, dort wochenlang gefangen gehalten und erst nach Intervention des deutschen Bundespräsidenten freigelassen.

Das hochgebirgige Terrain von Tora Bora mit seinen natürlichen Höhlen liegt im Süden der Provinz Nangahar und grenzt unmittelbar an Pakistan. Da die Mudschaheddin ihren Nachschub an Waffen und Munition aus Pakistan beschafften, waren diese Grenzregionen Hauptkampfgebiete. Mit Splitterbomben aus hoch fliegenden und mit Napalmbomben aus tief-, aber schnell fliegenden Kampfflugzeugen sowie den Raketen ihrer gepanzerten und daher besonders gefürchteten Kampfhubschrauber HIND zerstörte die sowjetische Luftwaffe nahezu alle Dörfer. Die Mudschaheddin um Commander Zamon hatten mit ihren altertümlichen Maschinengewehren und Panzerfäusten kaum eine Chance, die todbringenden Flugzeuge wirksam zu bekämpfen. Schutz fanden die Widerstandskämpfer und die Überlebenden aus den Dörfern in den zum Teil hundert Meter tief in den Berg führenden Höhlen. Auch ich nutzte sie mit meinen afghanischen Helfern als geschützte Krankenstationen.

Als ich Commander Zamon kennenlernte, war er zunächst mein Patient. Er hatte bei einem Angriff sowjetischer Kampfhubschrauber Splitterwunden am Bein erlitten. Wir versorgten ihn feldmäßig, transportierten ihn dann nach Pakistan und konnten so sein Bein retten. Viele Monate bin ich in den darauffolgenden Jahren unter dem Schutz des Paschtunenkommandeurs von Bergdorf zu Bergdorf gezogen. Seine Pferde und Maultiere beförderten unsere Patienten über die Grenze ins sichere Pakistan und brachten auf dem Rückweg Nachschub an Medikamenten und medizinischem Gerät. Wenn die Speznaz-Einheiten nachts mit Fallschirmen abgesetzt oder von Hubschraubern angelandet wurden, um Jagd auf uns Ausländer zu machen, erfuhren wir es von Zamon stets rechtzeitig und konnten uns in Sicherheit bringen. Erst nach dem Abzug der sowjetischen Truppen 1989 verloren wir uns aus den Augen. Durch die gemeinsame Bedrohung, das gemeinsame Erleben von Leid und Elend, von Hunger, Durst und körperlichen Strapazen hatte sich zwischen uns eine enge Freundschaft entwickelt. Diese Verbundenheit überdauerte auch die Jahre, in denen wir beide nichts mehr voneinander hörten.[1]

1990 kehrte ich mit meiner Familie nach Deutschland zurück und arbeitete wieder als Arzt bei der Bundeswehr. Commander Zamon hatte nach dem Abzug der Sowjettruppen zunächst noch gegen deren Statthalter Najibullah gekämpft. Nach dessen Sturz wandte er sich gegen fundamentalistische Mudscheddin-Gruppen und leistete zwei Jahre Widerstand gegen die 1994 aus Pakistan eingedrungenen Taliban.

Erst nach der Machtübernahme der »Gotteskrieger« in Kabul 1996 verließ Zamon seine Heimat und floh mit seiner Familie über Pakistan nach Frankreich. Denn auch in Pakistan, dem mit den Taliban eng verbundenen Nachbarland, waren er und seine zehnköpfige Familie nicht mehr sicher.

Diese Erinnerungen an die achtziger Jahre kehren in der Septembernacht des Jahres 2001 zurück, nachdem ich in der dörflichen Telefonzelle das geheimnisvolle Gespräch mit Commander Zamon geführt habe. Ich ahne, dass mein Wiedersehen mit ihm in Frankreich eine Begegnung der besonderen Art werden wird.

Der große Vorteil einer Soldatenehe liegt darin, dass man gegenüber seiner Frau nicht jeden Entschluss ausführlich begründen muss. Als ich Annette in knappen Worten mitteile, dass ich schon morgen nach Frankreich reisen werde, um einen alten afghanischen Freund zu treffen, fragt sie gar nicht erst weiter nach. Verschmitzt lächelnd will sie nur wissen, ob es »bei Frankreich bleibt« oder ob ich vielleicht von dort aus direkt nach Afghanistan reisen werde. Ich verspreche ihr, dass es vorläufig bei Frankreich bleiben wird.

---

[1] In meinem Buch »Tee mit dem Teufel. Als deutscher Militärarzt in Afghanistan« werden meine Begegnungen und Erlebnisse mit diesem Paschtunenfürsten ausführlich geschildert.

Zwei Tage später treffe ich meinen alten Freund in einem kleinen südfranzösischen Städtchen, wo seine Familie im Exil lebt. Auf einem langen Spaziergang durch die herbstlichen Felder kommt Zamon dann schnell zur Sache und macht mir ein schier unglaubliches Angebot: »Wenn du mir den nötigen Kontakt zur deutschen Regierung vermittelst, liefere ich den Deutschen schon in wenigen Tagen Osama Bin Laden aus.«

Fassungslos sehe ich ihn an. Ich kenne Zamon als kühlen Kopf und als besonnenen militärischen Führer. Er ist nicht der Mann, der sich bei solch brisanten Fragen zu Scherzen hinreißen lässt. Und Alkohol kann bei ihm als gläubigem Moslem ohnehin nicht im Spiel sein. Er würde seinen deutschen Freund und Kampfgefährten aus dem afghanisch-russischen Krieg nicht nach Frankreich locken, um sich mit einem geschmacklosen und auch nicht ungefährlichen Gag wichtig zu machen. Dreizehn Jahre nach unserer letzten Begegnung stehen wir uns nun in Südfrankreich gegenüber, und der leicht ergraute, aber noch immer dynamische Paschtune schlägt mir vor, den von aller Welt gesuchten islamistischen Chefterroristen an die Deutschen auszuliefern, wenn ... Zamon hat sein Angebot genau durchdacht. Auf unserer stundenlangen Wanderung durch die Weinberge erläutert er mir seine Beweggründe und seinen Plan:

Präsident Bush hat den Taliban ein Ultimatum gestellt: »Entweder ihr liefert Osama innerhalb der nächsten drei Wochen an uns aus, oder wir greifen Afghanistan an.« Er wird diese Drohung mit Sicherheit in die Tat umsetzen. Doch die fanatischen Talibanführer denken nicht im Traum daran, ihren Mentor und Sponsor seinen Feinden zu übergeben. Außerdem widerspricht es dem Wertekodex aller Paschtunen, einen Gast auszuliefern – und schon gar nicht einen Moslem an Nichtmoslems.

Es wird also wieder Krieg geben. Den dritten Krieg in Folge, und dieser Krieg wird sich lange hinziehen und Tausende Unschuldige das Leben kosten. Denn Bush wird den Kampf so lange fortsetzen, bis er nicht nur die Taliban aus ihren po-

Commander Haji Zamon

litischen Machtpositionen verjagt hat, sondern bis aus Afghanistan eine amerikanische Kolonie geworden ist. Wir werden also unsere Unabhängigkeit und Freiheit, für die wir jetzt über zwanzig Jahre gekämpft haben, verlieren, wenn Osama nicht ausgeliefert wird. Wenn diesem wahnsinnigen Araber nicht das Handwerk gelegt wird, wird er weiterhin sein schmutziges Spiel treiben und die gesamte Welt mit Terroranschlägen überziehen. Dies muss – auch in eurem Interesse – unter allen Umständen verhindert werden.

Der »Scheich«, wie Osama von seinen Anhängern ehrfürchtig genannt wird, hat sich mit seinen Arabern in den Höhlen von Tora Bora verschanzt. Wie du weißt, ist dies meine Heimat, unser Gebiet. Seit Jahrhunderten sind meine Vorfahren dort zu Hause, ich kenne jeden Stein in dieser Region. Einige meiner Männer arbeiten seit Jahren gezwungenermaßen in den Höhlen der Araber. Sie werden von diesen größenwahnsinnigen

Verrückten wie Sklaven behandelt und warten nur auf eine Gelegenheit zur Rache. Seit Wochen bin ich über jeden Schritt
dieses Mannes und seines ägyptischen Leibarztes und Stellver-
treters Zawahiri unterrichtet. Laut meinen Informanten bereiten die beiden schon seit Längerem ihre Flucht vor. In wenigen
Tagen werden sie aus Afghanistan verschwunden sein. Sie wissen genau, dass die Amerikaner ihren Aufenthaltsort kennen
und nach Ablauf von Bushs Ultimatum Tora Bora mit ihrer
Luftwaffe bombardieren und jeden, den sie danach noch lebend
antreffen, ins »Paradies« schicken werden. Und dies wird erst
der Auftakt zur Eroberung Afghanistans durch US-Truppen
sein.

Wir müssen also vor Ablauf der von Bush gesetzten Frist,
die am 5. Oktober enden soll, handeln. Uns bleibt nicht viel
Zeit, um einen weiteren blutigen, langen Krieg zu verhindern.
Meine Spione im Hauptquartier Osamas kennen seinen geplanten Fluchtweg. Ich habe genügend ortskundige, bewaffnete
Männer, um Osama gefangen zu nehmen, bevor er die Grenze
überschreitet. Doch ich will ihn unter keinen Umständen an die
Amerikaner ausliefern. Sie haben Osama in den achtziger Jahren gefördert und unterstützt. Und 1994 haben sie im Bunde mit
ihren wahhabitischen pakistanischen und arabischen Freunden
die Taliban in unser Land gebracht. Das unafghanische Terrorregime dieser Fanatiker haben sie so lange geduldet, bis Osamas al-Qaida die Twin Towers in New York zerstört hat. Kein
afghanischer Patriot vertraut mehr den USA. Daher werde ich
Osama ausschließlich Europäern ausliefern. Die Franzosen und
Engländer, mit denen ich bereits vertraulich darüber gesprochen
habe, weigern sich: Es sei zu riskant, hinter dem Rücken der
Amerikaner zu agieren, hat mir der britische Botschafter persönlich erklärt.

Ihr Deutschen besitzt das Vertrauen aller Afghanen. Ich bitte
dich also, deine Verbindungen zu nutzen und mir einen Ansprechpartner deiner Regierung zu benennen. Noch besser wäre
es, du könntest einen Politiker oder General mit Entscheidungs-

befugnis zu mir nach Pakistan oder Afghanistan schicken. Ich werde ihn von den Erfolgsaussichten meines Angebots überzeugen. Sobald ich seine Zusicherung habe, dass ihr Deutschen Osama übernehmt, benötige ich mit meinen Männern nur wenige Tage, um die Operation durchzuführen. Wir haben alles bis ins Detail geplant und vorbereitet. Es gilt dann nur noch festzulegen, wann und wo wir ihn euch übergeben. Ich erwarte und benötige keinerlei militärische oder finanzielle Unterstützung durch deine Regierung. Allerdings: Falls Präsident Bush die 20 Millionen US-Dollar, die er auf den Kopf von Osama ausgesetzt hat, ausbezahlt, obwohl wir den Araber-Scheich euch Deutschen ausgeliefert haben, dann nehmen wir das Geld natürlich dankend an. Darüber kann deine Regierung nach der erfolgreichen Operation gern mit den Amerikanern reden. Unsere Felder sind verkarstet, die kerezze (traditionelle afghanische Bewässerungskanäle) *zerstört, die Olivenhaine durch die Bombardements der Russen verbrannt, unsere Dörfer liegen in Schutt und Asche ... Daher könnten wir das amerikanische Geld gut gebrauchen. Allons, mon ami ... Es eilt!*

Zamon ahnt nicht, in welche Zwickmühle er mich mit seinen Plänen gebracht hat. Als Bundeswehroffizier im Rang eines Oberstarztes habe ich natürlich die Möglichkeit, das mir noch immer abenteuerlich erscheinende Angebot auf dem sogenannten Dienstweg dem Verteidigungsminister zu melden. In diesem Fall würde zwangsläufig eine Vielzahl von Personen davon erfahren. Ein direktes Gespräch mit dem Minister unter Vermeidung des Dienstwegs wäre komplizierter, aber grundsätzlich wohl möglich; doch auch dann ließe sich die Angelegenheit nicht geheim halten. Darüber hinaus würde sich eine politische Entscheidung auf dem Dienstweg ewig lange hinziehen, da weitere Ministerien eingeschaltet werden müssten, mit Sicherheit sogar der Bundeskanzler und unsere Verbündeten. Und es ist keineswegs sicher, dass man mich und Zamons unglaubliches Angebot überhaupt ernst nehmen würde. Auf alle Fälle wäre es lebensgefährlich für mich und meine Familie und tödlich für unser humanitäres Projekt »Kinderhilfe Afghanistan«, wenn in der Öffentlichkeit bekannt würde, dass ich in die Jagd auf Osama Bin Laden eingebunden bin. Andererseits widerstrebt es mir, gar nichts zu unternehmen und mich hinter dem bürokratischen Argument zu verschanzen, ich sei für die Sache nicht zuständig.

Und so bin ich erst einmal völlig ratlos und außerstande, eine sofortige Entscheidung zu treffen oder meinem Freund eine halbwegs klare Antwort zu geben. Zamon begreift, wie mir zumute ist: »Lieber Doktor, damals in Afghanistan hast du mir vor schwierigen Entscheidungen immer den Rat eines deutschen Soldaten ans Herz gelegt: ›Erst mal eine Nacht darüber schlafen.‹ Genau das tun wir beide jetzt, und morgen früh triffst du eine Entscheidung.«

Nachts wälze ich mich stundenlang schlaflos im Bett herum. Tausend Gedanken schwirren mir durch den Kopf. Soll ich … soll ich besser nicht … Was geschieht, wenn ich … was, wenn ich nicht …? Ich bin kein Geheimagent und habe auch nicht vor, einer zu werden oder mich in diesem Milieu zu bewegen. Anders als bei den Amerikanern ist es unter deutschen Hilfsorganisationen verpönt, aus »Patriotismus« mit den eigenen Geheimdiensten zusammenzuarbeiten. Dies wäre nicht nur unprofessionell und gegen die Ethik der neutralen Humanitas gerichtet, sondern würde unsere eigenen Projekte und alle Mitarbeiter enorm gefährden. Sicherheit für meine Familie und meine humanitäre Arbeit in Afghanistan stehen für mich also ganz oben auf der Liste der Prioritäten. Noch mehr aber ist mir der Gedanke zuwider, Commander Zamon am nächsten Morgen einfach eine Absage zu erteilen. Denn die dramatischen Konsequenzen einer erfolgreichen Flucht der arabischen Terroristen aus Afghanistan hat Commander Zamon mir mehr als deutlich vor Augen geführt. Wenn ich also seinen Plan unterstützen will – und dazu neige ich immer mehr –, muss ich mich selbst aus der Operation völlig heraushalten und stattdessen einen Mittelsmann einschalten. Jemanden, dem ich blind vertrauen kann und der absolut verschwiegen ist. Ich selbst und mein Name dürfen bei dieser Aktion überhaupt nicht in Erscheinung treten.

Der Mittelsmann muss wegen der Brisanz der Angelegenheit und der Notwendigkeit einer raschen Entscheidung direkten Zugang zum Kanzleramt haben. Auf niederer Ebene oder gar über den Umweg des Bundesnachrichtendienstes (BND) würde sich die Angelegenheit über Wochen hinziehen, und damit wäre die Mission zum Scheitern verurteilt. Denn spätestens seit dem Ultimatum von Präsident Bush an die Taliban ist Osama vorgewarnt und wird sich sehr bald aus Tora Bora absetzen. Nach Ablauf der dreiwöchigen Frist werden die Amerikaner mit ihren Luftangriffen beginnen, und dieser Krieg wird erneut großes Leid über viele Unschuldige in Afghanistan bringen.

Aber wo finde ich auf die Schnelle einen Mann oder eine Frau, die absolut verschwiegen sind, über raschen Zugang zum Kanzleramt verfügen, dort ernst genommen werden und Gehör finden? Andererseits muss er oder sie Afghanistan kennen, mir und Commander Zamon vertrauen und bereit sein, sich in einer Sache zu engagieren, die jedem Außenstehenden als absolut wahnwitzig erscheinen dürfte. In dieser Nacht zähle ich keine Schäfchen, um einzuschlafen, sondern lasse vor meinen Augen alle Menschen Revue passieren, die diesen Anforderungen genügen könnten. Zur Verschwiegenheit sind qua Profession verpflichtet: Anwälte, katholische Priester, Ärzte und Journalisten ...

Im Tiefschlaf bringt mir dann »Gott Morpheus« den richtigen Mann in Erinnerung: einen langjährigen Freund und hochkarätigen Journalisten, der mich in den achtziger Jahren als junger Reporter nach Afghanistan begleitet und dort Commander Zamon persönlich kennengelernt hat. Inzwischen leitet er das Büro seiner Zeitung in Berlin und hat regelmäßig Zugang zu Spitzenpolitikern. Im Kanzleramt schätzt man ihn wegen seiner seriösen Berichterstattung und Professionalität.

Er ist *der* Mann für diese Aktion – vorausgesetzt, ich kann ihn erreichen und er sagt zu. Beglückt sinke ich in einen tiefen Schlaf.

Am nächsten Morgen verspreche ich meinem afghanischen Freund, mich der Sache anzunehmen und ihn schon in Kürze über das Ergebnis zu unterrichten. Wir wollen die Angelegenheit weiterhin als *top secret* behandeln und uns bis zu einer Entscheidung nur über sichere Leitungen und unter Verwendung von Codewörtern austauschen. Als Zamon vorschlägt, für Osama das Codewort »Chanel Nr. 5« zu verwenden, bin ich schon etwas überrascht. Weshalb, frage ich ihn, habe er ausgerechnet den Namen eines sündteuren französischen Parfums für den Scheich gewählt? Seine verschmitzte Erklärung ist grandios und leuchtet mir dank ihres typisch afghanischen Humors sogleich ein: »Vor einigen Monaten hat uns hier in Südfrankreich ein steinreicher Exil-Afghane zusammen mit seiner Frau besucht. Ich konnte den Kerl auf den Tod nicht ausstehen, weil er schon zu Beginn des Dschihad gegen die Russen geflohen war und hier im sicheren Frankreich in Saus und Braus gelebt hat, während meine Männer und ich in Afghanistan kämpften. Seine inzwischen zur Französin mutierte spindeldürre afghanische Ehefrau roch so penetrant nach Parfum, dass ich mich bei meinen Töchtern nach dem Namen dieses widerwärtigen Duftstoffes erkundigte. Nun, es war das berühmte Chanel Nr. 5. Osama wird sich einst im Grabe umdrehen, wenn er erfährt, dass wir ihm den Namen eines französischen Frauenparfums verpasst haben.«

Meine weiteren Pläne und die »Traumlösung« aus der vergangenen Nacht behalte ich für mich, denn für einen Afghanen wäre dieser typisch westliche, höchst umständliche Weg, den ich beschreiten möchte, kaum verständlich. Commander Zamon hat seinen Rückflug nach Pakistan schon für den nächsten Tag gebucht. »Ich brauche noch zwei, drei Tage, um in Afghanistan die letzten Vorbereitungen für die Festnahme von Chanel Nr. 5 zu treffen. Und ich gehe davon aus, dass du in

Deutschland nicht länger benötigst, um mir einen Ansprechpartner nach Peschawar zu schicken.«

Meine Frau ist überrascht, als ich schon nach zwei Tagen wieder nach Hause komme. Als erfahrene Soldatenfrau gibt sie sich mit meinem knappen »Es war wichtig und erfolgreich« zufrieden. Meinen »Traum-Mann« – da er weiterhin anonym bleiben möchte, nenne ich ihn Herrn A. – erreiche ich gerade noch rechtzeitig, bevor er den Bundeskanzler mit einer Journalistengruppe auf eine Reise begleitet. Er verschluckt sich fast an seiner Berliner Weißen, als ich ihm in seiner kleinen Dienstwohnung von meinem Gespräch mit Commander Zamon und der geplanten Aktion erzähle. Natürlich erinnert er sich an unsere Begegnung mit Zamon vor dreizehn Jahren in den Bergen von Nangahar. Danach hat er ihn nie wieder getroffen und kann daher verständlicherweise die Zuverlässigkeit des Mannes und die Seriosität des Angebotes nicht sicher einschätzen. Aber Herr A. kennt mich und vertraut mir. Er ist Reserveoffizier und hat wie ich bei den Fallschirmjägern gedient. Wir sprechen also »die gleiche Sprache«.

Über die explosive weltpolitische Lage kurz nach dem 11. September weiß er als politischer Journalist vermutlich besser Bescheid als ich. Also brauche ich ihn nicht davon zu überzeugen, dass in Afghanistan ein neuer Krieg bevorsteht, wenn die Taliban Osama nicht an die USA ausliefern. Dass sie dies niemals tun werden, ist uns beiden ebenfalls klar. Das Angebot von Commander Zamon ist – darüber sind wir uns völlig einig – ein halbwegs realistischer Versuch, den drohenden Krieg zu verhindern. Trotzdem bedarf es eines bis in den frühen Morgen dauernden Gesprächs und einer gnadenlosen Überredungskunst, bis er endlich bereit ist, die Angelegenheit im Kanzleramt vorzutragen. Wir sind uns auch einig, dass er sich dabei auf seine journalistische Schweigepflicht berufen und die Quelle seiner Information, nämlich mich, unter keinen Umständen preisgeben wird. Aus Sicherheitsgründen werden wir uns in den nächsten Wochen weder treffen noch miteinander telefonieren. Bevor ich mich von ihm verabschiede, gebe ich ihm die Anschrift und die Telefonnummern von Commander Zamon in Peschawar. Denn wenn das Kanzleramt und der BND diese Kontaktdaten erst feststellen müssten, würde nur wertvolle Zeit verloren gehen.

Herr A. hält Wort und informiert das Kanzleramt schon am nächsten Tag. Dann klinkt er sich – wie abgesprochen – aus der Angelegenheit aus. Die Maschinerie des Bundesnachrichtendienstes läuft an. Ein hochrangiger Mitarbeiter des BND nimmt zügig Kontakt mit Commander Zamon auf und trifft sich mit ihm persönlich in der Residenz des Nachrichtendienstes in Peschawar. Der Plan zur Festnahme und Übergabe Osamas wird ausführlich erörtert. Anschließend fliegt der Beamte sofort zurück nach Deutschland. In den nächsten Tagen kommt es zu einem weiteren Geheimtreffen in Peschawar, diesmal mit einem hohen Offizier aus Deutschland. Commander Zamon hält mich durch Mittelsmänner stets auf dem Laufenden. Er hat alle Vorbereitungen im Raum Tora Bora getroffen und wartet ungeduldig auf grünes Licht aus Berlin. Was in diesen Tagen hinter den Mauern von Pullach und in den schalldichten Räumen des Kanzleramts diskutiert wird, werden wir wohl nie erfahren. Doch mit den Folgen der Entscheidung muss sich die Welt schon sehr bald auseinandersetzen.

An einem regnerischen Oktoberabend, knapp zwei Wochen nach meinem Treffen mit Zamon in Frankreich, ertönt erneut die Melodie *Dueling Banjos* aus meinem Handy. Und wieder meldet sich eine unbekannte Stimme: »*Please call this number. But not from your phone.*« Bei strömendem Regen suche ich abermals unsere Dorftelefonzelle auf und tippe die Nummer 0092 …

Commander Zamon meldet sich sofort. Die Stimme des Freundes klingt kühl und emotionslos:»Deine Regierung mag kein französisches Parfum. *Chanel No. 5 is too heavy for us*, hat man mir soeben aus Berlin mitgeteilt. In fünf Tagen beginnt der Krieg. Er wird lange dauern. Schade, deine Regierung hätte ihn verhindern können. Allah möge dich behüten. Wir Afghanen werden dich bald wieder brauchen.«

Zwei Monate später, Dezember 2001

Die Jagd ist in vollem Gange. Als Zaungast erlebe ich am Rande des »Jagdgebiets« einen der massivsten Luftschläge der U.S. Air Force seit dem Zweiten Weltkrieg. Mit unserem Buchhalter Pacha Sahib und seinem betagten Vater sitze ich auf einem einfach gewirkten Teppich vor einer Lehmhütte. Schon bricht über dem kleinen Dorf des Distrikts Momandara die Abenddämmerung herein. In sicherer Entfernung vom Kampfgeschehen, etwa dreißig Kilometer nordöstlich der Berge von Tora Bora, nippen wir an unseren Teegläsern. Schon seit Stunden können wir verfolgen, wie Rauchpilze mit einem fernen, dumpfen Grollen aus den Bergrücken zum Himmel emporsteigen.

Die Schlacht um Tora Bora hat am 5. Dezember 2001 begonnen. Seitdem werfen US-amerikanische Bombenflugzeuge über den viertausend Meter hohen Bergen am äußersten Südrand der Provinz Nangahar, unweit der pakistanischen Grenze, ihre todbringende Last ab. Tag und Nacht, unsichtbar für die vielen »guten« und unerreichbar hoch für die wenigen »bösen« Bewohner dieser Region, öffnen sich die grauen Unterseiten von betagten B-52-Bombern und ihren jugendlich-schlanken Nachfolgern, den hochmodernen B-1. In wenigen Tagen atomisiert hier mehr Tonnage moderner Hightech-Bomben den steinigen Boden um die Felsenfestung Tora Bora, als die Flugzeuge der Alliierten im Zweiten Weltkrieg während vieler Wochen über den Großstädten des Deutschen Reiches abgeladen haben. Im Grunde geht es um einen einzigen Mann, den die US-Regierung entweder in den Höhlenkomplexen des riesigen Gebirgsmassivs töten oder auf der Flucht aus den Bergen gefangen nehmen will. Jeder hier im Dorf weiß darüber Bescheid. Mein Gastgeber, Pacha Sahibs weiser Vater, schaut unablässig in den nächtlichen Himmel, streicht seinen weißen Bart und schüttelt langsam den Kopf: »Was seid ihr Ausländer doch für Dummköpfe! Ihr wollt einen einzigen Mann in die Hände bekommen. Und dafür bombardiert ihr seit Tagen unsere Dörfer. Wie töricht! Hier in Afghanistan gibt es ein altes Sprichwort: Wenn du eine Maus fangen willst, dann nimm eine Katze und keine Reiterherde!«

Ich weiß, wovon er spricht und wen er meint: Ich kenne die »Maus«, ich erlebe heute die »Reiterherde«. Vor einigen Wochen war ich dabei, die »Katze« aus dem Sack zu lassen. Doch andere haben den Sack – warum auch immer – zugeschnürt, bevor die Katze die Maus fangen konnte. Die »Reiterherde« und ihre amerikanischen Führer scheren sich nicht um afghanische Weisheiten. Mit Aerosol- und Brandbomben, Cloudmaker- und Fledermausbomben, Daisy Cutter, lasergelenkten und Freifallbomben, Luftminen und Rotationsbomben, Tallboy- und Schallwellenbomben präsentiert man das ganze mephistophelische Arsenal moderner Waffentechnik den afghanischen Bauernfamilien dieser Region und einigen hundert kurzzeitigen Gästen aus arabischen Ländern.

Die einfachen Bauern werden von dieser »Vorstellung« überrascht und folgen daher schon in den ersten Stunden des Infernos den kilometerhohen Rauchwolken in den Himmel. Die cleveren Araber dagegen waren vorgewarnt: Ihren Führungskadern gelang es, rechtzeitig den Ort zu verlassen, an dem sie sich sechs Jahre lang unbehelligt hatten verstecken und ihre teuflischen Pläne aushecken können. Unter dem Schutz ortskundiger Taliban und ihrer hochbezahlten Helfershelfer aus Jalalabad, Kashmund und den Stammesgebieten der Paschtunen im westpakistanischen Waziristan ist ihnen und ihrem charismatischen Führer, dem hochgewachsenen Scheich Osama, schon Wochen zuvor die Flucht über die gebirgige Grenze ins Nachbarland gelungen. Einige der Fluchthelfer, die der »Maus Osama« den Weg gewiesen und ihn und seine engsten Vertrauten sicher über die Grenze gebracht haben, bekleiden noch heute oder schon wieder mit Wissen und Duldung der

USA hochrangige militärische und politische Posten in Kabul und Islamabad. Dabei hätte der arabische Chefterrorist schon Wochen zuvor gefangen genommen werden können, wenn deutsche Politiker mehr Courage gezeigt hätten.

Die Katze blieb im Sack, und die Maus aus Tora Bora konnte der amerikanischen Reiterherde entkommen.

Mit Journalisten unterwegs

Wir haben die nagelneuen, noch ungewaschenen *patou*, die typisch paschtunischen baumwollenen Schultertücher, eng um Kopf und Hals geschlungen. Trotzdem durchdringt der feine Staub die engmaschigen Tücher, kratzt in Nase und Ohren und knirscht zwischen den Zähnen. Auf der Passhöhe zwischen den Provinzen Logar und Paktia fegt ein heftiger Sturm aus dem Süden daher und treibt den graubraunen Lehmsand von den ausgetrockneten Feldern über die mit Schlaglöchern bedeckte Fahrbahn. Die beiden Fernsehjournalisten und ihr Kameramann, die erst zwei Tage zuvor aus dem kühlen deutschen Sommer im heißen Zentralafghanistan eingetroffen sind, leiden deutlich mehr als ich unter dem Staub und der brütenden Mittagshitze.

Unsere kleine Truppe aus vier Deutschen und ebenso vielen afghanischen Ortskundigen macht Rast vor einem aus Lehm gebauten Kontrollposten der afghanischen Polizei. Seit dem frühen Morgen bin ich mit einem deutschen Fernsehteam unterwegs von Kabul in die Provinz Khost im Südosten des Landes. Während der vergangenen Jahre habe ich mit meinen afghanischen Mitarbeitern in diesem gottverlassenen Winkel Afghanistans drei Dorfschulen errichtet. Mehr als zweitausend Jungen und Mädchen aus den Bergdörfern im Distrikt Tani können seitdem zur Schule gehen. Und in den nächsten Tagen werde ich – *inshallah* – eine vierte Schule eröffnen können. Hier wurden die 50 000 Euro investiert, die engagierte Schüler und Lehrer des Ökumenischen Gymnasiums in Bremen bei einem Sponsorenlauf eingenommen haben. Mit einer solchen

110

Summe kann man in Afghanistan eine komplette Schule für tausend Jungen und Mädchen bauen und diese auch noch mit Mobiliar ausstatten. Über das Internet hat mich Khazan Gul Tani, unser Architekt in Khost, während der vergangenen Monate auch mit Fotos regelmäßig über die Baufortschritte auf dem Laufenden gehalten.

Heute freue ich mich, erstmals deutschen Journalisten im »Wilden Osten« Afghanistans ein deutsches Projekt vorstellen zu dürfen. Seit dem Sturz der Taliban wagt sich zum ersten Mal ein Fernsehteam aus der Heimat in diese raue und gefährliche Gegend. Allerdings hatte es eine ganze Weile gedauert, bis der Sender grünes Licht gab. Über Monate hinweg hatte der Drehbuchautor, ein erfahrener Redakteur einer großen deutschen Tageszeitung, bei den Verantwortlichen Überzeugungsarbeit leisten müssen. Schließlich war ein detailliertes Reisedrehbuch entworfen worden. Dabei haben wir mit der Redaktion jede Wegstrecke und Stunde unseres Aufenthalts in Afghanistan und jedes filmenswerte Projekt besprochen. Alternative Routen und Programme mussten ausgearbeitet werden, um gegen unvorhergesehene Hindernisse – gesperrte Wege, Unfälle, Krankheiten oder kriegerische Auseinandersetzungen – gewappnet zu sein und nicht unnötig kostspielige Zeit zu vergeuden.

»Sicherheit, Sicherheit, Sicherheit ...«, war meine ständige Rede bei den Vorbesprechungen gewesen. Der vom Sender zunächst vorgesehene Regisseur schien mir für dieses Projekt wenig geeignet: zu lax, zu arrogant und zu wenig kultursensibel. Eigenschaften, die bei den Paschtunen nicht gut angekommen wären und damit das Projekt gefährdet hätten. Die Redaktion musste einen anderen Regisseur finden und ein neues Team zusammenstellen. In Einzelgesprächen und bei einem Treffen mit allen Mitgliedern war ich dann überzeugt, mit dieser neuen Mannschaft einen Glückstreffer gelandet zu haben.

Die Leute, mit denen ich heute unterwegs bin – drei auslandserfahrene Journalisten, allesamt Familienväter mit Kindern –, wissen, dass sie im Zweifelsfall die Kamera in der Tasche und den Schreibblock in der Jacke lassen müssen, weil Sicherheit Vorrang vor Information hat. Aus Erfahrung mit Journalisten in den vergangenen Jahren weiß ich, wie schwer ihnen das oft fällt. Aber Berichte aus Afghanistan in Kriegszeiten sind hochbrisant. Ein entführter oder gar getöteter Journalist bedeutet nicht nur eine furchtbare Tragödie für seine Familie, sondern ist auch ein Politikum mit drastischen Konsequenzen für den Wiederaufbau des Landes. Als Folge solcher Ereignisse wird die ohnehin schon dürftige Berichterstattung weiter reduziert, da die Redaktionen verständlicherweise ihre Mitarbeiter nicht in Gefahr bringen wollen und dürfen. Hilfsorganisationen sehen nach solchen Vorfällen ihre Mitarbeiter ebenfalls gefährdet und reduzieren ihre Projekte oder ziehen die Mitarbeiter aus dem Land ab. Ein Teufelskreis beginnt.

Natürlich kann man Gefährdungen für Journalisten nicht gänzlich ausschließen. Sie lassen sich aber minimieren, wenn die Reise »generalstabsmäßig« vorbereitet und mit Disziplin, Augenmaß für das Machbare und wechselseitigem Vertrauen durchgeführt wird. Das erfordert Zeit und Geduld. Man benötigt Landes- und Sachkenntnis und zuverlässige, vertraute Kontaktpersonen vor Ort. Und nicht zuletzt kostet es Geld. Nicht jede Redaktion verfügt über geeignetes Personal und die nötigen finanziellen Mittel. Mancher Chefredakteur geht deshalb den einfachen Weg und bucht für seinen Politikredakteur »sicherheitshalber« eine preisgünstige Pauschalreise mit der Bundeswehr. Der Journalist reist dann allerdings *embedded*, das heißt »eingebettet«, versorgt und umhegt von dem Apparat der Bundeswehr. Mit allen praktischen Vorzügen, aber eben auch mit drastischen Einschränkungen bei der Berichterstattung.

In Zeiten, in denen die Zustimmung der Bürger und Wähler zum Einsatz der Streitkräfte am Hindukusch zusehends schwindet, hat eine positive Berichterstattung aus Afghanistan bei der politischen und militärischen Führung der Armee hohen Stellenwert. In den internen Medien der Bundeswehr gelingt dies ohne Schwierigkeiten. Um auch den öffentlichen Medien, vor allem den regionalen Zeitungen und privaten TV-Anstalten Zugang nach Afghanistan und eine ungestörte Berichterstattung über den Einsatz der deutschen Soldaten zu ermöglichen, engagiert sich der Presse- und Informationsstab der Bundeswehr auf vorbildliche Weise. Seit 1999 bietet das Verteidigungsministerium Kriegsreportern zur Vorbereitung auf Afghanistan (und andere Krisengebiete) einen einwöchigen Speziallehrgang beim VN-Ausbildungszentrum im fränkischen Hammelburg an. Dort erlernen die Afghanistan-Aspiranten unter anderem das richtige Verhalten im Minenfeld, den Umgang mit Geiselnehmern und irregulären Truppen an *checkpoints,* Erste-Hilfe-Maßnahmen und »Finger weg von Blindgängern«. Unterricht in »Interkultureller Kompetenz«, der richtige Umgang mit den Einheimischen, ihren Traditionen und ihrer Kultur steht dagegen nicht auf dem Stundenplan.

Wie der Journalist dann spätestens in Afghanistan bemerken wird, ist dies auch nicht zwingend notwendig. Denn leibhaftigen Afghanen wird er auf seiner Bundeswehrreise in den Hindukusch kaum begegnen. Ein guter Freund, Reporter einer großen Tageszeitung, der an dieser Ausbildung teilgenommen hat, war tief beeindruckt von der militärischen Professionalität und der kameradschaftlichen Atmosphäre zwischen den journalistischen Zivilisten und den Ausbildern. Besonders die drastischen Abschiedsworte des Lehrgangsleiters seien ihm im Gedächtnis geblieben: »Meine Damen und Herren Journalisten, ich wünsche Ihnen viel Erfolg bei Ihrem gefährlichen Einsatz. Gott segne Sie!«

»Mir lief es kalt über den Rücken, und ich fühlte mich, als ginge es nächste Woche nach Stalingrad!«, meinte der Freund. – Der Lehrgang in Hammelburg ist allerdings nicht Pflicht, wenn man mit der Bundeswehr nach Afghanistan reisen will. Das tröstet so manchen Reporter, der ihn nicht besuchen konnte. »Wenn es auch ohne geht«, so seine logische Folgerung, »kann es dort ja nicht ganz so gefährlich sein.« Recht hat er, denn bis zum heutigen Tag ist tatsächlich kein Journalist auf einer Afghanistan-Reise mit der Bundeswehr ernsthaft zu Schaden gekommen.

Hat der Journalist sich auf eigene Faust sein »Single-entry-Journalistenvisum« beschafft und den Reisetermin mit dem Bundeswehr-Pressestab vereinbart, muss er lediglich die Anreise zum militärischen Teil des Flughafens Köln/Bonn organisieren und bezahlen. Den Rest erledigen auf Kosten des Steuerzahlers ein Presseoffizier und sein Stab: Platzzuweisung und Flug in einem vertrauten Airbus, gleiches Flugmuster wie mit der Lufthansa. Bordservice erfolgt durch militärische Flugbegleiter. In 11 000 Meter Höhe erhält er erste Informationen über Afghanistan und den Auftrag von Bundeswehr und ISAF. Nach der Ankunft in Usbekistan erwartet ihn ein perfekt organisiertes Umsteigen in ein »richtiges« Militärflugzeug, die Transall C-160. Dort sind die Sitze enger und weniger bequem, der Bordservice ist eingeschränkt, und die Fluggeräusche der Turbotriebwerke in den mittlerweile vierzig Jahre alten, aber sehr sicheren Truppentransportern sind deutlich lauter. Der vergleichsweise unruhige Flug und die ungewohnt steile Landung in Mazar-E-Sharif sind für die meist nur mit der Zivilluftfahrt vertrauten Reporter ein erster Höhepunkt ihrer »Tour in ein Kriegsgebiet«. Vom Feldflugplatz in Mazar-E-Sharif, der »Stadt mit dem Grab des Heiligen« – eher eine usbekische Siedlung mit einer der schönsten Moscheen der Welt –, geht es dann zügig mit den bereitgestellten Fahrzeugen ins deutsche Camp. Der Kriegsreporter ist nun glücklich am Ziel angelangt.

Aber ist er tatsächlich in Afghanistan? Im Prinzip schon, aber im Grunde befindet er sich doch eher am nördlichsten Rand des Landes. Auf Deutschland übertragen wäre er jetzt in Kiel und würde in den nächsten Tagen die Stadt auch nicht verlassen. In Mazar-E-Sharif sieht er sich aber auch nur mit politischen Randproblemen des Landes konfrontiert. Übertragen auf deutsche Verhältnisse würde dies bedeuten, dass er in den kommenden Tagen eben nur die Einwohner von Kiel

Zu Gast beim Kommandeur der ISAF-Truppen in Kabul: Generalleutnant Gliemeroth (re.), Annette und Reinhard Erös, Oberst i. G. Graf Strachwitz und der afghanische Repräsentant der »Kinderhilfe Afghanistan«, Alem Jana

und die Probleme von Kiel kennenlernt. Dass es neben diesem nördlichen Zipfel des Landes auch noch andere Städte und Regionen mit gänzlich unterschiedlichen Problemen gibt, das fällt dem Afghanistan-Neuling zunächst gar nicht auf. Denn die folgenden Tage sind – vom Pressestab ebenfalls perfekt vorbereitet – gefüllt mit einem Komplettprogramm:

Rundgang durch das Lager mit einer Größe von fünfzig Fußballfeldern auf fast staubfreien befestigten Wegen, Begehung der blitzsauberen Küchen- und Sanitätseinrichtungen, Besichtigung der beengten und mit Fotos und Kinderzeichnungen von daheim geschmückten, klimatisierten Container-Unterkünfte. Neben den Unterkünften flattern die Fahnen des Bundeslands, in dem die Soldaten stationiert sind – ein klassisches Foto für die Lokalzeitung. Ungewohnt und für geräuschempfindliche Journalisten richtig störend wirken allerdings die Tag und Nacht ratternden Großgeneratoren zur Stromerzeugung. Wie zum Ausgleich für dieses auch vom Presseoffizier nicht zu beseitigende Ärgernis erhält man die Erlaubnis zu Interviews mit ausgewählten Soldaten und Soldatinnen, lauscht kernigen und nur ausnahmsweise dezent kritischen Statements der Kommandeure und den an Durchhalteparolen erinnernden Bewertungen des Einsatzes durch mitgereiste Politiker.

Der absolute Höhepunkt dieser Reise ist dann der »Nervenkitzel« bei der Fahrt auf dem gepanzerten Fahrzeug einer Streife. Das Essen, die typische Truppenverpflegung – es gibt keine »Extrawurst« für Gäste –, ist schmackhaft, reichlich und hygienisch einwandfrei. Es schmeckt auch gar nicht ungewohnt »afghanisch«. Kein Wunder, denn alle Speisen und Getränke werden aus Sicherheitsgründen aus Deutschland oder vergleichbar zivilisierten Ländern eingeflogen. So weit geht das Vertrauen der Bundeswehrführung in die Afghanen und ihre Feldfrüchte denn doch nicht. Deutsche Kartoffeln sind EU-genormt, und deutsches Lebensmittelrecht gilt eben auch am Hindukusch.

Die sieben Tage Afghanistan vergehen wie im Flug. Spätestens beim Rückflug im Airbus ab Usbekistan fällt dem einen oder anderen Journalisten beim Erstellen des ersten »Frontberichts« am Laptop auf, dass auf seinen in den vergangenen sieben Tagen gemachten Fotos nicht ein einziger Afghane zu sehen ist. »Verdammt, jetzt ist es zu spät«, ärgert er sich. Doch Hilfe ist in Sicht: Nur zwei Sessel weiter sitzt der Kollege aus einer Redaktion weit jenseits des Vertriebsbereichs der eigenen Zeitung. Und dieser hat – dem Himmel sei Dank – wenigstens zwei bärtige Turbanträger und eine burkaverhüllte Afghanin fotografiert. Man wird sich handelseinig und tauscht afghanischen Turban gegen deutschen MG-Schützen.

Nach seiner glücklichen Rückkehr in die Redaktionsstuben feiern die Daheimgebliebenen den »Kriegshelden«. Der Chef ist stolz, und die Volontäre haben ein echtes Vorbild. Die Berichterstattung der Zeitung in den nächsten Tagen präsentiert dann ein »schonungsloses und ungefärbtes« Bild von Afghanistan. Ausführlich wird das entbehrungsreiche Leben an der Front am Hindukusch geschildert, wo unsere Sicherheit verteidigt wird. Der Kriegsberichterstatter geißelt die dramatische Zunahme der feigen Anschläge »im Lande« und die Brutalität fanatisierter Taliban. Das Foto mit dem Turbanträger und weitere, auf denen der Reporter neben dem Wrack eines vor dreißig Jahren abgeschossenen russischen T-54-Kampfpanzers oder vor einer »typisch afghanischen« Lehmhütte mit kahlen Bergen im Hintergrund zu sehen ist, lassen den Leser nicht ahnen, dass der Schreiber vom Land nicht das Geringste gesehen hat. Und niemals würde er auf den Gedanken kommen, dass der Journalist – wie der Leser selbst – »feige Anschläge« und Taliban nur aus dem Fernsehen kennt.

Um den Vorwurf »unkritischer Berichterstattung« bereits im Voraus zu entkräften, würzt der inzwischen zum Afghanistan-Experten gekürte Redakteur seine Berichte mit dezenter Kritik: »Bedauerlicherweise musste ich bei meinen Recherchen vor Ort feststellen, dass nicht alle unsere Soldaten mit dem neuesten Modell der Tropenstiefel ausgestattet worden sind. Diesen Mangel muss der zur Fürsorge verpflichtete Dienstherr unbedingt und sofort abstellen.« Dass es sich bei den »schlecht Beschuhten« um zwei Küchenhelfer und einen Schreibstuben-Obergefreiten handelte, bleibt unerwähnt. Und andere Probleme des Einsatzes sind dem Journalisten vor Ort gar nicht aufgefallen. Der Reporter – ehemaliger Ersatzdienstleistender – weiß über die Bundeswehr genauso wenig wie über Afghanistan. Da trifft dann die alte Spruchweisheit zu: Wer keine Ahnung hat, der kann auch keine Probleme erkennen.

Es bleibt also beim Kritikpünktchen »Tropenstiefel«. Man fragt nicht nach, was denn die Soldaten im Camp den ganzen Tag treiben. Dann würde man nämlich erfahren, dass auf Befehl der politischen Führung nur knapp vierhundert von den dreitausend Soldaten während ihres gesamten Einsatzes das Lager überhaupt verlassen dürfen. Der Rest macht »Innendienst«, wie es im militärischen Jargon heißt: Instandsetzungssoldaten pflegen die Fahrzeuge, und Unteroffiziere prüfen die TÜV- und ASU-Plaketten. Wenn der TÜV abgelaufen ist, müssen völlig verkehrs- und betriebssichere Fahrzeuge so lange stillgelegt werden, bis aus Deutschland Spezialisten eingeflogen werden, um den TÜV zu erneuern. Feldjäger kontrollieren mit Radarfallen die Geschwindigkeitsbeschränkungen im Lager, gestandene Kompaniechefs formulieren Dienstpläne mit Sport, Gottesdienst und Putz- und Flickstunde, erfahrene Kompaniefeldwebel beachten strikt die befohlene Mülltrennung im Lager. Zwar wird der Abfall dann von der afghanischen Müllabfuhr wenige Hundert Meter außerhalb des Lagers abgekippt und verbrannt, doch das bekommen nur die wenigen Soldaten mit, die das Lager verlassen dürfen. Hoch qualifizierte Fachärzte drehen tagelang Däumchen, weil – Gott sei Dank – kaum Soldaten ernsthaft erkranken oder sich verletzen. Man steht eben für den Notfall bereit, während draußen in den Dörfern des Landes Frauen und Kinder ohne ärztliche Versorgung sterben.

Ärzte und Sanitäter klagen über die geringe Effizienz, die ihnen politisch zugemutet wird. Dabei genießt der Sanitätsdienst der Bundeswehr weltweit einen ausgezeichneten Ruf. Doch die engagierten und hoch motivierten Sanitätssoldaten können ihrem Image in Afghanistan kaum gerecht werden. Frustriert und verärgert kehren viele nach monatelangem Einsatz zurück in die Heimat. Nur wenige Soldaten dürfen das Lager verlassen und sinnvolle Aufbauarbeit leisten. Dabei verfügt gerade die Bundeswehr über Fähigkeiten und Erfahrungen im praktischen *nation-building* wie kaum eine andere Armee. Die meisten Feldwebel und fast alle Offiziere sind zivilberuflich beziehungsweise durch ein akademisches Studium vorgebildet und könnten als Lehrer, Ausbilder und Trainer auch für nicht militärische Aufgaben eingesetzt werden. Unsere Bundeswehrärzte wären begeistert, wenn sie ihr Wissen und Können an junge afghanische Mediziner weitergeben könnten.

Ein Journalist, der sowohl mit Afghanistan als auch mit der

Bundeswehr vertraut ist, hat den zutreffenden Satz geprägt: »Die Bundeswehr leert im Camp die Aschenbecher, und draußen brennt Afghanistan.« Leider stellt kaum ein Journalist den Politikern in Berlin die Frage nach Effizienz und Effektivität des Einsatzes. Das Unternehmen »Bundeswehr am Hindukusch« kostet den deutschen Steuerzahler mehr als 540 Millionen Euro pro Jahr. Allein der umstrittene und bislang wenig erfolgreiche Tornadoeinsatz schlägt jährlich mit 40 Millionen Euro zu Buche; ein Betrag, mit dem mindestens tausend Schulen und Krankenstationen gebaut und ausgestattet werden könnten. Trotz dieser enormen militärischen Aufwendungen verschlechtert sich die Sicherheitslage von Jahr zu Jahr. Für den zivilen Aufbau des Landes, den das Bundesministerium für wirtschaftliche Zusammenarbeit und Entwicklung verantwortet, standen 2006 lediglich 80 Millionen Euro zur Verfügung; das sind weniger als 15 Prozent der militärischen Ausgaben. Laut den Recherchen eines deutschen Journalisten sind von diesen 80 Millionen Euro Steuergeldern mehr als zwei Drittel im dichten Gestrüpp von Bürokratie, Korruption und mangelhafter Kontrolle »verschwunden«. Tatsächlich konnte also nur der lächerlich geringe Betrag von etwa 20 Millionen Euro für den so dringend notwendigen zivilen Wiederaufbau verwendet werden. Diese Zahlen sind für jedermann zugänglich – auch für unsere Medien. Darüber wird allerdings kaum berichtet. »Warum nur?«, fragt sich da der politisch interessierte, kritische Zeitgenosse eines Staates, in dem Pressefreiheit herrscht und eine wesentliche Aufgabe des Journalismus darin besteht, die Mächtigen zu kontrollieren und Rechenschaft zu fordern.

Verwunderlich ist es allerdings nicht, dass der von einer Pauschalreise mit der Bundeswehr aus Afghanistan zurückgekehrte Reporter und sein Chefredakteur solche Fragen nicht aufwerfen: Denn man will ja im nächsten Jahr wieder einen Kollegen auf »große Fahrt« mit demselben preisgünstigen Reiseunternehmen schicken. Würde man die Bundeswehrführung mit unbequemen Fragen irritieren – so unterstellt der Chefredakteur –, dann müsste man damit rechnen, dass bei der Anfrage im nächsten Jahr alle Plätze schon belegt sind. Und das wäre doch äußerst schade.

Unternehmen Journalisten dagegen Reisen nach Afghanistan in eigener Regie – und die wirklichen Kenner des Landes aus den Redaktionen der großen Zeitungen und Magazine tun dies in der Regel –, beginnen die Schwierigkeiten bereits bei der Visabeschaffung und dem Kauf eines Flugtickets. Europäische Fluggesellschaften fliegen Afghanistan nicht an. Man muss also Umwege – meist über Dubai, Islamabad oder Teheran – und mehrtägige Verzögerungen in Kauf nehmen. Den Weiterflug nach Kabul kann man nicht in Deutschland buchen; denn aus den Nachbarländern fliegen nur unbekannte oder äußerst dubiose Linien die afghanische Hauptstadt an. So etwa die erst vor wenigen Monaten gegründete private afghanische Pamir Air oder die halbstaatliche Ariana – Gesellschaften, denen man aus guten Gründen keine Landeerlaubnis in Europa erteilt. Ist der Journalist dann endlich, oft mit tagelanger Verspätung, in Kabul gelandet, benötigt er vertrauenswürdige Kontaktpersonen, Fahrzeuge, Dolmetscher und eine sichere Unterkunft. Von der Hauptstadt aus einfach draufloszufahren, wie es leider manche Journalisten tun, ist in diesen Zeiten nicht nur lebensgefährlich, sondern auch unergiebig. Afghanen lieben es nämlich nicht, von Reportern unangemeldet interviewt oder gefilmt zu werden.

Nur eine Handvoll deutscher Journalisten spricht die afghanischen Landessprachen Farsi und Paschtu und kann die arabischen Buchstaben lesen und verstehen. Die meisten sind auf einheimische Dolmetscher angewiesen. Oder – um es drastischer auszudrücken – sie sind ihnen ausgeliefert. Es ist nicht besonders schwierig, in den großen Städten Englisch sprechende Einheimische zu finden. Vor allem in Kabul gibt es überdies zahlreiche deutschsprachige Afghanen. Allerdings sind nur wenige von ihnen bereit, mit einem Ausländer zusammen die Hauptstadt zu verlassen und im gefährlichen Osten oder Süden des Landes als Dolmetscher zu arbeiten. Und wenn doch, dann verlangt man dafür eine entsprechend hohe »Gefahrenzulage«. 150 US-Dollar sind hier der normale Tagessatz – der doppelte Monatslohn eines afghanischen Lehrers. Gute Bezahlung ist aber nicht gleichbedeutend mit guter Arbeit.

In den Kulturwissenschaften gibt es die Begriffe »Eigenwahrnehmung und Fremdwahrnehmung«. Auf die Situation »ausländischer Journalist und afghanischer Übersetzer« übertragen bedeutet dies: In den Augen des von westlichem Denken geprägten Journalisten ist der Dolmetscher eine Art »Sprachautomat«, der sowohl seine Fragen als auch die Antworten der Befragten korrekt übersetzt und ihm so ein zutreffendes Bild Afghanistans vermittelt.

Für den afghanischen Übersetzer dagegen ist der Journalist in erster Linie Ausländer und gut zahlender Arbeitgeber. Er will dem Fremden ein möglichst positives Bild von seinem Heimatland vermitteln und gleichzeitig den lukrativen Job behalten. Zu diesem Zweck gestaltet er seine Übersetzung oft in einer Form, die, wie er glaubt, bei dem Journalisten Gefallen findet. Dazu kommt mir ein beispielhafter Fernsehbericht aus dem Herbst 2001 in den Sinn, als die Truppen der Nordallianz* soeben die Hauptstadt Kabul erobert und von den Taliban befreit hatten. In einem wenige Kilometer nördlich von Kabul gelegenen Dorf hält ein deutscher Fernsehreporter einem Jungen sein Mikrofon unter die Nase und stellt die Frage: »Erzähl uns doch bitte von der Zeit, als die Taliban hier herrschten. Wie erging es dir und deiner Familie damals?« Die Antwort des Paschtu sprechenden Jungen ist im Hintergrund leise, aber noch verständlich zu hören: »Bei uns im Dorf gab es nie Taliban. Die waren nur in Kabul.« Doch der Dolmetscher übersetzt laut und vernehmlich vor Millionen deutscher Fernsehzuschauer: »Unter den Taliban war es schrecklich. Sie haben meinen Vater getötet und meine Schwestern entführt.«

Wenige Wochen darauf komme ich zufällig in dasselbe Dorf und begegne dort dem Dolmetscher. Auf meine Frage, warum er denn damals falsch übersetzt habe, gibt er mir eine entwaffnend ehrliche, aus seiner Sicht auch völlig nachvollziehbare Antwort: »Ich habe das gesagt, was mein Journalist und ihr Ausländer hören wolltet, nämlich: ›Die Taliban sind böse.‹ Und im Übrigen haben die Taliban in Afghanistan tatsächlich schrecklich gewütet. Ich habe also nicht gelogen. Drei Wochen lang habe ich für den Deutschen übersetzt und gutes Geld verdient. Er war mit mir sehr zufrieden.«

Ich bin während der vergangenen Jahre in Afghanistan nur einer Handvoll echter Journalisten-Profis aus Deutschland begegnet, die ihre Reise perfekt vorbereitet haben und tatsächlich weit über Land gereist sind. Sie haben mit einfachen Bauern in zerfallenen Dörfern gesprochen und steinreiche Drogenhändler in ihren Palästen interviewt. Einige von ihnen haben mich auf meinen Reisen begleitet und hohe Risiken und Beschwernisse auf sich genommen, um in entlegenen Gegenden mit Talibanführern und Warlords zu reden. Sie besuchten mit mir und meinen afghanischen Freunden radikale Koranschulen in Pakistan und haben in Kabul NATO-Kommandeure und korrupte afghanische Politiker kritisch befragt. Natürlich benötigten sie dazu auch die Hilfe von Dolmetschern. Bevor ihre Berichte allerdings gedruckt oder im Fernsehen gesendet wurden, haben diese Profis – Vertrauen ist gut, Kontrolle ist besser – die afghanischen Texte nochmals geprüft und oft genug korrigieren müssen.

Zu diesen Journalisten gehören der »alte Fuchs« Ulrich Tilgner vom ZDF und auch Susanne Koelbl vom *Spiegel* – die einzige Afghanistan-Reporterin mit Mut und Format, die ich kenne. Dazu der journalistische Feingeist Michael Hanfeld aus der Redaktion der *Frankfurter Allgemeinen Zeitung*, Philipp Oehmke, der hochbegabte Jungreporter von der *Süddeutschen Zeitung*, und nicht zuletzt Markus Ziener vom *Handelsblatt*, um die wichtigsten der wenigen zu nennen. Ihre TV- und Print-Berichte sind journalistisch vom Feinsten, fesselnd und auch für den Afghanistan-Laien verständlich. In ihrer professionel-

Ulrich Tilgner, Korrespondent des ZDF, bei der Eröffnung einer Schule der »Kinderhilfe Afghanistan« im Osten des Landes

len Darstellung kommen das Leiden und die Freuden der einfachen Menschen in Afghanistan und Pakistan ebenso vor wie das Unwesen religiöser Fanatiker und korrupter Politgangster. Sie stellen die Leistungen der zivilen Aufbauhelfer und die gefährliche Arbeit unserer Soldaten fair dar, ohne Schwächen und Mängel zu verniedlichen.

Die Journalisten und ich haben unser Unternehmen lange und sorgfältig vorbereitet, und trotzdem werden wir – wie auf all meinen Reisen in den vergangenen fünf Jahren – täglich neue Überraschungen erleben. Khost wurde erst nach dem Sturz der Taliban zur eigenständigen Provinz. Doch als solche ist sie auf den meisten Landkarten noch gar nicht eingezeichnet, denn zuvor gehörte diese wilde Gegend zur Provinz Paktia. Khost grenzt an Pakistan, und zwar an die Region Waziristan. Nord- und Südwaziristan sind uralte paschtunische Stammesgebiete, die heutzutage von den Taliban als wichtigstes Rückzugsgebiet genutzt werden. Von dort aus dringen die Gotteskrieger regelmäßig über die Berge nach Khost ein.

Ich bereise also heute ein »Hochrisiko-Gebiet«, das normalerweise von Journalisten und Hilfsorganisationen gemieden wird. Nicht ohne Grund: »Wir raten dringend davon ab, nach Khost zu reisen. Die Gefahr von Anschlägen ist sehr hoch«, heißt es seit Monaten in den Verlautbarungen der deutschen Botschaft in Kabul. Bei Nachfragen erfährt man auch den Grund: »Die Taliban beherrschen zunehmend die grenznahen Provinzen zu Pakistan, und selbst auf den Hauptstraßen sind Ausländer – auch deutsche Zivilisten – Ziel von Anschlägen. Reisen in der Dunkelheit sollten unter allen Umständen vermieden werden. Wegen der regelmäßigen Gefechte zwischen den hier stationierten US-Truppen und den Aufständischen ist es auch tagsüber nicht ratsam, diese Strecke zu befahren.«

Ich habe die beiden Afghanistan-unerfahrenen Journalisten des Fernsehteams und ihren Kameramann bei meinem ersten Briefing gleich nach ihrer Ankunft auf die Gefahren hingewiesen: »Im Osten dieses Landes herrscht Krieg. Und im Krieg sind in Afghanistan alle Ausländer verdächtig. Wir sind Ausländer. Unser bester Schutz ist es also, wenn wir für Afghanen möglichst nicht als Ausländer erkennbar sind. Beherzigt in den nächsten beiden Wochen die alte englische Kolonialweisheit: *In Rome do as the Romans do.* Frei übersetzt: »Verhalte dich in Afghanistan wie ein Einheimischer.«

Schon auf dem Basar in Kabul hatte ich die drei in die typischen afghanischen Baumwoll-Pluderhosen und überlangen Hemden gekleidet, und mit ihren aus Filz gewirkten Rundmützen, durchgeschwitzt und staubbedeckt, sehen sie zumindest aus der Ferne den Einheimischen gar nicht unähnlich. Um noch vor Einbruch der Dunkelheit unser Ziel zu erreichen, sind wir schon bei Morgengrauen in der Hauptstadt losgefahren. Anders als die UN oder die großen Hilfsorganisationen reisen wir nicht in schicken, weißen Geländewagen mit kilometerweit sichtbaren Funkantennen und protzigen Logos an den Seitentüren, sondern in bescheidenen, unauffälligen Kleinfahrzeugen mit verbeulten Kotflügeln, ohne Antennen, aber mit den hierzulande typischen bunten Fähnchen und Bildern an den Scheiben. Die Seiten- und Rückfenster sind mit Lehm beschmiert, um die ausländischen Insassen vor neugierigen Blicken zu schützen.

Wir haben bewusst die tagsüber in den nicht klimatisierten Fahrzeugen schier unerträgliche Hitze auf uns genommen und wollen aus Zeitgründen auch nur einmal Rast einlegen, denn nachts ist dieser Teil des Landes tatsächlich gefährlich. Unsere mittägliche Teepause bei den freundlichen Polizisten am *check post* der Provinzgrenze nutze ich, um mit dem Chef, einem älteren Polizei-Unteroffizier, ins Gespräch zu kommen. Ich möchte von ihm Genaueres über die Gefahren in dieser Gegend erfahren. Außerdem will ich seine Einschätzung über die Taliban und ihre Gegner, die in Khost stationierten US-Truppen, kennenlernen. Ein heikles Thema, zu dem sich ein afghanischer Polizist gegenüber Fremden normalerweise nicht frei äußert.

Meine afghanischen Freunde leisten in bewährter Weise Vorarbeit, damit es überhaupt zu diesem Gespräch kommt. Sie erzählen dem Polizisten, dass ich schon seit zwanzig Jahren hier im Osten arbeite und während der sowjetischen Besatzung unter Lebensgefahr mit den Mudschaheddin in den Bergen als Arzt unterwegs war. Sie betonen, dass Hunderte von Kindern und Frauen mir, dem deutschen Arzt, ihr Leben verdanken. Der anfänglich reservierte Mann taut zusehends auf. Und als ihm meine afghanischen Begleiter auch noch stolz berichten, dass ich heute als Chef einer deutschen Hilfsorganisation unterwegs bin, um morgen in der Provinz Khost eine neue Dorfschule zu eröffnen, sind auch seine letzten Zweifel beseitigt. Der Name »Kinderhilfe Afghanistan« ist ihm offensichtlich bekannt, und so bittet er mich, ihm in sein kleines Bürogebäude zu folgen. Meine dringliche Bitte, er möge auch meine Freunde, die deutschen Journalisten, an dem Gespräch teilhaben lassen, lehnt er freundlich, aber bestimmt ab. Das Fernsehteam muss draußen bleiben. Bei aller Freude an Selbstdarstellung, die natürlich auch unter Afghanen verbreitet ist, überwiegen in diesen Zeiten Vorsicht und Zurückhaltung gegenüber Journalisten.

Lediglich der Kameramann erhält die Erlaubnis, hier auf der romantischen Passhöhe die gewünschten Landschaftsaufnahmen zu drehen; aber unter keinen Umständen darf er in Richtung pakistanischer Grenze filmen. Das sei militärisches Sperrgebiet. Die dort stationierten US-Truppen würden auf jeden schießen, der sich ihren Anweisungen widersetzt. Es verwundert mich nicht, als der Unteroffizier die Tür hinter uns schließt und mich mit gedämpfter Stimme um äußerste Diskretion bittet. Was er mir jetzt erzählen werde, dürfe unter keinen Umständen durch die Journalisten veröffentlicht werden. Dabei macht der gestandene Mann keinen überängstlichen Eindruck; er will aber – wie er sagt – weder seinen Job verlieren noch von den Amerikanern verhaftet oder von den Aufständischen erschossen werden.

»Ich bin seit fünf Jahren Polizist unter unserer neuen Regierung. Ursprünglich stamme ich aus der Stadt Khost, der Hauptstadt der gleichnamigen Provinz«, beginnt er. »Dort leben meine Familie, meine Eltern und Geschwister. Drei von meinen fünf Kindern gehen in Khost in die ›deutsche Schule‹, wie wir sie nennen; in eine der drei Schulen, die du in den vergangenen zwei Jahren gebaut hast. Dafür sind wir dir und den Deutschen unendlich dankbar. Ich weiß um die Bedeutung von Bildung gerade hier im Osten des Landes, in diesem Armenhaus von Afghanistan. Denn anders als im Norden oder in Kabul gibt es bei uns bislang kaum Schulen. Seit dem Sturz der Taliban hat sich hier wenig zum Guten verändert. Die UNO oder westliche Hilfsorganisationen tauchen hier gar nicht auf. Die Provinz Paktia, durch die ihr jetzt gleich fahren werdet, war bis vor dreißig Jahren ein Zentrum deutscher Entwicklungshilfe. Mein Vater erzählt oft und mit Stolz, dass er damals mit deutschen Fachleuten an der Aufforstung der Wälder in der Provinz gearbeitet hat. Die deutschen Familien, die hier wohnten, waren oft zu Gast bei uns und wir bei ihnen. Als kleiner Junge habe ich mit deutschen Kindern gespielt, und noch heute kann ich alle Strophen des Kinderliedes ›Hänschen klein‹ auswendig. Wir sind traurig und können nicht begreifen, warum uns die deutsche Regierung ausgerechnet jetzt, wo wir dringend Hilfe benötigen, so im Stich lässt.«

Als ich ihm entgegne, dass wir in Kabul aufgrund der unsicheren Situation in dieser Gegend von offizieller deutscher Seite ausdrücklich gewarnt worden seien, zu fahren, schüttelt er bedächtig den Kopf: »Diese Warnungen kennen und bedauern wir. Denn mit dieser Haltung unterstützt deine deutsche Botschaft – sicher ungewollt – die Strategie der feindlichen Kräfte, die einen Wiederaufbau unseres Landes verhindern wollen. Gefahr und Unsicherheit greifen nämlich dort um sich, wo kein Aufbau stattfindet, wo die Bauern in den Dörfern und die Bewohner der kleinen Städte auch fünf Jahre nach dem Sturz der verhassten Taliban keinerlei Verbesserungen ihrer Lebenssituation erfahren, wo es keine Krankenstationen, keine Schulen und keine bezahlte Arbeit gibt. Hier bei uns im Osten erleben wir seit fünf Jahren nur eine Sorte von Ausländern: amerikanische Soldaten mit ihren Panzern, Kampfhubschraubern und Bombenflugzeugen. Und diese haben nur ein Ziel: Krieg gegen Terroristen beziehungsweise gegen alles, was sie für ›Terroristen‹ halten. Meine zehn schlecht besoldeten Beamten hier in dieser kleinen Station und ich sind gern in die afghanische Polizei eingetreten, weil wir zu mehr Sicherheit beim Wiederaufbau unseres Heimatlandes beitragen wollten. Nun aber erleben wir tagtäglich, wie durch die Arroganz und Brutalität der Amerikaner immer mehr von meinen paschtunischen Landsleuten in das Lager der Aufständischen getrieben werden. Und wir Polizisten müssen das oft genug ausbaden.«

Erstaunt über die Offenheit des engagierten Mannes und

seine klare politische Position, hake ich weiter nach und frage ihn, wie er die Rolle der Taliban und des Widerstands gegen die Amerikaner einschätzt, denn ich weiß, dass hier in Khost einer der wichtigsten Führer der Aufständischen zu Hause ist, ein Mann, dessen Name in den paschtunischen Stammesgebieten nur mit banger Ehrfurcht genannt wird, einer, der zwar nicht zum eigentlichen Kern der Taliban gezählt wird, aber auf der Liste der von den Amerikanern gesuchten Terroristen ganz oben steht.

Der Unteroffizier antwortet ohne Umschweife: »Die Provinzen Paktia, Paktika und Khost werden trotz der sechstausend US-Elitesoldaten, die hier stationiert sind, faktisch von den Aufständischen kontrolliert. Vor allem nachts befinden sich die drei Provinzen fest in der Hand eines Mannes, der zwar kein klassischer Taleb ist, aber zu den unerbittlichsten Gegnern der ›westlichen Besatzer‹ zählt, wie man im Osten mittlerweile die US-Truppen nennt. Es ist Commander Haqqani*. Seine militärischen Erfolge, die hohen Verluste* der Amerikaner im Kampf gegen ihn und die vergeblichen Bemühungen der technisch weit überlegenen US-Armee, ihn zu töten oder gefangen zu nehmen, verschaffen ihm auch heute wieder den Ruf des Unbesiegbaren, der ihn schon im Krieg gegen die Sowjets auszeichnete.

Haqqani hat sein Hauptquartier nicht in Afghanistan, sondern in den Stammesgebieten jenseits der pakistanisch-afghanischen Grenze im Distrikt Nordwaziristan. In dieses sichere Refugium ziehen er und seine etwa fünftausend Kämpfer sich immer dann zurück, wenn die US-Truppen der Operation *Enduring Freedom* in Afghanistan einen Großangriff gegen ihn starten. In Pakistan ist er sicher, denn dorthin dürfen ihn die westlichen Truppen nicht verfolgen. Zu den pakistanischen ›Anti-Terror-Truppen‹ hat er über deren militärischen Geheimdienst ISI dank des jahrelangen gemeinsamen Kampfes gegen die Sowjets noch immer gute Beziehungen. Sie lassen ihn in Pakistan weitgehend unbehelligt. Dieses für die Amerikaner

Verstecktes Waffenlager des Warlords Haqqani in der Provinz Khost

mehr als lästige ›Katz-und-Maus-Spiel‹ kennzeichnet seit Jahren die kriegerischen Auseinandersetzungen im Osten Afghanistans.«

Ich will gerade nachfragen, welche Konsequenzen diese Machtfülle und das hohe Ansehen Haqqanis für ihn und seine Arbeit haben. Als hätte er meine Gedanken erraten, fährt er fort: »Wenn meine wenigen Polizisten und ich hier in den Außenposten überleben und unsere Familien ernähren wollen, müssen wir uns arrangieren. Das heißt, dass wir tagsüber unsere Regierung und die Amerikaner unterstützen und nachts Haqqani. Alle Polizisten in den von Haqqani kontrollierten Provinzen verhalten sich so. Wir dienen faktisch zwei Herren. Von der afghanischen Regierung erhalten meine Männer einen monatlichen Sold von 3000 Afghani (umgerechnet etwa 60 Euro). Oft warten sie monatelang auf ihren Lohn. Dafür, dass sie diesen Job überhaupt bekommen haben, müssen sie regelmäßig 20 Prozent ihres Einkommens an unsere Vorgesetzten abliefern. Mit den restlichen 2500 Afghani können sie ihre Familien nicht ernähren. Von Haqqani erhalten meine Männer das Doppelte, wenn sie nachts hier in unserer Hütte schlafen und so tun, als würden sie nicht hören oder sehen, was draußen vor sich geht.

Ab und zu kommen Haqqanis Leute auch tagsüber vorbei. Natürlich kennen wir inzwischen ihre Fahrzeuge und wissen, was sie geladen haben: Opium und Waffen. Würden wir sie stoppen, wäre das unser sicherer Tod. So lassen wir sie passieren, und meine Männer kassieren dafür doppelten Lohn. Mit den beiden ›Gehältern‹, zusammen also 8000 Afghani, können sie ihre Familien ordentlich ernähren, ihre Kinder zur Schule schicken und den Arzt bezahlen. Und das Wichtigste ist: Haqqanis Leute lassen uns in Frieden. Wir überleben. Unsere Vorgesetzten und die Politiker in Kabul wissen genau, wie das Spiel hier läuft. Viele von ihnen mischen ja selbst mit. Keiner unternimmt etwas dagegen. Hinzu kommt noch, dass meine Männer keine richtige Ausbildung als Polizisten erhalten haben. Eigentlich haben sie von den Amerikanern in einem dreiwöchigen Lehrgang nur gelernt, wie man eine Waffe bedient. Nur ein Einziger von ihnen kann lesen und schreiben. Du kannst dir vorstellen, wie glücklich sie sind, dass sie diesen Job bekommen haben, und sie möchten ihn unter allen Umständen behalten. So einfach ist das heute bei uns Polizisten in Afghanistan«, beendet er zynisch seine »Beichte«.

Ich verkneife mir die Frage, ob auch er zu den »Doppelverdienern« gehört; das versteht sich wohl von selbst. Dann führen also alle Polizisten hier ein Doppelleben à la »Dr. Jekyll und Mister Hyde«? Am Tag sorgen sie für Ordnung und Sicherheit, und nachts unterstützen sie heimlich die Sache des Feindes und bekämpfen den Wiederaufbau ihres Landes? Wer in den Dörfern im Osten überleben und seine Familie ernähren will, ist häufig zu einem Verhalten gezwungen, das uns Außenstehenden schizophren erscheint. Ich bedaure es sehr, dass die deutschen Journalisten von dieser Lektion in afghanischer

Zeitgeschichte ausgeschlossen bleiben, nehme mir aber fest vor, sie ihnen auf der Weiterfahrt zu erzählen.

Die Afghanistan-Debatte in Deutschland erschöpft sich zumeist in abgehobenen Diskussionen über Parlamentswahlen, Demokratisierung, Trennung von Religion und Politik, Bekämpfung von Scharia und Stammesdenken, Kampf gegen die Burka als Symbol der Frauenunterdrückung, Ausweitung des ISAF-Mandates etc. Hier im Gespräch mit einem einfachen Dorfpolizisten zeigen sich mir wieder einmal die wahren Hindernisse, die dem Wiederaufbau, der Sicherheit und der Perspektive eines würdigen Lebens entgegenstehen: schlechte Bezahlung sowie miserable Ausbildung und Ausstattung der einfachen Polizisten und Soldaten; vom Westen geduldete und oft sogar geförderte korrupte Politiker und Generäle, die einfachen Beamten ein schlechtes Beispiel geben; fehlende Schulbildung und Berufsperspektiven für die Jugend. Stattdessen »Anti-Terror-Krieg« um jeden Preis, ohne jede Verhandlungsbereitschaft mit der Gegenseite in diesem gnadenlosen Kampf, der täglich neue Opfer fordert.

Nachdenklich und dankbar für diese Lehrstunde verabschiede ich mich von dem Polizisten. Wir sind spät dran und müssen uns jetzt sputen, um noch vor Einbruch der Dunkelheit in Khost anzukommen.

Die Weiterfahrt an der Passhöhe führt uns durch enge Schluchten steil hinab in das Tal von Gardez, einer alten Festungsstadt. Die inzwischen zerfallene Burg gibt Zeugnis vom Kampf der Afghanen gegen die Briten vor hundert Jahren. Jenseits des Tals steigen die kahlen Berge wieder auf Höhen von viertausend Metern an. Unser Kameramann nörgelt unentwegt, weil er die Kamera jetzt, da wir uns der Grenze zu Pakistan und damit den amerikanischen Militärstützpunkten nähern, nicht mehr auspacken kann. Ich kann seinen Missmut gut verstehen, denn wir fahren stundenlang durch Traumlandschaften, in denen steil aufragende Schluchten mit graubraunen Steppen und tiefgrünen Wiesen wechseln; vorbei an Zeltdörfern der *kuchis* – Nomaden – mit ihren unverschleierten, bunt gekleideten Frauen und vor Dreck strotzenden, lachenden Kindern und schier endlosen Ziegen- und Kamelherden. Fantastische Motive für seine Kamera – ich »leide« mit ihm und vertröste ihn auf die nächsten Tage.

Wir müssen unbedingt bei Tageslicht unser Ziel erreichen, und der Aufenthalt in der Polizeistation hat länger gedauert, als ursprünglich geplant. Mit einem geplatzten Reifen oder gar einem Achsenbruch ist bei dem miserablen Zustand der hiesigen Straßen immer zu rechnen; doch heute würde uns eine solche Panne in erhebliche Schwierigkeiten bringen. Deshalb sind wir auch mit zwei Fahrzeugen unterwegs: Im Notfall können die Journalisten dann in das intakte Fahrzeug umsteigen. Glücklicherweise aber gibt es keine unliebsamen Zwischenfälle, und ich habe während der zunehmend eintöniger werdenden Fahrt genügend Zeit, mich mit den beiden Journalisten auszutauschen. Wie üblich kreisen ihre Fragen um die Themen »Krieg, Taliban, Drogen, Amerikaner«. Leider sind die durchaus vorhandenen positiven Entwicklungen im Land nicht »sexy« genug, um in den deutschen Medien den ihnen gebührenden Platz zu finden. Morgen in Khost, bei der Eröffnung einer neuen Schule mitten im Talibangebiet, wird sich dies hoffentlich ändern.

Auf ihre Frage, ob denn hier im Osten inzwischen tatsächlich ein echter Guerillakrieg stattfinde, erzähle ich ihnen von dem Gespräch mit dem Dorfpolizisten und meinen Begegnungen mit dem Mann, der diesen Partisanenkrieg anführt. Der Name Commander Haqqani ist ihnen zunächst kein Begriff. Also beginne ich mit unserem Zusammentreffen vor fünfzehn Jahren, bei dem ich ihn als überragenden, auch in hoffnungslos erscheinenden Situationen unnachgiebigen Guerillaführer kennengelernt habe. Als siegreicher Held, der einst die vermeintlich überlegenen Sowjets geschlagen hat, denkt er heute nicht im Traum daran, seinen Kampf gegen die neue amerikanische »Besatzungsmacht« einzustellen. Wie die meisten Afghanen ist er überzeugt, dass die westlichen Truppen eines Tages gezwungen sein werden, aus Afghanistan abzuziehen. Seine Taktik ist klar: »Je schmerzhafter meine Nadelstiche sind, desto früher werden die Ausländer verschwinden.« Verluste bei seinen eigenen Kämpfern versucht er niedrig zu halten, indem er offenen Feldschlachten ausweicht; aber im Grunde kommt es ihm auf ein paar Tote mehr oder weniger nicht an. Denn in den radikalen Koranschulen Pakistans stehen Tausende begeisterter Dschihadis bereit, um sich im Kampf gegen die Feinde des Islam zu bewähren. In den elenden Flüchtlingslagern Westpakistans gibt es für viele junge Afghanen keine Zukunftsperspektive, und so lassen sie sich für ein paar Hundert Dollar als Kämpfer rekrutieren. Die kontraproduktiven Bombardements der US-Luftwaffe mit den zahllosen »Kollateralschäden« in afghanischen Familien haben zur Folge, dass sich Haqqani zunehmend auch hasserfüllte und rachesüchtige junge Widerstandskämpfer aus den Dörfern seiner Heimat anschließen. Die im Westen, vor allem in der US-amerikanischen Administration verbreitete Vorstellung, die Anzahl der Terroristen sei begrenzt, und man müsse nur genügend von ihnen töten, damit die Afghanen sich eines Besseren besinnen und zu begeisterten Anhängern westlicher Werte würden, ist daher grundfalsch.

Ein paschtunischer Familienvater fühlt sich durch sein Kulturverständnis, das *paschtunwali*, verpflichtet, seine Familie und sein Eigentum zu schützen. Wird ein Angehöriger getötet oder sein Eigentum vernichtet, sieht er sich gezwungen, Vergeltung zu üben. Mit jedem meist durch US-Bombardements produzierten Kollateralschaden wächst also die Zahl der Afghanen, die Rache nehmen müssen. Denn die übliche Praxis der Amerikaner, sich nach einer versehentlichen Tötung von Frauen und Kindern bei den überlebenden Angehörigen zu entschuldigen und pro Opfer 500 US-Dollar als »Wiedergutmachung« zu bezahlen, ist für die Paschtunen unakzeptabel. Laut seriösen Schätzungen von Marc Herold, Professor an der University of New Hampshire, USA, kommen jeden Monat im

Schnitt dreißig Frauen und Kinder durch US-Luftangriffe ums Leben.

Obwohl unser Fahrer, den meine afghanischen Freunde nicht ohne Grund *hell driver* nennen, heute Rücksicht auf seine ausländischen Gäste nimmt, erreichen wir pünktlich vor Einbruch der Dunkelheit unser Ziel. In Khost erwartet uns mein Freund Khazan Gul Tani, der unsere Schulen in den Dörfern von Tani gebaut hat.

Drei Wochen lang begleiten mich die deutschen Journalisten ohne militärischen Schutz durch die Ostprovinzen. Sie nutzen die Gelegenheit, mit einfachen Bauern, Warlords und Talibanführern zu sprechen und Frauen und Kinder beim täglichen Kampf ums Überleben kennenzulernen. Sie genießen die wunderbare Landschaft, sind überwältigt von der Gastfreundschaft der Menschen und leiden mit ihnen unter der brutalen Hitze und dem höllischen Staub. »Kampf um die Kinder – Afghanistan zwischen Krieg und Hoffnung«, nennen Michael Hanfeld, Wolfgang Klauser und ihr Kameramann Hans-Albrecht Lusznat ihre ausgezeichnete Dokumentation, die zum Jahresende 2006 im deutschen Fernsehen erstmals ausgestrahlt wird. Ein einzigartiges, ehrliches und realistisches Zeugnis vom Leben der Menschen am Hindukusch.

Eine kleine Dorfschule

Aus allen Himmelsrichtungen strömen die Menschen heute, am Freitag, dem islamischen »Sonntag«, nach Kashmund. Das kleine Dorf in Ostafghanistan, wo die Provinzen Nangahar, Laghman und Kunar aufeinandertreffen, ist so unbedeutend, dass man es auf keiner Landkarte findet. Der Boden hier ist steinig und wenig fruchtbar. Die fünfhundert Familien der Gemeinde leben vorwiegend von Kartoffelanbau und etwas Gerste. Da in dreißig Kriegsjahren viele Brunnen zerstört und Wasserkanäle verschüttet wurden, hat der Mangel an Bewässerung viele Felder zusätzlich verkarsten lassen. Die Kashmundi, wie man die Bewohner des Dorfes nennt, gehören zu den Ärmsten im Osten. Den täglichen Kampf ums Überleben gewinnen sie nur durch harte Arbeit auf ihren wenigen Feldern. Heute aber sind sie alle auf den Beinen, um ein Fest zu feiern und mit ihren Freunden aus den Nachbardörfern und den Gästen aus Deutschland »ihre« Schule zu eröffnen. Eine Schule mit einer spannenden Vorgeschichte.

Ein knappes Jahr ist es her, als mich – ebenfalls an einem Freitag – der Malik, der Bürgermeister, der Dorfmullah und die Ältesten aus Kashmund in unserem kleinen Büro in Jalalabad aufsuchten. Am Freitag pflegt man im islamischen Afghanistan Freunde und Verwandte zu besuchen und dazu auch kleine Geschenke mitzubringen. Allerdings war ich den Herrschaften aus Kashmund bis zu diesem Tag nie begegnet. Unbekannte Gäste, die auch noch Geschenke mitbringen? Aus meinem Lateinunterricht kommt mir der Satz *Timete danaos dona ferentes* in Erinnerung, frei übersetzt: »Pass gut auf, wenn dir

Fremde Geschenke machen; die wollen was von dir.« Und natürlich kommen sie mit einem Anliegen zu uns; einer überraschenden, aber sehr erfreulichen und überaus geschickt begründeten Bitte: »Lieber Doktor Sahib, unsere Nachbarn im Dorf Chewa erfreuen sich einer wunderbaren Schule, die mit deiner Hilfe vor zwei Jahren gebaut wurde. Ihre Jungen und Mädchen lernen dort fleißig, und die Lehrerinnen und Lehrer sind glücklich darüber, dass sie unterrichten dürfen und von dir auch bezahlt werden. Ich darf dir ihren herzlichen Dank überbringen.«

Ich merke schon, dass da etwas im Busch ist. In der paschtunischen Gesprächskultur ist es nicht üblich, »mit der Tür ins Haus zu fallen«. Der kultivierte Afghane tastet sich eher mit einer zirkulären Gesprächstechnik vor und sondiert durch Umschreibungen seines eigentlichen Anliegens, wie denn sein Gegenüber reagieren würde, wenn er seine Bitte direkt äußern würde. Auf diese Weise erspart er sich und seinem Gesprächspartner die Unannehmlichkeit einer Ablehnung. Auch der Gegenüber antwortet auf das nur indirekt geäußerte Anliegen mit freundlich formulierten Umschreibungen.

Während dieses oft langwierigen Gesprächs wird zwischen den Zeilen deutlich, worum es dem Bittsteller geht und ob sein Gegenüber fähig oder willens ist zu helfen. Würde der Bittsteller sein Anliegen offen äußern, ginge das mit einem Gesichtsverlust für ihn einher, während eine eindeutige Absage den Gesichtsverlust des Gegenübers bedeutete. Gesichtsverlust bedeutet Ehrverlust. Und die persönliche Ehre ist eines der höchsten Rechtsgüter im *paschtunwali*, dem Wertekodex der Paschtunen.

Ausländer, die diese landesübliche Gesprächskultur nicht kennen, sind irritiert, wenn Unterhaltungen zwischen Afghanen sich ewig in die Länge ziehen, obwohl ihr Inhalt eher banal scheint. Und sie sind enttäuscht, wenn sie selbst trotz »klar formulierter« Anliegen im Gespräch mit den Einheimischen nicht vorankommen. Um bei den Afghanen erfolgreich zu sein, sind die rein fachlichen Qualitäten des Ausländers oft weniger wichtig als seine Kulturkompetenz.

Die Männer aus Kashmund sind also zu mir gekommen, weil sie sich ebenfalls eine Schule wünschen. Ich kenne die gottverlassene Region um Kashmund aus meiner Zeit als »Barfußarzt« während der sowjetischen Besatzung. Daher weiß ich, dass wir enorme logistische Schwierigkeiten und erhebliche Sicherheitsprobleme hätten, wenn wir in dieser Steinwüste ohne Zufahrtsstraßen, hoch oben in den Bergen an der Grenze zur besonders umkämpften Provinz Kunar eine Schule bauen wollten. Deshalb versuche ich dieses Anliegen durch verbales Jonglieren freundlich, aber unmissverständlich abzulehnen. Aber wie schon so oft überrumpeln mich einfache Dorfbewohner mit ihrer Cleverness und Bauernschläue:

»Vor wenigen Tagen waren Taliban in unserem Dorf und haben uns angeboten, eine Madrassa* – eine Koranschule – zu bauen. Zumindest unsere Jungen könnten dann zur Schule gehen und würden dort auch kostenlos verpflegt. Den Mullah und die religiösen Bücher würden die Taliban ebenfalls bezahlen. Doch eigentlich wollen wir gar keine Madrassa, sondern lieber eine richtige Schule wie unsere Nachbarn in Chewa. Dort lernen die Kinder nicht nur den Islam kennen, sondern werden auch in anderen Fächern unterrichtet«, erläutert der Dorfbürgermeister treuherzig verschmitzt und fährt mit einem warnenden Unterton fort: »Auch unsere Kinder in Kashmund sollen nach der Schule einen guten Beruf erlernen und studieren können. Wir möchten, dass auch aus unserem Dorf später Ingenieure, Ärzte und Lehrer hervorgehen. Auf der Koranschule der Taliban sind aber nur Jungen zugelassen, und selbst die können hinterher nur Mullah werden. Wenn uns also niemand hilft, in Kashmund eine gute Schule zu bauen, müssen wir wohl oder übel das Angebot der Taliban annehmen und unsere Jungen auf eine Madrassa schicken.«

Die Männer um ihn grummeln zustimmend und blicken mich mit geneigtem Kopf fragend an. Doch die Frage »Kannst *du* uns zu einer Schule verhelfen?« bleibt unausgesprochen. Und vermutlich werde ich auch nie erfahren, ob die Taliban tatsächlich bei ihnen waren. Daher kann ich der Argumentation des Malik nichts Stichhaltiges entgegensetzen. Also verspreche ich den Dorfältesten, ihr Anliegen mit meinen afghanischen Mitarbeitern und dem Erziehungsminister zu besprechen und ihnen bald Bescheid zu geben, ob wir ihnen helfen können. In Deutschland würde eine solche Formulierung eher als erster Schritt einer Ablehnung interpretiert werden. Bei den Paschtunen dagegen bedeutet sie eine feste Zusage. Das weiß ich natürlich und widerspreche daher auch nicht, als mich die Gruppe beim Abschied umarmt und sich für meine »großartige Hilfe« bedankt.

Etwa sechs Monate benötigen wir, um in dieser entlegenen Gegend eine Schule zu bauen; eigentlich recht wenig, wenn man bedenkt, wie schwierig hier fernab von jeder Zivilisation die Arbeitsbedingungen sind. Es führen nämlich keine befestigten Straßen in die Dörfer, auf denen Lastautos das benötigte Material bis an die Baustelle transportieren könnten. Natürlich gibt es auch keinen elektrischen Strom, um moderne Maschinen einzusetzen. Hier muss alles in »Handarbeit« geleistet werden. Die Dorfbevölkerung ist voll eingebunden in den Bau »ihrer« Schule, und sie ist mit Begeisterung und Engagement dabei. Alle packen mit an: Die erwachsenen Männer schlagen Steine in den nahen Bergen und schleppen sie auf Eseln und Maultieren zur Baustelle. Mit dem – oft einzigen – Traktor des Dorfes benötigen sie Stunden, um an der kilometerweit entfernten Hauptstraße die Lastwagen umzuladen, auf denen aus der Provinzhauptstadt Ziegel und Zementsäcke, Holzstämme und Stahlträger, Metallfensterrahmen und Bauwerkzeug angefahren werden. Die unbefestigten, steilen Feldwege, die von der Hauptstraße zum Dorf führen, können schwere Lastautos nicht befahren.

Die jüngeren Dorfbewohner heben an der Baustelle mit einfachen Schaufeln eine metertiefe Grube aus. Vom Dorfbrunnen legen sie einen Wassergraben zur Grube, in der später der

Baustelle an der Dorfschule in Laghman

Zement angerührt wird. Auch die Mädchen und Frauen des Dorfes beteiligen sich am Bau ihrer Schule. Sie verköstigen ihre Väter, Männer, Brüder und Söhne mit selbst gebackenem Fladenbrot, Obst und Tee. Und solange die Männer durch den Schulbau gebunden sind, übernehmen die Frauen auch die zusätzliche Feldarbeit.

Unser Bauleiter und seine beiden Poliere sind die einzigen wirklichen »Fachleute« beim Bau einer Dorfschule. Diese erfahrenen Profis – in Afghanistan ausgebildete einheimische Ingenieure – sind schon seit Jahren fest bei uns angestellt und garantieren uns und unseren Spendern solide und vor allem preisgünstige Arbeit. Der Bauleiter kennt die Qualität und die Preise der Baumaterialien, die er in den größeren Städten beschaffen muss. Er ist kein Paschtune, sondern Tadschike* und stammt aus Paghman, einer Stadt nördlich von Kabul. Die *paghmani* sind im ganzen Land berühmt für ihre hervorragenden Baumeister.

Die Jungen von Kashmund freuen sich auf ihre Schule

Der akademisch ausgebildete Ingenieur spricht aber nicht nur seine Muttersprache Farsi, sondern genauso fließend Paschtu, die Sprache der Dorfbewohner. Weder die unterschiedliche Volksgruppenzugehörigkeit noch seine andere Muttersprache spielen eine wesentliche Rolle im Zusammenleben der Menschen – auch nicht hier mitten im Paschtunengebiet. Die im westlichen Ausland verbreitete Vorstellung, die verschiedenen Ethnien und Stämme des Landes würden übereinander herfallen und sich zerfleischen, wenn sie nicht daran gehindert würden, ist falsch. In der jüngeren Geschichte Afghanistans gab es weder »ethnische Säuberungen« noch Genozide, wie wir sie etwa aus Afrika oder vom Balkan kennen.

Den Dorfbewohnern ist vor allem wichtig, dass der ortsfremde tadschikische Baumeister sein Handwerk versteht und sich an die Regeln des Zusammenlebens hält. In den vergangenen

Jahren haben unser Baumeister und seine beiden Vorarbeiter nicht nur bewiesen, dass sie hervorragende Fachleute sind; sie haben es auch verstanden, harmonisch mit den Einheimischen in den unterschiedlichen Provinzen die schwierigsten logistischen Herausforderungen zu meistern.

Einmal monatlich erhalten die Arbeiter aus dem Dorf von uns persönlich ihren Lohn ausbezahlt. Schon bei der Bauplanung haben wir mit den Dorfältesten besprochen, wie viel jeder Einzelne erhält. Die unverheirateten Jugendlichen, die noch bei ihren Eltern wohnen, bekommen natürlich weniger als die Familienväter. Dieses Vorgehen ist sehr zeitraubend und läuft nicht immer ohne Diskussionen ab. Doch dadurch wird die Gefahr von Korruption und Günstlingswirtschaft erheblich eingeschränkt. Ganz ausschalten lässt sie sich natürlich nicht. Für uns und für die Dorfbewohner ist aber entscheidend, dass sie ihre Schule selbst bauen und das Geld für den Bau in ihrem Dorf bleibt und nicht in den Ministerien von Kabul versickert, die Taschen korrupter Beamten füllt oder ausländischen Baufirmen zugute kommt.

So ist es uns trotz großer Schwierigkeiten gelungen, zusammen mit den Kashmundi eine schmucke kleine Schule zu errichten. Im Jahr 2003 ist dies die vierte Dorfschule, die die Kinderhilfe seit dem Sturz des Talibanregimes in dieser verlassenen Gegend, einem echten »Armenhaus« Afghanistans, gebaut hat. Ein riesiger Lastwagen, den der Bürgermeister des Nachbardorfes Chewa wegen der weiten Entfernung zur Verfügung gestellt hat, befördert eine halbe Hundertschaft begeistert winkender Schulkinder in blauen Uniformen nach Kashmund. »Es ist uns eine Freude und ehrenvolle Pflicht, heute unseren Dank abzustatten und mit unseren Nachbarn und euch Deutschen zu feiern«, begrüßt uns würdig von der Ladefläche der Schuldirektor aus Chewa. Vor drei Jahren haben wir in seiner Gemeinde unsere erste Dorfschule gebaut. Inzwischen werden dort mehr als achthundert Jungen und Mädchen unterrichtet.

Nach ihrer Fertigstellung ist die Schule natürlich Eigentum des Dorfes. Die Gemeinschaft weiß auch, dass die Gelder für den Bau, für Schulbänke und Bücher und später auch für die Gehälter der Lehrer nicht aus irgendwelchen anonymen staatlichen Geldtöpfen, sondern ausschließlich von privaten Spendern aus Deutschland kommen. Deshalb schildere ich den Dorfbewohnern regelmäßig, wie mühsam wir diese Gelder in Deutschland erbettelt haben. Ich erzähle den Eltern und Kindern, dass deutsche Schüler ihr Taschengeld opfern, damit auch afghanische Kinder zur Schule gehen können, und deutsche Lehrer Patenschaften übernehmen, damit ihre afghanischen Kollegen Lohn erhalten. Bei diesen Gesprächen müssen wir Fingerspitzengefühl zeigen, damit die stolzen Paschtunen sich nicht als Bittsteller fühlen und unser Beitrag zum Wiederaufbau ihres Landes nicht als arrogantes »Mitbringsel des reichen Onkels aus Deutschland« empfunden wird. Doch es scheint mir enorm wichtig, eine persönliche Beziehung zwischen den Spendern aus Deutschland und den Empfängern in Afghanistan herzustellen.

Denn die afghanische Kultur ist sehr personen- und weniger sachbezogen. Nicht umsonst lautet unsere Philosophie: »Menschen, nicht anonyme Organisationen, helfen Menschen.« Diese persönliche Bindung, gegenseitiges Vertrauen und der berechtigte Stolz der Dorfbewohner – »Es ist unsere Schule, wir haben sie selbst gebaut« – bedeuten einen weitaus besseren Schutz für unsere Einrichtungen als der Einsatz von Polizei oder Militär. Keine unserer bis heute gebauten achtzehn Schulen ist jemals von den bildungsfeindlichen Taliban bedroht oder gar angegriffen und zerstört worden, wie das leider im Osten und Süden des Landes häufig geschieht.

Die geschilderten logistischen Schwierigkeiten, die viel zu große Fluktuation von Mitarbeitern, die kein Vertrauen bei den Einheimischen entstehen lässt, und die keineswegs unberechtigten Sicherheitsbedenken halten die meisten Hilfsorganisationen davon ab, sich in den abgelegenen Dörfern Ostafgha-

Mit den Dorfältesten der Provinz Laghman

nistans zu engagieren.« »Wir müssen das Feuer dort löschen, wo es brennt, und nicht dort, wo es einfach und bequem ist«, hat mir vor dreißig Jahren ein Jesuitenpater, einer meiner Lehrmeister in humanitärer Hilfe, ans Herz gelegt. Hier im Osten Afghanistan »brennt es«, und deshalb bauen wir hier trotz aller Schwierigkeiten unsere Schulen. Im Grunde sind es ja gar nicht »unsere« Schulen, sondern Schulen der Dorfbewohner, denn sie bauen ihre Schulen selbst. Wie die meisten kleinen Hilfsorganisationen verstehen wir unseren Beitrag zum Wiederaufbau Afghanistans als »Hilfe zur Selbsthilfe«. Wir beziehen die Menschen in die Arbeit mit ein. Wir vertrauen ihnen, und sie schenken uns ihr Vertrauen. Sie sehen sich nicht als Almosenempfänger, sondern als gleichwertige Partner.

In seinem 1926 erschienenen Buch »Seven Pillars of Wisdom« beschrieb Thomas Edward Lawrence*, bekannt als »Lawrence von Arabien«, sein Leben unter den arabischen Stämmen während des Ersten Weltkriegs. Ein Satz in diesem spannenden Werk ist zeitlos gültig und sollte ein Leitgedanke jedes ausländischen Soldaten und humanitären Helfers in Af-

*Unterricht an einer Dorfschule der »Kinderhilfe Afghanistan«
in den Bergen von Kashmund*

ghanistan sein: »*You better let them do their things imperfectly themselves than you do it perfectly yourself. Because it is their country, it is their war. Your time is short.*«

Eine Erkenntnis, die – obgleich vor acht Jahrzehnten geschrieben – noch heute Gültigkeit besitzt. Frei übersetzt und auf Afghanistan bezogen, lautet sie: *Ihr Ausländer, lasst die Afghanen ihre Angelegenheiten selbst erledigen. Auch wenn ihr Europäer vieles anders und aus eurer Sicht natürlich besser machen würdet als die Afghanen. Doch es ist ihr Land und ihr Krieg. Ihr Ausländer bleibt hier nur für kurze Zeit. In euren Taschen stecken ein europäischer Reisepass, Kreditkarten und ein Rückflugticket nach Europa. Ihr könnt, wann immer ihr wollt, nach Hause fliegen. Und ihr werdet spätestens dann nach Hause fliegen, wenn ihr Mist gebaut habt. Die Afghanen können nirgendwohin fliegen. Sie müssen den Mist, den ihr gebaut habt, allein ausbaden. Bringt euch also nur dort ein, wo man euch darum bittet. Schenkt den Einheimischen Vertrauen und eure Schaufeln, denn ihre eigenen Schaufeln sind nach dreißig Jahren Krieg zerbrochen. Mit eurem Vertrauen und euren Schaufeln werden und wollen sie ihr Land selbst aufbauen.*

Große Organisationen machen große Fehler, kleine Organisationen machen kleine Fehler

Staatliche Organisationen gehen grundsätzlich anders vor als kleine Hilfsorganisationen. Sie verstehen sich vor allem als Unternehmen, die den Wiederaufbau nach politischen und geostrategischen Gesichtspunkten betreiben. Ihre Effizienz orientiert sich nicht zuletzt an den wirtschaftlichen Vorteilen für das eigene Land. Diese Strategie geht naturgemäß an den Bedürfnissen der Menschen vorbei, um derentwillen sie eigentlich ins Land gekommen sind. Sie bezieht die Einheimischen zu wenig in die Projekte ein. Wenn sie überhaupt hoch qualifizierte einheimische Mitarbeiter beschäftigen, dann höchstens in untergeordneten Positionen: stets unter der Aufsicht ausländischer Vorgesetzter. So sehen sich die zwar gut bezahlten, aber fachlich und intellektuell unterforderten Afghanen als *servants* – Diener –, denen man wenig zutraut und grundsätzlich misstraut. Trotz der protzigen Visitenkarte, auf der neben dem Logo der Großorganisation die Tätigkeitsbeschreibung *assistant accountant* steht, sieht sich der einheimische Mathematikprofessor zum »stellvertretendem Buchhalter« degradiert, dessen Arbeit sich darauf beschränkt, seinem ausländischen Chef die in Farsi oder Paschtu geschriebenen Rechnungen zu übersetzen.

Als typisches Beispiel für eine wenig effektive, häufig sogar kontraproduktive Strategie von staatlichen Großunternehmen beim Wiederaufbau Afghanistans will ich meine Erfahrungen mit USAID darstellen, der wohl bedeutendsten Entwicklungshilfebehörde der Welt. USAID – die United States Agency for International Development – ist eine formal unabhängige Behörde mit Sitz in Washington, D.C. Die Einrichtung koordiniert alle Aktivitäten der Außenpolitik der USA im Bereich der Entwicklungshilfe. Das Akronym der Behörde ist ein Wortspiel, da *AID* der englische Begriff für »Hilfe« ist. Die Mammutbehörde verfügt über mehrere Tausend teilweise hoch bezahlter, professioneller Mitarbeiter sowie über eigene Flugzeuge. 2006 betrug das Jahresbudget von USAID zirka 15 Milliarden US-Dollar.

USAID ist nicht zu verwechseln mit dem amerikanischen Peace Corps. Das von Präsident John F. Kennedy 1961 auf dem Höhepunkt des Kalten Krieges gegründete »Friedenscorps« hat inzwischen 190 000 vor allem junge, freiwillige Helfer in Länder der Dritten Welt geschickt. Derzeit sind etwa tausend Helfer im Einsatz. Ihre Aufgabe ist es, unterentwickelten Ländern bei der Ausbildung von Fachkräften zu helfen, Imagepflege für die Vereinigten Staaten zu betreiben und bei den US-Bürgern Verständnis für notleidende Länder zu wecken. Wie wir baut auch USAID in Afghanistan Schulen. Sie ist aber keine klassische Hilfsorganisation, sondern eher eine halbstaatliche Behörde für Entwicklungshilfe. Die Bewohner der Grenzregionen zu Pakistan hegen nicht ohne Grund Misstrauen gegenüber dieser – formal unabhängigen – US-Behörde. Aus den Zeiten des afghanisch-sowjetischen Krieges (1979 bis 1989) erinnern sich nämlich noch viele Paschtunen an die enge Zusammenarbeit von USAID und dem amerikanischen Geheimdienst CIA. Die Hilfsprojekte der USAID in den afghanischen Flüchtlingslagern nutzte die CIA zur Beschaffung militärisch wichtiger Informationen aus Afghanistan und zur Rekrutierung von Mudscha-heddin. Während der achtziger Jahre war es unter den Hilfsorganisationen in Peschawar ein offenes Geheimnis, dass USAID und CIA eng zusammenarbeiteten. Ich erinnere mich noch gut an ein geflügeltes Wort unter uns ausländischen Helfern: »Jeder zweite Mitarbeiter von USAID ist ein *Virginia farm boy.*«[1]

---

[1] Die Zentrale der CIA befindet sich in Langley, Virginia, einem Vorort von Washington. Die Ausbildung zum CIA-Agenten findet auf einer ehemaligen Farm in Virginia statt. Daher der Spitzname *Virginia farm boys.*

Ob USAID auch nach dem Sturz der Taliban wieder mit der CIA zusammenarbeitet, ist nicht sicher belegt. Vorwürfe, die in diese Richtung gehen, gibt es in Afghanistan zuhauf. Selbstverständlich kooperieren auch in Deutschland verschiedene Ministerien und deren Behörden bei Entwicklungs- und Wiederaufbauprojekten. In Krisengebieten wie Afghanistan zum Beispiel sind es das Außenministerium (über die Diplomaten der Botschaft und Konsulate), der Bundesinnenminister (mit der Verantwortung für die deutschen Polizeiausbilder), das Verteidigungsministerium (mit der Entsendung deutscher Soldaten) und das Entwicklungshilfeministerium (offizielle Bezeichnung: Bundesministerium für wirtschaftliche Zusammenarbeit und Entwicklung – BMZ). Das BMZ unterstützt finanziell auch deutsche Nichtregierungsorganisationen, im Fachjargon NGOs genannt, nutzt aber in erster Linie eine eigene Organisation, die GTZ (Gesellschaft für Technische Zusammenarbeit), zur Realisierung von zum Beispiel größeren Bauprojekten. Ob und in welchem Umfang auch der dem Bundeskanzleramt unterstellte Bundesnachrichtendienst am Hindukusch operiert, ist naturgemäß geheim. Zweifel an seiner Präsenz hegt niemand. Im Gegenteil: Nicht zuletzt wegen seiner jahrzehntelangen Erfahrung in Afghanistan gilt die Arbeit des BND international als besonders effizient.

Aber anders als beim US-Geheimdienst CIA und seinen engen Verflechtungen mit der USAID haben BND-Agenten in der Regel nicht den Auftrag, sich – getarnt als Mitarbeiter von Hilfsorganisationen – Informationen zu beschaffen. Gemeinsame Projekte in Afghanistan oder gezielte Zusammenarbeit von Mitarbeitern des BMZ oder der GTZ mit dem deutschen Geheimdienst sind zwar theoretisch denkbar, aber offiziell untersagt und auch nie enthüllt worden. Eine Kooperation von nicht staatlichen deutschen Hilfsorganisationen mit Geheimdiensten in Afghanistan ist dagegen kaum vorstellbar. Würde eine solche Zusammenarbeit bekannt, wäre dies für die Mitarbeiter der Hilfsorganisation lebensgefährlich und würde das sichere Ende der Projekte und das politische Aus für die Organisation bedeuten. In der US-amerikanischen Politik und Öffentlichkeit sieht man solche »Kooperationen« weniger kritisch – auch aufgrund eines anderen Patriotismus-Verständnisses. Dort gilt: *Right or wrong, my country.*

Mit ihrem riesigen Apparat und einem Budget von mehreren Hundert Millionen US-Dollar betreibt USAID den Wiederaufbau nach dem Motto: »Klotzen statt Kleckern«. Dagegen wäre im Prinzip nichts einzuwenden, denn in Afghanistan muss tatsächlich geklotzt werden: Der Wiederaufbau der zerstörten Infrastruktur in allen Bereichen bedarf gewaltiger Anstrengungen. Das Ergebnis des »Klotzens« muss aber für die Bevölkerung sichtbar sein, die Art des »Klotzens« darf die Menschen nicht abstoßen, und aus dem finanziellen Aufwand des »Klotzens« müssen vor allem die Einheimischen Nutzen ziehen. Leider ist das bei der amerikanischen »Klotzerei« nicht immer der Fall.

Am 5. Dezember 2001 wurde auf Vorschlag der USA der Paschtune Hamid Karzai von der sogenannten Afghanistan-Konferenz auf dem Petersberg bei Bonn zum Präsidenten einer Übergangsregierung in Kabul eingesetzt. Um dem im Land damals wenig bekannten Karzai – er ist Angehöriger des Stammes der Popolzai im äußersten Süden des Landes – einen guten Start zu ermöglichen und um der afghanischen Bevölkerung nach dem Sturz der Taliban rasch erste Erfolge beim Wiederaufbau zu präsentieren, betraute Präsident Bush die USAID im September 2002 mit einem gigantischen Projekt: Innerhalb der nächsten zwei Jahre sollten – verteilt über das ganze Land – befestigte Straßen und Einrichtungen zur Stromversorgung gebaut und tausend Schulen und Krankenstationen errichtet und ausgestattet werden. Dafür wurden von der US-Regierung 1,2 Milliarden US-Dollar bereitgestellt.

Zwei Jahre später erschien ein Untersuchungsbericht des Government Accounting Office (GAO). Dieses unabhängige Untersuchungsorgan des US-Kongresses ist vergleichbar mit dem deutschen Bundesrechnungshof. In dem Bericht hieß es, dass von den Milliarden, die USAID für den Wiederaufbau Afghanistans bewilligt worden waren, 30 Prozent für den Straßenbau, 20 Prozent für den Bau von Elektrizitätswerken und lediglich 4,3 Prozent für den Bau von Schulen verwendet wurden.

Reporter der *Washington Post,* einer der angesehensten Zeitungen der USA, haben bei ihren Recherche vor Ort statt der tausend geplanten Schulen lediglich 138 vorgefunden. »Selbst diese sind in der Mehrzahl gar nicht neu gebaut worden, vielmehr wurden schon bestehende Schulen lediglich notdürftig renoviert. Bei einer der von USAID errichteten Schulen ist nur vier Monate nach der mit pompösem Presseaufwand begleiteten Eröffnung das Dach eingestürzt. Etliche Kinder wurden verletzt. Die beim Bau verwendeten Materialien waren von minderer Qualität. Das eingestürzte Dach wurde wenige Wochen später von einer englischen Hilfsorganisation mit einheimischen Mitarbeitern neu errichtet. Die Kosten hierfür betrugen 8000 US-Dollar, und die Bauzeit lag bei drei Wochen«, heißt es lapidar in dem Zeitungsbericht.

Auch beim Straßenbau, ihrem Lieblingsprojekt, hat sich USAID nicht mit Ruhm bekleckert. Eines ihrer »Vorzeigeobjekte«, die Hauptverkehrsstraße von Kabul nach Kandahar, ist bereits zwei Jahre nach Fertigstellung reparaturbedürftig. Laut einer Untersuchung wurde diese Autobahn mit der billigsten aller möglichen Teermischungen gebaut, obwohl die extremen Temperaturen eine besonders stabile Asphaltdecke erfordert hätten.

Während eines Fluges von Kabul nach Dubai hat mir ein ehemaliger Mitarbeiter von USAID unter vier Augen erzählt, dass 70 Prozent der für den Wiederaufbau Afghanistans bestimmten USAID-Gelder unmittelbar zurück in die Vereinigten Staaten fließen. Als Grund führte er an, dass die von der Hilfsorganisation beauftragten Unternehmen vorwiegend US-Firmen sind. Diese würden ihren amerikanischen Mitarbeitern nicht nur fantastische Gehälter, sondern auch die horrenden Mieten ihrer Wohnhäuser in den feudalen Stadtteilen Kabuls bezahlen. »10 000 bis 12 000 Dollar kassieren afghanische Hausbesitzer im Monat für ein Zweihundert-Quadratmeter-Haus im Nobelviertel Shar-e-Nau«, berichtete er mir. »Die Mietpreise in der Hauptstadt Afghanistans sind ebenso hoch wie in einer amerikanischen Großstadt.«

»Moderne Teerstraßen sind natürlich sinnvoll«, lobt ein afghanischer Bauer zynisch den Straßenbau durch die USAID, »vor allem für die Militärkonvois der US-Armee. Auf diesen Autobahnen fährt es sich in den Panzern und Lastwagen einfach angenehmer und schneller. Es ist wie vor vierzig Jahren: In den Sechzigern bauten auch die Sowjets im Rahmen ihrer Entwicklungshilfe wunderbare Teerstraßen von Norden nach Süden. Zehn Jahre später sind sie mit ihren Panzern auf diesen Straßen wiedergekommen und haben unser Land besetzt. Für unsere Eselskarren benötigen wir Bauern eigentlich keine Teerstraßen.« Höchstens drei Prozent der Afghanen besitzen ein Auto, und von diesen Wagen würden nur wenige den deutschen TÜV passieren. Die Zahl der Unfälle hat sich seit dem Bau von Schnellstraßen jedenfalls deutlich erhöht. Die vielen Autowracks an den Straßenrändern sprechen eine deutliche Sprache.

Die Arbeit von USAID in Afghanistan wird nicht nur deshalb kritisch beäugt, weil man der Organisation Verbindungen zur CIA anlastet und viele ihrer Großprojekte mit wenig Sorgfalt durchgeführt werden. Auch die praktische Projektarbeit missfällt zu Recht vielen Afghanen. Im Unterschied zu kleinen Hilfsorganisationen, zum Beispiel unserer »Kinderhilfe Afghanistan« oder den »Grünhelmen« unseres Freundes Rupert Neudeck, vergibt die US-Behörde ihre Bauprojekte in Afghanistan grundsätzlich an *subcontracters*: ortsfremde, häufig sogar ausländische Subunternehmen. So trifft man überall im Land pakistanische und chinesische Bauarbeiter, die mit dem Logo USAID unter der Aufsicht amerikanischer Chefingenieure Straßen asphaltieren, Schulen und Krankenstationen errichten. Dagegen sehen sich Zehntausende junger, kräftiger und arbeitswilliger Afghanen zu Untätigkeit und Arbeitslosigkeit verurteilt. Die Strategie der USAID, zum Wiederaufbau des Landes relativ gut bezahlte Bauarbeiter aus Billiglohnländern und hervorragend bezahlte Ingenieure aus den USA einzusetzen, ist weder wirtschaftlich sinnvoll noch politisch klug. Zumindest nicht für Afghanistan – die Gelder für den Aufbau des Landes verbleiben nicht im Land, sondern fließen zu einem Großteil wieder zurück in die USA oder in die Nachbarländer Pakistan und China. Mit dieser Vorgehensweise glaubt USAID allerdings, drei Fliegen mit einer Klappe schlagen zu können: Afghanistan wird durch professionelle Baufirmen professionell und zügig aufgebaut. Die Wirtschaft im eigenen Land USA profitiert davon, und in Drittländern wie Pakistan und China schafft sich die US-Regierung Freunde.

Im Osten Afghanistans sehen die Menschen das anders: Zu gern würden die meisten Afghanen mithelfen, in ihrem eigenen Land ihre Schulen und Straßen selbst zu bauen. Doch das scheint ihnen USAID nicht zuzutrauen. Diese »organisierte« Arbeitslosigkeit und das Fehlen einer Berufsperspektive für die Jugend wird von den Afghanen zunehmend ihrer eigenen Regierung angelastet und schwächt die Reputation von Präsident Karzai. Hinter dieser widersinnigen und kontraproduktiven Strategie stecken politische Vetternwirtschaft, Bestechung und Korruption auf hoher Ebene. Das wird von vielen Afghanen mittlerweile auch offen ausgesprochen.

Millionen Menschen in diesem Land finden keine Arbeit und sind damit ohne eigenes Einkommen. Ihre Familien sind auf Lebensmittelrationen der Hilfsorganisationen angewiesen. Mütter und Kleinkinder sitzen an den Straßenrändern und betteln. Junge arbeitslose Männer verdingen sich zunehmend als Milizionäre bei den Drogenbaronen und Warlords. Man muss wirklich kein »Afghanistan-Spezialist« sein, um dieses wirtschaftlich und politisch kontraproduktive Trauerspiel zu erkennen. Denn Taliban, Warlords und Drogenhändler nutzen die Situation aus und bieten den jungen Männern »Alternativen« zu Arbeitslosigkeit und Verelendung. Die Spirale des Teufelskreises Arbeitslosigkeit – kein Einkommen – Zulauf zu den Aufständischen dreht sich munter weiter. Sie erfasst inzwischen nicht nur arbeitslose junge Männer ohne Schulbildung in den Dörfern und kleinen Städten, sondern auch gut ausgebildete Fachleute in den großen Städten.

Ein »klassisches Beispiel« dieser Fehlentwicklung und ihrer Folgen erlebte ich im Frühjahr 2004: Bei Sonnenuntergang genießt eine bunt gemischte Gruppe Ausländer im Gästehaus der UN-Organisation UNAMA in Jalalabad den *sundowner,* den hochprozentigen traditionellen »Dämmerschoppen« aus britischen Kolonialzeiten. Die Gründung der United Nations Assistance Mission in Afghanistan (Unterstützungsmission der Vereinten Nationen für Afghanistan) wurde im März 2002 vom UN-Sicherheitsrat mit der Resolution 1401 beschlossen. Die vom Department for Peacekeeping Operations in New York geleitete Mission besitzt etwa tausend Mitarbeiter. Ihr Hauptquartier befindet sich in Kabul, in Jalalabad ist eines von acht Regionalbüros untergebracht. UNAMA hat den Auftrag, die Aktivitäten der anderen UN-Organisationen, zum Beispiel des UNHCR (UN-Flüchtlingskommissariats), und der nationalen und internationalen Hilfsorganisationen zu koordinieren. Seit Februar 2006 ist der Deutsche Tom Koenigs Leiter dieser UN-Mission.

Der Besitzer der palastartigen Residenz von UNAMA in Jalalabad ist ein enger Vertrauter des meistgesuchten Terroristen in Ostafghanistan. Um nicht selbst in Erscheinung treten zu müssen, hat er das mit Internetzugang und Swimmingpool feudal ausgestattete Gästehaus einem unverdächtigen Ortsansässigen anvertraut. Die Mieteinnahmen gehen selbstverständlich an den Besitzer. Fünfzig Dollar pro Nacht – ohne Frühstück – bezahlen die ausschließlich westlichen Gäste. Afghanen haben aus Sicherheitsgründen »selbstverständlich«

keinen Zutritt zum streng bewachten und von einer drei Meter hohen Betonmauer umgebenen Gebäude. Ich hatte mich am Morgen telefonisch beim Chef des UNAMA-Büros angemeldet, um mit ihm über neue Schulprojekte in Nangahar zu sprechen. Als ich am frühen Abend die Klingel am schusssicheren, hohen Eingangstor betätige, wollen mich die schwer bewaffneten afghanischen Torwächter zunächst nicht einlassen. Sie verweisen auf das Schild *For UN Officials only* – »Zutritt nur für UN-Mitarbeiter«. Wegen meines Bartes und meiner landesüblichen Kleidung halten sie mich für einen Afghanen. Erst nach längerem Hin und Her und der Überprüfung meines deutschen Passes öffnet man mir das Tor, und der wie ein Einheimischer gekleidete Ausländer Erös darf – obgleich kein *UN Official* – das UN-Refugium betreten. In einem der tiefen Ledersessel der Lobby warte ich auf die »Audienz« beim UNAMA-Chef. Moderne, kaum hörbare Klimaanlagen kühlen den mit dunklem Edelholz verkleideten weiträumigen Saal. Dicke Teppiche schlucken das Geräusch der Gespräche an den Nachbarsesseln, und afghanische Bedienstete in schwarzer Hose und weißem Hemd servieren den Gästen Snacks, eiskaltes Bier und eine Vielfalt an »harten Sachen«. Im Hintergrund erklingt dezente klassische Musik.

Hier herrscht im Jahr 2004 noch immer – oder schon wieder – die Atmosphäre eines Offizierskasinos aus den »glorreichen« Zeiten des Kolonialismus in Britisch-Indien. Sechzig Jahre nach dem Abzug der Engländer und im Jahr drei nach dem Sturz der Taliban wirkt sie heute eher gespenstisch.

Mein Gespräch mit dem UNAMA-Chef verläuft überraschend herzlich, und er lädt mich freundlich ein, mit ihm und den anderen Gästen zu speisen. Bei Roastbeef, feinen Kartöffelchen, einer breiten Auswahl an Salaten und Importbier komme ich auch mit den Vertretern von USAID ins Gespräch. Die drei schon pensionierten Ingenieure arbeiten bereits zum dritten Mal in Afghanistan, denn »außer vielleicht im Irak kann man nirgendwo so viel Geld verdienen wie hier«, äußert einer ganz offen. Bei zwei weiteren Bierchen wird sein Nachbar redselig und packt aus:

900 US-Dollar pro Tag! Dafür habe ich früher zu Hause eine ganze Woche arbeiten müssen. Der Job ist ziemlich langweilig und auch fachlich nicht besonders anspruchsvoll. Ich leite die Bauaufsicht für eine 40 Kilometer lange Schotterstraße an die Grenze zur Provinz Kunar und für drei Schulen hier in Nangahar. Nur dreimal in der Woche muss ich zu den Baustellen hinausfahren. Der Rest ist Schreibtischarbeit. Die eigentliche Arbeit vor Ort erledigen unsere pakistanischen Ingenieure. Die sind gut ausgebildet und kommen mit den Bauarbeitern viel besser klar als ich. Ich kann mich mit den Arbeitern ja auch gar nicht unterhalten. Das sind alles Pakistani, die sprechen kein Englisch, sondern nur Paschtu und Urdu. Sprachen, die auch unsere Ingenieure fließend beherrschen. Im Grunde, das sag ich Ihnen jetzt im Vertrauen, würden die Afghanen auch ohne uns zurechtkommen. Auch hier in Afghanistan gibt es gut ausgebildete Ingenieure und jede Menge Arbeitsloser, die man als einfache Straßenarbeiter einsetzen könnte. Aus Sicherheitsgründen stellen wir aber Pakistani ein. Bei Afghanen weiß man ja nie, ob sie nicht mit den Taliban unter einer Decke stecken. Und warum sollte ich auf einen solch phantastisch gut bezahlten Job verzichten? Nach den drei Einsätzen, die ich jetzt bald hinter mir habe, kann ich zu Hause in den Staaten mein Haus abbezahlen. Natürlich ist die Arbeit hier nicht ganz ungefährlich. Wenn es draußen mal wieder Anschläge gegeben hat, bleiben wir oft tagelang hier im Gästehaus und erledigen eben den Schreibkram. Unsere Pakistani arbeiten natürlich an den Baustellen weiter.

Hier im Gästehaus ist man sicher und kann sich gut anderweitig beschäftigen. Wir haben das Schwimmbad, Internetzugang, Fernsehen mit hundert Kanälen, Video, gutes Essen. Der Kühlschrank ist immer gefüllt, und das Personal ist angenehm – mit denen können wir uns sogar unterhalten. Sie sprechen alle recht gut Englisch. Die gefährliche Strecke nach Kunar fahren wir nur einmal im Monat, und dann auch nur freitags; da ist es

*wegen des Feiertages weniger gefährlich. Unsere »Freunde« von
den Taliban sind dann nämlich den ganzen Tag beim Beten.*

Seine Erkenntnis, dass die Taliban am Freitag »weniger gefährlich sind«, ist zwar neu für mich, doch ich lasse ihn trotzdem weiterreden. Zu aufschlussreich ist seine Geschichte:

*Seit zwei Monaten habe ich endlich einen neuen Dienstwagen.
Bei dem Modell, das wir zuvor hatten, fiel andauernd die Klimaanlage aus. Jetzt steht der Sommer vor der Tür, und ich vertrage
nun mal die verdammte Hitze hier nicht. Mein neuer Landcruiser ist mit einer Klimaanlage ausgestattet, die auch 45 Grad
Celsius verkraftet. Und endlich hat man mir auch einen neuen
Fahrer zugewiesen. Der Vorgänger war schon etwas älter, und
was seine Fahrkünste und Ortskenntnisse betraf, war ich auch
recht zufrieden mit ihm. Aber er sprach kaum Englisch. Es war
todlangweilig, mit ihm stundenlang unterwegs zu sein, ohne sich
unterhalten zu können. Der Neue ist ein intelligentes Bürsch-
chen, er spricht recht passabel Englisch und hat auch gute Manieren. Kein Wunder, er war vorher Dozent an einer technischen
Hochschule und ist glücklich, jetzt endlich einen gut bezahlten
Job zu haben. USAID bezahlt nicht nur uns, sondern auch die
einheimischen Kräfte sehr gut. Der Bursche verdient jetzt zehnmal so viel, wie er vorher als Hochschullehrer erhalten hat. So
viel Geld würden ihm nicht einmal die Warlords bezahlen.*

Jetzt unterbreche ich ihn aber doch und hake nach: »Wäre
es denn nicht sinnvoller, Ihren akademischen Kraftfahrer weiter als Dozenten an der Hochschule arbeiten zu lassen? Im
Land fehlen Tausende Lehrer, und die wenigen, die es gibt,
als Chauffeure einzusetzen, ist doch verrückt. Mit dieser Art
von Personalpolitik kommt Afghanistan doch nie auf eigene
Beine.«

Seine Antwort ist ehrlich und aus seiner Sicht auch nachvoll-
ziehbar: »USAID hat mich hier als Ingenieur verpflichtet, nicht
als Personalchef. Ich mache meinen Job so gut ich kann und
möchte ihn auch behalten. Daher werde ich mich hüten, mich
in Dinge einzumischen, die nicht zu meinen Aufgaben gehören.

Im Übrigen: Mein Fahrer ist glücklich, und ich bin es – dank seiner Qualitäten – auch.«

Ob sein Fahrer, der ehemalige Dozent an der technischen Hochschule, mit seinem neuen Job als Fahrer eines US-Ingenieurs tatsächlich zufrieden ist, werde ich wohl nie erfahren. Dem Wiederaufbau Afghanistans ist diese Praxis von USAID sicher nicht förderlich.

Eine ganz ähnliche Geschichte, diesmal aus der Perspektive afghanischer Akademiker, erlebe ich wenige Tage später an der Universität von Nangahar: Im viel zu engen, nicht klimatisierten Büro des Dekans sitzen die fünfzehn Hochschullehrer der vorklinischen Semester zu ihrer wöchentlichen Besprechung beisammen. Ich bin als Gast geladen. In brütender Hitze diskutieren wir über einen einzigen Tagesordnungspunkt: die Zukunft der Fakultät. An der nach dem Sturz der Taliban wieder eröffneten medizinischen Hochschule gibt es inzwischen eintausend Studenten, hundertfünfzig davon sind Frauen. Die »Kinderhilfe Afghanistan« hat schon zu Beginn des ersten Semesters bei der Ausstattung der Bibliothek mit Fachbüchern geholfen. Die Universitätsklinik wurde von uns mit einem Röntgengerät, Laborgeräten und einem OP-Tisch ausgerüstet.

Der Neubeginn des Medizinstudiums an dieser Hochschule fern von Kabul verläuft von Anfang an äußerst schleppend, und genau deshalb geht es bei der Konferenz heute hoch her. Die Professoren und ihre Studenten sind mit ihrer Regierung sehr unzufrieden, und die Zeichen stehen auf Streik. Anders als zuweilen an deutschen Universitäten wollen aber nicht die Studenten, sondern die Professoren streiken. Und im Grunde geht es bei der Diskussion der Hochschullehrer auch gar nicht um einen klassischen Streik, sondern um weitaus Schlimmeres: Sie erwägen, die Unterrichtung ihrer Studenten für immer einzustellen. Der Dekan der Fakultät, ein ansonsten eher zurückhaltender, fünfzigjähriger Professor für Physiologie, geht mit der Hochschulpolitik seiner Regierung hart ins Gericht:

Seit Jahren hat die Regierung die Hauptstadt bevorzugt und die Provinzen und ihre Bildungseinrichtungen vernachlässigt. An der hiesigen medizinischen Fakultät gibt es noch immer keinerlei Laboreinrichtungen. Uns fehlen ausreichend Fach- und Lehrbücher und auch Darstellungsmodelle wie Skelette, die wir für die Ausbildung der Studenten unbedingt brauchen. Nicht einmal genügend Kreide ist vorhanden, und selbst das Büromaterial müssen wir Professoren aus eigener Tasche bezahlen. So ist eine verantwortungsbewusste Ausbildung für mittlerweile tausend Medizinstudenten nicht zu gewährleisten. Das ist eine Schande für die Regierung in Kabul und ein Verbrechen an den enorm lernbegierigen Studenten und ihren zukünftigen Patienten.

Auch wir Professoren stoßen an unsere Grenzen. Jahrelang haben wir uns mit empörend niedrigen Gehältern abgefunden und immer wieder den Versprechungen Kabuls vertraut. Aber mit den 4000 Afghani (zirka 100 US-Dollar), die wir Hochschullehrer verdienen, können wir kaum unsere Familien ernähren. Wir fühlen uns verschaukelt, denn jeder Dolmetscher, Büroangestellte und selbst ein Kraftfahrer bei der UNO, der ISAF oder einer der unzähligen Hilfsorganisationen in Kabul verdient ein Vielfaches von unserem Professorengehalt. Nimm zum Beispiel meinen zweiundzwanzigjährigen Sohn. Er hat ohne abgeschlossenes Studium, lediglich aufgrund seiner guten Englisch- und Computerkenntnisse, einen Job als Bürokraft bei USAID bekommen. Dort verdient er 800 US-Dollar im Monat. Ohne seine finanzielle Unterstützung käme meine sechsköpfige Familie nicht über die Runden. Ich bin nicht bereit, diese Schande und Erniedrigung länger hinzunehmen. Nach diesem Semester werde ich meine Vorlesungen einstellen und mich auch bei einer ausländischen Organisation in Kabul bewerben. Ich kann keinem Kollegen guten Gewissens raten, die Lehre fortzusetzen. Dieses Eingeständnis fällt mir verdammt schwer. Nicht nur, weil ich selbst an dieser Universität mein Examen gemacht habe, sondern vor allem wegen der großen Zahl von engagierten Studenten. Aber, so traurig es ist, ich sehe leider keine Alternative.

Seine anfangs anklagende Bitterkeit ist zum Ende seiner Rede in Trauer und Verzweiflung umgeschlagen. Lange Zeit herrscht beklommenes Schweigen unter den Professoren. In ihren Gesichtern lese ich nur Zustimmung, doch keiner applaudiert. Zu düster ist die Stimmung in der Männerrunde. Die meisten von ihnen sind nach dem Sturz des bildungsfeindlichen Talibanregimes mit Elan und Begeisterung aus dem Ausland in ihre zerstörte Heimat zurückgekehrt, um dort eine Hochschule wieder zum Leben zu erwecken, Ärzte auszubilden und das nach fünfundzwanzig Jahren Krieg daniederliegende Gesundheitssystem mit aufzubauen. Dafür haben sie gut bezahlte Positionen als Fachärzte in den USA, Indien und Europa aufgegeben. Mit der Rückkehr in ihre Heimat muteten sie nicht nur sich, sondern auch ihren Familien einen finanziellen und sozialen Abstieg zu. Diese hoch qualifizierten Ärzte sind keine geldgierigen, arroganten Akademiker, die um eines persönlichen Vorteils willen hier den Bettel hinwerfen wollen. Ihre Argumente sind stichhaltig, und es fällt mir schwer, ihnen etwas entgegenzusetzen.

Das Votum in der Runde ist einstimmig: Die Fakultät wird zum Ende des Semesters geschlossen. Das Gremium setzt einen gemeinsamen Brief an das Hochschulministerium auf, in dem es seine Entscheidung begründet. Ich kann die Dozenten verstehen, und doch will ich ihre Entscheidung nicht einfach hinnehmen. Im Land fehlen überall Ärzte, Hunderttausende haben keinen Zugang zu medizinischer Versorgung, die Mütter- und Kindersterblichkeit ist noch immer eine der höchsten in der Welt. Und jetzt soll eine vor wenigen Jahren auch mit unserer Unterstützung wieder zum Leben erweckte medizinische Fakultät geschlossen werden, sollen tausend lernwillige Medizinstudenten nicht weiter ausgebildet werden – und dies alles nur, weil einige Tausend Dollar fehlen? Das darf nicht sein. Wir müssen rasch einen Ausweg finden, der es Studenten und Professoren ermöglicht, den Unterrichtsbetrieb fortzusetzen. Es wird eine lange Nacht.

Mutige Schritte

Beim Morgengrauen finden wir endlich eine gemeinsame Lösung. Eine vorläufige, keine endgültige Lösung, die aber sicherstellt, dass der Lehrbetrieb wenigstens für das laufende Jahr aufrechterhalten werden kann. Bis dahin muss die Regierung in Kabul handeln und die Arbeitsbedingungen für Studenten und Lehrer erheblich verbessern. Die finanziellen Mittel einer kleinen Hilfsorganisation wie unserer »Kinderhilfe Afghanistan« sind naturgemäß beschränkt. Den Professoren ist also klar, dass ich nicht alle ihre berechtigten Forderungen erfüllen kann. Aber einiges kann ich ihnen zusagen und auch sofort umsetzen. Für zunächst zwölf Monate erhält jeder Hochschullehrer aus den Mitteln der »Kinderhilfe Afghanistan« ein zusätzliches Monatsgehalt – wir nennen es formal »Geschenk« – von 200 US-Dollar. Mit insgesamt 300 Dollar geben sie sich zufrieden. Der geplante Brief an die Regierung in Kabul bleibt ungeschrieben.

Wenn fünfzehn Professoren 200 Dollar erhalten sollen, bedeutet das für unser Spendenkonto eine monatliche Belastung von rund 3000 Euro. Die Kosten für Büromaterial übernehmen wir ebenfalls zunächst für ein Jahr. Sie betragen weniger als 500 Dollar im Monat. Ich kann es kaum fassen: 3500 Dollar pro Monat reichen aus, um an einer medizinischen Fakultät mit tausend Studenten die Fortsetzung des Unterrichtsbetriebs zu garantieren. Ein amerikanischer Ingenieur von USAID muss für denselben Betrag weniger als vier Tage arbeiten. Dieser Vergleich macht mir wieder einmal deutlich, dass nicht allein die Menge des Geldes entscheidend ist, die der Westen für den

Aufbau Afghanistans bereitstellt, sondern seine sinnvolle Verwendung. In meinen Gehirnwindungen taucht da aus den Zeiten des »real existierenden Sozialismus« der Begriff der »Tonnen-Ideologie« auf. In den Fünfjahresplänen der DDR wurden nur Mengen definiert, die es zu produzieren galt. Inhalt und Qualität, Akzeptanz beim einzelnen Kunden und gesellschaftlicher Nutzen waren nebensächlich. Denselben Fehler machen offenbar zunehmend auch westliche Politiker in der Entwicklungshilfe beziehungsweise bei Wiederaufbauprojekten in Afghanistan. Es gilt die Devise: »Wenn es mit 100 Millionen keinen erkennbaren Fortschritt gibt, dann investieren wir im nächsten Jahr eben 200 Millionen.« Statt also zunächst die Verwendung der 100 Millionen unter die Lupe zu nehmen und gegebenenfalls dort Korrekturen vorzunehmen, verdoppelt man der Einfachheit halber die »Dosis«.

Dem Steuerzahler gegenüber findet man immer einleuchtende Argumente. Ein ärgerliches Beispiel wurde hierzulande Ende 2006 bekannt. 80 Millionen Euro hatte das Entwicklungshilfeministerium in diesem Jahr für Wiederaufbauprojekte in Afghanistan investiert. Ein Redakteur der Zeitschrift *Das Parlament* – Herausgeber ist der Deutsche Bundestag! – kam bei seinen Recherchen zu einem beschämenden Ergebnis: »*Nur ein geringer Teil der 80 Millionen staatlicher Hilfsgelder aus Deutschland kommt auch tatsächlich bei den Menschen in Afghanistan an. Gehälter, Verwaltung und Materialaufwendungen staatlicher und halbstaatlicher Hilfsorganisationen verschlingen große Teile. Im besten Fall bleiben dreißig Prozent übrig.*«[1]

Mindestens 70 Prozent der 80 Millionen Euro deutscher Wiederaufbauhilfe für Afghanistan haben also die Menschen nicht erreicht. 56 Millionen Euro Steuergelder sind versackt in Gehältern und Verwaltung. Ein Aufschrei der Oppositionsparteien blieb bis heute aus. Wer nun glaubt, dass die Politik im

---

[1] Martin Gerner: Korruption und Missmanagement am Hindukusch, in: *Das Parlament*, Nr. 39 / 25.09.2006

Jahr darauf Korrekturen vornehmen, die Verwendung der Gelder besser kontrollieren und der Verschwendung gegensteuern würde, irrt. Stattdessen hat das Ministerium für Entwicklungshilfe die Mittel einfach auf 100 Millionen Euro erhöht. Auch hier könnte die Politik von der Medizin lernen. Schon dem Studenten in den höheren klinischen Semestern bringt man bei, seine Diagnose zu überprüfen, wenn die Therapie nicht greift. Wenn Ärzte ähnlich wie Politiker vorgehen und beim Patienten immer weiter die Dosis erhöhen würden, falls das verabreichte Medikament nicht wirkt, stiege die durch Ärzte verursachte Sterblichkeitsrate in Deutschland beträchtlich an.

In der nächtlichen Diskussion haben wir den Professoren eine weitere Zusage gemacht. Neben der finanziellen Unterstützung für die Dozenten wollen wir auch die Lehre verbessern. Ab dem kommenden Semester möchten wir den Studenten ein Seminar zum Thema »Medizinische Informationstechnologie« anbieten. Die Fakultät verspricht uns einen eigenen Hörsaal, den wir technisch ausstatten wollen. Dafür sollen zwanzig leistungsfähige PC und Bildschirme, Stühle und Computertische beschafft werden. Außerdem muss man Computerfachlehrer einstellen und eine kontinuierliche Stromversorgung gewährleisten. Die städtischen Elektrizitätswerke sind nämlich nicht in der Lage, regelmäßig Strom zu liefern. Bei der Umsetzung dieses Vorhabens orientieren wir uns – wie bei allen Projekten in Afghanistan – an den von Ausländern häufig belächelten Hinweisschildern in den Städten Pakistans: *Be Pakistani – buy Pakistani*. Frei übersetzt: »Du bist ein Pakistani, also kaufe auch pakistanische Waren.«

Alles, was wir in Afghanistan erhalten können, beschaffen wir grundsätzlich auch dort und kaufen es nicht in Deutschland oder den Nachbarstaaten des Landes am Hindukusch. Das gilt für technische Geräte ebenso wie für Fachpersonal. Damit unterstützen wir zwar nicht die deutsche oder pakistanische Wirtschaft, helfen aber in bescheidenem Umfang mit, dass endlich eine eigene afghanische Kleinwirtschaft auf die

Mit den Professoren der medizinischen Fakultät der Universität Nangahar

Beine kommt. Das Land leidet ja auch darunter, dass es nichts produziert beziehungsweise die Menschen nichts produzieren können, weil niemand ihre Erzeugnisse kauft. So werden viele einheimische Bauern ihren Weizen häufig nicht los, weil WFP – die UN-Organisation »World Food Programme« – Getreide aus dem Ausland importiert und kostenlos an die Bevölkerung verteilt. Dies ist übrigens einer der Gründe, warum der Schlafmohnanbau* und die Opiumproduktion blühen. Für Opium finden sich natürlich Käufer, und diese zahlen den Bauern auch gute Preise. Schuld an dem explosionsartigen Aufschwung des Drogenmarktes in Afghanistan sind also nicht nur die Taliban oder die Drogenbarone.

Wir haben für die Schulen, die wir seit 2002 in Ostafghanistan gebaut und ausgestattet haben, das gesamte Schulmobiliar von örtlichen Schreinern anfertigen lassen – in den meisten Fällen von Vätern unserer Schüler. Auch sämtliche

Reparaturen werden durch Einheimische erledigt. Auf diese Weise sind neue Arbeitsplätze in der Umgebung der Schulen geschaffen worden. Damit werden die Akzeptanz der Schulen und das Ansehen unserer »Kinderhilfe Afghanistan« gestärkt. Und gleichzeitig wird den Gegner des Wiederaufbaus der Wind aus den Segeln genommen.

Neben den wirtschaftspolitischen Vorteilen für das Land ist es für kleine Hilfsorganisationen meist sogar preisgünstiger, vor Ort einzukaufen. Natürlich fällt es uns an der »Heimatfront« in Deutschland manchmal schwer, Sachspenden abzulehnen und den Spendern zu erläutern, warum wir auf »gut erhaltene Kleidung«, »unbeschädigte, moderne Schulbänke« und »intakte Computer und Bildschirme« oder eine »Palette Babynahrung« verzichten müssen.

Neben den negativen volkswirtschaftlichen Folgen spielen dabei auch die hohen Transportkosten und die oft unüberwindlichen Zollprobleme in Pakistan oder Afghanistan eine Rolle. Häufig überschreiten diese Gebühren sogar den Warenwert des Containerinhalts. Die Kosten für Luftfracht, die schnellste und sicherste Transportmöglichkeit, gehen bei größeren Volumina oder höheren Gewichten in die Zehntausende Euro. Der 7000 Kilometer lange Landweg mit Lastkraftwagen ist zwar preisgünstiger, führt aber nicht nur durch die Türkei, sondern auch durch den Iran. Etliche Speditionen scheuen derzeit aus politischen Gründen Fahrten durch den Iran und verlangen entsprechend hohe Versicherungsgebühren. Der alternative Landweg über Russland und Usbekistan ist doppelt so weit, doppelt so teuer und auch nicht immer sicher. Die preisgünstigste und im Prinzip zuverlässigste Verbindung ist der Seeweg. Diese Option erfordert viel Erfahrung vor Ort, eine hohe Frustrationstoleranz, gute Beziehungen zu den Behörden in Pakistan und Afghanistan und wegen der extremen Hitze auch eine gute körperliche Verfassung. Organisationen, die über keine persönlichen Beziehungen zu Zoll- und anderen Behörden verfügen, gelingt es oft nicht einmal, die Hilfsgüter ins Land

Schulmädchen in der neu eröffneten Bücherei an der Bibi-Marjam-Oberschule

zu bringen. Daher haben wir seit 2002 nur ein einziges Mal zu dieser Lösung gegriffen: beim Transport von Fotovoltaik-Anlagen, die in Afghanistan damals noch nicht zu beschaffen waren und die wir daher mit Spendengeldern in Deutschland erworben haben. Sie gelangten im Container auf dem Seeweg nach Afghanistan.

Ich will an dem folgenden Beispiel erläutern, mit welchen bürokratischen Hürden, körperlichen und mentalen Belastungen und kulturellen Schranken zu rechnen ist, wenn eine kleine Hilfsorganisation Sachspenden nach Afghanistan befördern will. Großorganisationen gehen diesen Problemen dadurch aus dem Weg, dass sie gegen teures Geld *shipping agents* – internationale Transportagenturen – anheuern. Deren Honorare sind aber oft höher als die gesamten Transportkosten. Wir »Kleinen« können und wollen unsere Spenden sinnvoller verwenden.

Es dauert rund zwei Monate, bis die Güter auf dem Seeweg nach Afghanistan gelangen – sofern sie überhaupt jemals dort eintreffen! Zunächst muss der Container mit einer Spedition in einen deutschen Hafen gebracht werden. Von dort wird er per Schiff nach Karachi befördert. Dabei ist die Fracht wochenlang extremer Hitze ausgesetzt. Auch besteht die Gefahr, dass Salzwasser in den Container eindringt. Hitze und Salz können Schäden an empfindlichen Gütern verursachen.

In Karachi wird der pakistanische Zoll erstmals aktiv. Wenn die Hilfsorganisation nicht bereit ist, ein großzügiges Bakschisch zu bezahlen, schlägt die Bürokratie zu, und der Container liegt oft wochenlang im Zollhafen. Karachi ist nicht nur die mit Abstand bevölkerungsreichste Stadt in Pakistan, sie gehört mit ihren rund 14 Millionen Einwohnern zu den fünf größten Städten der Welt. In diesem »Hexenkessel Asiens«, wie Kenner sie nennen, gedeihen Terrorismus, Kriminalität und Korruption wie in kaum einer anderen Stadt Pakistans.

Für jeden Tag, den die Fracht dort verbringt, hat der Empfänger »Containerstandgebühren« zu entrichten. Um den Container überhaupt aus dem Zolllager freizubekommen, muss der Empfänger anhand einer detaillierten Ladeliste Stück für Stück nachweisen, dass es sich um Hilfsgüter und nicht um kommerzielle Ladung handelt. Kann dieser Nachweis nicht geführt werden, wird die Fracht versteigert. Legt die Organisation die geforderten Zollnachweise vor, muss sie vom Innenministerium in Islamabad möglichst rasch eine sogenannte Unbedenklichkeitsbescheinigung beibringen. Diese erhält der Empfänger aber nur, wenn seine Hilfsorganisation nicht nur in Afghanistan, sondern auch in Pakistan registriert ist. Liegt die

Bescheinigung nach sechs Wochen immer noch nicht vor, wird der Containerinhalt ebenfalls versteigert. Der Erlös aus der Versteigerung geht aber nicht etwa an den Empfänger, sondern an die Zollbehörden.

Um die Bescheinigung zu erhalten, muss der Empfänger persönlich in Islamabad vorsprechen. Islamabad ist von Karachi rund tausend Kilometer entfernt, und die Temperaturen liegen von Frühjahr bis Herbst bei über vierzig Grad. Für die hitzeungewohnten Ausländer sind diese Touren eine Höllenqual. Die Beamten in Islamabad wissen natürlich, dass die Hilfsorganisation unter Zeitdruck steht, und lassen durchblicken, dass ein »freundschaftliches« Bakschisch das Prozedere deutlich beschleunigen kann. Schafft man es dann endlich doch, den Container aus dem Zoll in Karachi freizubekommen, geht er mit der Eisenbahn auf die ebenfalls tausend Kilometer weite Reise nach Peschawar und landet dort zunächst im Zolllager für Exportwaren. Der Kampf um die korrekten Papieren beginnt erneut. Der Empfänger in Afghanistan muss nämlich nachweisen, dass er die Hilfsgüter überhaupt nach Afghanistan einführen *darf*. Die Bestimmungen, welche Güter als Hilfsgüter anerkannt werden und welche nicht, werden von den afghanischen Behörden mehrmals im Jahr geändert. Hat der Empfänger »Pech«, und seine Hilfsgüter aus Deutschland stehen gerade nicht auf der Liste, muss er entweder horrende Zollgebühren bezahlen oder auf den Weitertransport nach Afghanistan verzichten. Hat er »Glück«, und seine Hilfsgüter stehen auf der Liste, kann der Container auf einem Tieflader über den Khyber-Pass die Reise nach Afghanistan antreten.

An der afghanischen Grenze gibt es dann wiederum Kontrollen, und der Empfänger muss erneut »offene Hände« bedenken, also Bakschisch entrichten. Ist die Ladung dann nach langen Monaten endlich am Bestimmungsort angekommen, endet beim Öffnen des versiegelten Containers so manches Mal die Vorfreude: Besonders empfindliche Fracht kann durch Hitze und Meersalz beschädigt worden sein, oder der Inhalt stimmt nicht (mehr) mit der Ladeliste überein. Wertvolle Güter, die in Karachi noch kontrolliert wurden, sind womöglich verschwunden, obgleich die Siegel an der Containertür intakt sind. Wie es dazu kommen kann, hat ein erfahrener Lkw-Fahrer meinen afghanischen Freunden erläutert: »Anhand der Ladeliste kennen wir den Inhalt. Besonders kleine, leichte Hightech-Geräte wie Computer sind gefragt und leicht an den Mann zu bringen. Bei einer nächtlichen Rast am Parkplatz wartet ein Team mit einem kleinen Schweißbrenner und einem unauffälligen Fahrzeug. Wir schweißen das Dach des Containers schulterbreit auf, ein Mann klettert hinein und reicht die Geräte heraus. Danach schweißen wir das Dach wieder zu, pinseln Farbe über die Schweißränder, und der Deal ist perfekt. So kann ich meinen spärlichen Lohn locker verdoppeln.«

Ausländer, die bislang nur in Europa mit Speditionen und Zollformalitäten zu tun hatten, werden durch die Verhältnisse in Pakistan und Afghanistan schnell zur Verzweiflung getrieben. Undurchsichtige Bürokratie, Bakschisch-Unwesen, Sprachbarrieren, kriminelle Tricks und die extremen Temperaturen erfordern eine hohe Frustrationstoleranz, körperliche Fitness und eine Eselsgeduld, die viele nicht aufbringen. Aus Gesprächen mit Zollbeamten in Karachi und Peschawar in den vergangenen zwanzig Jahren weiß ich, dass rund 30 Prozent aller Container, die von Hilfsorganisationen ins Land geholt werden, zu guter Letzt unter den Hammer kommen. »Alles völlig legal«, betonen die Beamten. Und damit haben sie sogar recht, wenn man das allgegenwärtige Bakschisch als Bestandteil der Legalität in Pakistan und Afghanistan betrachtet. Aus Scham verschweigen Hilfsorganisationen oft ihren Spendern die eigene Hilflosigkeit oder beschuldigen Behörden und Straßenräuber, wenn ihre unbegleiteten Transporte aus Deutschland nie in Afghanistan ankommen.

Mit der Organisation unseres Vorhabens, an der medizinischen Fakultät ein Seminar »Medizinische Informationstechnologie« einzurichten, betrauen wir einen knapp dreißigjährigen Deutsch-Afghanen, der ursprünglich aus Jalalabad stammt. Während des Talibanregimes ist der damals zehnjährige Emal mit seinem Onkel in unser Land geflohen. Er ging hier zur Schule und hat eine Ausbildung als IT-Kaufmann erfolgreich abgeschlossen. Dank seiner doppelten Staatsbürgerschaft hat er keinerlei Probleme, zwischen den beiden Ländern zu reisen. Emal entstammt einer angesehenen Beamtenfamilie in Nangahar: Sein Vater war zu Zeiten des Königs ein volksnaher und beliebter Gouverneur in Ostafghanistan. Sein unvermindert hohes Ansehen verschafft auch dem Sohn Zugang zu politischen und wirtschaftlichen Entscheidungsträgern. »Vetternwirtschaft, Nepotismus ...«, kommt uns da in Europa schnell über die Lippen. Nicht zu Unrecht, wenn wir den Maßstab eines modernen, funktionierenden, demokratischen Rechtsstaats anlegen. Afghanistan ist davon noch Jahrzehnte entfernt. Seit Jahrhunderten orientieren sich die Menschen in Gesellschaft und Staat an Stammes- und Familienzugehörigkeit. In offiziellen Dokumenten, so auch im Reisepass, ist das (häufig gar nicht bekannte) Geburtsdatum weniger wichtig als der Name des Vaters. »Wenn der Vater ein guter Mensch war, dann ist es vermutlich auch der Sohn. Und das zählt doch mehr als sein Geburtsdatum«, erwiderte ein Beamter auf meine Frage, warum auf allen Formblättern der Name des Vaters einzutragen ist. Die personen- und nicht sachbezogene Kultur der Paschtunen spiegelt sich in allen Lebensbereichen.

Den jungen Emal hatte ich bei einem meiner Vorträge in Norddeutschland kennengelernt. Er war begeistert, als er erfuhr, dass wir in seiner unmittelbaren Heimat arbeiteten, und bot an, sich bei unseren Projekten zu engagieren. Mit seinen familiären und kulturellen Wurzeln in Nangahar, den fließenden Deutsch-, Farsi- und Paschtu-Kenntnissen und seiner Ausbildung in Informationstechnologie und Betriebswirtschaft schien er mir hervorragend geeignet, völlig neue Projekte umzusetzen, nachdem sich unsere Arbeit bislang auf den Bau von Dorfschulen konzentriert hatte. Meine Frau und ich luden Emal schon bald zu uns nach Hause ein und lernten einen intelligenten, sympathischen Paschtunen kennen, der bereit war, eine Karriere in Deutschland hintanzustellen, um als »deutscher Staatsbürger, afghanischer Patriot und gläubiger Sufi-Moslem« – so sein Selbstverständnis – nach Afghanistan zurückzukehren und seine Fähigkeiten beim Wiederaufbau seines Vaterlandes einzusetzen.

Er erzählte uns, wie er sich in den vergangenen Monaten vergeblich bemüht hatte, vom Auswärtigen Amt und vom Entwicklungshilfeministerium Informationen und Unterstützung bei einer Rückkehr nach Afghanistan zu erhalten. »Diese kalte, abweisende Bürokratie bei meinen Anrufen in den Ministerien und die komplizierten Formalitäten waren richtig abschreckend. Niemand bei den Behörden erklärte sich für zuständig oder konnte mir sagen, was mit meiner Familie in Deutschland geschieht, wenn ich mich in Afghanistan beruflich engagiere. Meine Frau und die Kinder leben zwar schon seit einigen Jahren bei mir in Deutschland, besitzen aber noch nicht die deutsche Staatsbürgerschaft. Die Behörden sicherten mir keinerlei finanzielle Unterstützung zu, wenn ich auf meinen Arbeitsplatz in Deutschland verzichten und dafür in Afghanistan ein Unternehmen aufbauen würde. Das ist sehr schade, denn viele der in Deutschland lebenden Afghanen würden – zumindest für begrenzte Zeit – zurückgehen und sich beim Wiederaufbau engagieren.«

Tatsächlich leben bei uns etwa 80 000 Afghanen beziehungsweise in Afghanistan geborene Deutsche. Sie sprechen ihre Muttersprache und sind mit der Kultur und den Traditionen ihres Geburtslandes vertraut. Meist leben auch noch Verwandte in Afghanistan, bei denen sie aufgenommen und untergebracht würden. Mit einer exzellenten handwerklichen oder akademischen Ausbildung, die sie häufig in Deutschland erhalten haben, und ihren Bindungen an die alte Heimat wären sie hervorragende Pioniere beim Wiederaufbau des Landes. Deutsche Entwicklungshelfer ohne afghanischen Hintergrund

und ohne Sprachkenntnisse tun sich dabei viel schwerer. Sie sind auch einem größeren Sicherheitsrisiko ausgesetzt. Eine gemeinsame Politik von Außen- und Entwicklungshilfeministerium, die eine zunächst nur temporäre Rückkehr von Exil-Afghanen fördern würde, wäre ein wichtiger erster Schritt. Und würde unsere Politik nicht kleinkariert mit einer Minigießkanne vorgehen, sondern per Joint Venture mit Industrie und Wirtschaft richtig »klotzen« und einen »Marshallplan Afghanistan« auf die Beine stellen, wäre der Aufbau des Landes am Hindukusch erheblich zu beschleunigen und am Ende auch weniger kostspielig. Jedes Jahr, das die Bundeswehr in Afghanistan verbringt, kostet den Steuerzahler fast 600 Millionen Euro. Umso erstrebenswerter wäre es, sie so schnell wie möglich nach Hause zu holen.

Ein Programm, das mit finanziellen Anreizen, zum Beispiel steuerlichen Vergünstigungen, Firmen zu Investitionen in Afghanistan animiert und rückkehrwilligen Afghanen langfristige, zinslose Darlehen gewährt, wäre dagegen wirklich erfolgversprechend. Auch das im Zweiten Weltkrieg zerstörte Deutschland ist nach 1945 nicht von Bürokraten, sondern mit einem liberalen Wirtschaftsprogramm von zupackenden Menschen und risikobereiten Unternehmern aufgebaut worden. Statt in Afghanistan einen mutigen entwicklungspolitischen Schritt zu wagen, konzentriert sich die Diskussion hierzulande auf die Themen Tornados, ISAF-Verlängerung und eine mögliche Beteiligung an der US-geführten Anti-Terror-Operation *Enduring Freedom*.

Über Afghanen ohne deutschen Pass hängt ständig das »Damoklesschwert« der zwangsweisen Rückführung durch die Polizeibehörden. Mit dieser eher einfaltslosen Strategie erreichen die Behörden genau das Gegenteil dessen, was sie vermutlich beabsichtigen: Sie schrecken viele gutwillige Afghanen ab, sich für den Wiederaufbau ihres Landes einzusetzen. Denn umgekehrt erhalten Afghanen mit deutscher Staatsangehörigkeit, die freiwillig für eine bestimmte Zeit zurückgehen würden, so gut wie keine Unterstützung und wenig Ermutigung durch deutsche Behörden. Fantasielosigkeit, »Erbsenzählerei«, Bürokratie und Desinteresse scheinen bei den politisch Verantwortlichen zu dominieren.

Seit 2002 erreichen mich fast wöchentlich aus allen Regionen Deutschlands Briefe, E-Mails und Telefonanrufe rückkehrwilliger Afghanen mit deutschem Pass. Sie suchen oft händeringend nach Möglichkeiten, wie sie ihrem Land helfen können. Die meisten von ihnen bieten sogar an, ohne Bezahlung für eine begrenzte Zeit in ihrer Heimat zu arbeiten. Man müsste ihnen lediglich den Flug finanzieren und gewährleisten, dass sie im Krankheitsfall abgesichert sind. Außerdem müssten ihre Familien in Deutschland während ihrer Abwesenheit eine Unterstützung erhalten. Aus organisatorischen und finanziellen Gründen können kleine Hilfsorganisationen wie unsere »Kinderhilfe Afghanistan« leider nur wenige von ihnen in den eigenen Projekten sinnvoll einsetzen. Daher habe ich Interessenten anfangs an das zuständige Ministerium verwiesen. Später erfuhr ich dann, dass die meisten an der Bürokratie gescheitert sind. Unser junger afghanischer Freund Emal dagegen wird schon bald eine wichtige Stütze unserer Arbeit sein. Mit seiner Hilfe beschreiten wir mutig neue Wege.

Hightech am Hindukusch

Es ist eine Freude, mit Emal über die Zukunft Afghanistans zu diskutieren. Eigentlich erstaunlich, denn der junge Mann ist seit mehr als fünfzehn Jahren nicht mehr in seiner Heimat gewesen. Aber er hat klare Vorstellungen davon, wie sich sein Land entwickeln muss, um zu überleben. Und er ist bereit, seinen persönlichen Beitrag dafür zu leisten: »Afghanistan besitzt – wie Deutschland – keine nennenswerten Bodenschätze. Bei uns gibt es kein Erdöl und Erdgas wie in Arabien, wir haben kein Gold und keine Diamanten wie afrikanische Länder. Wir Afghanen haben nur uns selbst. Und das bedeutet: Nur mit Intelligenz, Fleiß und Bildung können wir die Zukunft unseres Landes gestalten. Der Islam, wie ich ihn verstehe und ihn als Sufi lebe, ist dafür kein Hindernis. Im Gegenteil. Der Koran sagt: ›Suchet das Wissen, selbst wenn es in China wäre.‹ Ich hatte das große Glück, in Deutschland eine gute Ausbildung zu bekommen. Dafür bin ich dankbar, und nun will ich diese Ausbildung nutzen, um mein Land aufzubauen.«

»Suchet das Wissen, selbst wenn es in China wäre« – dieser Satz aus dem Koran geht mir nicht mehr aus dem Kopf. In stundenlangen Gesprächen schmieden wir einen Plan für einen »Großen Sprung«[1] – auf Afghanisch und einige Nummern kleiner als vor fünfzig Jahren im Nachbarland. Wir entwerfen

---

[1] Der »Große Sprung« war die offizielle Parole für die Politik der Volksrepublik China in den Jahren 1958 bis 1962. Ziel war es, aus dem bis dahin nur von der Landwirtschaft lebenden bitterarmen Land eine technisch-wirtschaftliche Großmacht zu machen.

einen »Bildungsspagat« für die Dörfer im Osten des Landes. Dort können über 70 Prozent der Afghanen weder lesen noch schreiben. Die Kinder in diesen Dörfern sollen mit unserem Plan in nur wenigen Jahren den »Zeitsprung« von der Alphabetisierung ins Computerzeitalter schaffen. Mit unseren ersten Dorfschulen in Ostafghanistan, an denen inzwischen mehr als zehntausend Jungen und Mädchen unterrichtet werden, haben wir den ersten Schritt zur Alphabetisierung der Bevölkerung geschafft. Nun wollen wir mit Emals Hilfe den zweiten Schritt wagen: Computerausbildung an unseren Schulen und Ausbildung in Solar- und Fotovoltaik-Technologie.

Natürlich gibt es in Kabul und anderen großen Städten bereits private Institute, an denen IT unterrichtet wird. Und ganz vereinzelt sieht man auch Solar- und Fotovoltaik-Anlagen auf den Dächern der Büros und Wohnhäuser fortschrittlicher Hilfsorganisationen. Für die meisten Eltern aber sind die Ausbildungskosten an den privaten Computerinstituten unerschwinglich. Häufig fehlen den Kindern auch die notwendigen Englischkenntnisse. An unseren Schulen sollen alle Schüler eine kostenlose qualifizierte PC-Ausbildung erhalten.

Zur Vorbereitung dieses neuen Projektes fliegen Emal und ich gemeinsam nach Afghanistan. Dort lerne ich seinen Vater und ein Dutzend Neffen und Cousins kennen. Sie sind bereit, uns beim Aufbau der PC-Klassen zu unterstützen. Emals Vater, der ehemalige Gouverneur, verfügt über exzellente Kontakte zum Erziehungsminister. Und dessen Zustimmung benötigen wir dringend, bevor wir weitere Aktivitäten entwickeln können. Denn Computerunterricht steht an den afghanischen Schulen offiziell nicht im Lehrplan. Das wollen wir zunächst an den Schulen in Nangahar ändern.

Schon bei meinem ersten Gespräch mit dem für afghanische Verhältnisse erstaunlich jungen Minister zeigt er sich begeistert von unseren Plänen. Vollends überrascht bin ich, als er mir den Grund für seine Zustimmung nennt. »Meine Frau wurde während der Saur-Revolution* geboren. Sie ist also ein

›Kind der Revolution‹«, lacht der Fünfunddreißigjährige, »und Ihre Pläne, bei uns hier auf dem Land den Bauernjungen und -mädchen Computerunterricht zu geben, sind ja wahrhaft ›revolutionär‹. Sie haben meine volle Unterstützung – und wegen der Ausbildung für die Mädchen natürlich ganz besonders die Unterstützung meiner Frau.«

Einer von Emals Neffen hat an der Universität von Peschawar einige Semester Informationstechnologie studiert und sich nach seiner Rückkehr nach Afghanistan im Selbststudium zu einem echten »Computerfreak« entwickelt. Seine Fachkenntnisse und vor allem seine Kontakte zu Spezialisten in Computerhardware sind sehr hilfreich. Er besorgt in Afghanistan und nicht im Ausland die für unsere Zwecke optimalen Geräte. Dabei handelt er Preise aus, die weitaus günstiger sind als die Kosten für gleichwertige Geräte in Deutschland.

Mit dem zehnprozentigen Preisaufschlag, den ich ihm für die Beschaffung der ersten zwanzig Computer bewillige, eröffnet er in Jalalabad das erste Computerfachgeschäft. Nachdem er zusammen mit Emal an der medizinischen Fakultät und an den beiden Mädchenschulen die ersten Computerklassen eingerichtet hat, schließe mit ihm auch einen Wartungsvertrag für zwei Jahre ab. Für das kommende Jahr stelle ich ihm überdies den Auftrag für drei weitere Computerklassen in Aussicht, wenn er die Wartungsarbeiten zu unserer Zufriedenheit erfüllt. Der Jungunternehmer hat zwar weder eine kaufmännische Lehre noch ein Betriebswirtschaftsstudium absolviert, erweist sich aber als enorm geschäftstüchtig und clever: »Wenn ich mir statt der zwanzig Computersets, die ich für die Computerklasse an der Universität beim Großhändler in Kabul gekauft habe, zukünftig einen ›Vorrat‹ von hundert Geräten auf Lager lege, bekomme ich die Geräte um 10 Prozent günstiger. Die Hälfte davon gebe ich als Preisnachlass an dich weiter, die andere Hälfte nutze ich zur Vergrößerung meines Unternehmens. Für die regelmäßigen Wartungsarbeiten und die Lagerung der PC benötige ich zusätzlich eine kleine Werkstatt und einen sicheren Lagerraum. Außerdem will ich drei neue Mitarbeiter einstellen. Allein schaffe ich das im nächsten Jahr nämlich nicht mehr. Doch mir fehlt das notwendige Kapital zur Expansion meines Kleinbetriebs. Daher bitte ich dich um ein Darlehen, das ich mit den Kosten für weitere Computerklassen verrechnen würde.«

Natürlich sage ich ihm das Darlehen zu. »Finanzierung von Start-up-Unternehmen, Förderung mittelständischer Unternehmen und Darlehen für Unternehmensgründung« nennt man das bei uns. In Afghanistan bedeutet es weit mehr als das. Die Kraft zum Aufbau einer florierenden Wirtschaft muss von innen kommen. Und dort ist sie im Grunde auch vorhanden. Unser Beitrag als Ausländer kann nur sein, diese Kraft zur Entfaltung zu bringen. Und diesen Beitrag wollen wir leisten.

Doch ein entscheidendes technisches Problem können wir in der kurzen Zeit vor Ort nicht lösen: die sichere und regelmäßige Stromversorgung unserer Computer. In den Dörfern gibt es überhaupt kein Stromnetz, und selbst in der Provinzhauptstadt Jalalabad bricht die Versorgung immer wieder zusammen. Die reichen Afghanen und die großen Hilfsorganisationen produzieren mit Hochleistungsgeneratoren ihren Strom selbst. Zwar sind gute japanische Geräte überall in Kabul erhältlich, doch nicht nur der Kaufpreis übersteigt unsere Verhältnisse: Sie schlucken jede Menge Diesel und benötigen auch eine regelmäßige Wartung. Die dafür anfallenden Kosten möchten wir unseren Spendern ersparen. Außerdem wären der Dauerlärm und die Abgase für unsere Schüler unzumutbar.

Über eine preisgünstige Alternative müssen Emal und ich gar nicht lange nachdenken. Fotovoltaik ist die Lösung und für unsere Zwecke in Afghanistan geradezu ideal. Die jährliche Sonnenscheindauer ist in der Provinz Nangahar durchschnittlich fast doppelt so hoch wie in Deutschland. Da wir keine Klimaanlagen oder andere stromfressende Großanlagen betreiben wollen, sondern lediglich jeweils zwanzig PC pro Schule, genügt eine mittelgroße Fotovoltaik-Anlage vollauf für unsere Bedürfnisse. In Afghanistan sind Fotovoltaik-Anlagen allerdings nicht erhältlich. Also fliege ich mit Emal zurück nach Deutschland.

»Die Strommenge, die Sie für Ihre Zwecke benötigen, lässt sich mit einer 10-kW-Anlage und leistungsfähigen Batterien problemlos produzieren«, erklärt uns ein Solarfachmann in Süddeutschland. Er arbeitet als Lehrer in einer Behindertenwerkstatt, in der Fotovoltaik- und Solar-Anlagen hergestellt werden. Die Werkstatt beliefert seit vielen Jahren Hilfsorganisationen in Entwicklungsländern und hat auch langjährige Erfahrungen mit Transporten in diese Länder. Rasch werden wir handelseinig, und wenige Wochen später gehen die ersten Fotovoltaik- und Solar-Anlagen auf die Reise nach Jalalabad.

Ein auslandserfahrener Techniker der Werkstatt begleitet den Transport, um die Installationen durchzuführen. Außerdem soll der geduldige und begabte Ingenieur seine Kenntnisse zur Solartechnik an junge Afghanen weitergeben. Denn in Zukunft wollen wir diese Anlagen von Einheimischen installieren lassen. Über die Verbindungen seines Vaters zum Erziehungsminister hat Emal technisch hochbegabte Absolventen der von uns gebauten Nangahar-Jungenoberschule ausfindig gemacht. Vor Beginn ihres Universitätsstudiums gehen sie für einige Monate bei unserem deutschen Solar-Ingenieur in die »Lehre«. Nach dem Motto *learning by doing* installieren fünf angehende afghanische Ingenieurstudenten unter seiner Anleitung die ersten Fotovoltaik-Anlagen auf den Dächern afghanischer Schulen.

Nach wochenlanger Arbeit ist es dann so weit: Zwanzig Computer haben Emal und seine Mitstreiter in einem separaten Unterrichtsraum der Bibi-Hawa-Mädchenoberschule installiert. Die Computertische und -stühle sind von Vätern unserer Schülerinnen geschreinert worden. Auf dem Dach des erst vor zwei Jahren von uns errichteten Mädchengymnasiums blitzt in Silberblau die erste Fotovoltaik-Anlage von Ostafghanistan. Passenderweise scheint die Frühlingssonne auf die Ge-

Veit Erös bei der Installation unserer ersten Fotovoltaik-Anlage auf dem Dach der Universität Nangahar

sichter unserer zahllosen Gäste im Vorhof der Schule. Gestern haben wir bereits einen Testlauf der Anlagen durchgeführt, denn heute darf nichts schiefgehen. Zur feierlichen Eröffnung der Computerklassen und der Inbetriebnahme der ersten Solarstromanlagen haben sich neben den Journalisten aus der Provinz auch zwei Fernsehteams aus Kabul angesagt. Der Festakt ist also eine kleine Sensation für die tausend Mädchen. Denn am nächsten Tag wollen die TV-Anstalten in Kabul in einer Sondersendung landesweit über die Eröffnung berichten.

Natürlich lässt es sich der Provinzgouverneur nicht nehmen, dem Festakt einen würdigen Rahmen zu verleihen. Großzügig bezahlt er aus seiner eigenen Tasche das Bankett für die zahlreichen Gäste. In seiner Festansprache erklärt er: »Ich danke unseren deutschen Freunden, dass sie die alte Verbundenheit zwischen unseren Völkern heute neu beleben, und ich bin stolz auf unsere jungen Ingenieure, die in freundschaftlicher Zusammenarbeit mit der ›Kinderhilfe Afghanistan‹ modernste Technik auch nach Nangahar gebracht haben. Nicht nur die

Kinder wohlhabender Eltern in der Hauptstadt Kabul, sondern begabte Mädchen aus allen Schichten erhalten ab heute an der Bibi-Hawa-Mädchenoberschule in unserer Provinz eine technische Ausbildung, die ihnen ein weites Feld an beruflichen Perspektiven bietet. Unser Land braucht dringend modern und gut ausgebildete Frauen, um nach Jahren der Finsternis unter den Taliban wieder Anschluss an die Weltgemeinschaft zu finden.« Der Gouverneur, Emal und ich zerschneiden mit der auf einem Silbertablett gereichten Schere das bunte Band am Eingang zum Computerraum, und die bereits an den PC sitzenden Mädchen drücken im Scheinwerferlicht der Fernsehteams auf die Einschalttasten. Wenige Sekunden später erscheint auf den Bildschirmen in Farsi, Paschtu und Deutsch der mit Blumengirlanden geschmückte Text »Herzlich willkommen in der Computerklasse an der Bibi-Hawa-Mädchenoberschule in Jalalabad«.

Der erste Schritt auf unserem »Großen Sprung« ist getan. In den folgenden Monaten richten wir an fünf weiteren Schulen Computerklassen ein. Der Andrang der Schüler ist so groß, dass wir den Unterricht in drei Schichten durchführen müssen. Von 7.00 Uhr bis 18.00 Uhr unterrichten unsere jungen Lehrer begeisterte und lernbegierige Jungen und Mädchen. Einmal im Quartal setze ich mich mit Emal und unseren Lehrern zusammen, und wir besprechen die Fortschritte und Probleme auf dem auch für uns völlig neuen Arbeitsfeld. Schon bald erfahre ich, dass die mangelhaften Englischkenntnisse vieler ansonsten sehr begabter Computerschüler ein echtes Hindernis für zügiges Lernen darstellen. Die Handbücher für den PC-Unterricht sind bedauerlicherweise nur in Englisch erhältlich. Lehrbücher in den afghanischen Sprachen gibt es nicht. Noch nicht!

In den drei Monate langen Sommerferien ist wegen der unerträglichen Hitze auch kein PC-Unterricht möglich. Zeit genug also für unsere sechs PC-Lehrer, ein Computerlehrbuch – orientiert an dem von uns entwickelten Curriculum –

in der Landessprache Paschtu zu erstellen. Wie professionelle Schulbuchautoren verteilen sie die einzelnen Aufgaben untereinander. Auf ihren Laptops, die ich ihnen als »Bezahlung« für diese umfangreiche Ferienarbeit versprochen habe, entsteht in wenigen Wochen ein exzellentes Kompendium. Inhalt, Sprache und grafische Gestaltung gelingen den jungen Autoren so vortrefflich, dass ihr Werk ohne größere Änderungen sofort in den Druck gehen kann. Die beiden jungen Frauen und die vier Männer sind zu Recht sehr stolz darauf, dass es ihnen ohne staatliche Unterstützung und ohne Beteiligung von UNICEF[1] oder anderen großen Organisationen gelungen ist, das erste Computerlehrbuch in afghanischer Sprache zu erstellen. Mit einer Erstauflage von eintausend Exemplaren ist der Eigenbedarf an unseren sechs Computerklassen für das erste Jahr gedeckt. Zunächst ist das Werk nur in der Provinz Nangahar verbreitet, doch bald hat es sich auch in den anderen Ostprovinzen und in der Hauptstadt Kabul herumgesprochen, dass es bei »den Deutschen« in Jalalabad ein ausgezeichnetes Computerlehrbuch in Paschtu gibt. Für die zweite Auflage geben wir bereits fünftausend Exemplare in Auftrag, und sie werden auch von anderen Einrichtungen gekauft. 50 Prozent des Erlöses gehen zur Hälfte an die Autoren, die andere Hälfte investieren wir in weitere Computerschulen. An der Universität in Khost finanzieren wir damit zum Beispiel zwei Professoren aus Peschawar: Mit unserer Hilfe bauen sie in dieser von Kabul wissenschaftlich besonders vernachlässigten Gegend eine eigene IT-Fakultät auf. Bis zum Herbst 2007 haben wir acht Computerschulen in vier Provinzen eingerichtet. Sechzehn junge Lehrerinnen und Lehrer unterrichten inzwischen mehr als tausend Jungen und Mädchen. Nach dem einjährigen Lehrgang erhalten die

---

[1] UNICEF, United Nations International Children's Emergency, ist das Kinderhilfswerk der Vereinten Nationen und wurde 1946 gegründet. UNICEF arbeitet vor allem in Entwicklungsländern und unterstützt in 160 Staaten Kinder im Bereich Gesundheit und Erziehung.

Schulmädchen beim Studium des ersten afghanischen Computerlehrbuchs in Paschtu an der »Peter-Ustinov-Friedensschule« in der Provinz Paghman

Schüler ein offizielles, vom Erziehungsminister unterzeichnetes Zertifikat, mit dem sich etliche von ihnen schon erfolgreich beworben und einen qualifizierten Job gefunden haben. Den besten Absolventen unserer Computerkurse bieten wir eine Stelle als Lehrer an unseren Schulen an. Mittlerweile unterrichten an unseren Computerschulen ausschließlich ehemalige Schüler und geben ihre Kenntnisse begeistert an ihre Nachfolger weiter.

Und noch ein anderes existenzielles Problem der hiesigen Bevölkerung können wir mit Emals Hilfe lösen. Immer wieder hatte man mir erzählt, dass sich die notleidenden Familien selbst das Brennholz für die Küche nicht mehr leisten können. Ich selbst habe Mütter und Kinder gesehen, die kilometerweit in die Berge gingen, um nach Stunden schwer bepackt mit kläglichem Buschwerk und Wurzelresten in ihre Lehmhütten zurückzukehren. Wieder ist es Emal, der auf einer gemein-

*Waisenkinder beim Zusammenbauen eines Solarkochers in der
»Zukunftswerkstatt« der »Kinderhilfe Afghanistan« in Jalalabad*

samen Fahrt eine Lösung für dieses Problem findet: »Sonne erzeugt nicht nur elektrischen Strom, sondern auch Wärme. Lasst uns doch versuchen, das Energieproblem der armen Bauernfamilien mit modernen, einfachen Solarkochern anzugehen. Wir können diese Geräte sogar selbst in Jalalabad herstellen und dann hier in den Bergen einsetzen.« Emal kennt auch bereits Firmen in Deutschland, die Einzelteile solcher Kocher produzieren. Und so starten wir umgehend ein weiteres »Hightech-Projekt«: »Solarkocher statt Bäumefällen«.

Über eine Spedition in Kabul trifft wenige Wochen später die erste Ladung der in Einzelteile zerlegten Kocher in Jalalabad ein. Das Zusammenbauen erfordert weder spezielle Werkzeuge noch besonders geschulte Arbeitskräfte. Die Helfer suchen wir zunächst gezielt unter den vielen arbeitslosen Jugendlichen der Stadt. Über Emals Vater wenden wir uns an den

»Minister für Witwen und Waisenkinder«. Er nennt uns ein Dutzend Jugendlicher, die ihre vaterlosen Familien ernähren müssen. In wenigen Tagen hat Emal den zupackenden sechzehnjährigen Burschen beigebracht, wie sie die Solarkocher zusammenbauen. Mit einem Lkw transportieren wir die fertigen Geräte an die Schulen in den Dörfern. Die einfachen Bauern und selbst die Lehrer an den Dorfschulen haben noch nie einen Solarkocher gesehen. Also laden wir die Dorfbevölkerung zu einer »Lehrvorführung« an die Schule ein, um die Benutzung und die Vorteile dieser Geräte zu erläutern. Bei strahlendem Sonnenschein veranstaltet Emal einen »Kochwettbewerb« der besonderen Art: »Konventionelles Erwärmen von Teewasser mit Holz versus Teewasser vom Solarkocher«. Das Ergebnis ist eindeutig und macht jede weitere Werbung für unsere Kocher überflüssig. Zunächst verteilen wir an jede Schule ein Exemplar samt Kochtopf, um schon die Kleinen mit dieser auch umweltschonenden Technik vertraut zu machen. Ein weiteres Solar-Set erhalten die Dorfbürgermeister und die ärmsten Familien.

So hat sich aus unserer Begegnung mit Emal vor fünf Jahren eine sehr fruchtbare Zusammenarbeit entwickelt. Er erwies sich als großartiger Gewinn für unsere »Kinderhilfe Afghanistan« und hat mit uns zusammen in wenigen Jahren einen echten *circulus gloriosus technicus* für die Kinder Afghanistans ins Leben gerufen.

Computerkurse unter der Burka

Brigitte Neumann, Ehefrau, Mutter dreier wunderbarer Kinder, berufstätige Ökotrophologin, ist seit fünf Jahren die ehrenamtliche Webmasterin der »Kinderhilfe Afghanistan«. Im Frühjahr 2005 ließ sie für einige Wochen ihre Familie in Deutschland zurück und führte unentgeltlich an unserer Mädchenschule in Jalalabad einen Kurs für Webdesign durch. Hier ihre Erkenntnisse und Erfahrungen:

Es ist mir ein Rätsel, wie du eine Homepage so realistisch und authentisch gestalten kannst, obwohl du noch nie in dem Land gewesen bist«, meint Reinhard Erös. Seit fast zwei Jahren pflege ich nun schon die Website der »Kinderhilfe Afghanistan«, aktualisiere Termine und schreibe Texte zu den Bildern und Informationen, die mir per Mail zugeschickt werden. »Du kannst doch gar nicht wissen, wie es dort aussieht, wie sich das Leben da anfühlt. Es ist allerhöchste Zeit, dass du Afghanistan endlich kennenlernst!«

»Stimmt!« Meine Reiselust und die Neugier auf die Menschen am Hindukusch sind ohnehin geweckt. »Aber ich möchte nicht nur als Zuschauerin mitkommen, sondern gern eine eigene Aufgabe haben.«

Kurze Zeit später ist die Idee geboren, den Schülerinnen der Computerklasse an der Allaei-Mädchenoberschule in Jalalabad einen Kurs in Webdesign anzubieten. Noch ist das Internet weitgehend Neuland für Afghaninnen außerhalb von Kabul. Doch können sich für die Mädchen an den Schulen der »Kinderhilfe Afghanistan« in der Provinz ungeahnte berufliche Chancen entwickeln, wenn wir ihnen die Grundlagen der Websitegestaltung beibringen.

Also sitze auch ich im Flugzeug, als Reinhard Erös im April 2005 zu einer seiner zahlreichen Afghanistan-Reisen startet – und erlebe für einige Wochen eine mir bislang völlig fremde Welt. Ich lerne hoch motivierte Schülerinnen kennen, sehe lernende und spielende, neugierige und scheue, fröhliche und ernste Kinder, höre Frauen zu, die ihre Geschichte erzählen. Und ich erlebe die »Männerwelt« der Paschtunen, wenn man mich als Frau von der einen oder anderen Gesprächsrunde ausschließt.

Gleichzeitig entdecke ich das Selbstbewusstsein der Frauen, die genau wissen, was sie wollen. Jahrelang mussten viele von ihnen ihre Intelligenz und Wissbegier unter der Burka verstecken, jetzt drängen sie scharenweise in die Schulen und Bildungseinrichtungen. Noch heute bin ich beeindruckt von der Konzentration, der schnellen Auffassungsgabe und dem Arbeitseifer »meiner« Schülerinnen.

»Ich sehe älter aus, als ich bin. Das Leben hat mich alt gemacht«, begrüßt mich die Leiterin der Allaei-Mädchenoberschule, die nach dem Sturz der Taliban von der »Kinderhilfe Afghanistan« gebaut und inzwischen auch mit einer eigenen Computerklasse ausgestattet wurde. Grauweiße Haare lugen widerspenstig unter dem Schleier hervor. »Wir freuen uns, dass Sie unsere Schülerinnen unterrichten. Und wir freuen uns, dass wir diese Schule haben und die Mädchen endlich wieder frei lernen können«, sagt sie in gebrochenem Deutsch.

Dann wechselt sie zu Paschtu und erzählt, wie sie vor den Russen geflohen ist. Anschließend schildert sie, wie sie sich vor den Taliban verstecken musste und heimlich Mädchen unterrichtet hat. Eine Schülerin übersetzt. Immer wieder hat sie erlebt, wie Menschen in ihrer nächsten Umgebung getötet wurden. Jedes Mal kam sie um Haaresbreite mit dem Leben davon. Aus den wachen Augen in dem faltigen Gesicht spricht die Entschlossenheit und der Mut einer Frau, die trotz all der

Not und des Elends nicht verbittert ist, sondern immer wieder neu angefangen hat.

Doch sie werde bestimmt nicht mehr lernen, wie man auf einem PC Briefe schreibt. »Dazu bin ich wirklich zu alt«, lacht sie, als sie mich in das Zimmer der Computerklasse führt. Zwanzig Schülerinnen, alles junge Frauen, sitzen zu zweit oder dritt vor jeweils einem PC und blicken auf, als wir eintreten. Nach ein paar einführenden Sätzen verabschiedet sich die Direktorin – freundliche, neugierige, ein wenig prüfende, auch leicht skeptische, vor allem aber erwartungsvolle Augenpaare sind auf mich gerichtet. Einen Moment lang ist nur das Geräusch des Ventilators unter der Decke zu hören.

»In den nächsten Tagen werden wir eine Homepage für diese Schule erstellen. Bevor wir anfangen, möchte ich gern von Ihnen erfahren, was Sie bereits über das Internet und vielleicht sogar über die Gestaltung von Websites wissen«, beginne ich nach der Begrüßung mit dem Unterricht. Reihum berichtet eine nach der anderen. Einige wenige haben zu Hause einen Computer, andere erzählen vom Internet-Café in der Stadt. Keine ist bisher selbst online gewesen. Die meisten der Schülerinnen stehen an der Schwelle von der Schule zum Beruf. In den vergangenen Wochen haben sie gelernt, wie man mit dem Microsoft-Office-Paket arbeitet. Sie sind überzeugt, dass ihnen die Kenntnisse im Windows-Betriebssystem, in Word, Access, Excel und PowerPoint weiterhelfen werden – beispielsweise bei einer Ausbildung zur Journalistin. Oder vielleicht sogar zur Computertechnikerin? Ihre Familien unterstützen sie in ihren Berufswünschen. Da haben sie Glück, denn manche Väter verwehren ihren Töchtern immer noch den Zugang zur Bildung.

Inzwischen surrt der Beamer. Najib und Qais, zwei Mitarbeiter der »Kinderhilfe Afghanistan«, haben ihn in Gang gesetzt. Die beiden verdienen sich ihr Studium damit, dass sie sich um technische und organisatorische Fragen beim Computerunterricht kümmern. Ich starte die CD mit der Website der »Kinderhilfe Afghanistan« und führe die Schülerinnen offline in die Online-Welt ein. Nachdem ich die Grundbegriffe erläutert habe, beginnen wir mit dem geplanten Vier-Tage-Projekt, der Homepage für die Schule. Die erste Krise kommt mit den ersten Fehlern. Die Schülerinnen wollen auf der Stelle alles richtig machen. Und als das nicht funktioniert, wenden sie sich an Najib.

Najib hat schon vor dem Unterricht versucht, mich von seinen Ideen zu überzeugen, und mir voller Stolz seine eigene Homepage präsentiert. Die ist so bunt und unübersichtlich wie das Straßenleben der ostafghanischen Provinzhauptstadt Jalalabad: nur dass statt Eselskarren, dreirädrigen motorisierten Rikschas, verbeulten Autos, farbenfrohen Bussen, Radfahrern und Fußgängern auf schlaglochgepflasterten Wegen hier verschiedene Schriftgrößen, Blinkeffekte und Bilder in allen Variationen auf grellfarbigem Hintergrund die eigentlichen Inhalte überdecken. Mit jeder weiteren Seite, die man anklickt, eröffnet sich ein neues Feuerwerk visueller Effekte.

Was, schießt es mir durch den Kopf, gibt mir eigentlich die Berechtigung zu behaupten, dass meine eher funktionelle, sachlich-nüchterne Art, Websites zu gestalten, die »bessere« ist? Doch mit diesen Gedanken komme ich nicht weiter, denn in diesen ersten Unterrichtsstunden geht es um etwas anderes, nämlich um die Frage, wer hier eigentlich Kursleiter ist: Najib oder ich. Also ziehe ich mir einen Stuhl zu der Dreiergruppe, die sich um Najib geschart hat, und höre einen Moment lang zu, wie er ihnen seine Vorstellungen vermittelt. »Das kann man tatsächlich so machen, wie Najib vorschlägt«, unterbreche ich ihn. »Aber ich möchte, dass wir es hier im Kurs so machen, wie ich es Ihnen gezeigt habe.« – Die Schülerinnen zucken erschrocken zusammen. Najib lächelt mich freundlich an. Doch sein Blick verrät mir, dass er bei der nächsten Gelegenheit wieder versuchen wird, seine Auffassungen durchzusetzen. »Fehler sind gut«, füge ich hinzu, wobei ich mich jetzt direkt an die drei jungen Frauen wende. »Sehr gut sogar. Davon können alle lernen.« Dann gehe ich zurück zum Laptop und erläutere die häufigsten Fehler und ihre Folgen. Die Stimmung wird lockerer, und in den nächsten Stunden löst sich manche Spannung in Gelächter auf.

In der Mittagspause kommt eine ältere Frau unter schwarzem Schleier in den Klassenraum und bittet mich wortreich, mitzukommen. Sie führt mich in einen kleinen Nebenraum mit sauber gefegtem Boden und hell gestrichenen Wänden. In einem Regal stehen blecherne Schüsseln und Töpfe, in der Ecke befindet sich ein typisch afghanischer eiserner Ofen in Form eines Fasses, gefüllt mit glühenden Kohlen. Obenauf brodelt das Wasser im Teekessel leise vor sich hin. Auf dem Boden steht ein Tablett mit einer großen Schüssel dampfendem Reis, einem Teller voll goldgelber gefüllter Teigfladen und einem Krug gesäuerter Milch. Gestikulierend weist sie auf das Tablett und überschüttet mich mit einem Schwall von Worten. Was sie sagt, klingt freundlich, aber ich habe keine Ahnung, was sie von mir will, und bitte Najib um Hilfe.

»Sie hat für dich ein Mittagessen geholt.« Er deutet auf das Tablett am Boden. »Möchtest du es hier in der Schulküche zu dir nehmen? Sie könnte auch einen Tisch und einen Stuhl für dich holen. Oder isst du lieber am Pult im Klassenzimmer?«

»Und du?«, frage ich Najib. »Wo isst du?«

»Ich esse erst heute Abend.«

»Aber das ist doch mehr als genug für uns beide!«

Er lässt sich rasch überzeugen, und wir lassen uns im Nebenraum auf Kissen nieder. Als »Besteck« benutzen wir unsere Finger oder Fladenbrot. Der Reis duftet nach einer bunten Mischung aus Kardamom, Ingwer, Piment, Kreuzkümmel und anderen Gewürzen und schmeckt köstlich. In den Teigfladen stecken leckeres grünes Gemüse und viel Knoblauch.

»Das sind *bolani*. Man kann sie ganz unterschiedlich füllen«, klärt Najib mich auf. »Meine Mutter macht sie immer für mich, wenn ich nach Hause komme.«

Najib bleibt stets freundlich, doch bis zum Ende unseres Kurses fällt es ihm nicht leicht zu akzeptieren, dass ich die

Leiterin bin. Ich weiß nicht, ob es an seiner Erziehung oder an meiner Art liegt, und bis zuletzt rätsele ich vergebens, was seinen latenten Widerstand gegen mich wachhält. Jedenfalls unterrichte ich viel entspannter, wenn Qais und nicht Najib meine englischsprachigen Anweisungen übersetzt. Auch wenn ich nicht verstehe, was er sagt. »Qais, warum machst du in deiner Sprache aus meinen Worten so viele Sätze?«, frage ich ihn.

Er wirkt halb erschrocken und halb verlegen. Dann überlegt er einen Moment und lächelt verschmitzt. »Das ist unsere Art, jemanden etwas zu lehren. Wir erklären alles in Geschichten. Dann können wir es uns besser merken.«

Das leuchtet mir auf der Stelle ein. Qais studiert Medizin in Jalalabad. »Die Ausbildung in Afghanistan genügt nicht, um ein guter Arzt zu werden«, erklärt er. »Danach will ich im Ausland studieren.«

»In Europa oder in Amerika?«, frage ich.

»Nein, in Indien. Ich möchte als Arzt in Afghanistan ar-

Schülerinnen im Computerkurs an der Bibi-Hawa-Mädchenoberschule

Brigitte Neumann (oben Mitte) mit ihren Schülerinnen beim ersten deutsch-afghanischen Computerkurs

beiten. Wenn ich nach Indien gehe, lerne ich mehr über die Krankheiten in meinem Land, als wenn ich in Europa studieren würde.«

Er hält inne. Seine dunklen Augen blicken mich ernst an. Mit der linken Hand streicht er über sein leicht vorstehendes Kinn mit dem kurzen Stoppelbart. »Ich will für die Zukunft meines Landes arbeiten«, bekräftigt er nochmals. »Es gibt eine Menge zu tun. Hier wurde so viel kaputt gemacht. Auch in den Menschen ist so viel zerstört worden. Oft bin ich enttäuscht von den Politikern, die uns regieren. Manchmal verlässt mich der Mut, und ich weiß nicht, ob ich das Leben hier auf Dauer ertragen kann. Aber ich liebe mein Land. Es ist meine Heimat. Deshalb will ich nicht aufgeben.«

Er richtet sich auf. »Es ist schwierig, ja. Aber ich glaube daran, dass es nicht unmöglich ist.«

Die Schülerinnen kommen zurück in die Klasse. Fotografieren steht jetzt auf dem Stundenplan. Zum ersten Mal in ihrem Leben halten sie eine Kamera in der Hand und knipsen Klassenräume, Bäume, Blumen, den Pausenhof, die Urkunden an den Wänden und vieles andere – nur sich selbst nicht. Ich erfahre von den Ängsten der Frauen vor ihren Vätern und Brüdern. Was wäre, wenn jemals ein Fremder ihre Bilder zu Gesicht bekommen würde? Ich erkläre, dass sich niemand fotografieren lassen muss – und dass wir besser darauf verzichten. Aber da regt sich Widerstand. Einige wollen doch gern ein Bild von sich haben. Wir einigen uns darauf, mit Porträtfotos zu üben, die wir anschließend löschen werden. Und die Gruppenbilder werden nirgendwo auf der Website im Großformat erscheinen. Drei Schülerinnen wagen sich dennoch nicht vor die Kamera und sind erleichtert, als ihr Wunsch ohne weitere Diskussion akzeptiert wird.

In der Ecke neben der Tür des Klassenzimmers steht ein wackliger Kleiderständer, eigentlich nicht mehr als eine runde Holzplatte mit einer knapp zwei Meter hohen Stange, an deren oberem Ende mehrere Haken eingeschraubt sind. Wenn die Schülerinnen zum Unterricht kommen, hängen sie dort ihre leuchtend blauen Burkas auf. Keine unterscheidet sich von der anderen, und doch findet jede ihre eigene auf Anhieb wieder. »Wie kommt es, dass Sie Ihre Burkas nicht verwechseln?«, frage ich eine Schülerin.

»So«, meint sie lachend, hält ihre Burka hoch und reibt ein Stück Stoff zwischen den Händen.

»So?«, frage ich verständnislos. »Darf ich auch einmal?«

»Natürlich.« Sie und einige umstehende Schülerinnen halten mir ihre Burka hin.

»So doch nicht«, lachen sie, »sondern so.« Wieder greifen sie ein Stück Stoff und reiben es in ihren Händen. Jetzt erst wird mir klar, dass sie sich die Burka unter die Nase halten und ihren Geruch aufnehmen.

Erst unten auf dem Schulhof ziehen sie sich das Gewand über den Kopf und spazieren plaudernd durch das Schultor in die Straßen der Stadt. »Die Burka ist kein großes Problem für uns«, meint eine Schülerin.

»Ich weiß gar nicht, ob ich sie mag oder nicht. Ich ziehe sie einfach an, wenn ich auf die Straße gehe«, ergänzt ihre Schwester. Die beiden haben jahrelang als Flüchtlinge in Pakistan gelebt. Sie haben die Klasse bereits in Microsoft Office unterrichtet, um damit wie Qais ihr Medizinstudium zu finanzieren. Jetzt ruft die Familie sie zurück, denn die Mutter ist erkrankt. Ganz selbstverständlich gehorchen sie. Doch sie möchten bald wiederkommen. Deshalb ist es ihnen sehr wichtig, ein gutes Empfehlungsschreiben von Reinhard Erös zu erhalten.

Unser Projekt macht derweil große Fortschritte. Nachdem das Grundgerüst der Seite mit eigens entwickeltem Logo, Navigationsleiste und Aufteilung in Text- und Bildbereich in Anlehnung an die Website www.kinderhilfe-afghanistan.de steht, fehlen noch die Inhalte. In Gruppenarbeit entwickeln die Schülerinnen ihre Texte zur Geschichte und zu den Gebäuden der Schule sowie zur Partnerschaft mit dem bayerischen Gymnasium in Neutraubling.

Vier Tagen später präsentieren wir das Ergebnis. Eine Schülerin erläutert das Projekt vor hochrangigen Politikern der Stadt und des Erziehungsministeriums. In einem kleinen Festakt überreichen der Erziehungsminister und Reinhard Erös jeder Schülerin eine Urkunde und beglückwünschen die jungen Damen zum erfolgreichen Abschluss des Grundkurses Webdesign. Reinhard Erös verspricht, die gelungene Präsentation ihrer Schule in die Homepage der »Kinderhilfe Afghanistan« aufzunehmen. Denn auch den Afghaninnen, die jetzt in Deutschland leben, ist die Allaei Girls High School, eines der ältesten afghanischen Mädchengymnasien, bekannt.

Zum letzten Mal fahre ich in einer der dreirädrigen und dreisitzigen motorisierten Rikschas von der Schule zurück über die holprigen Straßen in das Quartier am anderen Ende der Stadt. Wir überqueren den Basar. Rechts und links sitzen Bauern neben ihren Eselskarren, auf denen Kartoffeln, Tomaten und

Zwei Lehrerinnen auf dem Weg zu ihrer Schule

anderes Gemüse in Pyramidenform gestapelt sind. Hinter den Ständen ist ein kleines Zelt als Nachtlager aufgespannt, denn die Bauern kehren mit ihren Fuhrwerken erst dann in ihr Dorf zurück, wenn sie alles verkauft haben. An anderen Ständen werden frische Fladenbrote gebacken und gleich verkauft. Auf dem Markt sehe ich vor allem Männer und nur vereinzelt Frauen. Der Rikschafahrer lenkt das knatternde Gefährt geschickt zwischen den Schlaglöchern hindurch zu einem Wohngebiet, dessen Häuser sich hinter hohen Mauern aus ockergelben Steinen verbergen. Jungen spielen auf der Straße Fußball mit einem abgewetzten Stoffballen. Ein barfüßiges Mädchen in dunkelrotem Kleid trägt eine Blechschale mit Tomaten auf dem Kopf.

Gleich am ersten Tag habe ich Jeans und Bluse mit dem landesüblichen Shalwar, einer weiten, leichten Hose, und dem Kamez, einem die Knie bedeckenden, langärmeligen Oberteil, vertauscht und ein dazu passendes großes Kopftuch als Schleier umgebunden. Verrutschte dieses Tuch im Unterricht, kam stets eine Schülerin und »hüllte« mich wieder ein. Als ich am letzten Tag dann wieder in Jeans und Bluse erscheine, lacht Alem, der langjährige Freund von Reinhard Erös und afghanische Leiter der »Kinderhilfe Afghanistan«-Projekte in der Provinz Nangahar. »Jetzt sehen wir wieder die deutsche Brigitte! Aber so, wie du bist, mögen wir dich: die Deutsche, die unsere Kultur respektiert. Wären doch alle Ausländer so wie du!«

Aus meiner Haut und meiner Erfahrungswelt konnte ich in diesen wenigen Tagen nicht wirklich herausschlüpfen. Aber die Schülerinnen und Studenten, Lehrerinnen und Mitarbeiter der »Kinderhilfe Afghanistan« haben mich ganz selbstverständlich in ihrer Welt aufgenommen. Und wenn ich recht darüber nachdenke, dann war es eigentlich ich, die als Lernende unterwegs war und reich beschenkt wieder nach Deutschland zurückkehrte.

Vom Allgäu an den Hindukusch

Zwei junge Allgäuer, die Tierärztin Monika Koch und ihr Lebensgefährte, der Rechtsanwalt Heiner Tettenborn, haben sechs Monate lang in den Schulprojekten der »Kinderhilfe Afghanistan« unentgeltlich unterrichtet. Unter für sie völlig ungewohnten, schwierigen und nicht ungefährlichen Rahmenbedingungen lebten und arbeiteten sie in den Ostprovinzen des Landes. Ihre Berichte spiegeln die Umstände und Erfahrungen wider, denen der Europäer in der archaischen Welt der Paschtunen ausgesetzt ist. Inzwischen sind sie unversehrt nach Deutschland in ihren alten Beruf zurückgekehrt und berichten regelmäßig in exzellenten Diavorträgen über das Leben und Leiden der Menschen am Hindukusch. Heiner Tettenborn erinnert sich:

Es ist kurz vor acht an einem dunklen Februarabend in Ulm. Der Regen ist nachmittags in feuchten Schneefall übergegangen. Während ich vom Bahnhof durch den Schnee in der Fußgängerzone stapfe, frage ich mich, ob die Lesung von Reinhard Erös in einer großen Ulmer Buchhandlung überhaupt stattfinden wird. Schon seit Jahren planen meine Lebensgefährtin Monika und ich eine große Reise durch Asien. Es ist ein Traum, der immer konkretere Formen annimmt. Wir möchten in der Mongolei Pferde kaufen und zurück nach Deutschland reiten. Die Route, die wir uns vorstellen, führt über China, Zentralasien, Iran und die Türkei nach Europa. Um Afghanistan wollen wir eigentlich einen Bogen machen. Ob mit oder ohne Pferde, das Reisen in diesem Land erscheint uns zu schwierig und vor allem wegen der politischen Lage zu gefährlich. Trotzdem oder gerade deshalb interessiert mich der Vortrag eines Insiders, und so bin ich eigens mit dem Zug von München nach Ulm gekommen, um die Lesung zu besuchen.

Wegen des Wetters bin ich nicht überrascht, in der Buchhandlung nur etwa zehn oder zwölf Leute vorzufinden und erwarte eigentlich, dass die Veranstaltung wegen der geringen Besucherzahl abgesagt wird. Doch davon ist gar keine Rede. Im Gegenteil: Reinhard Erös scheint die Anzahl der Zuhörer überhaupt nicht zu registrieren. Ich habe den Eindruck, er würde auch sprechen, wenn nur ein einziger Interessent zugegen wäre. Er redet ohne Punkt und Komma mit großem Engagement mehr als zweieinhalb Stunden lang. Ich bin beeindruckt. Nicht nur, weil er trotz der wenigen Zuhörer so ausführlich und mitreißend spricht, sondern vor allem, weil er so anschaulich und engagiert über Afghanistan und die Projekte seiner »Kinderhilfe Afghanistan« erzählt. Da ist jemand, der nicht nur über die Bedeutung von Bildung referiert, sondern zusammen mit seiner Frau auch ganz konkret etwas dafür tut. Nach allem, was er berichtet, scheint eine Reise nach Afghanistan für Fremde doch nicht unmöglich zu sein.

Nach der Veranstaltung spreche ich ihn kurz entschlossen an und frage ganz direkt, ob auch wir – meine Lebensgefährtin und ich – uns in Afghanistan bei Projekten der Kinderhilfe nützlich machen könnten, ohne Bezahlung natürlich.

Er mustert mich kurz und antwortet mit einer einfachen Gegenfrage: »Was können Sie denn Nützliches, was die Afghanen selbst nicht können?«

»Volltreffer«, schießt es mir durch den Kopf. Ich habe nach dem Abitur ein Jahr lang Wehrdienst geleistet, dann Jura studiert und arbeite seit 1999, also seit vier Jahren, als Rechtsanwalt in einer Münchener Kanzlei. Was kann man da schon? Was kann ein deutscher Rechtsanwalt, das auch in Afghanistan von Nutzen wäre? Aber Monika hat etwas Nützliches gelernt: Sie hat Tiermedizin studiert, viele Praktika gemacht und nebenher Sprachen gelernt. Gerade fängt sie an, im Allgäu als Tierärztin für Kühe und Pferde zu arbeiten. Aber als Tierarzt in Afghanistan? Dort haben die meisten Leute nicht einmal Geld, um einen »Menschenarzt« zu bezahlen. Und ob dort jemand lernen will, wie man eine Katze kastriert oder eine Kuh besamt? Nach kurzem Zögern ziehe ich es vor, nicht auf die Frage von Reinhard Erös zu antworten, sondern erkundige mich, ob ich ihm eine Bewerbung schicken könne.

»Klar, machen S' des mal«, nickt der Bajuware freundlich, und damit ist unser Gespräch zu Ende. Noch auf dem Weg zum Bahnhof rufe ich Monika daheim an, und sie liest sich sofort die Internetseite der »Kinderhilfe Afghanistan« durch. Bei den Berichten über Land und Leute und den Beschreibungen der Schulprojekte der Familie Erös geht es ihr wie mir beim Vortrag: Sie fängt sofort Feuer. Wir hatten uns schon bei früheren Reisen in Länder der sogenannten Dritten Welt Gedanken darüber gemacht, wie wir persönlich die Not der Menschen lindern könnten. Bildung – das war uns klar – ist die wichtigste Voraussetzung für jede Veränderung. Denn Wissen ist eines der wenigen Güter, das nahezu ohne Kosten vervielfältigt werden kann. Aber wie bei den meisten Menschen folgten dieser Erkenntnis zunächst keine Taten. Und nun erfahren wir von einer Familie, die über Bildung in Afghanistan nicht nur redet, sondern all ihre Zeit und Energie investiert, um diesem Land zu helfen. Eine Familie, die in einem der ärmsten Länder der Erde unter schwierigen Bedingungen Schulen baut und betreibt. Das imponiert uns.

Die Bilder auf der Website und die lebendigen Schilderungen von Reinhard Erös über die Menschen in Afghanistan tun ein Übriges. Noch in derselben Nacht beschließen wir, dass wir Afghanistan auf unserer Reise nicht ausklammern, sondern vielmehr gerade dort einige Monate sinnvolle Arbeit leisten wollen. Um 4.00 Uhr morgens schicken wir eine E-Mail mit unserer Bewerbung an Reinhard Erös. Er antwortet umgehend und lädt uns zu sich und seiner Frau nach Mintraching ein, um uns näher kennenzulernen. Bei diesem Besuch möchte er viel über uns wissen, um einschätzen zu können, ob wir der Situation in Afghanistan gewachsen sein werden und dort sinnvolle Arbeit leisten können. Bei Kaffee und selbst gebackenem Kuchen findet unser »Vorstellungsgespräch« statt. Dass wir für unsere Arbeit nicht bezahlt werden wollen, versteht sich von selbst. Aber wir merken, dass es in Afghanistan um viel mehr geht: Ein falsches Wort, ein unangemessenes Verhalten kann in Afghanistan die jahrelange Arbeit der Familie Erös gefährden. Wir wären die ersten Deutschen, die längere Zeit für den Arzt und seine Frau in Afghanistan arbeiten und im Büro der Kinderhilfe leben würden – ein Risiko also für das gesamte Projekt.

Annette Erös versucht Monika klarzumachen, dass man sich gerade als Frau in Afghanistan einschränken und auf vieles verzichten muss, was das Leben bei uns angenehm macht. Beide schildern uns eindringlich die erbärmlichen hygienischen Bedingungen. Sie erklären uns, dass es in dem Lehmhäuschen, das die »Kinderhilfe Afghanistan« als Büro gemietet hat, nur ein einziges winziges Zimmer gibt, in dem wir wohnen könnten. Afghanische Kleidung wäre für uns beide unabdingbar, und Monika müsste den ganzen Tag ein Kopftuch tragen, auch in der Hitze. Sehr zufrieden sind beide damit, dass wir schon angefangen haben, für unsere Reise Persisch zu lernen, das in Form des Dari auch in Afghanistan Verkehrssprache ist. Doch in den Ostprovinzen Afghanistans, wo die Hilfsorganisation ihre Schulen betreibt, leben vorwiegend Paschtunen. Dort wird kaum Dari, sondern hauptsächlich Paschtu gesprochen. Reinhard Erös kann sich vorstellen, dass wir an den von der »Kinderhilfe Afghanistan« gebauten Oberschulen Unterricht in Deutsch, Englisch und Computerpraxis geben. Er macht uns aber auch klar, dass wir nur mit Grundkenntnissen in Paschtu sinnvoll arbeiten können. Schon wegen der Sicherheit müssen wir unbedingt verstehen, was die Leute auf der Straße über uns reden, und in der Lage sein, mit ihnen zu sprechen. Zudem ist es auch für den Unterricht an den Schulen unabdingbar, dass wir uns in Dari und Paschtu verständigen können.

Bis zu unserer Abreise bleibt nur noch etwas mehr als ein halbes Jahr Zeit, aber wir sind hoch motiviert. Da es für ein Selbststudium der Sprache Paschtu kein geeignetes deutsches Lehrbuch gibt, nennt uns Reinhard Erös die Telefonnummer eines Paschtunen in München, der uns in seiner Muttersprache unterrichten kann. Irgendwie müssen wir die Familie Erös überzeugt haben, dass es das Risiko wert sei, uns an ihren Schulen in Jalalabad als Deutschlehrer unterrichten zu lassen. Ein paar Monate später, kurz vor unserer Abreise, laden sie uns erneut zu sich nach Hause ein. Diesmal jedoch brauchen wir selbst nicht viel zu reden. Mit militärisch präzisen Beschreibungen, Anweisungen und Warnungen bereitet uns der ehemalige Bundeswehroffizier ein Wochenende lang auf den Aufenthalt in »Paschtunistan« vor. Er ist überrascht, wie gut wir in den wenigen Monaten Paschtu gelernt haben. Und Monika und ich sind fasziniert, wie viel wir in kurzer Zeit von ihm und seiner Frau über das Land, seine Kultur, die Traditionen und die Regeln, die wir beachten müssen, erfahren.

Wir können es kaum erwarten, unsere Reise endlich anzutreten. Von Anfang an wollen wir auf dem Landweg nach Afghanistan. An einem schönen Novembertag des Jahres 2003 ist es so weit. In der Kleinstadt Illertissen, südlich von Ulm, steigen wir in einen Bummelzug. Unser Ziel: sechs Monate Afghanistan. Über die Schweiz, Italien und den Balkan erreichen wir die Türkei. In Ankara besorgen wir uns ein iranisches und ein afghanisches Visum. Ein kleines Abenteuer für sich ist die Zugfahrt von Ankara nach Teheran: Sie dauert drei Tage und zwei Nächte. Von Teheran nach Maschad genießen wir den Luxus eines modernen Schnellzuges der iranischen Eisenbahn. In der Grenzstadt Maschad hilft uns der Bruder eines iranischen Freundes aus München, eine sichere Fahrt nach Herat im Westen Afghanistans zu organisieren. Er lässt uns nicht allein reisen, sondern beauftragt einen Verwandten, uns über die Grenze nach Herat zu begleiten.

Unser erster Eindruck von Afghanistan: überwältigende Gastfreundlichkeit wie nirgendwo sonst auf der Welt. Aber Pünktlichkeit und Zuverlässigkeit – Fehlanzeige. In Maschad hatte man uns versichert, dass es von Herat aus jeden Tag einen Flug nach Kabul gebe. Während Reinhard Erös uns bereits mit seinen afghanischen Mitarbeitern in Kabul erwartet, werden wir vom Büro der afghanischen Fluggesellschaft Ariana Tag für Tag vertröstet: Heute gebe es leider noch keine Flugtickets nach Kabul, morgen aber ganz bestimmt. Das geht drei Tage lang so, und mit jedem Tag wird die Schlange der Wartenden etwas länger. Als wir am vierten Morgen beim Büro erscheinen, warten etwa zweihundert Leute in einer Schlange, die bis weit auf die Straße reicht. Immerhin scheint es heute einige Flugtickets zu geben. Zwei ebenfalls wartende junge Männer sprechen uns an. Der eine trägt einen langen, dunklen Bart, der andere ist erstaunlicherweise strohblond und hat einen kurzen blonden Stoppelbart. Natürlich erkennen sie in uns die Ausländer und fragen, ob wir Deutsche seien. Als wir dies bejahen, bitten sie uns höflich, ihnen zu folgen. Sie führen uns an der Warteschlange vorbei, hinein in das Gebäude und bis vor eine offene Bürotür. Den Umstehenden erklären sie: »Das sind Deutsche! Es geht doch nicht, dass ausländische Gäste hier stundenlang für Flugtickets anstehen. Was wäre denn das für eine Gastfreundschaft? Am Ende bekommen die Deutschen vielleicht gar keine Tickets!« Viele der Wartenden nicken uns freundlich zu. Alle scheinen damit einverstanden, dass man uns den Vortritt lässt, einfach weil wir Gäste in Afghanistan sind. Obwohl Monika und ich gegen die bevorzugte Behandlung protestieren, drängen uns die beiden jungen Männer in das Büro der Fluggesellschaft. Wir können es kaum fassen, als wir wenige Minuten später die Flugtickets in den Händen halten.

Am nächsten Tag sitzen wir im Fugzeug. In Kabul begrüßt uns strahlend Ingenieur Alem, der langjährige afghanische

Leiter der Kinderhilfe. Er hatte sich schon Sorgen gemacht, dass uns in Herat etwas zugestoßen wäre. Reinhard Erös hat nicht länger in Kabul auf uns warten können. Einen Tag vor unserer Ankunft hat er mit seiner Frau eine Rundfahrt zu den Dorfschulen der Kinderhilfe in den Bergen Ostafghanistans angetreten. Da es schon später Nachmittag ist, übernachten wir aus Sicherheitsgründen in einem einfachen Gästehaus und fahren erst am nächsten Morgen nach Jalalabad, unserem Arbeits- und Wohnort für die kommenden sechs Monate. Begleitet werden wir von Pacha Sahib, dem englischsprachigen Buchhalter der »Kinderhilfe Afghanistan«, und Emal Bareksai, einem jungen Deutsch-Afghanen, der für die technischen Projekte der Hilfsorganisation zuständig ist.

Die Entfernung von Kabul nach Jalalabad beträgt nur etwa 130 Kilometer. Unsere Fahrt auf winterlich verschneiten engen Straßen mit riesigen Schlaglöchern und quer stehenden Lkws zieht sich über einen ganzen Tag hin. Die Grand Trunk Road, seit der britischen Kolonialzeit die Hauptverbindung zwischen Persien und Indien, führt entlang des Kabul-Flusses, der die Berge um das große Becken von Kabul im Osten durchbricht und durch wilde Schluchten in Richtung Pakistan fließt. Während der zehnstündigen Reise unterhalten wir uns prächtig, kommen aber nicht dazu, unsere Paschtu-Kenntnisse an den Mann zu bringen. Denn unser Begleiter Emal spricht fließend Deutsch, und wir lauschen gebannt seiner spannenden Lebensgeschichte.

Mit acht Jahren schickte ihn sein Vater während des afghanischen Bürgerkriegs (1989 bis 1994) nach Deutschland. Er wuchs bei seinem Onkel in Hessen auf, ging in Kassel zur Schule und studierte nach dem Abitur Informationstechnologie. Genau wie wir hat er Reinhard Erös und dessen »Kinderhilfe« bei einem Vortrag kennengelernt. Auch er war begeistert von den Aktivitäten der Familie, und als er hörte, dass für die Projekte der Hilfsorganisation in seiner Geburtsstadt Jalalabad ein Computerspezialist gesucht wurde, hat er sich sofort beworben. Seit drei Jahren arbeitet er nunmehr in seiner alten Heimat, pendelt als inzwischen selbstständiger Unternehmer zwischen Afghanistan und Deutschland und richtet in den Schulen der »Kinderhilfe Afghanistan« Computerklassen und Fotovoltaik-Anlagen ein. Auch Pacha Sahib ist mit Reinhard Erös seit den achtziger Jahren eng befreundet. Die beiden kennen sich bereits aus den Zeiten des Widerstandskampfes gegen die sowjetische Besatzung. Als Reinhard Erös nach dem Sturz des Talibanregimes für seine Projekte einen zuverlässigen Buchhalter suchte, erinnerte er sich an den alten Freund aus Momandara, einem Distrikt nahe bei Jalalabad. Seither ist Pacha Sahib die gute Seele im Büro der »Kinderhilfe Afghanistan«. Er spricht Englisch, und so unterhalten wir uns während der ganzen Fahrt abwechselnd auf Deutsch mit Emal und auf Englisch mit Pacha Sahib.

In Jalalabad ist es deutlich wärmer als im 1800 Meter über dem Meer gelegenen Kabul. Die Hauptstadt von Nangahar liegt nur etwa fünfhundert Meter hoch und war daher stets der bevorzugte »Winter-Zweitwohnsitz« der Reichen von Kabul. Wir durchqueren die quirlige Innenstadt und den auch im Winter gut bestückten Gemüse- und Obstbasar. Dann verlassen wir die Stadt in Richtung Süden. Vor uns ragt das gewaltige Spinghargebirge empor. Auf den Gipfeln der 4800 Meter hohen »Weißen Berge« liegt selbst im Sommer Schnee. Vorbei an grünen Gemüsefeldern, nähert sich unser klappriges Kabul-Taxi einer unscheinbaren, meterhohen Lehmmauer mit einem schwarz-rot-golden bemalten Tor. In Paschtu, Farsi und Deutsch lesen wir: »Kinderhilfe Afghanistan – Büro Jalalabad«. Wir sind in unserem neuen Zuhause angekommen.

Der Fahrer hupt mehrmals, doch vergeblich. Emal springt aus dem Wagen und pocht heftig an das riesige Blechtor. Nach wenigen Sekunden öffnet sich ein Torflügel nur zentimeterweit, und das Gesicht eines jungen Mannes blickt prüfend auf das Fahrzeug mit Kabuler Nummernschild. Dann erkennt er Emal und Pacha Sahib, und die drei umarmen sich, als hätten sie sich seit Jahren nicht mehr gesehen. Mir schüttelt der Mann kräftig die Hand, Monika nickt er nur aus der Entfernung freundlich zu. Pacha stellt ihn vor: »Das ist Nur Muhammad Taraki, der jüngste Mitarbeiter der Kinderhilfe. Taraki arbeitet erst seit wenigen Wochen bei uns und ist ein exzellenter Koch. Ihr werdet begeistert sein.«

Taraki, so erfahren wir später, ist Mitte zwanzig, Waise und im Büro der Kinderhilfe Koch, Putzmann, Gärtner, Torwächter und Fahrer in einer Person. Fahrer ist in seinen Augen die wichtigste Berufsbezeichnung, allerdings haben wir ihn nie am Steuer eines Wagens erlebt. Auch deshalb nicht, weil die Kinderhilfe – als einzige Hilfsorganisation in Jalalabad – kein eigenes Fahrzeug besitzt. »Rikschas sind billiger«, erwidert Reinhard Erös, als ich ihn auf diesen Umstand anspreche. »Er sagt immer, die Kinderhilfe muss sparen, und zwar an der richtigen Stelle«, jammert Pacha.

Als Monika und ich unser Gepäck ins Haus tragen wollen, greift Taraki ein. Er reißt uns regelrecht die Taschen aus den Händen und schleppt sie in das Bürogebäude. Pacha Sahib erklärt uns freundlich, aber bestimmt, dass Gäste ihr Gepäck nie selbst tragen dürfen. Das kleine Lehmhaus mit einem wunderbar gepflegten Gärtchen und liebevoll angelegten Blumenbeeten gefällt uns auf Anhieb. Pacha führt uns durch alle Zimmer. In dem mit einfachen Teppichen ausgelegten großen Gemeinschaftsraum gibt es kein einziges Möbelstück. Entlang der Wände liegen lediglich flache Sitzkissen. Anschließend präsentiert er uns das frisch gekachelte, blitzsaubere Badezimmer mit einer in Afghanistan völlig unüblichen Sitztoilette – wie wir später erfahren, hat sie Reinhard Erös extra unseretwegen einbauen lassen. Nachdem er uns sein eigenes kleines Büro gezeigt hat, öffnet Pacha dann die Tür zu einem noch viel kleineren Zimmer. Drei auf vier Meter misst der frisch getünchte helle Raum, in dessen Mitte ein Bett steht. Das einzige Bett im ganzen Haus. Ebenfalls extra für uns beschafft. Mit tiefstem Bedauern erläutert uns Pacha, Reinhard Erös habe entschieden, dass wir mit dieser winzigen Kammer vorliebnehmen müssten. Er selbst hätte uns natürlich das große Wohnzimmer zur Verfügung gestellt. Am Abend entschuldigt sich Pacha Sahib immer wieder für die Unzulänglichkeiten in diesem kleinen Häuschen. »Andere Hilfsorganisationen haben viel größere Gebäude mit viel besserer Ausstattung«, klagt er, »aber Dr. Erös ist einfach ein unverbesserlicher Militär und legt keinen Wert auf Bequemlichkeit. Für sich selbst nicht, aber leider auch nicht für seine Gäste.«

Schon in den nächsten Tagen erleben wir, dass der größere Gemeinschaftsraum gleichzeitig als Schlafzimmer für alle afghanischen Mitarbeiter und als Aufenthaltsraum für die zahlreichen täglichen Gäste genutzt wird. Beim ersten Abendessen in unserem neuen Zuhause lernen wir einen der wichtigsten Mitarbeiter der Hilfsorganisation kennen: Ingenieur Ashraf. Der drahtige Vierziger mit kahlem Kopf und Vollbart ist der Bauleiter für die Schulen der »Kinderhilfe Afghanistan«. Sein kräftiger Händedruck und die Schwielen an den Händen lassen ahnen, dass der Ingenieur nicht nur in Bauplänen blättert und seinen Arbeitern Anweisungen gibt, sondern selbst mit anpackt. »Vier Schulen habe ich in den vergangenen Jahren für die Kinderhilfe errichtet«, erzählt er stolz in der gemütlichen Runde, während Taraki der Koch uns Gurken- und Tomatensalat, gekochte Auberginen und frisch gebackenes Fladenbrot serviert, »und so wie ich Dr. Erös kenne, werde ich auch in den nächsten Jahren genügend zu tun haben.«

Obwohl wir gerade erst angekommen sind, fühlen Monika und ich uns hier aufgenommen wie in einer großen Familie.

Auch in den folgenden Tagen können wir kaum glauben, dass wir im tiefsten Afghanistan angekommen sind und genießen die fürsorgliche Gastfreundschaft und das unkomplizierte Leben ohne Telefon, Fernsehen und Terminkalender. Die unaufdringliche Liebenswürdigkeit der Menschen macht es uns leicht, uns einzuleben. Pacha stellt uns zunächst im Erziehungsministerium als freiwillige, unbezahlte Mitarbeiter der »Kinderhilfe Afghanistan« vor, bevor Monika und ich – ab jetzt getrennt – zu unserem »ersten Schultag« aufbrechen. Ich werde an der Nangahar Boys High School unterrichten, während Monika an zwei Mädchenoberschulen eingesetzt wird. Unterrichtsfächer für uns beide: Deutsch, Englisch und Computer. Englisch deshalb, weil es außerhalb der Hauptstadt Kabul zu wenig Lehrer für diese Sprache gibt. Afghanen und Afghaninnen mit guten Englischkenntnissen werden von den Hilfsorganisationen abgeworben und arbeiten für das fünffache Gehalt eines Lehrers als Schreibkräfte in den Büros der NGOs (Nichtregierungsorganisationen). In den kommenden Wochen verstehen wir beide die Warnung, die uns Reinhard Erös mit auf den Weg gegeben hat: »Ihr arbeitet hier nicht bei einer NGO, sondern bei einer Familieninitiative des Ehepaars Erös. Der Begriff NGO ist in Afghanistan zu einem Schimpfwort geworden. Leider.«

Der Direktor des Nangahar-Jungenoberschule steht jeden Morgen bei meiner Ankunft bereits am Schultor. Normalerweise hat er einen großen Stock in der Hand, mit dem er allen Schülern, die zu spät kommen, einen Klaps auf den Hintern versetzt. Heute gießt es in Strömen, die Straßen stehen knöcheltief unter Wasser, und selbst die Rikschas kommen kaum voran. Statt des Stocks hält der Direktor diesmal einen aufgespannten Schirm in der Hand und freut sich über jeden Schüler, der trotz des Regens zum Unterricht erscheint. Die Jungen leben zum Teil weit von der Schule entfernt und müssen oft mehr als eine Stunde Fußweg zurücklegen. Pitschnass kommen sie heute an, denn keiner von ihnen besitzt einen Regenschirm. In den ersten Wochen unterrichte ich nur drei Stunden pro Tag. Von 7.00 bis 9.00 Uhr Deutsch, von 12.00 bis 13.00 Uhr Englisch.

In der ersten Woche wollen viel zu viele Schüler am Deutschunterricht teilnehmen. Die Größe des Klassenzimmers lässt aber nur eine begrenzte Zahl zu. Mit dem Direktor habe ich vereinbart, dass in die Deutschkurse nur diejenigen kommen dürfen, die schon recht gut Englisch sprechen. Nun sind es zwei

Gruppen von je fünfundzwanzig Schülern. Ich bin von Anfang an erstaunt und hoch erfreut, mit welchem Interesse und Einsatz die Schüler lernen. Immer wieder kritisieren manche von ihnen, dass ich zu langsam mit dem Stoff voranschreite. Sie wissen, dass wir nur einige Monate in Jalalabad bleiben werden, und wollen diese Zeit so gut wie möglich nutzen. Viele von ihnen sind in der zwölften, der letzten Klasse des Gymnasiums. Sie bereiten sich also auf ihr Abschlussexamen, ähnlich dem Abitur, vor. Trotzdem finden es die bildungshungrigen Jungen mindestens ebenso wichtig, zusätzlich Deutsch zu lernen.

Heute erkläre ich die deutschen Zahlen zwischen zehn und hundert. Interessant ist dabei, dass auf Englisch und auch auf Dari, ihrer zweiten Muttersprache, die Zehnerzahl vor der Einerzahl genannt wird. Auf Deutsch ist das bekanntlich umgekehrt. Es heißt zum Beispiel drei-und-zwanzig. Das finden meine Schüler höchst interessant. Denn auf Paschtu, ihrer ersten Muttersprache, ist es wie im Deutschen! Dreiundzwanzig heißt *dre-wischt*. Die Jungen sind begeistert, wieder eine Gemeinsamkeit zwischen Deutschen und Paschtunen entdeckt zu haben.

Alle Angehörigen dieses Stammes, die wir bis jetzt kennengelernt haben, gehen davon aus, dass Paschtunen und Deutsche sehr eng verwandt sind und gemeinsame Vorfahren haben. Tatsächlich werden Paschtunen und Tadschiken, die persischsprachigen Afghanen, ethnologisch zu den Indogermanen gezählt. Und das ist den Afghanen, wie wir inzwischen wissen, extrem wichtig.

Nach der Deutschstunde gehe ich in den ersten Stock des Schulgebäudes, wo die Kinderhilfe in einem abschließbaren Raum eine Computerklasse eingerichtet hat. An der Eingangstür stapeln sich mehrere Dutzend Schuhe. Anders als im Rest des Gebäudes ist im Computerraum nämlich ein Teppich verlegt. Lehrer und Schüler müssen ihre Schuhe ausziehen, damit sich kein Staub und Schmutz ansammelt, der den Computern schaden könnte. Im Computerraum herrscht eine gedämpfte,

Heiner Tettenborn beim Deutschunterricht an der Nangahar-Jungenoberschule

fast andächtige Atmosphäre. Bevor die Schüler zum Computerunterricht zugelassen werden, müssen sie eine Englischprüfung bestehen, die keineswegs einfach ist. Sie wurde von Qais, dem leitenden Computerlehrer der »Kinderhilfe Afghanistan«, entworfen, der sich als strenger und unbestechlicher Prüfer erweist. Die Computerschüler fühlen sich also privilegiert und geben sich alle Mühe, dem hohen Anspruch gerecht zu werden. Die beiden Computerlehrer Qais und Bachtiar, beide Studenten an der Universität von Jalalabad, wechseln sich mit dem Unterricht ab. Ich unterstütze sie. In kurzer Zeit haben sie sich sehr viel Wissen über die Computerprogramme Windows, Word und Excel angeeignet. Oft zeigen sie mir Funktionen, die ich selbst noch nicht kenne. In Jalalabad gibt es erst seit kurzem die Möglichkeit, Computer zu nutzen. Auch die Computerlehrer haben daher noch wenig Erfahrung mit der praktischen Anwendung der Programme. Deshalb zeige ich den Schülern meist am Ende der Stunde einige Beispiele.

Die große Pause verbringe ich wie die Schüler auf dem riesigen, staubigen Schulhof. Die Jungen toben sich körperlich aus mit Fußball, Volleyball und Kricket, einer Sportart, die die Briten während der Kolonialzeit ins Land brachten. In einer Ecke des Pausenhofes bieten Verkäufer Suppe und Brot an. Eine Kichererbsensuppe mit einem halben Fladenbrot kostet umgerechnet etwa 7 Cent. Doch nur wenige Schüler können selbst diesen geringen Betrag zahlen. Im Computerraum trinken die Lehrer grünen Tee, den sie sich selbst auf einem winzigen Gaskocher zubereiten.

Nicht selten muss der Computerunterricht wegen Stromausfall unterbrochen werden. Obwohl die Computerklasse dank der guten Verbindungen von Reinhard Erös zum Energieministerium bevorzugt mit Elektrizität beliefert wird, bleibt auch die beste Schule der Stadt nicht von diesem Übel verschont. Doch Lehrer und Schüler lassen sich dadurch nicht stören. Der Unterricht wird eben eine Weile ohne praktische Übungsmöglichkeit fortgesetzt, bis der Dieselgenerator in dem Schuppen neben der Schule anläuft und Strom liefert. Ich erfahre, wie sehnlich die Computerlehrer hier und auch ihre Kolleginnen in den Mädchenschulen darauf warten, dass auf den Dächern Solar-Anlagen errichtet werden, die die »Kinderhilfe Afghanistan« in Deutschland beschafft hat. Dann werden die Computerklassen ohne die ständigen Ausfälle, ohne teuren Diesel und ohne den Lärm der Generatoren funktionieren.

Um 12.00 Uhr ist der Unterricht zu Ende, und für eine Stunde herrscht weitgehend Ruhe an der Schule. Um 13.00 Uhr beginnt dann die »zweite Schicht«, der Unterricht für die Jüngeren. Doch meine Deutschschüler arbeiten durch. Von 12.00 bis 13.00 Uhr ackern sie begeistert, als hätten sie nicht bereits sechs anstrengende Schulstunden hinter sich. Nach dem Unterricht laden mich regelmäßig Schüler nach Hause zum Essen ein oder fragen, oder ob sie etwas für mich tun können. Von Pacha Sahib wissen sie, dass ich für meine Arbeit kein Geld bekomme. In Afghanistan sind Lehrer besondere Respektspersonen, weil sie für wenig oder gar kein Geld mit anderen ihr Wissen teilen. Daher ist es Tradition, dass die Schüler für das leibliche Wohl und andere Bedürfnisse der Lehrer sorgen. Ihre Einladungen geben mir das Gefühl, von ihnen wirklich als ihr Lehrer angenommen worden zu sein.

Von 13.00 bis 14.00 Uhr habe ich Pause, die ich oft mit dem Computerlehrer Bachtiar verbringe. Wir machen eine Runde auf dem Basar und essen etwas Gemüse mit Brot.

Um 14.00 Uhr beginnt mein Englischunterricht. Mehr als hundert Schüler haben sich dafür beworben. Der Direktor musste viele Schüler abweisen, denn ich kann von 14.00 bis 16.00 Uhr nur zwei Gruppen mit je dreißig Schülern unterrichten. Gleich zu Anfang stelle ich fest, dass die meisten Schüler mit der Sprache recht gut vertraut sind. Doch sie sprechen viele Wörter in einer Weise aus, die für Ausländer kaum verständlich ist. Ihnen fehlt der Kontakt zu englischsprachigen Ausländern, und selbst viele Lehrer haben in den fünfundzwanzig Kriegsjahren Englisch nur aus Büchern lernen können. Also bestimme ich zwei Schüler, die vor der gesamten Klasse auf Englisch über ein Thema sprechen, das die Schüler selbst aussuchen dürfen. Ich korrigiere ihre Aussprache und erläutere dabei die wichtigsten Grammatikregeln. Immer wieder schweifen wir vom eigentlichen Thema ab, und die Schüler bombardieren mich mit Fragen über Deutschland, die viel über ihre eigene Situation aussagen: Stimmt es, dass in Deutschland auch ältere Jungen und Mädchen in dieselbe Klasse gehen? Ist es wahr, dass man in Deutschland vor der Ehe eine Freundin haben kann? Dürfen sich die jungen Leute selbst aussuchen, wen sie heiraten wollen?

Einige Schüler haben bei diesen Themen einen verträumten Blick, und ich ahne, wie sehr sie sich nach unseren westlichen »Freiheiten« sehnen. Andere wenden ein, dass junge Männer vielleicht »verrückte Sachen« machen würden, wenn sie mit gleichaltrigen Mädchen in derselben Klasse sitzen und sich verlieben. Daher sei es besser, wenn die Eltern die Entscheidung über die zukünftige Ehefrau treffen würden. So lerne auch ich von meinen Schülern eine Menge über ihr Leben, ihr Denken und die paschtunische Gesellschaft. Viel zu schnell ist der Unterricht zu Ende, und ich fahre mit der von Pacha aus Sicherheitsgründen angemieteten Rikscha nach Hause.

Nun leben und arbeiten Monika und ich schon seit zwei Monaten in Jalalabad. Wir finden uns eigentlich ganz gut zurecht und fühlen uns sicher. Ein trügerischer Eindruck … Vom ersten Tag an haben uns Pacha Sahib und Ingenieur Ashraf eingeschärft, dass wir den Weg zu den Schulen quer durch die Stadt nicht ohne Begleitung zurücklegen dürfen. Wir dürfen auch nicht allein über den Basar gehen. Das erscheint uns übertrieben, aber aus Höflichkeit und Respekt gegenüber unseren Gastgebern halten wir uns an diese Sicherheitsregeln. Jeden Morgen holt uns Rahman mit seiner Motorrikscha vom Haus der Kinderhilfe ab und bringt uns am Nachmittag wieder zurück. Wenn wir im Basar einkaufen wollen, sagen wir Pacha Sahib Bescheid. Entweder begleitet er uns selbst zu Fuß, oder wir fahren mit Rahman. Manchmal dürfen uns auch meine älteren Schüler begleiten. Doch mit der Zeit kommt uns die dringende Bitte, nie allein durch die Stadt zu gehen, schon fast etwas albern vor. Inzwischen ist uns jede Wegkreuzung im Zentrum und auf dem Weg von den Schulen nach Hause vertraut. Wir kennen den bunten, die ganze Innenstadt umfassenden Basar mit seinen sympathischen Gemüsehändlern und den geschäftigen Geldwechslern. Uns grüßen die eleganten Uhrenverkäufer und auch die stoischen Polizisten, die einen Verkehr regeln, der sich nicht regeln lässt.

Eines Tages nehmen wir uns also die Freiheit. Rahman haben wir Bescheid gesagt, dass er uns heute nicht abholen soll. Er fragt, wer das an seiner Stelle übernehmen werde. Wir nennen den Namen eines älteren Schülers, der uns schon öfter mit Pachas Zustimmung begleitet hat. Eine kleine Notlüge, denken wir, die niemandem schaden wird. Um 16.00 Uhr hole ich Monika am Mädchengymnasium ab. Wir schlendern etwa eine halbe Stunde lang durch die verwinkelten Gassen des Basars und verhandeln noch einmal mit dem Computerhändler, der uns angeblich einen gebrauchten Rechner mit einem »386er-Chip« für etwa 100 Euro beschaffen kann. Im Gemüsebasar kaufen wir zwei wunderbar duftende Granatäpfel und laufen dann gemütlich den Rest des Weges zum Büro der Kinderhilfe. Und wie an jedem Spätnachmittag legen wir uns eine Stunde auf das kleine Bett und erzählen einander, was wir im Unterricht erlebt haben.

Schon als Taraki an die Tür klopft, um uns zum Abendessen zu rufen, merken wir, dass etwas nicht stimmt. Er ruft nicht fröhlich wie sonst »Monika, Heiner, *dodey tayara da*!« – »Monika, Heiner, das Essen ist fertig!« –, sondern sagt nur leise: »*Come – dinner.*«

Taraki hat Monika und mich schon nach kurzer Zeit in sein Herz geschlossen. Fast jeden Tag bereitet er uns eine Überraschung, bringt etwas Obst von den Nachbarn mit oder serviert spätabends noch einen frisch gebrühten Tee. Manchmal hat er, wenn wir von der Schule kommen, unsere Kleider gewaschen und gebügelt. Wenn ich ihn dann bitte, dass uns zu überlassen, freut er sich besonders und kneift mich strahlend in die Wange.

Heute springen wir wegen der gespannten Atmosphäre sofort auf und begeben uns schnell ins Wohnzimmer, wo gewöhnlich das Abendessen eingenommen wird. Dort sitzen bereits Pacha Sahib und Ingenieur Ashraf wie immer am Boden vor dem ausgerollten roten Wachstischtuch, auf dem Taraki das Abendessen angerichtet hat. Es gibt Reis auf einer großen Blechplatte, gekochte Linsen in einer Schüssel, und auf einem großen Teller sind Gurken-, Tomaten- und Zwiebelscheiben mit Gartenkräutern zubereitet. So wie bei uns in Deutschland an jedem Platz ein Teller stehen würde, hat hier jeder ein Fladenbrot vor sich liegen, das zusammen mit Reis und Linsen verzehrt wird. Besteck und Teller gibt es nicht, aber für jeden steht ein Glas bereit.

Wochenlang hat uns Taraki jeden Abend Cola und Fanta

serviert, obwohl wir immer wieder erklärten, dass diese Softdrinks ungesund und teuer seien und dass wir, wie alle anderen, Wasser aus dem Brunnen trinken wollten. Und ebenso regelmäßig haben Taraki und Pacha Sahib besorgt eingewandt, dass ihr Brunnenwasser für Ausländer ungesund sei und wir davon krank werden könnten. Stirnrunzelnd haben sie uns zugesehen, wenn wir das Brunnenwasser durch einen kleinen Keramikfilter pressten, dessen Wirksamkeit sie offenbar zunächst bezweifelten. Doch inzwischen steht für uns ganz selbstverständlich eine Flasche mit gefiltertem Wasser bereit, während die anderen sich aus einem großen Blechkrug mit Brunnenwasser bedienen.

Aber heute liegt keine Fröhlichkeit in den Gesichtern von Pacha Sahib und Ingenieur Ashraf. Im Gegenteil, wir erschrecken fast, als wir ihre versteinerten Mienen sehen. Wir nehmen auf dem Boden vor dem Tischtuch Platz. Vorsichtig frage ich auf Paschtu, was denn passiert sei. Wir befürchten, dass jemand gestorben oder sonst etwas Schlimmes geschehen sein könnte.

Normalerweise rügt uns Ingenieur Ashraf scherzhaft, wenn wir Paschtu sprechen, das er selbstverständlich hervorragend versteht. Als Tadschike aus dem Bergland bei Kabul legt er Wert darauf, dass wir seine Muttersprache Dari, die wichtigste Verkehrssprache in Afghanistan, lernen. Pacha Sahib dagegen ist Paschtune. Wenn wir in seiner Gegenwart Dari sprechen, rügt er uns dafür ebenso scherzhaft und verlangt, dass wir jeden Satz auf Paschtu wiederholen. Oft tut er gar so, als ob er kein Dari verstehe: Die Paschtunen seien die größte Bevölkerungsgruppe, und es gebe keinen Grund, immer und überall Dari zu sprechen! Darauf folgt meistens eine lustige Kabbelei, weil wir es natürlich nicht beiden gleichzeitig recht machen können, und am Ende ertönt Ashrafs herzhaftes, ansteckendes Lachen.

Aber heute fordert Ashraf mich nicht auf, meine Frage auf Dari zu wiederholen. Stattdessen redet er furchtbar schnell und aufgeregt auf uns ein. Wir verstehen nur, dass wir etwas Falsches und Gefährliches gemacht haben: Wir sind allein durch den Basar nach Hause gegangen. Auch Pacha Sahib bekräftigt Ashrafs Vorwurf. Mehrere seiner Freunde, die uns im Basar gesehen haben, hätten angerufen. Aus vielen Gründen sei das nicht gut. Die Leute würden darüber reden. Wir könnten von Bewaffneten entführt werden, und dann würde niemand wissen, wer uns verschleppt habe. Oder ein Verrückter könne uns einfach umbringen. Die beiden überbieten sich gegenseitig mit Horrorszenarien. Wir spüren ihre ehrliche Besorgnis und sagen nicht, was uns eigentlich auf der Zunge liegt. Wir kennen den Weg ganz genau und fühlen uns sicher in der Stadt. Das Nangahar-Gymnasium, an dem ich unterrichte, hat mehrere Tausend Schüler. Schon seit Wochen winkt uns fast an jeder Straßenecke ein Bekannter zu und lädt uns zum Tee in seinem Laden ein. Mehrfach sind wir nur mit einem meiner älteren Schüler unterwegs gewesen. Aber zuvor hat Pacha Sahib jeden von ihnen einer ausführlichen Befragung unterzogen und sich genauestens nach der Familie des Schülers erkundigt. Da die engere Familie in Afghanistan oft mehrere Hundert Verwandte umfassen kann, dauerte schon dieser Teil des »Verhörs« eine ganze Weile. Im Großraum Jalalabad leben sicher mehrere Hunderttausend Menschen, und als Außenstehender kann man kaum glauben, dass in einer Stadt dieser Größe vermutlich jeder irgendeinen Verwandten des anderen kennt. Nach dieser Befragung konnte Pacha Sahib die Familie von jedem meiner Schüler recht gut einordnen.

Damit aber war die Vernehmung des Schülers noch lange nicht zu Ende. Nun »prüfte« mein Aufpasser Pacha seine Kenntnisse über die Stadt und den Basar. In Jalalabad gibt es eine Vielzahl bewaffneter Milizen, Warlords und unberechenbarer »Commander«. Der Schüler musste wissen, welche Milizen und Kommandeure besonders gefährlich sind und in welchem Teil der Stadt sie Einfluss haben. Außerdem musste er mit den Verhaltensweisen des US-amerikanischen Militärs und der afghanischen Polizeiposten vertraut sein. Erst wenn die Befragung zu Pachas Zufriedenheit ausgefallen war, durfte uns dieser Schüler durch die Stadt begleiten.

Mittlerweile aber kennen wir selbst die vielen bewaffneten Gruppen, haben genug von der sprichwörtlichen Schießwütigkeit der US-Truppen gehört, sind uns über die möglichen Gefährdungen durch Taliban oder al-Qaida bewusst. Doch aus Höflichkeit und Verständnis für Pachas fürsorgliche Haltung schweigen wir. Wir wissen, dass Reinhard Erös ihm eindringlich unsere Sicherheit ans Herz gelegt hat. Mit militärischer Liebenswürdigkeit hat er gedroht, ihn persönlich »an den Ohren aufzuhängen«, falls uns etwas zustieße. Daher versprechen wir, dass wir nicht wieder unbegleitet durch die Stadt laufen werden. Kurz darauf scheint alles vergessen, und als zum Tee auch noch der Nachbar vorbeikommt, den alle nur »Kaka Yussuf«, also »Onkel Yussuf« nennen, ist alles wie immer. Er ist ein langjähriger Freund von Ashrafs Familie. Es wird ein lustiger Abend, denn Onkel Yussuf kennt schier unzählige Witze über den Mullah Nazruddin, *die* Witzfigur Afghanistans.

Als unsere Freunde ihre Gebetstücher für das Nachtgebet auslegen, verabschieden wir uns und gehen schlafen. Immer noch rätseln wir, was wirklich hinter der ganzen Aufregung heute Abend gesteckt haben mag. Dass es wirklich so gefährlich sein soll, allein durch die Stadt zu gehen, können wir uns nicht recht vorstellen.

Wenige Tage später klären sich unsere Fragen bei einem Gespräch mit einem Schüler namens Jawed. Der achtzehnjährige junge Mann hat die »Prüfung« bei Pacha Sahib schon vor einigen Wochen bestanden und uns mehrfach bei Spaziergängen über den Basar und durch die wunderschönen Parks von Jalalabad begleitet. Jawed tritt sehr »westlich« auf, ist stets glatt rasiert und trägt über seinem Shalwar-Kamez ein Sakko statt der üblichen ärmellosen Weste. Er kommt aus einer eher »modernen« Familie. Seine Brüder haben studiert, und seine Eltern lassen ihm die Wahl, ob er bald heiraten oder vorher ebenfalls an die Universität gehen möchte. Seine Braut darf er sich selbst aussuchen. Wegen der strikten Geschlechtertrennung kann er kaum fremde Mädchen treffen und kennenlernen. Doch er hat sich ohnehin schon für seine Cousine entschieden. Sie ist zwei Jahre jünger als er, und die beiden kennen sich seit ihrer frühesten Kindheit. Er gibt ihr Nachhilfeunterricht und vertraut mir unter dem Siegel der Verschwiegenheit an, dass sie einander vor Kurzem versprochen haben, in einigen Jahren zu heiraten. Er ist außerordentlich begierig, mehr über die Kultur und Lebensweise in Deutschland und den USA zu erfahren, und lauscht oft ungläubig meinen Schilderungen.

Eines Tages sind wir wieder zusammen in der Stadt unterwegs, als er mich plötzlich in eine Seitengasse zieht. Auf der Hauptstraße braust ein sündteurer, brandneuer Toyota-Geländewagen vorbei. »Das war der Schwiegersohn des Militärchefs von Jalalabad«, erklärt er mir, »er fährt häufig betrunken durch die Stadt. Wenn er dann einen Unfall verursacht, steigt er aus und bestraft die Leute, die nicht rechtzeitig ausgewichen sind, mit Stockschlägen. Weil sein Schwiegervater viele Tausend Soldaten kommandiert und unter dem Schutz der US-Armee steht, kann er sich das alles erlauben. Die Leute in der Stadt sind sehr wütend auf ihn!«

Erschrocken frage ich Jawed, wie viele Leute dieser Schwiegersohn denn bereits auf dem Gewissen habe. »Persönlich umgebracht hat er wohl noch niemanden«, erwidert Jawed, »das würde er sich selbst im Suff dreimal überlegen. Er weiß, dass er dann früher oder später selbst getötet würde. Aber er hat schon einige Morde in Auftrag gegeben.« Der junge Mann erläutert mir, dass die einfachen Leute daran gewöhnt seien, sich vieles von den Mächtigen gefallen zu lassen. Aber wenn ein Familienmitglied ermordet werde, müssten sie Blutrache nehmen und den Mörder ebenfalls töten. Das sei eine eherne Regel des Paschtunwali, des uralten Stammesgesetzes der Paschtunen. Auch er könne sich nicht vorstellen, untätig zu bleiben, wenn sein Bruder oder sein Vater ermordet würde.

Ich wende ein, dass ein solches Verhalten dem Frieden in der Gesellschaft schade und dass es besser sei, wenn der Staat die Bestrafung in die Hand nimmt. In Deutschland würden auch die übelsten Mörder nicht von den Familie des Opfers getötet, sondern vom Staat lebenslänglich eingesperrt.

Er lächelt skeptisch: »Aber wie lange sind die Mörder dann bei euch im Gefängnis? Ein paar Monate, bis ihre Familie das Geld aufgebracht hat, um die Wärter zu bestechen! Und reiche Leute werden doch sicher gar nicht eingesperrt. Nein, das könnte ich nicht ertragen. Natürlich würde ich den Mörder meines Vaters oder Bruders töten. Sonst wären meine Ehre und die Ehre meiner Familie zerstört.«

Ich sehe ihn lange an. Er wirkt keineswegs bedrohlich und sehr »modern« mit seinem glatt rasierten Gesicht und der westlichen Kleidung. Oft genug hat er von Demokratie, Menschenrechten und der Gleichberechtigung für Frauen geschwärmt. Und grundsätzlich würde er die Blutrache wohl auch gern abschaffen. Aber solange der Staat eine gerechte Bestrafung für Mörder nicht sicherstellen kann, bietet einzig die Familie, die Sippe und der Stamm wirkliche Sicherheit, und diese Sicherheit basiert auf der Androhung von Rache. »Solange wir beide hier zusammen gehen, bist du als Gast ein Teil meiner Familie, mein großer Bruder. Du bist also sicher. Wenn dich ein Warlord oder ein Taleb umbringen würde, wäre die Ehre meiner ganzen Familie verletzt. Mein Vater, ich und alle meine Brüder hätten die Pflicht, deinen Tod zu rächen, um unsere Ehre wiederherzustellen. Selbst alle unsere Cousins und ihre Familien wären verpflichtet, uns dabei zu helfen. Und deshalb wird sich jeder ganz genau überlegen, ob er dich in meiner Begleitung angreift.«

Am Nachmittag unterhalte ich mich mit Monika ausführlich über mein Gespräch mit Jawed. Jetzt wird uns klar, warum wir – obwohl erwachsene und intelligente Menschen – nicht allein durch die Stadt gehen dürfen. Denn ohne Begleitung sind wir völlig schutzlos. Uns fehlt der Schutz des Rechtsstaats, den wir in Deutschland natürlich haben, und uns fehlt der Schutz der Familie, die wir in Afghanistan natürlich nicht haben. Die Ängste von Pacha Sahib und Ashraf leuchten uns jetzt ein, auch wenn sie sie uns auf ihre Weise erklärt haben.

Monika Koch berichtet:

»*Happy woman's day, my teacher!*«, so werde ich an diesem großen Festtag in der Schule begrüßt. Eine Gruppe Schülerinnen in schwarzen langen Kleidern und weiten weißen Schals, die locker über Kopf und Schultern liegen, kommt auf mich zugelaufen. Es ist kurz nach 7.00 Uhr morgens. Gerade haben Heiner und Rahman mich an der Allaei-Mädchenoberschule abgesetzt und noch gewartet, bis ich durch eine kleine Blechtür das Schulgelände betreten habe. Die Mädchen sind meine Schülerinnen, und sie wissen, was mir bis dahin noch nicht bekannt war: Heute, am 8. März, fällt der Unterricht aus. Stattdessen feiern alle Schülerinnen und Lehrerinnen miteinander ein großes Fest anlässlich des Internationalen Frauentages. Die Schülerinnen sind sehr erstaunt, dass dies bei uns in Deutschland nicht üblich ist und dass ich von diesem Tag bisher keine Ahnung hatte.

In der Nacht hat es geregnet, und der Schulhof ist voller Pfützen. Im großen blauen Blechtor öffnet sich immer wieder die separate kleine Tür. Durch sie treten junge Mädchen mit schwarzen Kleidern und weißen Kopftüchern und ältere Schülerinnen und Lehrerinnen, die in Burkas gehüllt sind. Während sie mit der einen Hand die Tür schließen, heben sie mit der anderen den blauen Stoff vor ihrem Gesicht hoch, und aus wandelnden blauen Zelten werden die herzlichen und fröhlichen jungen Frauen, mit denen ich mich inzwischen angefreundet habe. Das ist für mich immer wieder eine wundersame Verwandlung. Ich kann es kaum glauben, dass diese hübschen, freundlichen Gesichter auch unter der Burka existieren, dass die in den Ganzkörperschleier gehüllten Gestalten auf der Straße dieselben sind, die hier auf dem Schulhof mit mir lachen. Dieses Kleidungsstück nimmt ihnen jede Individualität, und daher fällt es mir auch sehr schwer, mit einer Frau zu sprechen, solange ihr Gesicht von der Burka verdeckt ist. Jede der Lehrerinnen kommt auf mich zu und begrüßt mich herzlich mit einer Umarmung und vielen Fragen. Sie erkundigt sich nach meiner Gesundheit und nach der Gesundheit von Heiner; sie will wissen, ob es mir gut geht und ob ich glücklich bin. Einerseits gebietet es einfach die Höflichkeit, all diese Fragen zu stellen, aber gleichzeitig spüre ich die ehrliche Besorgtheit um mein Wohlbefinden. Als Gast soll es mir gut gehen, und ich soll glücklich sein.

Einige Lehrerinnen und eine Gruppe von Schülerinnen sammeln sich vor dem großen Eingangstor. Das Tor wird geöffnet, und zwei große Pick-ups fahren in den Hof. Auf der Ladefläche des einen Wagens befindet sich ein Gestell, das mit einer Plane abgedeckt ist. Die Lehrerinnen klettern hinauf und drängen sich auf die seitlichen Bänke unter der Plane. Ältere Schülerinnen setzen sich auf den Boden zwischen die Beine der Lehrerinnen. Der zweite Pick-up füllt sich mit jüngeren Mädchen. Die Kleinen brauchen noch keinen Sichtschutz, sie fahren ohne Plane und ohne Burka. Ich werde gebeten, mich zu den Lehrerinnen zu setzen.

Die Fahrt kann beginnen. Wir verlassen den Schulhof, und das große blaue Blechtor schließt sich sofort wieder hinter uns. Die schräg stehende Sonne ist gerade über den fünftausend Meter hohen Gipfeln der »Weißen Berge« aufgegangen und spiegelt sich in den dunklen, schlammigen Pfützen auf der unbefestigten Straße. In Jalalabad ist bisher nur die Hauptstraße geteert worden, und so fahren wir sehr langsam über die holprigen Straßen. Die Lehrerinnen und Schülerinnen auf den Pick-ups dürfen heute bei der großen Feier am Internationalen Frauentag im Zentrum von Jalalabad ihre Schule repräsentieren. Die jüngeren Mädchen haben dafür extra ein kleines Theaterstück einstudiert.

»Burkas haben Pause« in der Allaei-Mädchenoberschule in Jalalabad

Die Fahrt endet, wie sie begonnen hat, hinter einem großen Blechtor. Das Gelände, auf dem die Feier stattfindet, ist ein großer Garten mit alten Maulbeer- und Obstbäumen, den eine hohe Mauer umgibt. Blumen blühen am Rand der kleinen Wege, die durch den teilweise etwas verwilderten Garten führen. Am Rand befindet sich eine große Halle. Mädchen in bunten, mit goldenen Bordüren gesäumten Kleidern stehen vor dem Eingang Spalier, in den Händen Fähnchen mit den afghanischen Nationalfarben. Die Halle ist schon fast vollständig gefüllt, Frauen und Mädchen sitzen auf Stühlen vor der großen Bühne. Ich nehme neben Azma, einer meiner Schülerinnen, Platz; sie ist etwa sechzehn Jahre alt. Das Programm beginnt. Einige Schülerinnen tragen Gedichte vor, und die Mädchen aus unserer Schule spielen begeistert ihr Theaterstück.

Die Handlung ist recht einfach: Ein Mädchen möchte unbedingt in die Schule gehen. Der Vater ist sehr arm und meint, dass das für ein Mädchen nicht so wichtig sei. Am Ende aber setzt sich die Mutter durch, und das überglückliche Mädchen darf die Schule besuchen. Natürlich verstehe ich nicht alles, und das Thema »Armes Mädchen darf eine Schule besuchen« wäre in Deutschland auch kein »Renner«. In Afghanistan aber ist es von enormer politischer Brisanz, auch drei Jahre nach dem Sturz der frauenverachtenden Taliban. Immer wieder brechen die Zuschauerinnen in Gelächter aus und klatschen begeistert in die Hände. Das Stück scheint also auch lustige Passagen zu enthalten. Die Stimmung in der Halle ist fröhlich und entspannt. Plötzlich öffnet sich eine Seitentür, und Männer mit Anzügen und Krawatte treten ein, gefolgt von weiteren Männern in traditioneller Kleidung. Hinter ihnen erscheint ein Kamerateam mit zwei amerikanischen Soldaten in braungelben Kampfanzügen. Einer der Soldaten filmt – ohne die Lehrerinnen und älteren Mädchen zu fragen – mit der kleinen digitalen Filmkamera die Zuschauerinnen.

Meine kleine Freundin Azma dreht sich sofort weg, als die Männer den Saal betreten. Sie bindet ihr Kopftuch neu, das zuvor locker um Kopf und Schultern hing und auch einige schwarze Haarsträhnen hervorschauen ließ. Fest schlingt sie es um ihren Kopf, bedeckt erst sorgfältig die Haare und die Stirn, führt es dann um das linke Ohr herum und zieht es über ihr ganzes Gesicht. Nur ihre dunklen Augen sind jetzt noch durch einen Schlitz sichtbar. Ich bin überrascht und fast ein wenig entsetzt über die plötzliche Verwandlung. Auf meine Frage erklärt mir Azma, sie habe Angst vor der Kamera der Amerikaner und fürchte die mächtigen afghanischen Männer. Schließlich habe sie keine Ahnung, was die Amerikaner mit den Fotos von den Mädchen machen würden. Es wäre eine furchtbare Schande für ihre Familie, wenn ihr Bild irgendwo veröffentlicht würde. Besorgt sei sie vor allem wegen der afghanischen Männer: »Wenn ihnen ein Mädchen besonders gefällt, lassen sie es von ihren Leibwächtern entführen. Das ist vielen Mädchen passiert. Zwar werden die meisten irgendwann wieder freigelassen, aber dann ist ihr Leben zerstört, und sie werden nie einen Mann bekommen!«

Monika Koch beim Deutschunterricht an der Allaei-Mädchenoberschule in Jalalabad

Azma will nicht entführt werden, und deshalb soll keiner dieser Männer ihr Gesicht sehen. Am besten ist es, wenn fremde Männer überhaupt nichts von ihrer Existenz wissen. Deshalb zieht sie auf der Straße auch die Burka an, obwohl sie diesen blauen Umhang hasst.

So lerne ich Schritt für Schritt, dass es hier für vieles, was uns fremd erscheint, gute Gründe gibt. Neben einer jahrhundertealten Tradition spielt dabei oft genug die reale und brutale Gegenwart eine entscheidende Rolle. Natürlich wird jeder vernünftige Mensch lieber ein Leben ohne Burka und Blutrache führen. In Deutschland wie in Afghanistan. Aber durch mein Zusammenleben mit jungen Mädchen und lebenserfahrenen Frauen, durch Fragen und offene Gespräche habe ich verstanden, dass ich nicht vorschnell aus der Perspektive der aufgeklärten Europäerin urteilen darf.

Die in Afghanistan notwendigen und von den meisten Menschen ersehnten Veränderungen brauchen Zeit. Und ihre Grundvoraussetzung ist Bildung und Sicherheit. Diese Sicherheit kann nicht durch militärische Maßnahmen entstehen, sondern nur durch einen Rechtsstaat. Und der Rechtsstaat benötigt als Voraussetzung gebildete Menschen.

Während der Monate, in denen ich mit Heiner in Jalalabad gelebt und gearbeitet habe, konnten wir viele Freundschaften schließen. Als Gäste von Familien haben wir ohne militärischen Schutz das Land bereist, uns an den Regeln und der Kultur der Afghanen orientiert und uns stets sicher gefühlt. Wir sind gekommen, um zu helfen und zu unterrichten. Als Heiner und ich das Land nach einem halben Jahr verlassen, haben wir selbst unendlich viel mehr gelernt, als wir den Afghanen vermitteln konnten. Wir sind mit der Überzeugung nach Deutschland zurückgekehrt, dass die Afghanen ihr Land selbst am besten aufbauen können. Nach fast dreißig Jahren Krieg und Zerstörung benötigen sie dafür nur das Werkzeug. Und »Bildung« – wie sie durch die Schulen der »Kinderhilfe Afghanistan« angeboten wird – ist das wichtigste Werkzeug.

Heute Rambo, morgen Mutter Teresa – Strategie des »hässlichen Amerikaners«?[1]

Dr. Zalmai streicht sich nervös seinen weißgrauen Bart. In der von der »Kinderhilfe Afghanistan« neu erbauten Basisgesundheitsstation wartet er nun schon seit Stunden ungeduldig auf den Krankenwagen. Zwei am Vortag schwer verletzte Frauen aus dem Bergdorf Zawa müssen schnellstens nach Jalalabad in die Klinik gebracht werden. Zalmai konnte sie mit der einfachen Ausstattung der Ambulanz am Leben erhalten und für den achtstündigen Transport ins Tal stabilisieren; aber eine weitere Nacht würden die beiden Frauen hier oben in 2500 Meter Höhe nicht überleben. Der Paschtune ist ein erfahrener Mediziner. Als einziger Arzt versorgt er die Bergbauernfamilien in einem Gebiet von der Fläche eines großen deutschen Landkreises.

Vor zwanzig Jahren kämpften wir beide gemeinsam an der »Front des Hippokrates« in den Bergen von Tora Bora: Der damals bartlose, frisch approbierte Jungmediziner Zalmai aus Jalalabad und der von der Bundeswehr unbezahlt beurlaubte, fünfunddreißigjährige Oberfeldarzt Erös aus Regensburg. In winterlicher Eiseskälte bemühten wir uns, mit klammen Fingern Infusionen in die winzigen Ärmchen ausgetrockneter, unterernährter Säuglinge zu legen, die mit Brechdurchfall von ihren verzweifelten Müttern zu uns gebracht wurden. In den

---

[1] In dem 1958 erschienenen Roman *The Ugly American* – »Der hässliche Amerikaner« – von William Lederer und Eugene Burdick wird an der Person eines intelligenten und gebildeten US-Botschafters die verfehlte Politik seiner Regierung in einem südostasiatischen Staat beschrieben. Das Buch wurde 1963 mit Marlon Brando in der Hauptrolle verfilmt.

Höhlen von Tora Bora amputierten wir im flackernden Schein der Öllampen von Minen zerfetzte Unterschenkel und entfernten Stahl- und Steinsplitter aus blutenden Wunden der im Kampf gegen die Sowjetarmee verwundeten Väter und Söhne. In den glühend heißen Sommermonaten bangten wir um das Leben der von Malariafieberschüben geschüttelten Mütter und Töchter. Von Kampfhubschraubern und Speznaz-Truppen als feindliche Spione und Saboteure gejagt, wechselten wir nur nachts unsere Einsatzorte und arbeiteten tagsüber versteckt in zerfallenen Gehöften und den vielen natürlichen Berghöhlen von Ostafghanistan. Viel zu oft verloren wir die Schlacht gegen den Tod in den Bergen, den der Krieg 1979 ins Land gebracht hatte. Die gemeinsame Arbeit in diesen grausamen Jahren ließ uns zu engen Freunden werden.

Auch jetzt arbeitet Dr. Zalmai mit mir zusammen. An zwei Tagen in der Woche versorgt er in unserer kleinen Ambulanz neben der Schule die Bewohner des Dorfes Zawa im Gebiet von Tora Bora. Hier sind wir beide uns 1985 zum ersten Mal begegnet. Die kleine Schule, in die wir die Ambulanz eingegliedert haben, war eine der ersten überhaupt, die schon wenige Wochen nach dem Sturz der Taliban in Afghanistan gebaut wurde. Wir haben sie »Friedensschule Tora Bora« genannt und diesen Namen in Marmor am Schuleingang eingemeißelt. Da der Krieg in der Region Tora Bora während der vergangenen Jahrzehnte besonders heftig tobte, haben wir mit diesem Namen bewusst ein Zeichen gesetzt. Unsere zwölf Dorflehrer unterrichten die achthundert Jungen und Mädchen auch im Fach »Erziehung zum Frieden«.

Eigentlich müsste hier heute tatsächlich tiefer Friede herrschen, nachdem im Herbst 2001 neben den arabischen Terroristen von al-Qaida auch die mit ihnen verbündeten Taliban aus ihren Machtpositionen in den Dörfern vertrieben wurden. Und die ersten Monate nach dem Sturz der Gotteskrieger verliefen auch in allen Regionen des Ostens ausgesprochen ruhig und friedlich. Die Menschen in den Dörfern hofften, dass mit den Truppen von ISAF und der Wiederaufbauhilfe durch die UNO, westliche Staaten und von Hunderten Hilfsorganisationen die Kriegszerstörungen beseitigt und der labile Friede stabilisiert würden. Doch die erhoffte und versprochene Hilfe blieb aus. ISAF und Hilfsorganisationen konzentrierten ihre Arbeit auf die Hauptstadt, die sich dadurch schon nach wenigen Jahren zu einem typischen »Dritte-Welt-Moloch« entwickelte. Für die Dörfer Ost- und Südafghanistans blieb vom großen Kuchen der Hilfsgelder fast nichts übrig. Die anfängliche Hoffnung der Dorfbewohner wich der Enttäuschung, und aus der Enttäuschung über das Ausbleiben der versprochenen Hilfe entwickelte sich zunehmend Wut, die sich gegen die korrupten und raffgierigen Politiker in Kabul und ihre ausländischen Geldgeber richtete. Verstärkt wurde dieser Hass der Dorfbewohner noch durch das Vorgehen der US-Truppen beim »Kampf gegen Terroristen«. Ohne Rücksicht auf Kultur und Traditionen des Landes drangen ausländische Soldaten gewaltsam in die Häuser ein und durchsuchten selbst die Frauengemächer, die für Fremde strikt tabu sind. Wurden in den Häusern Waffen gefunden – und in den Dörfern besitzen die meisten Familienväter ein Gewehr –, dann verhafteten die Soldaten oft wahllos Jugendliche und Alte und verschleppten sie in ihre Militärbasen. Tagelang hörten die Angehörigen nichts von ihren Söhnen und Vätern, die nach den »robusten« Vernehmungen durch Verhörspezialisten oft an Leib und Seele gebrochen nach Hause zurückkehrten. Und die Dorfbewohner schworen, Rache zu nehmen. Aus den einst als »Befreier von den Taliban« willkommenen US-Soldaten wurden »verhasste Besatzer«.

Im Osten sind seit dem Winter 2001 ausschließlich US-Truppen im Einsatz. Unter der Bezeichnung *Operation Enduring Freedom* machen zehntausend hochgerüstete Angehörige amerikanischer Eliteeinheiten, verstärkt durch Spezialtruppen aus anderen Ländern, seit dem Winter 2001 Jagd auf Taliban, al-Qaida-Kämpfer und andere Terroristen oder was sie dafür halten. Dabei sind sie keineswegs zimperlich: »Robust« nennt man im Fachjargon das militärische Vorgehen, bei dem im Zweifelsfall zuerst geschossen und dann festgestellt wird, wen man getötet hat. Für diese Praxis sind die Amerikaner im Osten des Landes berüchtigt. »Robust mit R wie Rambo«, meinte einmal ein afghanischer Offizier zu mir.

Es gibt keine Statistik darüber, wie viele Unschuldige diesem »robusten Mandat« zum Opfer gefallen sind. Journalisten, die zu diesem Thema objektiv berichten könnten, findet man in diesen Kampfgebieten nicht. Auch darin unterscheidet sich der Krieg der USA in Afghanistan vom Krieg in Vietnam. Die Politiker in Washington haben die Lektionen aus Indochina beherzigt und in Afghanistan umgesetzt. Heute gibt es keine Kriegsberichterstatter von ABC, NBC oder jetzt CNN, die wie einst in Vietnam die *U.S. Special Forces* bei ihren Einsätzen begleiten, mit den Soldaten und Einheimischen nach den Gefechten offen sprechen und frei darüber berichten können.

Deutsche Spezialkräfte, die in den vergangenen Jahren gelegentlich ihre US-Kameraden in Gefechte begleitet haben und wissen, wie dieser *war on terror* abläuft, sind bei Androhung von Strafe zum Schweigen verpflichtet. Den Zahlen über unschuldige tote und verletzte Zivilisten, die Talibansprecher nach »Kollateralschäden« der US-Luftwaffe veröffentlichen, kann man keinen Glauben schenken. Auch der politisch Interessierte erfährt also sehr wenig darüber, was sich in den Bergen Ostafghanistans militärisch tatsächlich abspielt und wie viele Opfer unter der Zivilbevölkerung zu beklagen sind. Laut seriösen Schätzungen sind bislang mehr als fünftausend Zivilisten im Osten und Süden des Landes dem Vorgehen der westlichen Streitkräfte zum Opfer gefallen. Selbst mit Angaben über ihre eigenen *casualties* – Tote und Verwundete im Gefecht – halten sich die US-Streitkräfte zurück. Bekannt ist allerdings, dass – bezogen auf die Kopfstärke der eingesetzten Truppen – in Afghanistan mehr US-Soldaten sterben und verwundet werden als im Irak. Nach Zählungen der Nachrichtenagentur AP kamen 2006 allein in den ersten neun Monaten 180 ausländische Soldaten, darunter 85 Amerikaner ums Leben. Tendenz der vergangenen fünf Jahre: zunehmend.

Dr. Zalmai hat mich am Vortag in unserem Büro in Jalalabad angerufen und uns dringend gebeten, nach Zawa zu kommen. Die zwei schwer kranken Frauen müssten schnellstmöglich in die Klinik transportiert werden. Sein eigener kleiner Corolla sei dafür nicht geeignet, und einen zehnstündigen Transport auf dem einzigen Traktor des Dorfes würden die beiden nicht überleben. Als wir am nächsten Tag bei Dr. Zalmai ankommen, zeigt er uns die Patientinnen. Der jüngeren wurde bei einem Bombenangriff in der Nacht zuvor eine Hand abgetrennt und die Haut großflächig verbrannt. Zalmai hat die Schwerverletzte fachgerecht stabilisiert und mit Ketamin*, einem starken Schmerzmittel, transportfähig gemacht. Die zweite Frau hat während des US-Bombardements eine Fehlgeburt erlitten. Die Blutung nach dem Abort kann Zalmai nicht völlig unter Kontrolle bringen. Während meine afghanischen Mitarbeiter die beiden Patientinnen auf der mit Kissen und Decken ausgepolsterten Ladefläche unseres Pick-ups stabil verladen, berichtet mir der Arzt von den gestrigen Ereignissen im Nachbardorf, aus dem die beiden verletzten Frauen zu ihm gebracht wurden:

Schon am Nachmittag überflogen in großer Höhe Flugzeuge die Gegend. Sie kamen immer wieder, und dank unserer Erfahrungen der letzten Monaten ahnten wir schon, dass sie wieder einmal auf der Suche nach Terroristen waren. Da unsere Dörfer nahe der pakistanischen Grenze liegen, bewegen sich vor allem nachts immer wieder militante Taliban in beide Richtungen. Kurz vor Einbruch der Dunkelheit landeten amerikanische Hubschrauber am Rand des Dorfes, und etwa einhundert Soldaten umstellten das Dorf. Dann gingen sie von Haus zu Haus, schlugen mit ihren Gewehrkolben die Türen ein, drangen in die Häuser ein und zerrten alle Bewohner ins Freie; auch die Alten, Kinder und Frauen. Die erwachsenen Männer mussten sich vor aller Augen ausziehen. Sechs Männer wurden wahllos separiert und von den afghanischen Dolmetschern der Amerikaner mit wüsten Schimpfworten beleidigt. Den Dorfbewohnern wurde vorgeworfen, die Taliban zu unterstützen und in ihren Häusern Waffen zu verstecken. Obwohl die Amerikaner alle Zimmer der Häuser, auch die Frauengemächer, durchsuchten, fanden sie nirgends Waffen. Trotzdem stülpten sie diesen sechs Männern Tüten über die Köpfe, fesselten ihre Hände und schleppten sie zu ihren Hubschraubern.

Als die Helikopter starteten, wurden sie von einem Hügel außerhalb des Dorfes beschossen. Ein Hubschrauber fing sofort Feuer. Die Soldaten der anderen Hubschrauber holten ihre Kameraden aus dem brennenden Helikopter, warfen dafür die gefangenen Dorfbewohner hinaus und flogen eilig davon. Wenige Minuten später kamen dann auch schon die Bombenflugzeuge. Es war die Hölle. Die Dorfbewohner rannten in Panik aus ihren Häusern, die Kinder schrien nach ihren Müttern. Überall Feuer und Zerstörung. Sieben Häuser wurden dem Erdboden gleichgemacht, drei Familien ausgelöscht und ein Dutzend Dorfbewohner verletzt, darunter auch die beiden Frauen. Die Taliban oder wer auch immer die Hubschrauber beschossen hatte, sind natürlich entkommen. Das Schlimmste aber ist: Keiner der Männer im Dorf hatte jemals Verbindungen zu den Taliban. Es sind einfache Bauern, die bislang in Frieden ihrer harten Arbeit nachgegangen sind. Das hat sich mit dem gestrigen Tag geändert. Das Dorf wird Rache nehmen. Lieber Doktor Erös, pass also gut auf. Halte dich von den Amerikanern fern. Seit gestern ist hier in den Bergen jeder Amerikaner zum Feind geworden.

Einige Tage später lese ich in einem Internet-Café in Jalalabad eine Notiz, die in der internationalen Presse über den Vorfall erschienen ist: »US-Truppen wurden im südlichen Nangahar in ein Feuergefecht mit Taliban verwickelt. Dabei wurden mehrere Taliban getötet. Der Provinzgouverneur dagegen beschuldigt die Amerikaner, Frauen und Kinder getötet zu haben. Ein Pressesprecher des Hauptquartiers der US-Truppen in Baghram kann dies nicht bestätigen. Er kündigte aber eine Untersuchung an. Zahlenangaben über getötete oder verwundete US-Soldaten machte er nicht.«

Doch zurück ins Dorf Zawa. Die beiden Patientinnen sind inzwischen sicher und bequem auf der Ladefläche untergebracht. Dr. Zalmai gibt mir noch eine Liste von Medikamenten mit, die ich ihm in Jalalabad besorgen soll. Dann machen wir uns mit unserem Krankenwagen auf den langen Rückweg. In den Bergen gibt es natürlich keine befestigten Straßen; die ausgewaschenen Wege sind steinig und voller Löcher. Wasserläufe müssen durchfahren werden, Brücken über die zahllosen Bäche fehlen. Die Wege sind so schmal, dass man nicht überholen kann. In den Steinwüsten rechts und links des Weges liegen aus fünfundzwanzig Kriegsjahren noch Tausende Minen vergraben; Abertausende Blindgänger sind inzwischen vom Sand bedeckt oder überwuchert durch Gräser und Büsche.

Minen und Blindgänger haben leider kein Verfallsdatum und verlieren auch nach Abschluss eines Friedensvertrages nichts von ihrer Gefährlichkeit. Laut Schätzungen der Vereinten Nationen bedrohen noch immer mehr als neun Millionen Minen das Leben der Afghanen. Und von dieser tödlichen Gefahr sind besonders die Menschen in den ländlichen Gebieten betroffen. »Täglich elf Tote und Verwundete durch Minen und Blindgänger«, melden die trockenen Statistiken der Minenräum-Organisationen OMAR (Organization for Mine Clearance and Afghan Rehabilitation) und MDC (Mine Detection and Dog Center). Von den fünfhundert mutigen afghanischen Mitarbeitern dieser beiden Organisationen sind in den vergangenen Jahren zwanzig Minenräumer getötet worden.

Aktivisten von OMAR und MDC klären auch die Kinder in den Schulen über die Gefahren auf, die von Minen und Blindgängern ausgehen. Doch in den Dörfern ohne Schulen fallen vor allem Kinder diesen teuflischen Waffen zum Opfer: Dort gibt es niemanden, der sie über die tödlichen Gefahren informiert. Besonders widerlich sind die nur handtellergroßen »Schmetterlingsminen«: Da diese Plastikgebilde wie Spielzeug aussehen, greifen Kinder gern danach. Die knapp 30 Gramm Sprengstoff reichen aus, um einem Kind die Hände zu zerfetzen. Der Satz: *The war is not over when soldiers stop the shooting* – »Der Krieg ist nicht vorbei, auch wenn die Soldaten nicht mehr schießen« – beschreibt die Tragödien, die durch Minen und Blindgänger tagtäglich verursacht werden. Drei Jahre nach dem Sturz der Taliban wird hier auch wieder geschossen. Die Grenzregionen zu Pakistan waren schon während des sowjetisch-afghanischen Krieges Hauptkampfgebiet. Zu Zeiten des Talibanregimes herrschte hier Friede; Friedhofsruhe zwar, aber eben auch Sicherheit. Jetzt finden hier im *war on terror* wieder einmal die meisten Gefechte statt. Die Gegner sind nun andere, doch die Kampfmittel Minen und Blindgänger sind die gleichen.

Wir fahren gerade einen schmalen, mit Steinen übersäten Steilhang hinab – ganz langsam und vorsichtig, um unsere Patientinnen nicht unnötig zu belasten –, als hinter uns ein ungeduldiges Hupen ertönt. Zwei »Humvee«[1] drängen sich hinter unserem Pick-up, und die amerikanischen Soldaten auf der Ladefläche des ersten Jeeps fordern uns durch schroffe Handzeichen auf, den Weg frei zu machen. Ich kenne die von uns regelmäßig befahrene Strecke sehr gut und weiß, dass die steinige Steppe rechts und links des Weges massiv vermint ist. Wir können also auf keinen Fall ausweichen, um die beiden schnelleren Militärfahrzeuge vorbeizulassen. Durch Gesten gebe ich dem Fahrer des Humvee hinter uns deutlich zu verstehen, dass er sich nur etwas gedulden muss. Etwa einen Kilometer vor uns verbreitert sich der Weg, und dort könnte man gefahrlos überholen. Doch entweder begreift der Fahrer nicht, was ich meine, oder er ist als Soldat nicht willens, sich von einem

---

[1] Das HMMWV – *High Mobility Multipurpose Wheeled Vehicle* – ist ein moderner geländegängiger Jeep, der mit seiner großen Nutzlast von 1,25 Tonnen vielseitig einsetzbar ist. Wegen seiner hohen Mobilität und Geschwindigkeit ist er das Standardfahrzeug der US-Truppen in Afghanistan.

afghanischen Zivilwagen aufhalten zu lassen. Denn plötzlich beginnt das auf der Ladefläche des Humvee lafettierte Maschinengewehr zu schießen. Kurze Feuerstöße fegen nur einige Meter hoch über unser Autodach hinweg. Erschrocken ziehen meine afghanischen Begleiter und ich die Köpfe ein. Die beiden Frauen auf der Ladefläche schreien vor Angst und wollen vom fahrenden Wagen springen. Der MG-Schütze hat sicher nicht auf uns gezielt, sondern nur Warnschüsse abgegeben. Doch man muss kein erfahrener Soldat sein, um zu wissen, dass Feuerstöße von einem bewegten Fahrzeug höllisch ungenau sind, besonders auf einem mit Schlaglöchern übersäten Weg. Bevor ich also riskiere, dass wir versehentlich von Geschossgarben aus einem amerikanischen Maschinengewehr durchsiebt werden, fahre ich trotz der Minengefahr zwei Meter vom Weg ab und bringe unseren Pick-up auf dem Feld zum Stehen.

Mein Beifahrer Alem springt aus dem Fahrzeug und beruhigt die völlig verängstigten Frauen auf der Ladefläche. Doch die beiden Humvee fahren nicht – wie erwartet – zügig weiter, sondern bremsen neben uns scharf ab. Zwei baumlange breitschultrige Soldaten hangeln sich aus dem hinteren Fahrzeug. Die M-16-Sturmgewehre im Hüftanschlag, bewegen sie sich langsam auf unseren Pick-up zu. Ich kurble die Seitenscheibe herunter und lege beide Hände auf das Lenkrad, wie ich es einst bei meinen USA-Aufenthalten im Umgang mit den Sheriffs gelernt habe. Ein Sergeant mit braun gebranntem Gesicht, dichtem Bart und martialisch tätowierten Unterarmen tritt an die Fahrertür und winkt mich mit seiner Waffe wortlos aus dem Fahrzeug. Er drückt mir das Rohr der M-16 gegen die Brust und sieht mir sekundenlang durch seine Sonnenbrille, Modell *Ray Ban*, tief in die Augen. »*You are Taleban, are you?*«, kommt es über die kaum geöffneten Lippen. Wegen meines Bartes und meiner afghanischen Kleidung hält er mich wohl für einen Einheimischen. Wenn einem die fertig geladene und entsicherte Waffe eines verärgerten und vielleicht auch ängstlichen Soldaten in Herzhöhe an die Brust gepresst wird, sollte man nicht widersprechen. Also schweige ich lieber. *»What are you doing here with this nice pick-up?«* Das Wort »Pick-up« betont er ganz besonders. Und siedend heiß wird mir auch klar, warum: Pick-ups sind die typischen Fortbewegungsmittel und neben den schwarzen Turbanen eine Art »Markenzeichen« der Taliban.

Während ihres Eroberungsfeldzuges in Afghanistan (1994 bis 2001) hatten die fanatischen Koranschüler militärische Unterstützung von Saudi-Arabien und Pakistan erhalten. Mehr als zweitausend Pick-ups – ungepanzerte, aber hochbewegliche Geländefahrzeuge – lieferten ihnen die Machthaber in Riad für den Kampf gegen die Nordallianz. Auch heute, in ihrem Krieg gegen die »westlichen Besatzungsmächte«, sind die japanischen Kleinlaster das typische Transportmittel der militanten Islamisten im Osten und Süden des Landes.

Ich schweige weiter und lächle den Sergeant unschuldig an, als verstünde ich kein Wort. Inzwischen hat sein Kamerad meine afghanischen Begleiter auf den Rücksitzen aufgefordert, ebenfalls das Fahrzeug zu verlassen. Er hält sie mit seiner Waffe in Schach, während ein Dritter den Innenraum mit peinlicher Gründlichkeit nach Waffen und Sprengstoff durchsucht. Natürlich wird er nicht fündig, denn wir führen niemals Waffen mit uns. Hätten wir heute auch nur eine einzige Pistole dabei, wäre das wohl unser Todesurteil. Die beiden Frauen auf der Ladefläche sind starr vor Angst. Sie pressen ihre Burka an den Körper und geben keinen Laut von sich, während der dritte Mann sie abtastet und ihre Decken und Kopfkissen durchwühlt. Gespenstische Stille. Die Soldaten scheinen enttäuscht, dass sie trotz intensiver Suche nichts gefunden haben. Kopfschüttelnd und verärgert schlendern die drei lässig zurück zu ihren Jeeps. Ihr Anführer, der Sergeant, tippt mir zum Abschied noch einmal mit seiner Waffe gegen die Brust und spuckt neben meinen afghanischen Freunden auf den Boden: *»Piss off, you dirty Afghan Muslim motherfucker«* – »Verpiss dich, du dreckiger islamischer Scheißkerl.«

Sekunden später heulen die 150 PS der beiden Sechs-Liter-Dieselmotoren auf, und die Fahrzeuge setzen sich, eine dichte Staubwolke hinter sich herziehend, in Bewegung. Der Spuk ist vorbei. Ich atme erleichtert durch. Meine afghanischen Begleiter beruhigen die noch immer völlig verstörten Frauen und richten ihre Kissen und Decken auf der Ladefläche. Wir warten noch einige Minuten, bevor auch wir die Fahrt fortsetzen. Lange spricht keiner ein Wort. Die beiden Afghanen auf den Rücksitzen, einfache Männer, die kein Englisch verstehen, flüstern erst nach einigen Minuten: »Sie haben unsere Frauen angefasst und uns angespuckt. Dafür werden sie büßen, unsere amerikanischen ›Befreier‹.« Das Wort »Befreier« speien sie regelrecht aus. Alem, der gut Englisch spricht, hat die beleidigenden Worte des Sergeant sehr wohl verstanden. Er schweigt verbissen während der langen Fahrt. Ein Blick in seine Augen lässt jedoch ahnen, dass er diese Demütigung nicht einfach hinnehmen wird.

Erst nach Einbruch der Dunkelheit erreichen wir das Zentralkrankenhaus am Südrand von Jalalabad. Die schweren Stahltore sind bereits geschlossen. An beiden Seiten leuchtet ein Verbotsschild mit weißem Grund und rotem Rand, in dessen Mitte ein durchgestrichenes Gewehr abgebildet ist. »Keine Waffen auf dem Klinikgelände«, lautet die Botschaft. Dass wir keine Waffen an Bord haben, haben wir heute eigentlich schon einmal nachgewiesen. Zwar durchsuchen die afghanischen Wachposten des Klinikums unser Fahrzeug genauso penibel nach Waffen wie einige Stunden zuvor die Amerikaner, doch sie lächeln dabei freundlich. »Entschuldigt die Unannehmlichkeit. Aber bei uns gab es in letzter Zeit einige Vorfälle, besonders nachts«, meinen sie entschuldigend, bevor wir das Tor passieren dürfen. Höflichkeit, Lächeln, Stil, Umgangsformen … Afghanische Kultur eben. Wir übergeben unsere beiden Patientinnen dem diensthabenden Chirurgen, drücken ihm noch ein Bündel Afghani in die Hand und verlassen das Klinikgelände.

Bevor Alem mich an unserem Büro absetzt, bricht er erstmals

sein stundenlanges Schweigen: »Als dein langjähriger Freund und als Afghane lasse ich es nicht zu, dass du in meinem Land von Amerikanern beleidigt wirst. Ich fahre jetzt zum Hauptquartier der US-Truppen hier in Jalalabad und werde mich beim Kommandeur dieser Soldaten beschweren.« Ich versuche gar nicht erst, ihn davon abzuhalten, und warte auf der kleinen Terrasse unseres Häuschens auf seine Rückkehr.

Kurz vor Mitternacht – die Stadt liegt schon im Tiefschlaf – öffnet unser *chowkidar* – Wachposten – das Metalltor. Etwa fünfhundert Meter von unserem Haus entfernt am Ende der Stichstraße parkt ein Militärfahrzeug. Mit Alem verlässt ein Uniformierter den Pick-up. Der schmächtige Brillenträger im Tarnanzug trägt die Abzeichen eines amerikanischen *Lieutenant Colonel* – entspricht dem Dienstgrad eines deutschen Oberstleutnants –, in seiner Rechten schwingt ein kleiner Aktenkoffer. Eine Waffe scheint er – erstaunlich genug – nicht mit sich zu führen. Nachdem wir uns mit Handschlag begrüßt haben, führt Alem den Stabsoffizier in mein Büro: Unsere afghanischen Mitarbeiter und Gäste auf der Terrasse sollen von dem Gespräch nichts mitbekommen. Unser Koch Taraki stellt eine Kanne grünen Tee mit Kardamom auf den Tisch und zieht sich dann zurück. Alem hat den Offizier bereits darüber informiert, wer ich bin: ein deutscher Militärarzt, der schon während des Kriegs der Afghanen gegen die Sowjets in den Bergen die Bevölkerung versorgt hat und jetzt als pensionierter *Colonel* – Oberstarzt – und Privatmann mit der Errichtung von Schulen den Wiederaufbau des Landes unterstützt.

Der US-Offizier hockt im Schneidersitz auf dem Teppichboden und knetet nervös seine schmalen Hände, während er sich vorstellt. Der Fünfundvierzigjährige dient bereits zum zweiten Mal als Reserveoffizier in Afghanistan und ist im Stab eines PRT* (*Provincial Reconstruction Team* – »Wiederaufbauteam«) der US-Truppen in Nangahar zuständig für den Bau von Schulen. Im Zivilberuf leitet der ausgebildete Lehrer eine Highschool im Mittleren Westen der USA. Stolz berichtet er mir von seiner erfolgreichen Arbeit in den vergangenen Monaten.

Um die Terroristen wirkungsvoll bekämpfen zu können, brauchen wir die Unterstützung und Mitarbeit der Menschen in den Dörfern. Wir müssen sie davon überzeugen, das wir mit den besten Absichten hierhergekommen sind. Unsere PRT haben die Aufgabe, das Leben in den Dörfern schnell und sichtbar zu verbessern. Unter meiner Verantwortung wurden in Nangahar bereits sechs Dorfschulen für dreitausend Kinder aus dem Boden gestampft. Die Bauarbeiten führten professionelle pakistanische Baufirmen durch. Das machte die Sache natürlich etwas kostspieliger. Aber mein Budget gibt das schon her. Leider wird es noch einige Jahre dauern, bis solche Schulen von den Afghanen selbst gebaut werden können. Ihr Bildungsstand ist unglaublich niedrig. Und qualifizierte afghanische Bauingenieure gibt es hier auf dem Land schon gar nicht. Unsere Regierung hat mehr als zwei Millionen Dollar in den Bau der Schulen investiert. Zur Eröffnung wurde sogar der US-Botschafter aus Kabul eingeflogen. Und Stars and Stripes[1] *hat ausführlich darüber berichtet.*

Alem und ich sehen uns fragend an. Zwei Millionen Dollar für nur sechs kleine Dorfschulen? Wir haben in den vergangenen Jahren in dieser Provinz bereits acht Schulen gebaut. Nicht mit ausländischen Baufirmen, sondern ausschließlich mit einheimischen Ingenieuren und den Dorfbewohnern als Arbeitern. Der Bau dieser acht Schulen für mehr als achttausend Schüler hat weniger als 600 000 Dollar gekostet. Grimmig fährt der Amerikaner fort:

Leider sind mittlerweile zwei Schulen durch Terroristen zerstört worden. Die Bewohner der Dörfer, in denen wir die Schulen gebaut haben, sind verängstigt und wollen ihre Kinder nicht mehr zum Unterricht schicken. Die Taliban drohen auf Flugblättern, die sie nachts in den Dörfern an die Häuser

---

[1] *The Stars and Stripes*: Die Militärzeitung der US-Armee mit Redaktionssitz in Washington unterhält ein weltweites Netz von Korrespondenten.

heften, jeden Lehrer umzubringen, der weiterhin an den amerikanischen Schulen unterrichtet. Zum Schutz der Gebäude und um den Kindern und Lehrern einen sicheren Schulbesuch zu ermöglichen, setzen wir jetzt unsere Kampftruppen ein. Sie bewachen zusammen mit afghanischen Soldaten Tag und Nacht die Gebäude. Außerdem haben wir die Einsätze gegen die Terroristen in den Bergen verstärkt. Trotzdem wagen sich immer weniger Kinder zur Schule. Als ich vor drei Jahren zum ersten Mal hier mit einem PRT gearbeitet habe, war die Situation wesentlich besser. Damals gab es keine Anschläge, und die Dorfbewohner waren begeistert, dass sie endlich ihre Kinder wieder zur Schule schicken konnten. Inzwischen hat sich der Wind gedreht. Unsere Spezialtruppen werden den Kampf nicht aufgeben und die Einsätze gegen die verbrecherischen Taliban ausweiten, um die Wiederaufbauarbeit fortsetzen zu können. Allein in der letzten Woche haben wir in Nangahar fünfundachtzig Terroristen umgelegt. Irgendwann geht denen die Luft aus! Gegen unsere Cobra- und Apache-Kampfhubschrauber und gegen die A-10-Kampfjets haben die primitiven Schwarzturbane doch keine Chance.

Mit rotem Gesicht und heftigen Gesten steigert sich der Schuldirektor aus Iowa und Leiter eines Wiederaufbauteams immer mehr in die Rhetorik eines Kampftruppenoffiziers hinein. Doch ich will mit ihm nicht über militärische Details des *war on terror* diskutieren, sondern über einen sinnvollen Wiederaufbau des Landes. Bevor ich ihn unterbrechen kann, kommt mir Alem zuvor und schießt ein kleines rhetorisches Feuerwerk gegen ihn ab:

Wir sind keine Soldaten und interessieren uns auch nicht für den Krieg der Amerikaner. Dr. Erös und ich bauen seit fünf Jahren erfolgreich Schulen, Krankenstationen und Waisenhäuser. Auch ohne die Hilfe ausländischer Soldaten sind unsere Einrichtungen sicher, und die Kinder und Lehrer können ohne Furcht vor Anschlägen zur Schule gehen. Wir möchten, dass dies auch so bleibt, und bitten euch daher, eure Soldaten von unseren Schulen fernzuhalten. Euer Schutz ist kein Schutz. Im Gegenteil: Eure Soldaten ziehen wie ein Magnet die Terroristen an und bedeuten eher Gefahr als Sicherheit. Heute Nachmittag haben einige eurer Soldaten diesen deutschen Arzt in unverschämter Art beleidigt. Einen Mann, der hier in der Provinz bei allen Menschen hohes Ansehen besitzt, weil er ein echter Freund der Afghanen ist. Sie haben auch zwei kranke Frauen belästigt und mich und zwei meiner afghanischen Freunde bespuckt. Deshalb habe ich Sie heute Abend aufgesucht und gebeten, darüber mit Dr. Erös zu reden. Wir möchten von Ihnen erfahren, warum sich Ihre Soldaten so schlecht benehmen und was Sie dagegen unternehmen wollen.

Der sonst so zurückhaltende Alem hat sich richtig in Rage geredet und funkelt den kleinlaut gewordenen Uniformierten wütend an. Offenbar hat mein Freund ihn schon auf der Fahrt hierher ausführlich über den Sachverhalt informiert, denn er kennt bereits die Einzelheiten. »Ich missbillige das Verhalten dieser Soldaten ausdrücklich und werde das morgen bei der Stabsbesprechung auch klarstellen«, erklärt er. »Wenn wir die Herzen der Menschen hier gewinnen wollen, müssen sich unsere Männer korrekt und höflich aufführen. Auch unter unseren Soldaten gibt es leider Dummköpfe, die mit ihren schlechten Manieren vieles beschädigen, was wir mühevoll aufzubauen versuchen. Ich entschuldige mich im Namen der US-Armee bei Ihnen und möchte das Fehlverhalten wiedergutmachen.«

Damit öffnet der Oberstleutnant den kleinen schwarzen Koffer, den er mitgebracht hat. »Ich weiß von Ihrem Mitarbeiter, dass Sie derzeit zwei Dorfschulen bauen. Es wäre mir eine Freude, Sie dabei zu unterstützen. Amerikaner und Deutsche ziehen am gleichen Strang. Bitte nehmen Sie diese 10 000 US-Dollar als unseren Beitrag für den Bau Ihrer Schulen.« Das Köfferchen ist gefüllt mit sauber gebündelten 20- und 50-Dollar-Scheinen.

Ich ringe gerade nach den richtigen Dankesworten, als der spendable Oberstleutnant mit einem Augenzwinkern leise hinzufügt: »Zwischen uns beiden ist aber wohl eines klar: Hätten meine Männer gewusst, dass Sie Deutscher sind, dann hätten sie Sie natürlich nicht beschimpft.« Alems Gesicht erstarrt, und auch ich muss heftig schlucken. Die in den vergangenen Minuten gelockerte Stimmung weicht eisiger Kälte. Was dieser amerikanische Stabsoffizier da soeben geäußert hat, ist ungeheuerlich. Wenn er mir zu verstehen gibt, dass die US-Soldaten einen Deutschen natürlich nicht als *dirty Afghan Muslim motherfucker* beschimpfen würden, kann das im Umkehrschluss nur bedeuten: »Für uns Amerikaner sind die Afghanen sehr wohl dreckige islamische Scheißkerle.«

Wortlos verlässt Alem den Raum. Der Offizier reicht mir mit freundlichem Lächeln ein Blatt Papier, auf dem ich ihm den Erhalt der 10000 Dollar bestätigen soll. Anscheinend ist ihm überhaupt nicht klar, was er mit dieser letzten Bemerkung zum Ausdruck gebracht hat. Trotz meinem Zorn über die ungeheure Dummheit dieses amerikanischen Offizierskameraden suche ich händeringend nach einer halbwegs diplomatischen Formulierung, um das angebotene Geld abzulehnen. Mit einem rhetorischen Eiertanz gebe ich ihm zu verstehen, dass ich sein Angebot erst mit meinen afghanischen Freunden besprechen müsse. Denn die »Kinderhilfe Afghanistan« würde ihre Projekte grundsätzlich nur mit privaten Spenden finanzieren. Ich verspreche, mich morgen wieder bei ihm zu melden. Das scheint ihm einzuleuchten, und er klappt sein Geldköfferchen wieder zu. Mit einem kameradschaftlichen Händedruck verabschiedet er sich und wünscht mir bei meiner so wichtigen Arbeit viel Erfolg. Da Alem nicht wieder auftaucht, bringe ich ihn persönlich zurück zu seinem Humvee, der in gebührendem Abstand zu unserem Büro wartet.

Alem raucht äußerst selten, aber heute Abend steckt er sich eine Zigarette nach der anderen an und zieht dabei so hastig, dass er sich fast die Finger verbrennt. In den vergangenen Monaten habe ich immer wieder versucht, ihn von der grundsätzlich positiven Zielsetzung der amerikanischen Afghanistanpolitik zu überzeugen und Fehler bei der Ausführung als Einzelfälle abzutun. Heute fehlen mir die Argumente. Wenn selbst ein akademisch ausgebildeter Stabsoffizier, im Zivilleben Direktor einer großen Oberschule, als »Herrenmensch« auftritt, der lediglich mich, den Deutschen, als Gesprächspartner in gleicher Augenhöhe akzeptiert, dann scheint tatsächlich bei der Ausbildung und Einstellung der US-Armee einiges im Argen zu liegen. Schweigend trinken wir unseren Mitternachtstee, und auch ich zünde mir trotz der späten Stunde eine Havanna an. Schließlich lehnt sich Alem in die Sitzkissen zurück und erinnert mich an unsere Begegnung mit einem Major der ANA – Afghan National Army – vor einigen Wochen in Khost: Der Bruder eines guten Freundes war als Kommandeur einer afghanischen Einheit in der heiß umkämpften Provinz eingesetzt. Seine Kompanie bewachte und schützte als Sicherungstruppe den sogenannten äußeren Ring des US-Hauptquartiers am Ostrand der Stadt. Wir hatten ihn an seinem freien Tag zum Mittagessen eingeladen und unterhielten uns natürlich über seinen Dienst und seine Erfahrungen mit den Amerikanern. Er sprach kaum Englisch, und sein Paschtu war stark vom regionalen Dialekt gefärbt, sodass ich damals nur wenig verstanden hatte. Erst heute Nacht erfahre ich von Alem die Details der Schilderungen des afghanischen Offiziers:

Wenn ich mit meinen Soldaten dreimal in der Woche die US-Konvois begleite, fahren die Amerikaner in gepanzerten und klimatisierten Fahrzeugen. Wir Afghanen haben keine Panzer. Wir sitzen auf der Ladefläche unserer Pick-ups und sind stundenlang entweder der sommerlichen Hitze und dem Staub oder der eisigen Winterkälte ausgesetzt. Wenn unser Konvoi von den Aufständischen beschossen wird, sind die Amerikaner hinter der Panzerung ihrer Fahrzeuge gut geschützt. Mit ihren Maschinenkanonen können sie sich auch auf große Distanz zur Wehr setzen. Wir hingegen haben nur unsere Splitterschutzwesten, Stahlhelme und unsere Kalaschnikow-Maschinenpistolen. Auf einen verletzten oder toten Amerikaner kommen zehn meiner

Männer. Sind wir dann endlich zurück in der Garnison, ziehen sich die US-Panzer in den mit meterhohen Betonmauern geschützten inneren Kreis zurück. Die Soldaten gehen in sauberen Zelten zum Duschen und speisen in klimatisierten Containern wie in den feinen Restaurants von Kabul: Fleisch, Gemüse, Kartoffeln, Obst zum Nachtisch, im Sommer eisgekühlte Getränke und im Winter heißer Kaffee oder Tee. Am Abend sitzen die Amerikaner in ihren klimatisierten Unterkünften vor den Bildschirmen ihrer DVD-Player und können kostenlos mit ihren Familien telefonieren.

Meine Männer und ich dagegen verbleiben im äußeren, kaum geschützten Bereich. Wir müssen uns notdürftig an einfachen Wassereimern waschen. Unser Koch hat zu wenig Geld, um uns öfter als ein- oder zweimal die Woche Fleisch zuzubereiten. Billiges Gemüse und Reis stehen auf dem Speiseplan. Lediglich Tee und Fladenbrot gibt es in ausreichender Menge. Unsere Zelte sind nicht splittergeschützt und schon gar nicht klimatisiert. In den Sommermonaten kühlt es abends nicht ab, und wir schwitzen noch um Mitternacht bei 25 Grad auf unseren Feldbetten. Im Winter frieren wir unter den dünnen Decken in unseren windigen Zelten. Unsere Familien hören oft wochenlang nichts von uns, denn wir haben keine Mobiltelefone, mit denen wir kostenlos zu Hause anrufen können. Mein amerikanischer Kokommandeur, Major wie ich und Vater von zwei Kindern, verdient im Monat 5000 Dollar. Ich habe sechs Kinder und bekomme gerade mal 2500 Afghani (ungefähr 70 Dollar).

Mein Vater war auch Offizier. Er diente vor zwanzig Jahren während der sowjetischen Besatzung in der kommunistischen afghanischen Armee. Auch er fuhr mit den ausländischen Truppen im Konvoi. Russen und Afghanen saßen im gleichen T-54-Kampfpanzer, beide ohne Klimaanlage. Wurde der Konvoi beschossen, gab es unter den Russen und den Afghanen ähnlich viele Tote und Verwundete. Sie lebten in derselben Kaserne und bekamen dasselbe schlechte Essen. Der Sold meines Vaters war halb so hoch wie der seines sowjetischen Kameraden.

Alem, dem das alles an diesem Abend noch einmal ins Bewusstsein kommt, zieht wütend und traurig Bilanz: »Selbst unter den gottlosen Russen ging es dem Vater unseres Freundes zehnmal besser als unseren Soldaten heute unter den Amerikanern.« Und er fügt bitter hinzu: »Du verstehst also, warum wir hier im Osten die Amerikaner als Besatzer betrachten. Und vielleicht begreifst du jetzt auch, warum immer mehr von unseren Soldaten zu den Taliban überlaufen oder sich bei den Drogenbaronen verdingen. Dort verdienen sie das Zehnfache und fühlen sich nicht als Sklaven. Keiner von uns liebt die verrückten Koranschüler oder die kriminellen Drogenhändler. Wir alle wollen Frieden, Sicherheit und bescheidenen Wohlstand. Mehr als Wohlstand aber schätzen wir unsere Ehre, Unabhängigkeit und Freiheit. Natürlich wissen wir, dass die Amerikaner in den vergangenen Jahren viel Gutes für unser Land geleistet haben. Aber du siehst es selbst: Was sie heute aufbauen, reißen sie morgen durch ihr Verhalten wieder ein. Warum sind nicht deutsche oder französische Soldaten bei uns stationiert? Warum habt ihr Europäer es zugelassen, dass die Amerikaner zu uns gekommen sind? Euch vertrauen wir, ihr behandelt uns wie euresgleichen und nicht wie Leibeigene. Im Osten und Süden Afghanistans wird es keinen Frieden geben, solange US-Truppen im Land sind.«

Das süße Gift der Mohnblume

Seit vier Tagen bin ich schon mit Alem, Pacha Sahib und dem Reporter einer großen deutschen Tageszeitung unterwegs, um unsere Schulen in Nangahar aufzusuchen. Anders als einige große Hilfsorganisationen bauen wir nicht einfach eine Schule auf, sondern kümmern uns auch in den folgenden Jahren um sie. Wir übernehmen notwendige Erweiterungs- und Reparaturarbeiten, statten die Schulen regelmäßig mit Lehr- und Lernmaterial aus und unterstützen die Fortbildung der Lehrer in der Provinzhauptstadt. Die Lehrer erhalten von uns, je nach Alter und der Anzahl ihrer Kinder, ein zusätzliches Entgelt; denn die vom Staat bezahlten Gehälter sind beschämend niedrig. Das haben wir den Dorfbewohnern schon bei der Grundsteinlegung versprochen.

Heute besuchen wir die »Tora-Bora-Friedensschule« in Zawa. Eine muntere Runde von Lehrern und Schülern teilt uns mit, was ihr am Herzen liegt. Ganz oben auf ihrer Wunschliste steht eine kleine Schulbücherei mit Wörterbüchern, Lexika, Atlanten, Globen und Schautafeln für den naturwissenschaftlichen Unterricht. Und die Jungen verlangen spannende Bücher über die Helden Afghanistans. Mit unterschwelligem Stolz erklärt uns der Direktor, dass die Klassenzimmer wegen der stetig steigenden Schülerzahlen aus allen Nähten platzen. Und dies, obwohl die Lehrer schon in zwei Schichten unterrichten. Einige von ihnen würden während der Winterferien gern an einer speziellen Lehrerfortbildung in Jalalabad teilnehmen. Sie haben aber nicht genügend Geld für Unterkunft und Verpflegung.

Wir hören geduldig zu und bitten den Schulleiter, eine Bücherliste zu erstellen. Dann beauftrage ich Pacha Sahib, unseren akademisch gebildeten Buchhalter, die gewünschte Literatur aus Kabul zu beschaffen und der Schule in den nächsten Wochen zukommen zu lassen. Einen Erweiterungsbau können wir in diesem Jahr nicht realisieren: Dazu fehlt uns derzeit das Geld. Bei der Fortbildung in der Provinzhauptstadt übernehmen wir die Kosten für Unterkunft und Verpflegung.

Unser Journalist hat sich vom Schulleiter ein Mädchen nennen lassen, mit dem er ein Interview führen möchte. Die Zehnjährige ist natürlich ungeheuer stolz, dass sie erstmals in ihrem Leben mit einem Ausländer sprechen kann, und plappert offen und ohne Scheu drauflos. Der Journalist hat Mühe, so schnell mitzuschreiben. Plötzlich stockt sie und blickt fragend auf Alem, der das Gespräch übersetzt: »Was meint der Deutsche mit seiner Frage, ob ich *gern* in die Schule gehe?« Alem sieht mich ebenfalls irritiert an: Diese Frage ist tatsächlich seltsam in einer Region, in der nur 20 Prozent der Kinder zum Unterricht gehen können, weil es an Schulen fehlt. Er überlegt sich die Antwort sorgfältig, um uns Deutsche nicht zu verärgern: »In Deutschland gibt es wohl einige Kinder, die nicht gern zur Schule gehen.« Das Mädchen ist verwirrt. Kopfschüttelnd wendet es sich wieder an den Journalisten: »Sag diesen Kindern in Deutschland, sie sind dumm. Ich muss jeden Morgen um 6.00 Uhr aufstehen und eine Stunde laufen, um pünktlich hier zu sein. Im Winter brauche ich wegen des tiefen Schnees oft zwei Stunden. Doch ich würde auch um 4.00 Uhr aufstehen und drei Stunden laufen, um eine Schule besuchen zu können!«

Einige Wochen später lese ich das Interview mit diesem bemerkenswerten Satz eines zehnjährigen Bauernmädchens aus Nangahar tatsächlich in einer deutschen Zeitung.

Am Mittag trennen sich unsere Wege. Pacha fährt den Reporter zurück nach Jalalabad. Alem und ich haben heute noch etwas Besonderes vor. Es ist Ende Mai, und jetzt ernten die Bauern in dieser Gegend eine Pflanze, die wie keine andere in der Weltöffentlichkeit mit dem Namen Afghanistan in Verbindung gebracht wird: Schlafmohn und sein Produkt Opium. Nangahar und das Kunar-Tal im Osten, die Provinz Badakschan im Nordosten und das Helmand-Gebiet im Süden Afghanistans sind seit Jahrhunderten bekannt für den Mohnanbau. Die Mohnblumen hier in Nangahar sind berühmt für gutes Opium. Der Schlafmohn liebt die kalte Erde und benötigt nicht viel Wasser. Und in den kalten und trockenen Bergdörfern des Südens von Nangahar gedeiht das beste Opium der Welt.

Wir treffen Khaled Gul auf seinem Mohnfeld an. Er blinzelt in die noch immer grelle Sonne, die bald hinter den Bergen verschwinden wird. Dann erkennt er Alem und mich. An seinem schlaffen Händedruck merke ich, dass ihm die Kriegsverletzung an der Schulter noch immer zu schaffen macht, obwohl sie schon zwanzig Jahre zurückliegt. Wie die meisten Paschtunen im Osten hatte Khaled seine Familie damals in eines der zahllosen elenden Flüchtlingslager Westpakistans gebracht, um dann unter dem legendären Mudschaheddin-Kommandeur Zamon im Dschihad gegen die Sowjets zu kämpfen. Bei einem Feuergefecht wurde er an Kopf und Schulter schwer verwundet und kam als Patient in meine Höhlenklinik in Tora Bora. Zwar konnten wir sein Leben retten, doch wegen seiner Augenverletzung mussten wir ihn in tagelangen Märschen auf unseren Maultieren über die pakistanische Grenze nach Parachinar in ein Lazarett des Internationalen Roten Kreuzes transportieren. Sein von Splittern verletztes rechtes Auge konnte auch dort nicht gerettet werden. Aber auch mit nur einem Auge kämpfte der zähe Paschtune weiter und brachte 1992 nach dem Sturz des kommunistischen Najibullah-Regimes seine Familie zurück in die Heimat. Sie bauten ihr zerstörtes Haus wieder auf und mühten sich, die inzwischen verkarsteten Felder zu kultivieren.

Als wir im Frühjahr 2002 unsere Schule in Zawa eröffneten,

traf ich ihn erstmals wieder. Sein ältester Sohn Mirwais wurde damals eingeschult und hat sich, wie wir heute Vormittag an der Schule erfahren haben, inzwischen zu einem prächtigen Burschen mit exzellenten Noten entwickelt. Da Khaleds Arbeit für heute beendet ist, bittet er uns in sein Haus. Beim Eintreten erhaschen wir noch einen Blick auf seine halbwüchsigen Töchter, die vor den Blicken der fremden Männer ins Frauengemach entschwinden. Stolz stellt uns Khaled seinen Sohn Mirwais vor und schickt ihn dann sofort in die Küche, um uns Tee zu bringen. Die Armut der Familie ist deutlich erkennbar: Von den Wänden und dem First bröckelt der Lehm. Statt des üblichen gewebten Teppichs bedeckt billige Plastikware den Fußboden. Die Sitzkissen an den Seitenwänden sind zerschlissen. Als einziger Schmuck ziert ein ungerahmter Koranspruch auf Pappe das ärmliche Zimmer.

Alem hat unseren Besuch natürlich angekündigt. Die Paschtunen lieben nämlich keine unangemeldeten Gäste. Erst recht

In den Bergen von Nangahar bei der Schlafmohnernte

nicht, wenn es sich um Ausländer handelt. Während Mirwais uns den Tee serviert, erläutert Alem den Grund unseres Besuchs: »Seit zwei Jahren bauen die Bauern hier wieder Mohn an. Dr. Erös wird bei seinen Vorträgen in Deutschland oft gefragt, ob man den Mohnanbau in Afghanistan nicht verbieten kann. Denn das Heroin, das aus dem afghanischen Opium hergestellt wird, tötet in Deutschland Kinder und zerstört das Leben vieler Familien.«

Khaled Gul ist sichtlich erschöpft. Den ganzen Tag über hat er hart auf seinem Feld gearbeitet. Daher bittet er um Verständnis dafür, dass er erst später darüber sprechen möchte. Er lädt uns ein, in seinem Haus zu übernachten und ihn an den nächsten Tagen bei seiner Arbeit zu begleiten. Dann will er uns auch erklären, was es mit dem Mohn und dem Opium auf sich hat. Also legen wir uns erst mal zur Ruhe. Die nächtlichen Temperaturen im Mai sind auch in den Bergen erträglich. Den *patou* um den Oberkörper gewickelt, finden wir unter einer dünnen Decke erholsamen Schlaf.

Am nächsten Tag begleiten wir Khaled und seinen Sohn auf ihr kleines Mohnfeld. Die Arbeit beginnt heute erst am späten Nachmittag – eigentlich eine ungewöhnliche Arbeitszeit für einen Bauern. Aber der erste Abschnitt bei der Ernte dieser Pflanzen muss in den kühleren Nachmittagsstunden erfolgen. Auf dem staubtrockenen Acker wenige Meter hinter dem bescheidenen Bauernhof setzt Khaled Gul vorsichtig einen Fuß vor den anderen. Er bewegt sich so behutsam zwischen den hüfthohen Pflanzen, als würde er ein Minenfeld überqueren. Er will keinen Halm umknicken, denn die Pflanzen sind für ihn ein Vermögen wert.

Immer wieder bleibt er stehen und prüft mit sanftem Druck von Daumen und Zeigefinger die Konsistenz der hellgrünen Kapseln. Offenbar ist er mit dem Ergebnis zufrieden. Zehn Tage zuvor waren die braunen Blätter von den Pflanzen abgefallen, ein sicheres Zeichen, dass bald mit der Ernte begonnen werden kann.

Anritzen der Schlafmohnkapsel

Sein Sohn Mirwais reicht ihm ein fingerlanges Holzstück, an dessen Spitze ein Metallkopf mit drei kurzen, messerscharfen Klingen hervorragt. Der hagere Bauer mit dem wettergegerbten Gesicht setzt die Dreifachklingen an den Kopf der Kapsel, drückt sie zwei Millimeter tief hinein und zieht das Holzstück dann mit einem Ruck nach unten. Nach einigen Sekunden quillt ein milchiger, weißroter Brei aus der Pflanze. Der zwölfjährige Mirwais folgt dem Vater von Pflanze zu Pflanze und beobachtet genau jeden Handgriff. Er weiß, dass jeder Tropfen wertvoll ist. Immer wieder erklärt ihm Khaled, in welchem Winkel er die Klingen ansetzen und wie tief er in die Samenkapsel schneiden muss. Am Ende des Tages darf der Junge endlich selbst Hand anlegen. Er ist sichtlich stolz darauf, dem Vater erstmals bei der Ernte helfen zu dürfen. Über Nacht verbleibt der Milchsaft an der Kapsel und oxidiert bis zum Morgen zu einer schwarzbraunen knetartigen Masse.

Am nächsten Morgen sind wir mit Vater und Sohn schon vor Sonnenaufgang auf dem Feld. Heute steht ein langer Tag bevor. Mit einem rostigen, halbmondförmigen Metalllöffel schaben sie den harzigen Brei von jeder einzelnen Kapsel. Diesen Vorgang müssen sie in den nächsten Tagen mehrfach wiederholen, bis die Fruchtkapseln gleichmäßig vernarbt sind. Die Ausbeute einer Mohnkapsel ist gering: Nur etwa fünfzig Milligramm Rohopium liefert eine Pflanze. Um ein Kilogramm zu gewinnen, müssen zwanzigtausend Pflanzen angeritzt und mehrfach abgeschabt werden. Eine irrsinnig personalintensive Arbeit. Ich muss meinen Taschenrechner zu Hilfe nehmen, um auszurechnen, wie viele Stunden die beiden für ein Kilogramm benötigen: Zwanzig Sekunden zum sauberen Anschnitt jeder Pflanze multipliziert mit 20 000 Kapseln ergibt 112 Arbeitsstunden, Pausen nicht eingerechnet. Zum Abschaben des Saftes weitere zwanzig Sekunden pro Pflanze. Mehr als zweihundert Stunden konzentrierter Arbeit sind notwendig, um ein einziges Kilogramm wasserhaltigen Opiumbrei zu gewinnen!

Nach einigen Hundert Kapseln ist der Schieber gefüllt. Erwartungsvoll blickt der Zwölfjährige den Vater an, der ihm mit einem Nicken zu verstehen gibt, dass er alles richtig gemacht hat. Vorsichtig streift Khaled den Opiumbrei auf ein Stück Silberpapier; kein Gramm dieses wertvollen Produkts darf verloren gehen. Zwölf Tage harter Arbeit liegen hinter den beiden, als die knapp zwei Jerib[1] Schlafmohnfelder abgeerntet sind. Das Rohopium kneten die Frauen dann später zu weichen, ein Kilogramm schweren Klumpen, den sogenannten »Opiumbroten«. Um damit auf dem Markt einen guten Preis zu erzielen, muss der Flüssigkeitsgehalt reduziert werden. Von einem Kilo wässrigen Opiumbrei bleiben nach dem mehrwöchigen Trocknungsvorgang nur noch 400 Gramm übrig. Erst dann kann das Rohopium auf den Opiumbasaren der Umgebung verkauft oder den sogenannten Agenturen übergeben werden.

Heute ist Freitag, unser letzter Tag im Dorf der Mohnbauern von Zawa. Nach dem Gebet in der kleinen Dorfmoschee

---

[1] Jerib: altes afghanisches Flächenmaß. Ein Jerib entspricht etwa 0,2 Hektar.

hat Khaled auch den Malik und den Dorfmullah zum Abschiedsessen für seinen deutschen Gast eingeladen. Der Malik ist ein »gebildeter« Mann: Er hat nicht nur eine siebenklassige Dorfschule besucht, sondern in Kabul an einer Oberschule die zwölfte Klasse absolviert (was unserem Abitur entspricht) und lässt dies auch im Gespräch mit uns immer wieder anklingen. Mit hundert Jerib Landbesitz zählt er zu den reichen Bauern im Distrikt Khugiani. Vor drei Jahren haben ihn die Bewohner von Khugiani zu ihrem Vertreter in den Rat der Provinz gewählt. Dort vertritt er – ähnlich einem Landtagsabgeordneten in Deutschland – die Interessen von etwa tausend Bauernfamilien.

Der Dorfmullah ist als junger Mann im Iran von einem berühmten Murshid – Sufi-Lehrer – unterrichtet worden. Sein moderates Islamverständnis und seine Redekunst sind in der ganzen Gegend berühmt. Daher lädt man ihn auch ein, bei Festlichkeiten in anderen Dörfern zu predigen. In dieser Runde finden wir endlich Zeit und Gelegenheit, mehr über Schlafmohn, Opium und Heroin zu erfahren. Khaled Gul erzählt uns von seiner Familie und schildert die Geschichte des Opiums in Zawa.

Meine Familie zählt zu den ärmsten der Kleinbauern im südlichen Nangahar. Die mit Steinen übersäte, grobe Erde an den Berghängen ist wenig fruchtbar, und für eine regelmäßige Bewässerung fehlen die Wasserpumpen. Alle meine Vorfahren waren Bauern, und seit Jahrhunderten wird hier in Zawa auch Schlafmohn angebaut. Wir kennen die Pflanze genau. Früher benutzten die Menschen sie nur als Heilpflanze, und der Mohnsaft wurde als Schmerzmittel und als Medikament gegen Durchfall eingenommen. In schlechten Zeiten diente sie auch als Mittel gegen Hunger. Ich besitze heute fünfzehn Jerib Land, aber nur auf fünf Jerib kann ich Getreide und Feldfrüchte anbauen. Denn auf unseren Feldern liegen immer noch Minen aus dem Krieg gegen die Sowjets und Blindgänger der Clusterbomben*, die von der US-Luftwaffe zu Tausenden beim Kampf gegen *die Taliban und al-Qaida über den Ostprovinzen abgeworfen wurden.*

Die Räumung der Felder von Minen und Blindgängern wurde uns von den US-Truppen und der Provinzregierung zwar schon vor Jahren versprochen. Doch geschehen ist bislang noch nichts. Um überleben zu können, haben wir selbst einen Teil geräumt. Ich nutze die Hälfte meines Ackers und baue darauf Roggen und Gerste an. Der Ertrag reicht kaum aus, um meine Familie mit Brot zu versorgen. Nach dem Sturz der Taliban habe ich wieder begonnen, Schlafmohn anzubauen. Drei bis vier Kilogramm Opium erntete ich im ersten Jahr auf den zwei Jerib (0,4 Hektar). Von den 16 000 Afghani (etwa 500 Dollar) konnte meine Familie ganz gut leben. Im folgenden Jahr wurde der Anbau verboten. Britische Soldaten und Vertreter der Regierung erschienen im Dorf und forderten alle Bauern auf, nicht mehr Schlafmohn, sondern Weizen anzubauen. Als Gegenleistung versprach man, Schulen und Krankenstationen zu errichten. Jedes Dorf sollte auch einen Traktor erhalten, und pro Jerib Weizenfeld wollte man den Familien 200 Dollar als Kompensation bezahlen. Wären diese Zusagen erfüllt worden, hätten wir ganz gut leben können.

Wir glaubten den Versprechungen, liehen uns Geld von den Saraf in der Stadt und kauften teures Weizensaatgut. Da Weizen viel mehr Wasser benötigt als Schlafmohn, mussten wir die in Kriegszeiten verschütteten und häufig verminten Kareze, unsere jahrhundertealten unterirdischen Wasserleitungen, freilegen. Das war lebensgefährlich. Mit hölzernen Ochsenpflügen beackerten wir mühevoll unsre kargen, ausgetrockneten Felder und hofften auf eine ertragreiche Weizenernte. Und tatsächlich: Die Ernte fiel hervorragend aus. Doch als wir den Weizen in der Stadt an den Mann bringen wollten, kaufte ihn niemand. Keinen einzigen Sack Weizen bin ich losgeworden. Nun wussten wir nicht, wie wir den Winter überleben sollten.

Der Malik unterbricht Khaleds Erzählung und erläutert uns die politischen Hintergründe dieses Desasters:

Im selben Jahr hatten nämlich UN-*Organisationen Zehntausende Tonnen Weizen nach Afghanistan eingeführt.* »*Hilfslieferungen für die notleidende afghanische Bevölkerung*« *nannte* WFP – *die Welternährungsorganisation der Vereinten Nationen – diese Aktion. Dieses Getreide stammte aus den Kornkammern der* USA, *aus Überschüssen notleidender Farmer im Mittleren Westen. Die* US-*Regierung hatte diese Bestände aufgekauft und sicherte so das Überleben der eigenen Landwirtschaft. Als großzügige* »*humanitäre Hilfe für Afghanistan*« *verschenkte Präsident Bush den auf dem Weltmarkt unverkäuflichen Weizen an die* UNO. *In den Statistiken der* USA *für den Wiederaufbau Afghanistans tauchte dieser Deal als* »50-*Millionen-Dollar-Lebensmittelhilfe*« *auf. In unseren Dörfern und Städten wurde das Getreide dann kostenlos und breitflächig an die Bevölkerung verteilt. Diese Aktion war das Paradebeispiel einer vielleicht gut gemeinten aber schlecht durchdachten und keineswegs uneigennützigen Hilfe. Natürlich freuten sich die Empfänger dieser Gratisrationen, und natürlich war diese Nahrungsmittelhilfe ein* »*humanitärer*« *Akt. Für unser Land und unsere Wirtschaft war diese Aktion jedoch fatal: Der sich gerade erst wieder entwickelnde afghanische Getreidemarkt wurde erheblich gestört. Jetzt brach vieles zusammen: Der Markt in den Städten, wo die Bauern ihren Weizen verkaufen mussten, war mit dem kostenlosem Getreide der* UNO *bereits gesättigt. Die Bauern blieben im wahrsten Sinn des Wortes auf ihren Getreidesäcken sitzen. Sie hatten nicht nur das für den Kauf des Saatgutes geliehene Geld verloren. Ihre monatelange, harte Arbeit war umsonst gewesen. Wie sollten sie das geliehene Geld im nächsten Jahr mit Zins zurückbezahlen? Sie hatten ihrer Regierung und deren ausländischen Beratern vertraut und waren betrogen worden. Ein zweites Mal, sagten sie sich, würde ihnen das nicht passieren. Im Jahr darauf bauten auch wir Bauern von Zawa wieder Schlafmohn an. Das bedeutete weniger Arbeit und ein sicheres, ausreichendes Einkommen für unsere Familien.*

Ich kann mich nicht erinnern, dass unsere Medien von dieser

völlig verfehlten Aktion der UN berichtet hätten. Vielleicht nur deshalb nicht, weil daran weder die Taliban noch al-Qaida beteiligt waren?

Nun möchte ich von Khaled wissen, welchen Weg sein Rohopium anschließend nimmt. Er beschreibt mir erstaunlich offen die Zusammenarbeit mit den »Drogenhändlern«, ohne dass ich den Eindruck gewinne, er habe dabei ein schlechtes Gewissen:

Die Agenten[1] sind ehrlich und zuverlässig und bezahlen gut. Wenn jemand bei uns im Dorf nicht genügend Geld hat, um Saatgut zu kaufen, braucht er nur einen Bürgen: Dann bezahlen sie für die Hälfte des zu erwartenden Ertrags sogar im Voraus. Für ein Kilogramm getrocknetes Opiumbrot bekomme ich in diesem Jahr von unserem Agenten 12 000 Afghani (zirka 300 Euro). Die Preise schwanken aber von Jahr zu Jahr. Etwa 4000 Afghani muss ich dem Agenten für neues Saatgut bezahlen. In Jahren mit guter Ernte und guten Preisen wie heuer verdiene ich etwa 50 000 Afghani (1200 Euro). Nach Abzug der Kosten für Saatgut und der üblichen Provision für den Agenten verbleiben mir 45 000 Afghani (1100 Euro). Davon ernähre ich meine sechsköpfige Familie und kann sogar etwas ansparen, um Mirwais demnächst auf die Oberschule nach Jalalabad zu schicken. Mein Sohn ist der beste Schüler in seiner Klasse und soll später einmal nicht als Bauer arbeiten müssen, sondern an der Universität studieren und Arzt oder Ingenieur werden. Ohne den Mohnanbau haben unsere Kinder keine Chance, dem Elend und der Armut zu entkommen.

Allerdings verkaufe ich nicht alle Opiumbrote an den Agenten. Einen Teil bringe ich zum Opiumbasar nach Shahi Kot*. Dort liegen die Preise üblicherweise 20 bis 30 Prozent über

---

[1] Die Mohnbauern nennen die Opium-Kleinhändler »Agenten« und das System der Händler »Agentur«. Die beiden Begriffe werden aber nicht im negativen Sinn von »Geheimagenten« oder »Geheimdienst« verwendet, sondern eher als Synonyme für »Genossenschaft«.

denen, die uns die Agenten bezahlen. Auf der Strecke von hier nach Shahi Kot müssen wir allerdings vier Kontrollposten der Polizei passieren. Kennen wir den Postenführer, verlangt er lediglich 10 Prozent des Wertes der mitgeführten Opiumbrote. Werden neue Postenführer eingesetzt, erfahren wir das normalerweise rechtzeitig von unseren Freunden im Polizeipräsidium von Jalalabad. Dann müssen wir mit dem Transport eben einige Tage warten. Im vergangenen Jahr sind wir nur ein einziges Mal überrascht worden, als »unser« Postenführer erkrankte und wir nicht rechtzeitig informiert werden konnten. Um nicht im Gefängnis zu landen, mussten wir dem neuen Postenführer 50 Prozent bezahlen.

Was mit meinem Opium geschieht, wenn ich es in Shahi Kot verkauft habe, weiß ich nur aus Erzählungen. Vermutlich geht es über die Grenze nach Pakistan. Ehrlich gesagt, interessiert mich das auch nicht sonderlich. Es stört mich auch nicht, dass die Händler am Opium viel mehr verdienen als ich. Wenn ich für andere Feldfrüchte den gleichen Betrag wie für Opium bekäme, würde ich selbstverständlich auch etwas anderes anbauen. Du hast gesehen, wie hart unsere Arbeit ist. Hier in den Bergen ist es aber zu kalt und zu trocken für Olivenbäume. Die Bauern in den warmen Tälern habe da viel bessere Möglichkeiten als wir. Wenn unsere Regierung keine Alternativen zum Schlafmohn anbietet oder uns das Getreide nicht zu guten Preisen abkauft, sondern stattdessen den Schlafmohnanbau einfach verbieten will und Soldaten und Flugzeuge schickt, um unsere Felder zu zerstören, dann kämpfen wir wieder. Und dass wir kämpfen können, weißt du aus unseren gemeinsamen Erfahrungen im Dschihad.

Der Mullah hat Khaled aufmerksam zugehört und vor allem am Ende immer wieder mit dem Kopf genickt. Als ich mich ihm zuwende, lächelt er, denn er ahnt wohl schon, dass ich ihn fragen will, was denn der Koran zum Rauschmittel Opium sagt.

Ein guter Moslem trinkt weder Alkohol noch nimmt er an-

dere Rauschmittel, auch kein Opium. Das verbietet der Koran ausdrücklich. Eine gute islamische Regierung muss dafür sorgen, dass weder Alkohol getrunken noch Rauschmittel produziert werden. Auch das gebietet der Koran. Unsere Regierung in Kabul sieht aber seit Jahren darüber hinweg, dass von den Ausländern täglich Alkohol ins Land gebracht wird. In vielen Restaurants wird inzwischen Alkohol angeboten, und Betrunkene torkeln durch die Straßen unserer Hauptstadt. Das ist ein schlechtes Beispiel für unsere Kinder. In den Kasernen der ausländischen Soldaten sehen unsere Dolmetscher Container voll mit Bier, Wein und Schnaps. Auch unsere eigenen Soldaten kommen damit in Kontakt. Wie können Soldaten, die Alkohol trinken, auf unseren Straßen für Sicherheit sorgen?

Verantwortungsvolle Politiker haben auch dafür zu sorgen, dass alle Menschen ein Dach über dem Kopf haben. Sie sind dafür verantwortlich, dass niemand Hunger leiden muss, dass die Kranken ärztlich betreut werden und alle Kinder zur Schule gehen können. Unsere jetzige Regierung ist schwach, viele Minister und hohe Beamte sind korrupt. Sie kümmern sich nicht um die Sicherheit und interessieren sich nicht für die Lebensbedingungen der Menschen in den Dörfern. Nicht ein einziger Politiker aus Kabul ist in den vergangenen Jahren zu uns gekommen. Als Afghanistan noch eine Monarchie war, ist der König jedes Jahr nach Nangahar gereist, hat mit den Dorfältesten gesprochen und vielen geholfen. Heute müssen sich die Menschen hier selbst helfen. Ohne den Schlafmohn haben sie nicht genug Geld, um gute und teure Medikamente zu bezahlen, wenn sie krank sind. Ohne Schlafmohn können sie ihre Söhne nicht auf die Oberschule nach Jalalabad schicken. Ohne Schlafmohn haben sie kein Geld, um die Hochzeit ihrer Töchter zu bezahlen.

Khaled hat es dir erzählt: Die Bauern von Zawa haben der Regierung vertraut und statt Schlafmohn Weizen angebaut. Dadurch sind sie fast verhungert. Mit dem Schlafmohn können sie überleben. Wie kann ich als Mullah den Menschen verbieten, nach einem menschenwürdigen Leben zu streben? Ich *weiß, dass in Europa durch das Gift des Heroins Menschen zu Schaden und manche sogar ums Leben kommen. Auch Jugendliche und Kinder. Das trifft mich als Moslem ins Herz. Aber ist das die Schuld der Bauern aus Zawa? Sind nicht vielmehr die schlechten Sitten und die fehlende Moral in diesen Ländern dafür verantwortlich? Ist es nicht die Schuld der Eltern, die sich nicht um ihre Kinder kümmern, sondern sich ihren eigenen Vergnügungen hingeben? Sind es nicht euer Staat und eure Gesellschaft, die zu wenig dafür tun, dass die Kinder wohlbehütet in intakten Familien aufwachsen?*

Die Bauern hier sind viel weniger gebildet als die Europäer. Unsere Kinder in den Dörfern leben in viel größerer materieller Armut als die Kinder in Europa. Sie wachsen sogar mit dem Schlafmohn auf und kommen täglich mit Opium in Kontakt. Trotzdem gibt es bei uns keine Süchtigen. Warum wohl? Unsere Bauernfamilien sind intakt, die Eltern kümmern sich um ihre Kinder und die älteren Geschwister um die jüngeren. Der Ältere ist das Vorbild für den Jüngeren. Unser Glaube, der Islam, untersagt uns die Sucht und schützt uns und unsere Kinder. Darüber sollten eure und unsere Politiker nachdenken und vor ihrer eigenen Haustür kehren, bevor sie uns vorschreiben, was wir zu tun und zu lassen haben. Wir wissen, dass die Amerikaner schon seit Langem planen, die Mohnfelder mit Pflanzengift aus Flugzeugen zu zerstören. An diesen Giften sterben zuerst die Pflanzen, dann unsere Tiere und zuletzt auch unsere Kinder. Den Bauern bleiben dann nur zwei Möglichkeiten: zu sterben oder gegen die Amerikaner zu kämpfen. Du kennst die Menschen hier und weißt, wie sie sich entscheiden werden. Als Mullah stehe ich auf ihrer Seite.

Im Nachbardorf Markihel wartet eine Hochzeit auf den weisen Mann. Er dankt dem Gastgeber Khaled für das Mittagsmahl, umarmt mich mit einem herzlichen *Ba macha de cha* – »Gott segne deinen Weg« – und macht sich zu Fuß auf den Weg nach Markihel.

Seit dem Sturz der Taliban haben sich der Anbau von Schlafmohn und die Produktion von Rohopium in Afghanistan jedes
Jahr nahezu verdoppelt. Wurden 2002 noch etwa 800 Tonnen
Rohopium gewonnen, sind es 2007 rund 8200 Tonnen. Das
entspricht einer Heroinmenge von rund 800 Tonnen. Der-
zeit kostet das Kilogramm Heroin bei den Dealern auf dem
europäischen Markt etwa 80000 Euro. Die Anbaufläche für
Schlafmohn hat sich zwischen 2006 und 2007 um 17 Prozent vermehrt. Auf etwa 193000 Hektar wird ausschließlich
Schlafmohn angebaut. Rund 3,5 Millionen Einwohner (15
Prozent der Gesamtbevölkerung) leben ausschließlich vom
Schlafmohnanbau. In 21 der 34 Provinzen des Landes wird
Schlafmohn angebaut. Der Exportertrag durch Opium/Heroin
beträgt 2007 mit 4 Milliarden US-Dollar rund 53 Prozent des
Bruttosozialproduktes des Landes. Im Jahr 2006 lag er mit
rund 2,1 Milliarden US-Dollar noch bei 29 Prozent. Der jähr-
liche Ertrag der Schlafmohnbauern liegt bei 800 Millionen US-
Dollar. Eine Familie mit durchschnittlich zwölf Personen ver-
dient im Jahr also rund 2000 US-Dollar.

Mehr als drei Milliarden fließen in die Taschen von korrupten
Beamten, Warlords, Drogenhändlern und – laut Erkenntnissen
unserer Geheimdienste – auch von islamistischen Terrororga-
nisationen. Im Jahr 2002 erklärte der damalige Verteidigungsminister Peter Struck (SPD): »Die Sicherheit Deutschlands wird
auch am Hindukusch verteidigt.«

Die oben genannten Zahlen zeigen: Seit die Bundeswehr im
Rahmen von ISAF und OEF in Afghanistan eingesetzt ist, hat
sich die Finanzierung des islamistischen Terrorismus durch
den Drogenanbau in Afghanistan verzehnfacht.

Frühstück beim Warlord

Im Innenhof des herrschaftlich anmutenden Anwesens parken zwei Mercedes-Geländewagen; ein Fahrzeugtyp, den man in Afghanistan nur selten zu Gesicht bekommt. Ein grauhaariger Dicker in Anzug und Krawatte, eine vollgepackte Aktentasche unter dem Arm, und vier drahtige Männer mit dunkelgrüner Uniform und Barett – darauf ein Metallstern mit dem deutschen Bundesadler – haben soeben militärisch grüßend das zweistöckige Gebäude im Hintergrund verlassen. Mit zufriedenen Gesichtern nähern sie sich den beiden exklusiven gepanzerten Jeeps. An ihren Schulterklappen erkenne ich die Dienstgrade des gehobenen und höheren deutschen Polizeidienstes. Bevor einer der Beamten die Wagentür öffnet, zupft er an der meterhohen Funkantenne. Sie federt hin und her, und vier leere Bierdosen, die mit Draht an der Antenne befestigt sind, schlagen scheppernd aneinander. Deutsche Polizeibeamte im streng islamischen Ostafghanistan mit Bierdosen an den Dienstfahrzeugen? »Das bedeutet für Afghanen ungefähr dasselbe wie turbantragende Islamisten mit Haschischpfeifen und Heroinpäckchen auf deutschen Straßen!«, meine ich.

Alem schmunzelt. Er findet meinen Vergleich äußerst treffend und verspricht, die Sache mit den Haschischpfeifen am Auto bei seinem nächsten Besuch in Deutschland auszuprobieren. Wenn es nicht so traurig wäre, würden wir jetzt beide in schallendes Gelächter ausbrechen. »In diesem Fall, lieber Alem, brauchst du bei deinem nächsten Flug nach Deutschland nur ein One-Way-Ticket zu lösen. Die Rückreise im Abschiebeflugzeug organisiert dann nämlich unser Innenminister.«

Ich kann es nicht glauben. Seit einigen Monaten bilde ich an der Akademie der Bundespolizei in Norddeutschland Polizeibeamte aus und bereite sie auf ihren Einsatz in Afghanistan vor. Alkohol – vor allem in der Öffentlichkeit – ist in diesem islamischen Land streng verboten. Darauf weise ich die Beamten auf den Vorbereitungslehrgängen auch deutlich hin. Und hier in Jalalabad, der Hauptstadt der besonders strenggläubigen Paschtunen, klappern nun Bierdosen provozierend an einem deutschen Polizeifahrzeug. Die vier Beamten grüßen Alem und mich mit einem freundlichen *salam*. Anscheinend halten sie uns beide für Einheimische. Das kommt mir in dieser Situation sehr gelegen. Ich spreche sie nicht auf Deutsch, sondern in betont holprigem Englisch an und frage lächelnd, was es denn mit dem *canned beer* – Dosenbier – an ihrem Fahrzeug auf sich habe. »Wir sind Deutsche, keine Moslems. Für uns ist das kein Problem. Und manche von euch sehen das ja auch nicht so eng«, antwortet der Jüngste von ihnen, winkt mir zu und fährt los.

Alem legt mir tröstend die Hand auf die Schulter: »Du musst deinen Landsleuten eben noch einiges beibringen! Im Übrigen hatte der Polizist mit seiner Bemerkung gar nicht unrecht: Da, wo wir heute zum Frühstück eingeladen sind, nimmt das mit dem Alkohol tatsächlich nicht jeder so genau.« Dabei deutet er auf das Gebäude vor uns, die Zentrale der *Security Force of Nangahar.*

Anders als die mit meterhohen Betonmauern umgebenen Kasernen der US-Truppen liegt das Hauptquartier der afghanischen Polizei völlig ungeschützt an der Ausfallstraße Richtung Kabul. Über die nur anderthalb Meter hohen Ziegelmauern könnte selbst ein kleiner Junge klettern, und das dünne Blechtor am Eingang würde nicht einmal einer Pistolenkugel standhalten. Beim Betreten des Geländes sind wir von den schwatzenden Wachposten nur oberflächlich nach Waffen durchsucht worden. Diese »Laxheit« bedeutet aber nicht etwa, dass die Provinz Nangahar besonders sicher wäre – ganz im Gegenteil. Erst vor einigen Wochen fiel der stellvertretende Polizeichef einem Anschlag zum Opfer. Die Mörder waren nachts in das Gebäude eingedrungen, hatten eine Minibombe unter seinem Schreibtisch angebracht und sie am nächsten Morgen per Funk gezündet, gerade in dem Moment, als der Offizier sein Frühstück einnahm. Die Attentäter, zwei angeblich von den Taliban gedungene Jugendliche, wurden festgenommen und verhört. Anschließend sind sie beim Transport ins Gefängnis »verschwunden«. Die Formulierung »Aus dem Polizeigewahrsam entkommen« hat in Afghanistan drei mögliche Bedeutungen: Der Betreffende wurde umgebracht und verscharrt, er wurde dank hoher Bestechungsgelder der Familie entlassen, oder mächtige Hintermänner haben für die Freilassung gesorgt.

Im Fall des ermordeten Polizeioffiziers sind die tatsächlichen Hintermänner bis heute nicht gefasst. Glaubt man den Gerüchten, stecken nämlich nicht die Taliban hinter dem Attentat, sondern Angehörige der Drogenmafia. Doch bei fast jedem »Anschlag« in Afghanistan werden geradezu gebetsmühlenartig die Taliban oder al-Qaida beschuldigt. Später stellt sich dann häufig heraus, dass es sich in Wirklichkeit um Familienfehden, Auseinandersetzungen zwischen Schmugglern oder Drogenbaronen, Unfälle mit Munition oder fahrlässigen Umgang mit Waffen gehandelt hat. Ich erinnere mich noch gut an eine aufsehenerregende Geschichte vor einigen Jahren. Damals war sogar das öffentlich-rechtliche deutsche Fernsehen einer solchen Falschmeldung aufgesessen.

Jalalabad an einem Freitagnachmittag, Anfang September. Am Telefon in meinem Büro meldete sich besorgt eine gute Bekannte. Sie ist leitende Mitarbeiterin beim Bayerischen Fernsehen: »Bin ich aber froh, dass Sie noch am Leben sind. Wie geht es Ihnen?«

»Noch am Leben? Warum sollte ich denn nicht mehr leben?«

Die um mein Leben besorgte Münchnerin war völlig verblüfft über meine Überraschung. »Ja, wissen Sie denn gar nicht, was in Jalalabad geschehen ist? Auf allen Kanälen wird darüber berichtet, dass bei Ihnen heute ein schrecklicher terroristischer Anschlag durchgeführt wurde. Einhundert Menschen sollen dabei ums Leben gekommen sein. Man geht davon aus, dass die Taliban oder al-Qaida hinter dem Anschlag stecken.«

Ich hatte bis zu ihrem Anruf nicht das Geringste von einem Terroranschlag gehört und versprach ihr, der Sache nachzugehen. Nach einigen fruchtlosen Telefonaten mit der Polizei und dem Krankenhaus erhielt ich von unserem Geldwechsler einen Hinweis: »Einige Kilometer vor der Stadt, an der Straße nach Kabul, hat es heute Morgen tatsächlich eine Explosion gegeben, bei der etliche Menschen zu Schaden kamen.« Die afghanischen Geldwechsler sind ein unerschöpflicher Quell an Informationen und manchmal auch an Gerüchten. Doch heute war es kein Gerücht.

Wir fuhren Richtung Kabul. Am Westrand der Stadt gegenüber der islamischen Fakultät stieg Rauch auf. Ein Gitterdrahtzaun versperrte uns den Zugang zum Brandort. *ALCO – Afghan Logistic and Construction Organization* stand auf dem Schild des Eingangstors. Das riesige Gelände hinter dem Gitterzaun gehörte also einer halbstaatlichen afghanischen Baufirma. Wie uns ein Anwohner erzählte, war dort vor einigen Stunden eine Lagerhalle explodiert. Trümmer des Gebäudes und Baumaschinenteile seien auf das nahe gelegene Dorf gefallen, wobei einige Dutzend Menschen verletzt worden seien. Der Schuldige war schnell gefunden. Der *chowkidar* – Wachposten – des Lagers hatte geraucht und die noch brennende Zigarettenkippe in das trockene Gras geworfen. Als das Feuer sich ausbreitete, rannte der Wachposten voller Panik davon. Und in einer der Lagerhallen waren große Mengen an Bausprengstoff gelagert ...

Durch einen Rückruf beim Bayerischen Rundfunk in München konnte ich noch rechtzeitig vor der Tagesschau den medialen »Terroralarm« abblasen. »Zigarettenkippe statt Taliban.« In den Nachrichten der ARD wurde dann auch korrekt über den Vorfall berichtet.

Ich warte mit Alem nun schon fast eine Stunde vor dem Eingang zum Hauptquartier des Polizeichefs. Der gilt als »harter Hund«: bewundert und verehrt von seinen Männern, gefürchtet von den Bewohnern der Provinz und gehasst von seinen Feinden. Und er hat viele Feinde. Umso verwunderlicher ist es, dass er auf hohe Mauern und gepanzerte Fahrzeuge verzichtet und sich von nur zwei Bodyguards schützen lässt. »Er ist verrückt und hält sich für unverwundbar«, meinen die einen. »Die Menschen fürchten ihn so sehr, dass sich ihm niemand zu nähern wagt«, behaupten die anderen. Er selbst sagt von sich: »Seit fünfundzwanzig Jahren befinde ich mich im Krieg. Ich bin nie verwundet worden. Allah hält seine Hand über mich.«

Im Alter von sechzehn Jahren schloss sich der ungebildete Bauernsohn aus Kashmund den Mudschaheddin an. Mit achtzehn führte er die erste Gruppe der »Gotteskrieger« gegen die Russen, und mit zwanzig war Commander Hamid Abdullha[1] weit über die Grenzen seines Distrikts hinaus bekannt und wegen seiner Grausamkeit berüchtigt. Anfang der neunziger Jahre, nach dem Sturz des kommunistischen Regimes, kontrollierte er den Flugplatz von Jalalabad, was sich als äußerst einträglich erwies: Die aus den arabischen Golfstaaten eintreffenden elektronischen Geräte eigneten sich nämlich hervorragend als Schmuggelware nach Pakistan. Abdullha wurde zum ersten Mal Millionär – und zwar Dollarmillionär. 1996 rissen die Taliban die Macht an sich. Abdullha, der die »verrückten Mullahs« – wie er sie nennt – verachtete, verließ Nangahar und setzte sich in die gebirgige, dicht bewaldete Nachbarprovinz Kunar ab. Er sympathisierte mit der Nordallianz und wurde von Fahim, dem Stellvertreter Ahmad Sha Massuds, zunächst reichlich mit Geld versorgt, um im Osten gegen die Taliban zu kämpfen. Diesen Krieg gab Abdullha dann bald

---

[1] Aus Gründen der Sicherheit für unsere Projekte und afghanische Mitarbeiter wurde der Name des Warlords geändert.

auf; er konnte ihn nicht gewinnen. Die Taliban beherrschten das Terrain und fanden zunehmend auch die Unterstützung der örtlichen Bevölkerung. Als Kämpfer und Commander zum ersten Mal erfolglos, mutierte Abdullha rasch zum erfolgreichen »Geschäftsmann« und wandte sich einer Branche zu, die in Afghanistan seit Jahrhunderten berühmt-berüchtigt ist: dem Schmuggel.

Er verlegte sich auf den Schmuggel von Edelhölzern aus Kunar und weißem Marmor aus Nangahar nach Pakistan. Eine wahre Goldgrube! Innerhalb weniger Jahre wurde Abdullha einst ein armer Bauernsohn, zu einem der reichsten und mächtigsten Männer Ostafghanistans. Als sich die Taliban unter dem Druck der US-Luftwaffe Ende November 2001 aus Nangahar zurückzogen, nutzte der Schmugglerkönig die Gunst der Stunde und kehrte als Warlord mit seinen Kämpfern nach Jalalabad zurück, ohne sein erfolgreiches Geschäft zunächst aufzugeben. Er delegierte den Schmuggel an einen seiner Vertrauten und kassierte munter weiter. Inzwischen waren US-Spezialtruppen in Nangahar eingetroffen, die Jagd auf Osama Bin Laden machten. Man vermutete ihn in der Felsenfestung von Tora Bora, 40 Kilometer südlich der Provinzhauptstadt. Da Abdullha im Dschihad gegen die Sowjets vorwiegend in den Bergen nördlich von Jalalabad gekämpft hatte, war ihm die Gegend um Tora Bora nicht vertraut. Gleichwohl setzten die US-Generäle auf ihn. Und er erklärte sich bereit, mit seinen Mudscheheddin den Bodenkrieg gegen die in Tora Bora verschanzten Anhänger Bin Ladens zu führen. Nicht aus politischer Überzeugung, sondern weil es ihn, den Landsknechtsführer, wieder danach drängte, »richtig zu kämpfen«. Vor allem aber, weil auch hier wieder viel Geld zu erwarten war. Ausgestattet mit Millionen Dollar aus der US-Kriegskasse und neuen Waffen aus den Arsenalen der Amerikaner, führte er seine Männer im Dezember gegen die Felsenfestung. Doch Osama und seine arabischen Truppen hatten Tora Bora bereits verlassen.

Unter dem Siegel der Verschwiegenheit bestätigt heute jeder Zweite in der Region, dass dem Araberscheich die Flucht über die Berge nach Pakistan nur gelingen konnte, weil zwei *subcommander* im Auftrag Abdullhas den Weg dazu bereitet und ihm sicheres Geleit ins Nachbarland gegeben haben. Abdullha soll dafür von dem arabischen Multimillionär fürstlich entlohnt worden sein. Der zwar des Lesens und Schreibens unkundige, aber bauernschlaue Fuchs Abdullha hatte also in derselben Sache von beiden Seiten kassiert. Natürlich leugnet er bis heute steif und fest, an der Flucht Osamas beteiligt gewesen zu sein, und beschuldigt stattdessen seinen Erzfeind Commander Zamon. Von diesem wissen wir ja nun aus erster Hand, dass er schon Wochen vor dem Sturm auf Tora Bora den al-Qaida-Chef gefangen nehmen und an die Deutschen ausliefern wollte. Die deutsche Regierung hatte sein Angebot damals nicht angenommen. »Bin Laden ist einige Nummern zu groß für uns«, erklärte Berlin.

Die Amerikaner schienen eher dem Warlord Abdullha zu glauben, denn schon im Herbst 2002 setzten sie ihn als obersten militärischen Befehlshaber im Kampf gegen die Taliban und die Aufständischen in dieser strategisch wichtigsten Provinz ein.

Die Renaissance des Schlafmohnanbaus in Nangahar nach dem Ende des Talibanregimes ging nicht »spurlos« an dem Militärchef vorüber. Neben dem fortgesetzten Schmuggel mit Edelhölzern und weißem Marmor hat Abdullha nun auch die Möglichkeit, am Handel mit Opium zu verdienen. Und er nutzt sie kräftig. Als Polizeichef ist er und nicht der Gouverneur der eigentliche Machthaber in der Provinz. »Die politische Macht kommt aus den Gewehrläufen« – dieser Satz aus dem »Roten Buch« des chinesischen Revolutionsführers Mao Tse-tung ist Abdullha wahrscheinlich nicht bekannt, doch er entspricht der Praxis von afghanischen Kriegsfürsten seines Schlages. So unterstehen Abdullha alle *check posts*, die nach eigenem Belieben die Fahrzeuge kontrollierten. Eigentlich dienen diese Kontrollposten der Suche nach Terroristen, versteckten Waffen oder

Sprengstoff. Tatsächlich aber verhalten sie sich wie moderne Wegelagerer und zocken im Auftrag ihres obersten Chefs die Fahrer ab. Als eine Art Mautgebühr kassieren sie von allen 20 Prozent des mitgeführten Warenwerts. Wer nicht bezahlen kann, wird verprügelt oder für einige Wochen ins Gefängnis gesteckt.

Bei einem mit Opiumbroten beladenen Pick-up kommen gut und gern 5000 Dollar pro Fahrzeug zusammen. Man schätzt, dass Abdullha in den Jahren 2002 bis 2004 auf diese Weise etwa 70 bis 100 Millionen Dollar Drogen- und Schmuggelgelder kassiert hat. Ein dicker Batzen davon geht an seine Männer: Einfachen Soldaten zahlt er 100 Dollar, seine engsten Mitarbeiter erhalten bis zu 1000 Dollar im Monat. Ihre Loyalität ihm gegenüber und damit seine eigene Sicherheit stehen in direktem Verhältnis zur Höhe und regelmäßigen Auszahlung der Gelder. Wie die meisten Drogenbarone und Schmugglerkönige Afghanistans investiert Abdullha seine Millionen nicht im eigenen Land, sondern über das Hawala-System* in den Vereinigten Arabischen Emiraten. Während der vergangenen Jahre haben sich in Dubai und Abu Dhabi besonders Hotels, Boutiquen und Elektronikgeschäfte als exzellente Anlagen erwiesen.

»Die Gangster in Europa und den USA legen ihr Geld auf den Banken der Kaimaninseln an, unsere investieren ihre Millionen über Hawala in Dubai«, erklärte mir ein Saraf – afghanischer Geldwechsler –, der selbst als Hawaladar bei diesen Schiebereien viel Geld verdient. »Wohlweislich legen sie ihre Drogengelder nicht in Afghanistan an. Das ist ihnen zu unsicher. Sollte ihnen nämlich in Zukunft ein funktionierender afghanischer Rechtsstaat doch den Prozess machen oder sollten gar die Taliban zurückkehren, würden sie nicht nur ins Gefängnis wandern, sondern ihren gesamten Reichtum verlieren.«

Abdullha fliegt fünf- bis sechsmal im Jahr mit seinem Neffen an den Arabischen Golf. Dort überprüfen und genießen die beiden den Erfolg ihrer Investitionen. Seine Geschäftstüchtigkeit und sein aufwendiger Lebenswandel in den arabischen

Nobelabsteigen stehen in extremem Kontrast zu seinem eher an einen polternden Landsknechtsführer erinnernden Auftreten in Afghanistan. Im Kreis seiner engsten Vertrauten aber schwärmt er von »phantastischen russischen Mädchen« und Zechgelagen in den Fünf-Sterne-Hotels von Dubai. In seinem Heimatland markiert er dann wieder den gläubigen Moslem, der fünfmal am Tag betet und sich regelmäßig auf Pilgerfahrt nach Mekka begibt. Seinem Dorf in der Region Kashmund hat er sogar eine wunderschöne kleine Moschee spendiert: die moslemische Form des Ablasshandels. Er erhebt auch keine Einwände, wenn Fremde ihn als Haji ansprechen, und trägt nur ungern seine Generalsuniform. »Im schlichten Gewand des einfachen Mudschahed mit Pakoll und Shalwar-Kamez fühlt er sich sicherer, denn damit kann er seine Unbildung besser verbergen«, spotten seine Kritiker hinter vorgehaltener Hand.

Auf der Straße von Jalalabad nach Kunar steht seine private »Residenz«: eine Burg mit Türmen aus weißem Marmor, umgeben von einem gepflegten Park, der einem englischen Landsitz würdig wäre. Diesen »bescheidenen Reichtum« muss er aber den Bürgern zeigen, als äußeres Zeichen seiner erfolgreichen Arbeit.

Seit er zum General befördert und zum Sicherheitchef ernannt wurde, macht er sich nicht mehr selbst die Hände schmutzig, sondern überlässt die »Dreckarbeit« seinem Schwiegersohn. Dieser fünfundzwanzigjährige Psychopath ist ein notorischer Vergewaltiger, brutaler Schläger und schießwütiger Sadist. Ich war selbst Zeuge, wie er bei einer nächtlichen Fahrt im 80 000-Dollar-Pajero seines Schwiegervaters einen Taxifahrer aus dessen zerbeultem Corolla zerrte, weil dieser ihn angeblich behindert hatte. Er und seine Begleiter prügelten auf den alten Mann so lange ein, bis der tot am Straßenrand liegen blieb. Am nächsten Tag wurde der Mord als »Verkehrsunfall« deklariert, und er kam mit einer lächerlichen Geldstrafe davon. Der Schreckensruf »*Er* kommt!« hat bei den Bewohnern von Jalalabad die gleiche Bedeutung wie vor neunhundert Jahren der Schrei »Die Mongolen stehen vor der Stadt!«.

Als ich Abdullha einmal auf die Umtriebe seines Schützlings ansprach, lächelte er milde: »Ach, weißt du, er muss sich erst noch die Hörner abstoßen. Vor zwanzig Jahren war ich auch so ein verrückter Kerl. Eines Tages kommt er schon zur Vernunft.« Und so sicher wie der Neffe die schützende Hand seines Onkels über sich weiß, kann sich der Polizeigeneral auf die politische Großmut und den militärischen Schutz der Amerikaner verlassen. Nicht ohne Gegenleistung.

Abdullha hat nie eine richtige Schule besucht. In dem abgelegenen Dorf, wo er aufwuchs, gab es nur eine vierklassige Koranschule. Seine Religiosität beschränkt sich daher zwangsläufig auf den Glauben an Allah, den Allmächtigen, die Einhaltung der äußeren Riten des Islam und auswendig gelernte Gebetsformeln. Auch hierin ähnelt er dem klassischen europäischen Landsknechtsführer des 16. Jahrhunderts, und zu dessen Wesen gehörte nun mal ein tief verwurzelter, aber eher kindlicher, unreflektierter Glaube an Gott. Theologischen Diskussionen – unter den Afghanen ein beliebter Zeitvertreib – geht er aus dem Weg. Nicht nur mangels Wissen, sondern auch, weil er sich davon keinen greifbaren Nutzen verspricht.

Die Taliban sind ihm wegen ihrer puritanischen Lebensweise suspekt: Er hält sie für bigott und hasst sie wegen ihrer rigiden Religiosität. Zu Recht gilt er als einer ihrer erbittertsten Feinde. Niemals käme er auf den Gedanken, sich mit ihnen zu verbünden; nicht einmal aus taktischen Gründen wie etwa der ehemalige Mudschaheddin-Führer Gulbuddin Hekmatyar. Diese tiefe Abneigung gegen die fanatischen Koranschüler macht ihn zu einem zuverlässigen Verbündeten der Amerikaner. Im gemeinsamen Kampf hat er sie nie enttäuscht. Nicht dass er den amerikanischen *way of life* und ihr arrogantes Auftreten auch ihm gegenüber schätzen würde, sondern weil sein eigenes Überleben – politisch und physisch – von der militärischen Präsenz der US-Truppen abhängt. »Ich bin einer der

Ersten, den die Taliban am nächsten Baum aufknüpfen, wenn sie wieder zurückkehren«, hat er mir einst anvertraut. »Also werde ich alles in meiner Macht Stehende tun, um das zu verhindern.« Natürlich wissen die Amerikaner von seinen eklatanten Menschenrechtsverletzungen und seiner Willkür. Aber sie decken ihn, solange er ihnen nützt. Er ist ihr Garant für »Ruhe und Ordnung«. Ohne ihn würden ihre Truppen orientierungslos in den Bergregionen umherirren. Er ist ihr Auge und Ohr an der pakistanischen Grenze. Seine Spitzel in den Städten und Dörfern der Provinz werden gut bezahlt. Wenn nötig, erpresst er Informationen bedenkenlos durch brutale Folter. Die »Schule des Krieges« hat der Analphabet zehn Jahre lang im Kampf gegen die Sowjets »besucht« und als »Meister« verlassen. Schon damals konnte ich mich von seinen einschlägigen »Fähigkeiten« überzeugen.

Im Frühsommer 1986, auf dem Höhepunkt des sowjetisch-afghanischen Krieges, mussten wir auf dem Weg zu unserer versteckten Höhlenklinik in Kunar ein Gebiet durchqueren, das Abdullha kontrollierte. Unter dem Schutz einer seiner Mudschaheddin-Gruppen übernachteten wir in einem zerbombten Dorf. Bevor wir uns am nächsten Morgen von seinen Leuten verabschiedeten, führten sie uns zu ihrem Gefechtsstand in einer Höhle. Wie ein vom Sturm abgetrennter Baumstamm ragte am Eingang ein nackter menschlicher Oberkörper aus dem Boden. »Wir haben ihn, bevor er starb, noch zum Reden gebracht«, brüsteten sich seine Männer. Wir erfuhren, dass es sich bei dem Toten um einen russischen Kampfhubschrauber-Piloten handelte, dessen Maschine zwei Tage zuvor mit einer von den Amerikanern gelieferten Stinger-Flugabwehrrakete abgeschossen worden war. Der Mann hatte als Einziger den Abschuss überlebt und war von den Anhängern von Abdullha in bestialischer Weise gefoltert worden. Sie hatten seinen Körper bis zur Hüfte in die Erde gerammt, ihm die Bauchhaut abgezogen, diese über den Kopf gestülpt, in Mundhöhe mit »Luftschlitzen« versehen und ihn »erfolgreich vernommen«.

Dieses Verfahren – »Verhör mit Häuten« – wurde zu einer Art Markenzeichen der Mudschaheddin um Abdullha.

So wie er damals die Piloten abgeschossener sowjetischer Flugzeuge »zum Reden gebracht« hat, verschafft er sich auch heute sein Wissen über Absichten und Pläne der Taliban durch die gnadenlose Folter von Gefangenen. Von ihm könnten vermutlich selbst Verhörspezialisten der CIA einiges lernen. Er ist nicht nur als Sicherheitschef erfolgreich, sondern seinen amerikanischen Freunden treu ergeben. Deshalb sehen diese auch großzügig über seine Methoden hinweg. Und sollten sie ihm morgen befehlen, die Schlafmohnfelder der Bauern niederzubrennen, würde er auch diesen Befehl ohne Zögern ausführen – selbst wenn er sich damit in einen aussichtslosen Krieg mit den eigenen Dörflern verstricken würde.

Aber auch für diesen Fall hat er vorgesorgt. Seine Drogen- und Schmuggelgelder sind in den vergangenen Jahren so gut angelegt worden, dass er einen langen Lebensabend in Wohlstand am Arabischen Golf verbringen könnte. Wie die Amerikaner über Warlords von seinem Schlag denken, zeigt der Satz eines US-Generals: »Wer soll denn in diesem chaotischen Land für Stabilität sorgen, wenn nicht Männer wie Hamid Abdullha?«

Ein Sprecher der UN-Unterstützungsmission UNAMA in Nangahar sieht die Zusammenarbeit der Amerikaner mit willfährigen kriminellen Kriegsherren wie Abdullha etwas kritischer: »Die Macht und Autorität von Hamid Abdullha und seiner Bande beruht auf ihren engen Beziehung zum US-Militär und zur CIA. Unter ihrem Schutz kann er jeden erfolgreich einschüchtern und schädigen. Wenn ihm jemand in die Quere kommt, verhaftet er ihn oder legt ihn um. Oder – was noch wirkungsvoller ist – er droht, ihn demnächst nach Guantanamo zu schicken. Die amerikanische Politik der Zusammenarbeit mit unverbesserlichen Warlords und Rechtsbrechern zerstört jedes Vertrauen, das die Menschen hier vor drei Jahren in den Westen gesetzt haben. Sie wird sich sehr bald als Bumerang erweisen und die kleinen Fortschritte, die wir bislang erreicht haben, wieder zunichte machen.«

Ein amerikanisches Sprichwort besagt: »Man muss mit denen tanzen, die man im Tanzsaal trifft. Auch wenn diese Damen etwas unappetitlich sind.« Ob wir wollen oder nicht: Auch wir müssen uns der Macht des Polizeichefs fügen. Im »Tanzsaal von Nangahar« gibt er nun mal seit Jahren den Takt vor. Als Chef der Polizei ist er dort Herr über Leben und Tod. Gegen ihn – und selbst ohne ihn – können wir nicht arbeiten. Um in Nangahar ungestört Schulen zu bauen, dort Mädchen zu unterrichten und unsere Lehrerinnen zu bezahlen, Computerklassen einzurichten und unsere Waisenhaus zu betreiben, sind wir auf die Duldung dieses brutalen, menschenverachtenden Polizeichefs angewiesen. Uns ist klar, dass wir uns auf einem schmalen Pfad bewegen. Ein falscher Schritt würde die erfolgreiche Arbeit von Jahren zunichte machen. Wir aber wollen – um im Bild zu bleiben – nicht nach seiner Pfeife tanzen, sondern mit seiner Zustimmung dafür sorgen, dass die Kinder von Nangahar »tanzen« können. Und wann immer wir in den vergangenen Jahren hier eine neue Schule eröffnet haben, tanzten und sangen die Mädchen vor Freude. Das Bild vom Tanzsaal hat also schon eine gewisse Berechtigung.

Endlich, nach langem Warten, kommt uns Abdullha mit entschuldigend ausgebreiteten Händen entgegen. Wir haben uns mehrere Monate nicht mehr gesehen, und er hat wichtige Nachrichten für uns. Deshalb sind Alem und ich heute auch zum Frühstück eingeladen. Wir werden nun mit einem Mann speisen, der in einem Rechtsstaat seine Mahlzeiten bis zu seinem Lebensende hinter Gittern einnehmen müsste.

Bei unserem Gespräch heute geht es aber nicht um Schulen; das wäre für einen Sicherheitschef von seinem Kaliber doch zu banal. Der General hat uns zum Frühstück eingeladen, um über Politik zu reden. Der Empfangsraum, in den er uns führt, hat den Stil und Charme eines etwas heruntergekommenen Erster-Klasse-Wartesaales der Reichsbahn zu Kaiser Wilhelms

Zeiten: durchgesessene Plüschsessel in Grün-Ocker auf abgetretenen Teppichen in Rot-Schwarz, zwei schwere Lüster an der Decke und – als »ästhetischer Höhepunkt« – ein gelbschwarzer Wandteppich, auf dem silbern der stilisierte Kopf von Ahmad Sha Massud* prangt. Auf dem schweren Schreibtisch aus dunklem Zedernholz in der Ecke stapeln sich Schriftstücke und Aktenordner – und dies, obwohl der Hausherr des Lesens gar nicht kundig ist! Der drückt auf einen kleinen Knopf. Wenige Sekunden später öffnet sich die kleine Tür am anderen Ende des Empfangsraums, und ein junger, elegant gekleideter Mann betritt ehrfürchtig den Raum. Abdullha weist ihn an, das Frühstück zu servieren. Der General redet mit gedämpfter Stimme, nicht etwa in polterndem Ton, wie man das von einem Landsknecht erwarten würde. Ich habe diese Art zu sprechen in den vergangenen Jahren bei vielen ehemaligen Mudschaheddin-Führern erlebt. Vielleicht ist das ja ein Relikt aus den Kriegszeiten, als sie überall mit Spionen zu rechnen hatten.

Wie in Afghanistan üblich, hatte ich zum Frühstück nur Tee, frisches Fladenbrot mit Marmelade und Butter erwartet. Stattdessen lässt Abdullha jetzt ein Mahl auffahren, das dem opulenten Festessen am Ende des Ramadan* alle Ehre machen würde: fetttriefende Fleischspieße, knusprige Hähnchen, dampfende Schüsseln mit Reis und Kartoffeln, in Milch gekochten Spinat, Tomaten und Zwiebelsalat, zum Nachtisch süße Weintrauben, Äpfel und Bananen ...

»General, das ist ja ein richtige Festessen. Was feiern wir denn heute?«, fragt Alem, der ebenso überrascht ist wie ich. Abdullha nun wieder ganz der Landsknechtsführer, legt schmatzend einen abgenagten Hähnchenschlegel auf den Tisch und greift mit seiner fettigen Hand in die Jackentasche. Kräftig weiterkauend reicht er uns eine Visitenkarte über den Tisch. *Hamid Abdullha – Security Chief of Nangahar – Lieutenant General* ist auf der englischen Seite des Kärtchens zu lesen. Abdullha, vor Kurzem noch im Dienstgrad eines Brigadiers, wurde also zum

Lieutenant General befördert und ist damit der wohl jüngste Drei-Sterne-General der afghanischen Polizei[1].

»Deine deutschen Freunde waren heute Morgen schon hier, um mir zu gratulieren. Ihr seid eben immer die schnellsten«, lobt er meine Landsleute.

Beförderungen auf Generalsebene – immerhin der zweithöchste Dienstgrad der afghanischen Polizei – werden nicht ohne Zustimmung der Amerikaner durchgeführt; schon gar nicht, wenn der Betreffende in einem Sektor der US-Truppen eingesetzt ist. Seine Ernennung ist also mit Sicherheit auf Veranlassung des US-Hauptquartiers erfolgt und eine Belohnung für die ungetrübte und erfolgreiche Zusammenarbeit mit ihm. Seine gute Laune macht ihn heute gesprächiger, als ich ihn sonst kenne: »Es war ein fruchtbarer Austausch mit den deutschen Polizisten. Ihr schickt wirklich hervorragende Fachleute zu uns. Einer der vier ist Offizier bei eurer Anti-Terror-Abteilung. Und der Zivilist kennt unser Land schon seit fünfundzwanzig Jahren: In den Achtzigern war er beim deutschen Nachrichtendienst in Peschawar tätig.« Er bemerkt mein Erstaunen darüber, dass sich die deutschen Polizeibeamten und der BND-Mitarbeiter so offen über ihre Tätigkeit geäußert haben sollten. »Nein, nein, sie haben keine Interna verraten. Aber du darfst unseren afghanischen Geheimdienst NDS nicht unterschätzen. Von ihm bekomme ich alle notwendigen Informationen über meine Gäste, auch über die Deutschen. Schließlich hat euer Geheimdienst* den unseren in den vergangenen Jahrzehnten gut ausgebildet.«

Das opulente Frühstück beim Sicherheitschef von Jalalabad zieht sich bis in die Nachmittagsstunden hin. Er schwärmt von seinen Erfolgen gegen die Taliban und die ausländischen Ter-

---

[1] Der englische Militärdienstgrad *Brigadier*, afghanisch *Brid Janaral*, entspricht dem deutschen Dienstgrad Brigadegeneral. Dieser trägt einen goldenen Stern auf den Schulterklappen. Der Dienstgrad *Lieutenant General*, afghanisch *Dagar Janral*, entspricht dem deutschen Generalleutnant mit drei goldenen Sternen.

roristen. In seiner Provinz gebe es kein einziges Heroinlabor. Wohlweislich erwähnt er keine erfolgreichen Aktivitäten gegen die zahllosen Schlafmohnfelder, auf denen in den vergangenen Jahren der Rohstoff für das Heroin angepflanzt wurde. »Wir greifen scharf durch und haben dafür gesorgt, dass Nangahar als einzige Provinz im Osten unter völliger Kontrolle der Zentralregierung ist. Hier haben die Taliban keine Chance. Die Heroinproduzenten, die auch in meiner Provinz ihre Labore einrichten wollten, haben wir verjagt. Sie sind wieder nach Pakistan zurückgekehrt. Im nächsten Jahr wollen die Amerikaner hier auch alle Mohnfelder zerstören. Dann werde ich allerdings wohl nicht mehr da sein.«

Was soll das heißen? Will er aus Nangahar wegziehen oder gar Afghanistan den Rücken kehren? Das kann ich mir schwer vorstellen. Zu gut laufen seine »Geschäfte«, und einen echten Konkurrenten hat er hier nicht zu fürchten. Auch Alem sieht mich überrascht an. Als hätte er unsere Gedanken erraten, legt der General das Messer aus der Hand, mit dem er gerade einen Apfel geschnitten hat, und räuspert sich: »Im Herbst finden Parlamentswahlen statt. Ich wurde gebeten, mich als Kandidat von Nangahar zur Verfügung zu stellen. Nachdem ich hier in den vergangenen drei Jahren für Ordnung gesorgt habe, möchte ich meine Erfahrungen nun auch in das Zentralparlament einbringen. Also habe ich beschlossen, schon im nächsten Monat mein Amt als Polizeichef niederzulegen und zu kandidieren. Ihr seid unter den Ersten, die davon erfahren. Ich werde meinen Nachfolger bitten, euch und eure Arbeit in gleicher Weise zu unterstützen, wie ich es getan habe.«

Jetzt ist es heraus. Der Warlord Hamid Abdullha geht in die »große Politik«. Wer sein Nachfolger als Polizeichef von Nangahar werden wird, weiß er nicht; das entscheidet der Innenminister in Kabul.

Ein halbes Jahr später, am 18. September 2005, finden in Afghanistan zum ersten Mal seit über dreißig Jahren wieder Parlamentswahlen statt. Trotz Drohungen der Taliban gehen mehr als 50 Prozent der Wahlberechtigten zu den Urnen. Abdullha soll bei seiner Kampgne mehr als 5 Millionen Dollar Bestechungsgelder gezahlt haben. Trotzdem erringt er in Nangahar, der ehemaligen Taliban-Hochburg, mit 3,8 Prozent der abgegebenen Stimmen nur einen hauchdünnen Sieg vor der Menschenrechtlerin Safia Siddiqi – einer Frau!

Seit November 2005 sitzt der Kriegsverbrecher und Drogenbaron im ersten demokratisch gewählten afghanischen Parlament. 120 der 249 Sitze gingen an ehemalige Mudscheheddin-Führer und Warlords wie Abdullha. Der damalige Polizeichef befindet sich dort also wieder in »vertrauter« Umgebung. Keine guten Voraussetzungen für eine demokratische Entwicklung im Land am Hindukusch.

Der Weg zu den Taliban

Der ganz in Weiß gekleidete Mann hat Mühe, das henkellose Teeglas zum Mund zu führen. An seiner verstümmelten rechten Hand fehlen Mittel- und Ringfinger. Über sein Gesicht fällt der Schatten eines seidenen Turbans, sodass die breite Narbe neben dem glänzend schwarzen Bart kaum zu sehen ist. Im Pavillon unseres einfachen Gästehauses am Rande Peschawars sitzt mir Maulavi[1] Abdul Siddiqi betont steif und aufrecht gegenüber. Der Grund, weshalb Alem und ich heute mit dem Dozenten einer der radikalsten Koranschulen Pakistans frühstücken, liegt zwanzig Jahre zurück und hat auch mit der Narbe im Gesicht und den fehlenden Fingern zu tun.

Die Familie der Siddiqis lebte Mitte der achtziger Jahre in einem verträumten Bergdorf im äußersten Nordosten der Grenzprovinz Kunar. Bislang war diese Region vom Krieg verschont geblieben, und die Bauern konnten ungestört ihrer Feldarbeit nachgehen. Die Kinder wuchsen in einer behüteten Umgebung auf – bis zu jener Dezembernacht des Jahres 1986, in der der Friede für das Dorf und den damals zehnjährigen Abdul innerhalb weniger Minuten vorbei war. Ohne Vorwarnung legten sowjetische Kampfflugzeuge die Lehmhäuser in Schutt und Asche. Den Bewohnern blieb keine Chance, ihre Häuser zu verlassen und in die nahen Berge zu fliehen. In dieser Nacht verlor Abdul seinen Vater und drei seiner fünf Geschwister. Als er blutüberströmt und schreiend unter den Trümmern ihres

---

[1] *Maulavi* (oder *Mauli*) ist die paschtunische Bezeichnung für einen hochrangigen Religionsgelehrten im sunnitischen Islam.

274

Hauses hervorkroch, fand er nur noch seine Mutter, den älteren Bruder und seine erst zweijährige Schwester lebend vor.

Damals arbeitete ich, unterstützt von Alem als Dolmetscher und zwei einheimischen *healthworkers* – ungelernte Krankenpfleger –, heimlich und illegal als »Barfußarzt« in einem verlassenen, halb verfallenen Gehöft des Nachbardorfs. MBHU – *Mobile Basic Health Unit*; mobile Basisgesundheitsstation – nannte man die primitiven Einrichtungen, in denen wir die Bauernfamilien ärztlich versorgten. Illegal war unsere Arbeit deshalb, weil die sowjetischen Besatzer die Dörfer im Grenzgebiet zu Pakistan als Widerstandsnester ansahen und seit 1982 die medizinische Versorgung der dort lebenden Menschen untersagt hatten. Die afghanischen Ärzte in dieser Region wurden vor die Alternative gestellt, entweder in den von den Sowjettruppen beherrschten Städte zu arbeiten oder das Land zu verlassen. Eine kleine Zahl der Mediziner kollaborierte und zog in die sicheren Städte; die meisten flohen nach Pakistan und von dort häufig weiter in die USA oder nach Europa. Nur sehr wenige harrten in den Dörfern aus und arbeiteten unter Lebensgefahr weiter. Die Sowjets setzten Kopfgelder in Höhe von 1000 US-Dollar auf jeden »illegalen« Arzt aus. Wer ausländische Ärzte an die Besatzer verriet, erhielt die zehnfache Prämie. Diese wurden als »CIA-Agenten« diffamiert und galten als besonders gefährlich. Denn ihre Anwesenheit stärkte nach Meinung der Besatzer in ganz besonderer Weise das Durchhaltevermögen der Widerstandskämpfer.

In diesen Jahren gab es nur eine Handvoll ausländischer Ärzte, die sich trotzdem ins Land wagte und die Arbeit in der Illegalität auf sich nahm. Einer meiner afghanischen Mitarbeiter, ein hervorragender Chirurg, wurde 1985 von Speznaz-Truppen aufgegriffen und standrechtlich erschossen. Ein Jahr später geriet das Medizinerteam einer befreundeten Organisation in einen Hinterhalt dieser Elitetruppe. Ein Arzt und eine junge Krankenschwester aus Deutschland wurden gefangen genommen und ins berüchtigte Pul-E-Tscharki-Gefängnis nach Kabul verschleppt. Wegen des Vorwurfs der Spionage drohte ihnen jahrzehntelange Haft. Erst dank der Intervention des deutschen Bundespräsidenten bei der Moskauer Führung kamen die beiden nach vielen Wochen im Gefängnis wieder frei.

Wir Ausländer arbeiteten damals also nicht nur »barfuß« und unter körperlich extremsten Bedingungen, sondern setzten uns auch dem Risiko der Gefangennahme oder Schlimmerem aus. Das Damoklesschwert des Kopfgeldes schwebte ständig über uns, und so waren wir im Grunde immer auf der Flucht. Länger als vier, fünf Tage konnten wir uns nicht am selben Ort aufhalten, denn sonst liefen wir Gefahr, entdeckt, gefangen genommen oder erschossen zu werden. Die Menschen in den Dörfern wussten natürlich von dem Risiko, das wir ausländischen Ärzte freiwillig auf uns nahmen. Daher haben sie unsere Arbeit auch besonders geschätzt.

Diese hohe Achtung wird uns auch heute noch entgegengebracht. Sie ist für mich persönlich und meine Arbeit zu einer Art Schutzschild geworden – auch gegenüber denjenigen, die jetzt, zwanzig Jahre später, alle Ausländer aus Afghanistan vertreiben wollen. Der ganz in Weiß gekleidete Mann mit der verstümmelten Hand, der mir heute gegenübersitzt, ist einer von ihnen.

Aber zurück in das Jahr 1986: Noch in der Nacht des Bombenangriffs schleppten die Überlebenden aus dem Nachbardorf die Verletzten zu uns in die Gesundheitsstation. Die ganze Nacht hindurch wateten mein afghanischer Kollege und ich regelrecht im Blut. Bis zur Erschöpfung amputierten wir auch am nächsten Tag Arme und Beine, entfernten Stein- und Stahlsplitter aus den hageren Körpern der Kinder und Frauen, stabilisierten gebrochene Knochen mit einfachen Gipshüllen für den Weitertransport nach Pakistan, trösteten Väter und Mütter, die in dieser Nacht ihre Kinder verloren, weil wir ihnen mit unserer primitiven Ausrüstung nicht mehr helfen konnten. Abdul Sidiqqi, der mir heute gegenübersitzt, war einer der wenigen, die trotz schwerer Verletzungen überlebten. Sein Unterschenkel war durch herabfallende Dachbalken zertrümmert worden, an der linken Gesichtshälfte klaffte eine Wunde wie von einem Rasiermesser, und seine mit Dreck und Blut beschmierte rechte Hand baumelte bewegungsunfähig am Körper.

Den tiefen Riss im Gesicht, der wohl von einem Stahlsplitter stammte, und die halb zerfetzte Hand konnten wir einigermaßen versorgen. Zwei Finger mussten wir allerdings amputieren. Den mehrfach gebrochenen Unterschenkel fixierten wir in einer Gipshülle; eine endgültige chirurgische Versorgung konnte nur in Pakistan erfolgen. Auf einer Holzpritsche, festgezurrt am Rücken eines Maultieres, verließ der zehnjährige Abdul am nächsten Tag zusammen mit seiner Mutter und der kleinen Schwester das Dorf und zog mit dem Tross der Überlebenden über die Grenze nach Pakistan. Sein nur sechs Jahre älterer Bruder, der unverletzt geblieben war, schloss sich voller Hass auf die Sowjets den Mudschaheddin an. Ein Jahr fiel später er im Kampf gegen die »Gottlosen« und wurde zum Shahid*.

Aus dem kleinen Bauernbuben Abdul von 1986 wurde ein hochrangiger Religionsgelehrter der berühmten Dar ul-Ulum Haqqania*, einer Koranschule im Nordwesten Pakistans. Als Alem mir seinen Besuch ankündigte, konnte ich mich zwar an das nächtliche Gemetzel in Kunar erinnern, aber nicht mehr an den schwer verletzten Jungen. Nun, zwanzig Jahre später, sitzt ein hellhäutiger schlanker Mann mit pechschwarzem, gepflegtem Vollbart vor mir. Er spricht mit der typischen sanften Stimme des Gelehrten, während die dreiunddreißig Sandelholzperlen der Tasbih* unablässig durch die Finger seiner linken Hand gleiten.

Bei den Wahhabiten – und Maulavi Abdul Sidiqqi zählt als Vertreter der Haqqania* zweifellos zu dieser Gruppe – ist das Beten mit der Tasbih eigentlich nicht sehr verbreitet; diesen Brauch findet man eher bei den Sufis. Aber die Koranschule, an der Abdul unterrichtet, ist stark vom nordindischen Deobandi-Islam* geprägt. Und dort wiederum ist der Gebrauch dieses islamischen »Rosenkranzes« nicht unüblich.

Die Taliban-Eliteschule Haqqania von Akora Katak in der Nordwestlichen Grenzprovinz von Pakistan

»Ich freue mich sehr, Dr. Erös, dass Allah uns nach so langer Zeit wieder zusammengeführt hat. Ohne deine ärztliche Hilfe säße ich heute nicht hier. Ich danke meinem Gott jeden Tag, dass er dich in jener Nacht zu uns geschickt hat. Du hast meinem Volk in diesen Jahren sehr geholfen, und Allah wird dich einst dafür belohnen. Deshalb ist es mir eine Ehre, dich an unsere Religionsschule einzuladen. Wir feiern morgen den Abschluss des Schuljahrs, und unser Rektor, Mauli Sami ul-Haq, würde sich glücklich schätzen, dich als unseren Gast zu begrüßen.«

Ich kann meine Überraschung nicht verbergen: Eine Einladung in die Dar ul-Ulum Haqqania, die Kaderschmiede der Taliban, erhält man nicht jeden Tag. Unauffällig nickt mir Alem hinter seinem Teeglas zu. Eigentlich waren wir für morgen mit dem Leiter unserer Mutter-Kind-Klinik im Flüchtlingslager Kacha Gari verabredet; doch diesen Besuch kann ich problemlos um einen Tag verschieben. Die Gelegenheit, an der Abschlussfeier von mehreren Tausend Taliban teilzunehmen, will ich mir nicht entgehen lassen. Also sage ich zu, und wir vereinbaren, uns morgen gegen 9.00 Uhr am Ortseingang von Akora Khattak zu treffen. Das Städtchen liegt etwa eine Fahrstunde östlich von Peschawar an der Hauptstraße nach Islamabad. Maulavi Abdul will mich dann persönlich in die Haqqania bringen, zu der Nichtmoslems und Ausländer normalerweise keinen Zutritt haben. Da ich morgen kaum Gelegenheit haben werde, mit Abdul über seine Entwicklung vom kleinen Bauernjungen zum Religionsgelehrten zu sprechen, schenke ich ihm Tee nach und dränge ihn, aus seinem Leben zu erzählen: »Wie erging es dir denn nach der Flucht?«

Aus Abduls Mund erfahre ich die Geschichte einer Generation junger Paschtunen, die in den elenden Flüchtlingslagern Pakistans der achtziger Jahre zu fanatischen Gotteskriegern erzogen wurden. An die tagelangen schmerzhaften Märsche auf dem Rücken eines Maultiers kann Abdul sich heute kaum noch erinnern. Seine Schwester ist auf dem Weg ins rettende Pakistan ihren schweren Verletzungen erlegen. Ein Onkel, der Mutter und Sohn begleitete, brachte die beiden in ein Lazarett des *Saudi Red Crescent* – Saudi-arabischer Roter Halbmond. Die arabischen Ärzte kümmerten sich rührend um ihn und seine Mutter; sein Unterschenkel wurde operiert, und schon nach einigen Wochen konnten beide das Krankenhaus verlassen. Da Abduls Vater bei dem Luftangriff ums Leben gekommen war, heiratete sein Onkel, der älteste Bruder seines Vaters, die Witwe als Zweitfrau – eine bei den Paschtunen seit Jahrhunderten gepflegte und besonders in Kriegszeiten sinnvolle Tradition. Damit waren Mutter und Sohn versorgt. Der kleine Abdul wuchs also wieder in einer richtigen Familie auf, mit Vater, Mutter und mehreren Geschwistern.

Die pakistanischen Flüchtlingsbehörden wiesen der Familie einen Platz im grenznahen Parachinar zu, einem der erbärmlichsten Lager mit über 100 000 Flüchtlingen. Auf einer baumlosen, steinigen Hochebene, 1500 Meter über dem Meeresspiegel, vegetierten die Flüchtlingsfamilien zusammengepfercht in windigen Zelten. Nur einmal wöchentlich brachte ein Tankwagen der pakistanischen Armee sauberes Trinkwasser ins Lager. Die Familien mussten stundenlang anstehen, um ihren Zehn-Liter-Blechkanister zu füllen. An den anderen Wochentagen liefen die Mädchen mit Kanistern und kleinen Kochgefäßen zwei Stunden zum Fluss, um Wasser zu holen. Es gab keine Möglichkeit, das verschmutzte Flusswasser zu reinigen oder abzukochen. Denn das wenige Brennmaterial benötigten die Frauen, um wenigstens einmal am Tag heißen Tee und Reis zubereiten zu können. Anfangs dienten die dürren Büsche und Hecken im Lagerbereich als Brennholz; aber schon bald waren die Jungen ganze Tage unterwegs, um Holzstückchen, Reisig, Pappe und Papier für das Kochfeuer zu beschaffen. Zuletzt nutzten sie den Dung von Kühen, Wasserbüffeln und Schafen, vermischten ihn mit trockenem Gras und Stroh und formten daraus pfannkuchenartige Gebilde. Die handtellergroßen Platten wurden an den Außenwänden der Lehmhütten getrocknet und dann anstelle von Feuerholz verwendet. Tagelang mühten sich die Männer, metertiefe Löcher als Behelfstoiletten in den steinigen Boden zu hacken. Als Sichtschutz dienten Plastikfolien und Zeltreste.

Zweimal im Monat kamen die weiß gestrichenen Lastautos der UN mit Lebensmitteln aus Peschawar ins Lager. Die kargen Rationen mit Reis, Speiseöl in Dosen, getrockneten Linsen, Milchpulver, schwarzem Tee und Zucker reichten oft nicht einmal aus, um die Menschen mit einem Minimum der benötigten Kalorien zu versorgen. Der anhaltende Mangel an Eiweiß führte bei vielen Kleinkindern zum Hungerbauch, eine Wasseransammlung in der Bauchhöhle. Die unzureichende Ernährung und die katastrophalen hygienischen Bedingungen förderten Epidemien. Die grassierenden Durchfallerkrankungen rafften vor allem Alte und Kleinkinder dahin. In den Wintermonaten pfiff der eisige Wind in die löcherigen Zelte, und wiederum waren es die Schwächsten, die an Lungenentzündung starben.

In dieser Vorhölle wuchs der kleine Abdul heran. Wie alle Lagerbewohner mussten seine Mutter und der schon betagte Stiefvater Abduls tagtäglich um das Überleben der Familie kämpfen. Die schweren Verletzungen, die der Junge in Afghanistan erlitten hatte, waren gut verheilt. Trotz der breiten Narbe im Gesicht und der verkrüppelten Hand fiel er unter den vielen anderen Kindern, die ebenfalls vom Krieg gezeichnet waren, nicht weiter auf. Dreimal wöchentlich besuchte er den Unterricht im Zentrum des Lagers. Unter einem schäbigen Zeltdach saß er zusammen mit Hunderten anderer Jungen auf der blanken Erde und versuchte den Koran auswendig zu lernen. In Arabisch, einer Sprache, die den Paschtunenjungen völlig fremd war, mussten sie stundenlang jede einzelne der 114 Suren aus dem »Heiligen Buch« ständig aufs Neue wiederholen. Laut und vernehmlich, den Kopf wie ein Huhn wippend, deklamierte jeder Bub für sich die unverständlichen Sätze. Der Lehrer, ein einfacher Dorfmullah aus der nahen Moschee, achtete lediglich auf die korrekte arabische Aussprache. Wenn es seinen Schülern nicht gelang, die ungewohnten gutturalen Laute richtig zu formen, bestrafte er sie mit Stockschlägen auf Kopf und Rücken. An einer schäbigen schwarzen Holztafel erlernten sie die arabischen Buchstaben, die auch für ihre Sprache – Paschtu – verwendet werden. Schulbücher gab es keine, Heft und Bleistift musste sich Abdul mit seinem Nachbarn teilen. Hatten die beiden ein Schulheft mit den zu lernenden Buchstaben vollgeschrieben und den Inhalt auswendig gelernt, löschten sie den Text mit einem Radiergummi und benutzten das Heft ein weiteres Mal. Andere Fächer wie zum Beispiel Mathematik, Biologie, Geschichte, Musik oder Sprachen wurden nicht unterrichtet. Dazu waren die nur in der »Islamischen Wissenschaft« ausgebildeten Mullahs wohl auch nicht in der Lage. Es war ein trister Unterricht, der den intelligenten und wissbegierigen Abdul langweilte und unterforderte. Eigentlich besuchte er die Schule nur, weil er dort neue Freunde kennenlernte und es keine andere Abwechslung in der Öde des Lagerlebens gab.

Doch eines Morgens geschah etwas Ungewöhnliches. Der

Mullah kam aufgeregt in das Zelt und eröffnete den Schülern, dass sich hohe Gäste aus Peschawar angekündigt hätten. Ihr Besuch werde für einige Schüler von großer Bedeutung sein. Statt den üblichen Unterricht zu halten, wies der Lehrer die Schüler an, das Zelt zu fegen und den Vorplatz zu kehren. Währenddessen führte er eine kleine Gruppe der besten Schüler, darunter auch Abdul, in die Moschee nebenan. Sie waren völlig überrascht, als er sie – zum ersten Mal, seit sie den Unterricht besuchten – überschwänglich für ihre Leistungen lobte. Dann eröffnete er ihnen, dass der morgige Besuch zu großen Veränderungen in ihrem Leben führen würde. Genaueres aber erfuhren sie nicht.

Ganz aufgewühlt ging Abdul nach Hause, doch er traute sich nicht, seinen Eltern vom seltsamen Verhalten seines Lehrers zu erzählen. Vor lauter Aufregung und Neugier konnte er kaum einschlafen. Als er tags darauf zum Unterricht gehen wollte, erblickte er eine Reihe eleganter Geländewagen neben dem Zeltdach. Noch nie hatten er und seine Mitschüler so teure Autos gesehen. Bärtige Männer mit Gewehren bewachten die Fahrzeuge und den Platz um das Zelt. Die Schüler durften nicht eintreten, fanden das aber gar nicht so übel. Denn so hatten sie immerhin Gelegenheit, die noblen Karossen zu bestaunen und die grimmig dreinschauenden Bewaffneten zu bewundern: Mudschaheddin, echte Krieger, die gewiss schon viele Feinde getötet hatten! Wie gern wären auch Abdul und seine Freunde dabei gewesen, wenn diese Kämpfer wieder in den Krieg gegen die Gottlosen zogen, die noch immer ihr Heimatland besetzt hielten.

Drinnen im Zelt tagte der Rat der Lagerältesten mit den Gästen aus Peschawar. Der berühmte Yunis Khalis*, Führer einer der sieben großen Mudschaheddin-Parteien, war angereist und hatte eine Delegation arabischer Würdenträger mitgebracht. Sie waren nach Parachinar gekommen, um das Flüchtlingslager zu besichtigen und Hilfe und Unterstützung anzubieten. Durch die dünnen Zeltwände konnte Abdul mithören, worüber die Lagerältesten, zu denen auch sein Vater gehörte, mit den mächtigen Männern aus Peschawar redeten. Khalis versprach, die Flüchtlinge regelmäßig mit Lebensmitteln zu versorgen, eine große Krankenstation einzurichten und die Versorgung mit Trinkwasser durch eine moderne Wasseraufbereitungsanlage zu verbessern. Ein Thema lag ihm und den Arabern besonders am Herzen: die Ausbildung der Jungen zu »guten Moslems«. Noch am selben Tag sollten im Lager die Vorbereitungen für den Bau mehrerer Moscheen und fester Unterkünfte für die Koranschulen beginnen.

Und endlich – darauf hatte Abdul ungeduldig gewartet – kam Khalis auf die Angelegenheit zu sprechen, über die sich der Mullah gestern in so geheimnisvollen Andeutungen ergangen hatte. Der Lagerleiter wurde aufgefordert, zwanzig besonders begabte Jungen im Alter von neun bis zehn Jahren zu benennen. Diese Schüler sollten die Gelegenheit erhalten, auf einer der namhaftesten Madaris* in Pakistan kostenlos ausgebildet zu werden. Abdul ahnte schon, dass er zu den Auserwählten gehören würde. Dennoch war er überglücklich, als sein Lehrer ihm dies nach der Sitzung der Lagerältesten offiziell eröffnete. Er konnte es kaum erwarten, die gute Nachricht seinen Eltern mitzuteilen. Seiner Mutter fiel ein Stein vom Herzen, denn sie hatte befürchtet, dass man Abdul wegen seiner Behinderung womöglich ablehnen würde. Stiefvater und Mutter waren froh und dankbar, dass wenigstens einer aus der Familie die Chance erhielt, dem Elend des Lagerlebens zu entfliehen.

Wenige Wochen später verließ Abdul zusammen mit zwanzig Gleichaltrigen das Flüchtlingscamp und fuhr auf einem Lastwagen ins Landesinnere. Er sollte seine Familie nie wiedersehen. Dem zehnjährigen Bauernbuben aus dem ärmlichen Bergdorf in Kunar eröffnete sich nun eine völlig neue Welt. Im Zentrum der Madrassa Haqqania* ragte das dreißig Meter hohe Minarett über den weiträumigen Innenhof. Eine breite Säulenhalle an dem mit vier Türmchen geschmückten Gebetshaus spendete den Gläubigen reichlich Schatten. Abdul staunte über die vielen Springbrunnen im großzügig angelegten Park und bewunderte die bunten Vögel in den Messingkäfigen. Nie zuvor hatte er eine solch prächtige und Ehrfurcht gebietende Moschee gesehen. Entzückt schlief der kleine Junge am ersten Abend beim letzten Gebet des Muezzin ein.

In den nächsten Tagen wurden alle Neuankömmlinge eingekleidet. Jeder erhielt drei Sätze Shalwar-Kamez; zwei in Grau für die Wochentage und einen in blütenweißem Stoff für den Freitag und die übrigen Feiertage. Zur Bedeckung des Kopfes – eine Pflicht schon für die Jüngsten unter den Koranschülern – bekamen die Jungen zwei weiße bestickte Topi, die steifen Rundkappen der Paschtunen in Pakistan. Im Flüchtlingslager war er stets barfuß gelaufen, doch jetzt erfuhr er, dass sich dies für einen guten Moslem nicht ziemt. Ausgestattet mit zwei Paar neuer Gummisandalen lernte der angehende Koranschüler, das Schuhwerk nur beim Betreten der Moschee abzulegen. Mit drei anderen Jungen teilte er ein helles, blitzsauberes Zimmer in einem der Wohngebäude, das nur hundert Meter von der Moschee entfernt war. Zwei von ihnen hatten jeweils für eine Woche Putzdienst und waren für die Sauberkeit ihres Zimmers und des Flurs verantwortlich. Schon in der ersten Woche lernten die zehnjährigen Jungen den Gebrauch des kleinen Gaskochers in ihrem Zimmer und bereiteten sich unter Anleitung selbst Tee zu. Jeder Zimmergemeinschaft wurde aus den Reihen der älteren Schüler ein Mentor zugewiesen. Seine Hauptaufgabe bestand darin, sie zur Selbstständigkeit zu erziehen und darauf zu achten, dass sie sich stets korrekt und anständig benahmen.

Zum ersten Mal seit Monaten konnte sich Abdul jetzt jeden Tag satt essen. Die Kleinen wurden in den Speisesälen mit drei Mahlzeiten täglich verpflegt, während die älteren Schüler sich ihr Essen selbst auf den Zimmern zubereiten mussten. Lediglich das Fladenbrot wurde – ebenfalls von Schülern – für alle gebacken. Im ersten Schuljahr durften sie in ihrer Freizeit das Gelände der Madrassa nicht verlassen. Allerdings hätten sie auch kaum Gelegenheit dazu gehabt. Alles war neu und aufregend. Und auf dem weitläufigen Schulgelände gab es genügend Platz für Spiele und Sport.

An den festen Tagesrhythmus und das zeitige Aufstehen musste sich Abdul erst gewöhnen. Im Flüchtlingslager in Parachinar hatten nur die Erwachsenen die vorgeschriebenen Gebete verrichtet. An der Haqqania war das Salat* auch schon für die Kleinen Pflicht. Um die vorgeschriebenen rituellen Waschungen vor dem ersten Gebet zu verrichten, musste Abdul schon vor Sonnenaufgang aus den Federn. Aber auch daran fand er bald Gefallen, da alle Mitschüler dazu verpflichtet waren und das Gebet in der Gemeinschaft durchgeführt wurde. Abduls Zimmergenossen waren ebenfalls in Flüchtlingslagern aufgewachsen und hatten wie er ihren Vater verloren, einer auch seine Mutter. Im Lauf der nächsten Monate stellte Abdul fest, dass fast alle Schüler an der Madrassa Waisen oder Halbwaisen waren.

»Auch der Prophet Mohammed ist als Waisenkind aufgewachsen. Sein Vater ist vor seiner Geburt gestorben, und seine Mutter hat er kaum gekannt: Sie starb, als er drei Jahre alt war. Eure Familie ist jetzt die Haqqania und eure Heimat Afghanistan und der Islam«, schärfte ihnen ihr Mentor immer wieder ein. »Durch das Studium des Korans werdet ihr alles über euren Glauben lernen. Und später, wenn ihr erwachsen und gute Moslems seid, werdet ihr nach Afghanistan zurückkehren und als Mudschaheddin mit der Waffe des Islam die Gottlosen aus eurer Heimat vertreiben.«

Abduls anfängliches Heimweh und die Erinnerung an Mutter und Stiefvater verblassten immer mehr. Sein älterer Bruder, von dessen Märtyrertod er noch im Lager erfahren hatte, wurde zu seinem Vorbild. Abdul fühlte sich so glücklich wie noch nie zuvor in seinem Leben: Es gab jeden Tag genügend zu essen und zu trinken, er war stets sauber gekleidet und konnte sich mit sauberem Wasser waschen. In den Wintermonaten musste er nicht mehr frieren, und in den heißen Sommermonaten spendeten die kühlen Räume und die Bäume im Garten der Schule erfrischenden Schatten. Er genoss das kameradschaftliche Zusammenleben mit seinen Altersgenossen, die Fürsorge seiner Lehrer und die Ratschläge seines Mentors. Vor allem aber hatte er jetzt ein klares Ziel vor Augen. Ein Ziel, das ihm seine Lehrer in jeder Unterrichtsstunde vermittelten: »Die Haqqania macht aus euch charakterstarke Persönlichkeiten, umfassend gebildete Menschen, die ihr Leben nach den Geboten Allahs ausrichten. Der gute Moslem verachtet das Streben nach oberflächlichen irdischen Vergnügungen und bekämpft die Feinde des Islam mit Wort und Tat.«

Die strengen Regeln machten Abdul weniger zu schaffen als anderen Schülern, die ihre Eltern früh verloren hatten und als Vollwaisen bei entfernten Verwandten aufgewachsen waren. Schon in seinem Heimatdorf hatten ihn Mutter und Vater dazu erzogen, auch dann ehrlich und aufrichtig zu sein, wenn es ihm schwer fiel. Bereits damals hatte er gelernt, dass man nicht ungestraft stehlen und betrügen durfte. Er war es von zu Hause gewohnt, den Anweisungen seines älteren Bruders zu folgen und Verantwortung für die jüngeren Geschwister zu übernehmen. Und wenn er gegen die Regeln verstoßen hatte, war er natürlich von der Mutter gescholten worden und hatte auch schon mal vom großen Bruder eine Ohrfeige erhalten.

Die Strafen hier an der Haqqania waren ganz anderer Art: Wurde ein jüngerer Schüler erstmals beim Lügen oder Schummeln in Prüfungen erwischt, musste er seine Verfehlungen vor allen Mitschülern bekennen und Allah um Vergebung bitten. Ältere Schüler bekamen zusätzlich zwanzig Stockhiebe. Bei schwereren Verstößen gegen die strengen Gebote mussten sie die Schule verlassen und wurden in das Flüchtlingslager zurückgeschickt. Eine furchtbare Schande für den Schüler und für seine Verwandten und Freunde! Wenn sie keine Verwandten hatten, steckte man sie in eines der zahlreichen Waisenhäuser, die häufig unter der Kontrolle arabischer Wohlfahrtsorganisationen standen. Dort mussten schon die Kleinen harte körperliche Arbeit leisten. Prügel und Essensentzug waren die gängigen Strafen.

Voller Eifer stürzte sich Abdul auf das Studium des Korans. Er büffelte die arabische Sprache und beschäftigte sich mit der Geschichte und Kultur der saudi-arabischen Halbinsel, wo Mohammed gelebt und gewirkt hatte. Die korrekte Interpretation des Heiligen Buches war nur möglich, wenn man auch die Sprache beherrschte und über das Leben des Propheten Bescheid wusste, der einst vom Engel Gabriel die Offenbarung der göttlichen Weisheit empfangen hatte. Da die meisten Lehrer ebenfalls auf dem Gelände der Madrassa wohnten, standen sie ihm und seinen Mitschülern Tag und Nacht zur Verfügung. »Der Koran und die Hadith, in denen die Worte und Taten des Propheten Mohammed beschrieben werden, sind die Grundlage allen Wissens. Sie erklären die Welt mit allen ihren Geschöpfen. Also studiert sie und die Schriften gläubiger Moslems«, bekamen die Schüler von ihren Lehrern zu hören, wenn sie Fragen hatten. In der Bibliothek der Haqqania fanden die Schüler eine schier unendliche Zahl religiöser Bücher.

Abbildungen von Menschen, Fotos, Tonbänder, Musikkassetten, Filme oder Fernsehen waren streng verboten. Mädchen und Frauen hatten keinen Zutritt zur Haqqania. Auch wurde im Unterricht kaum über das andere Geschlecht gesprochen. Als einer der Ersten seiner Klasse konnte Abdul schon im zweiten Schuljahr alle 114 Suren des Korans auswendig rezitieren. In freier Rede und im simulierten Streitgespräch übten er und seine Kameraden die Widerlegung »falscher« Glaubensrichtungen und die Verteidigung der wahren Lehre. Er lernte einfache religiöse Schriften und fromme Gedichte zu verfassen, die er im Kreis der Religionsgelehrten vortragen durfte. Da er auch das dritte Schuljahr als Klassenbester abschloss, stellte ihm der Rektor sogar ein Auslandsstudium in Aussicht.

Immer wieder kamen ausländische Besucher an die Schule; Abdul konnte die verschiedenen Nationen recht bald unterscheiden. Wenngleich weder der Rektor noch ihre Lehrer ein

Wort über die Amerikaner verloren, waren sie an ihrem kurzen Haarschnitt, ihren westlichen Hosen und bunten Hemden gut zu erkennen. Sie zeigten kaum Interesse an den Schülern und dem Unterricht, sondern machten nur einige Fotos und zogen sich dann in das Büro des Rektors zurück. In diesen Tagen gab es immer ein besonders reichliches und schmackhaftes Essen mit Hähnchen, Hammelfleisch, Rosinenreis und – als seltene Delikatesse – Eiscreme zum Nachtisch. Abdul vermutete, dass sie diese Leckerbissen den Amerikanern zu verdanken hatten.

Ganz anders verhielten sich die zahlreichen Besucher aus Afghanistan und den arabischen Ländern. Gulbuddin Hekmatyar, ein enger Freund ihres Rektors und häufiger Gast an der Haqqania, war allen Schülern bestens bekannt. Sein Erkennungszeichen war der schwarze, eng gewickelte Turban. Er erschien stets mit großem Pomp, begleitet von einer Leibgarde schwer bewaffneter Paschtunenkrieger und einer Eskorte pakistanischer Soldaten. Sein Ruf als mutiger und erfolgreicher paschtunischer Heerführer machte ihn zu einem Idol der Jugend. Stundenlang lauschten die Schüler den Geschichten von seinen Heldentaten im Kampf gegen die gottlosen *shurawi* (dieser persische Name für »Russen« wird auch von den Paschtunen benutzt).

Man erkannte die Araber leicht an der *dischdascha*, einem wallenden weißen Gewand, und der *smagh*, dem weißen oder rot-weiß karierten Tuch auf dem Kopf, das von einem geflochtenen schwarzen Band, dem *igal*, zusammengehalten wurde. Sie nahmen sich sehr viel Zeit, um am Unterricht teilzunehmen und mit den Schülern über den Propheten und den Islam zu sprechen. Ein Mann, den alle nur den »Scheich« nannten, kam regelmäßig an die Haqqania. Die Schüler erkannten ihn schon von Weitem an der für einen reichen Araber ungewöhnlichen Bekleidung. Dieser stets lächelnde Mann trug einen nussbraunen Pakoll, die Kopfbedeckung der afghanischen Mudschaheddin, und eine gefleckte Militärtarnjacke. Dabei wirkte er gar nicht wie ein Krieger.

Die Lehrer sprachen seinen Namen nur mit großem Respekt aus, und Sami ul-Haq behandelte ihn wie einen Staatsgast. Da er kein Paschtu, sondern nur Arabisch und Urdu sprach, mussten seine Reden für die Schüler übersetzt werden. Obwohl auch Abduls Arabischkenntnisse damals noch gering waren, wurde der Mann schon bald zu seinem Lieblingslehrer. Sein Name war Osama Bin Laden. Mit sanfter Stimme, aber ungeheuer fesselnd erzählte er vom Kampf gegen die Feinde des Islam in Afghanistan, die trotz ihrer Panzer und Flugzeuge von den tapferen Mudschaheddin mit Allahs Hilfe geschlagen würden. Er pries das Martyrium der Shahid, die mit Freuden ihr Leben opferten. Das Blut, das sie im Heiligen Krieg vergossen, würde allen Moslems den Weg zum Paradies bahnen.

Kampf und Heiliger Krieg wurden allmählich auch im regulären Unterricht zu zentralen Themen. Abdul konnte es kaum noch erwarten, eines Tages selbst in den Dschihad zu ziehen. Noch war er zu jung dafür, doch der Scheich versicherte den Schülern, der Heilige Krieg werde noch lange andauern und erst dann beendet sein, wenn der Islam den Sieg über die ganze Welt errungen habe. Alle Moslems hätten die Pflicht, diesen weltweiten Kampf zu führen, und sie, die Jungen, seien die Speerspitze aller Kämpfer. Zunächst aber müssten die Gottlosen in Afghanistan vollständig geschlagen und vertrieben werden. Islam sei Kampf, gelebter Kampf gegen die von der wahren Lehre Abgefallenen und die Ungläubigen, gegen Unmoral, Sittenverfall und Schamlosigkeit. Das hatten sie im Unterricht gelernt, und die praktischen Lektionen aus dem Leben von Hekmatyar, Osama Bin Laden und anderen Frontkämpfern ergänzten die Theorie aus den Schulstunden und vermittelten ihnen den eigentlichen Sinn ihres Studiums. Das persönliche Beispiel und die Opferbereitschaft dieser Helden beflügelten Abdul und seine Mitschüler und nahmen ihnen jede Angst vor der Zukunft. Jetzt spürten sie den Atem des Allmächtigen, und es drängte sie zur Tat, zum Kampf. Und da sie Allah auf ihrer Seite wussten, konnte dieser Kampf nicht verloren werden, ganz gleich, wie viele Opfer er von jedem Einzelnen fordern würde. Sie waren zu allen Opfern bereit. Allah würde sie beschützen oder als Märtyrer zu sich ins Paradies holen.

Ein echter Höhepunkt für Abdul und die jüngeren Mitschüler war der jährliche Besuch des pakistanischen Präsidenten Zia ul-Haq* anlässlich des Gründungstages der Haqqania. Die älteren Schüler kannten ihn schon von früheren Begegnungen und nannten ihn heimlich die »Klapperschlange«. Als der in elegante Uniform gekleidete schlanke General mit dem schmalen Schnauzbart zum ersten Mal vor ihnen stand, begriff Abdul auch, warum er diesen Spitznamen trug. Die tiefschwarzen, schlitzförmigen Augen funkelten gefährlich wie bei einem Raubtier aus dem fahlgrauen Gesicht, und seine hohe Stimme zischte wie eine Peitsche über ihre Köpfe hinweg. Wenn er sprach, lief es Abdul und seinen Freunden eiskalt über den Rücken. Als Herrscher über 130 Millionen Moslems, enger Verbündeter der Supermacht USA und Oberbefehlshaber von über 600 000 kriegserfahrenen Soldaten war Zia der mächtigste Führer in der gesamten islamischen Welt. Gnadenlos hatte er nach einem erfolgreichen Militärputsch seinen Vorgänger im Amt des Präsidenten hinrichten lassen. Anschließend hatte der fanatische Islamist und Vertreter des extremen Wahhabismus saudi-arabischer Prägung die Scharia eingeführt und Tausende neuer Koranschulen gegründet.

Im Frühjahr 1989 wurde der Heilige Krieg in Afghanistan siegreich beendet. Die militärisch überlegenen Sowjets verließen geschlagen und gedemütigt das Heimatland von Abdul und zogen sich über den Fluss Amu Daria in das dem Untergang geweihte Reich der Gottlosigkeit zurück. Die Erde Afghanistans war vom Blut Hunderttausender Moslems getränkt, unzählige Moscheen waren geschändet und Tausende Dörfer zerstört. »Es sind nur die Körper der Menschen, die in den Gräbern liegen«, erklärten die Lehrer der Madrassa, »und diese Körper werden nicht altern und verwesen, sondern am Jüngsten Tag wieder auferstehen und in das Paradies eingehen.

Es sind nur Mauern aus Stein, Lehm und Ziegeln, die jetzt in Schutt und Asche liegen. Sie warten darauf, von euch in alter Pracht wieder aufgebaut zu werden.«

Der Islam hatte gesiegt. Allah hatte die Ungläubigen vernichtend geschlagen. Doch Abduls Gefühle waren gespalten. Natürlich war er begeistert vom Sieg der Mudschaheddin über die Ungläubigen, der an der Madrassa tagelang mit Gebeten und Freudenfesten gefeiert wurde. Viel lieber wäre er jedoch dem Beispiel seines vor Jahren gefallenen Bruders gefolgt und selbst als Mudschahed mit Hekmatyar in die Berge marschiert, um jetzt als siegreicher Held zurückzukehren. Da er damals noch keine sechzehn Jahre alt war, hatte er traurig zusehen müssen, wie Schüler aus den oberen Klassen – allerdings nur während der zweimonatigen Schulferien – Erfahrungen im Kampf machen konnten. Doch die Stunde seiner Bewährung sollte kommen.

Nach dem Sieg der vereinten Mudschaheddin ließ das verhießene islamische Emirat Afghanistan zunächst auf sich warten. Die Nachrichten aus der Heimat wurden immer verworrener, und die noch vor wenigen Monaten als Helden verehrten Gäste der Haqqania blieben aus. Der Rektor erklärte den Schülern, einige der Mudschaheddin-Führer seien vom wahren Glauben abgefallen und würden sich jetzt gegenseitig bekriegen. Diese *murtadd* – vom wahren Glauben abgefallene ehemalige Moslems – mussten vernichtet werden. Um die Schüler auf diesen Kampf vorzubereiten, wurde im Unterricht der Oberklassen, den Abdul inzwischen besuchte, zunehmend Wert auf militärische Themen gelegt. Zum praktischen Training in Camps abseits der Schule kamen Offiziere der pakistanischen Armee und brachten den Schülern den Umgang mit Handfeuerwaffen, Panzerfäusten, Minen und Sprengstoffen bei. Wegen seiner verstümmelten Hand hatte Abdul große Schwierigkeiten beim Bedienen der Waffen, machte dies aber mit seiner Intelligenz und seinen ausgeprägten Führungsqualitäten wett.

Der Sommer 1994 brachte die Wende. Die Schüler erfuhren,

dass ein ehemaliger Absolvent der Haqqania namens Mullah Muhammad Omar* sich gegen die *murtadd* in seiner Heimatstadt Kandahar im Süden Afghanistans erhoben hatte. Es hieß, er habe zwei besonders widerwärtige Mudschaheddin-Kommandeure, die gerade im Alkoholrausch ein kleines Mädchen vergewaltigen wollten, an den Rohren ihrer Panzer aufgehängt. Mit einer zunächst kleinen Schar aufrechter Koranschüler eroberte der einfache Dorfmullah Omar in wenigen Wochen die gesamte Provinz.

Abdul vernahm, dass dieser Mullah Omar im Dschihad gegen die Sowjets selbst schwer verletzt worden war und ein Auge und ein Bein verloren hatte. Dies bestärkte ihn in seiner Überzeugung, dass er trotz der eigenen Behinderung ein ebenso guter Kämpfer werden könne. Der tiefgläubige Dorfmullah Omar, Sohn einer bettelarmen Bauernfamilie aus Kandahar, entfachte in den Herzen aller Haqqani-Schüler das Feuer der Taliban. Sie drängten ihren Rektor, sie nach Kandahar zu schicken, um Mullah Omar im Kampf gegen die *murtadd* beizustehen. Im Frühjahr 1994 entsandte Sami ul-Haq tatsächlich die erste Gruppe der ältesten Schulklasse in den Süden Afghanistans. Abdul gehörte zu ihnen. Aus dem Halbwaisen und Flüchtlingsjungen mit der verstümmelten Hand, geboren in einem kleinen Dorf in Kunar, war ein echter Talib geworden.

In der Löwengrube

Der mit Henna* gefärbte wallende rote Bart des Sechzigjährigen sprießt in alle Richtungen. Mit einem billigen Plastikkamm versucht der mittelgroße Mann, seine widerspenstigen Barthaare sauber nach unten zu glätten. Sami ul-Haq, seit über dreißig Jahren Rektor einer der einflussreichsten pakistanischen Madaris und Herr über viertausend Koranschüler, hält dabei einen kleinen Handspiegel vor seinen stets leicht geröteten kräftigen Schädel. Es scheint ihn nicht zu stören, dass ihm ein Ausländer bei der Bartpflege zusieht. Der Mann gilt als ausgesprochen eitel und legt am heutigen Tag besonderen Wert auf ein würdiges Aussehen.

Ich bin am frühen Morgen aus Peschawar aufgebrochen und habe mich wie verabredet mit Maulavi Abdul Sidiqqi am Ortseingang von Akora Khattak getroffen. Die Haqqania in der unscheinbaren Kleinstadt an der Straße zwischen Peschawar und Islamabad ist nicht nur eine der größten Madaris Pakistans, sondern galt in den achtziger und neunziger Jahren als *die* Kaderschmiede der Talibaneliten des Landes. Mehr als 25 000 radikale Koranschüler sind in diesen zwei Jahrzehnten aus ihr hervorgegangen. Bei der Eroberung Afghanistans durch Mullah Omar und seine »Gotteskrieger« haben Schüler von Sami ul-Haq stets an vorderster Front gekämpft. Jeder dritte Minister des »Islamischen Emirates Afghanistan« war Absolvent der Madrassa von Akora Khattak. Die siebenjährige Schreckensherrschaft der Taliban trug deutlich den Stempel der Haqqania.

Als im Winter 2001 dann das Talibanregime durch die

Im Gespräch mit Sami ul-Haq, dem Rektor der Haqqania

US-Luftwaffe und die tadschikisch-usbekische Nordallianz gestürzt wurde, führte dies keineswegs zu der vom Westen erwarteten Schwächung der radikalen Islamisten. Im Gegenteil: Die Haqqania erlebt einen bislang nicht gekannten Ansturm von Studenten, und die Anzahl fundamentalistischer Madaris in Pakistan hat sich mehr als verdoppelt. Über 15 000 Koranschulen soll es nach Angaben des pakistanischen Religionsministers inzwischen geben, und ihre Zahl wächst von Jahr zu Jahr. Zaghafte Versuche der Regierung von Präsident Musharraf, nach dem 11. September 2001 wenigstens die Lehrinhalte der Madaris unter staatliche Kontrolle zu bringen, sind kläglich gescheitert.

Jede zehnte Koranschule gilt als militant und aggressiv. Hier wird ein rigider, am arabischen Wahhabismus ausgerichteter expansiver Islam unterrichtet. Den Schülern wird das Ziel vermittelt, mit allen Mitteln eine mittelalterliche Scharia in

Pakistan und Afghanistan durchzusetzen. In einigen Teilen Pakistans ist dies trotz des westlich geprägten Präsidenten Musharraf bereits gelungen. Kenner des Landes sehen in dem desolaten säkularen Bildungssystem eine wesentliche Ursache dieser auch für die Sicherheit und Stabilität des eigenen Staates bedrohlichen Entwicklung. Nicht einmal 2 Prozent des Etats tröpfeln in den Bildungsbereich, während mehr als 30 Prozent in den Militärhaushalt fließen.

Mit über 160 Millionen Einwohnern ist Pakistan nach Indonesien das bevölkerungsreichste islamische Land und verfügt über die zahlenmäßig stärkste Armee, die seit 1998 auch mit Atomwaffen und Langstreckenraketen ausgerüstet wurde. Die 600 000 Berufssoldaten gehören zur privilegiertesten Schicht des Landes. Ihren Angehörigen und deren Familien stehen die besten Krankenhäuser, kostenlose Wohnungen und Einkaufsmöglichkeiten zur Verfügung; ihre Kinder können exzellente Schulen besuchen. Generäle arbeiten »im Nebenberuf« als Manager der größten Unternehmen. Sie leiten Banken, Fabriken und Fluglinien. Die Armee unterhält riesige Maklerbüros und wissenschaftliche Institute an zivilen Universitäten. Nach ihrer Pensionierung rücken hohe Offiziere in gut bezahlte Positionen als Vorstandsvorsitzende von Großkonzernen. Seit dem Frühjahr 2002 erhielt die Regierung in Islamabad von den USA rund 8 Milliarden Dollar für den Kampf gegen den Terror. Da dieser *war on terror* nach dem Vorbild der Vereinigten Staaten allein mit militärischen Mitteln geführt wird, kam diese gewaltige Summe auch ausschließlich der pakistanischen Armee zugute. Nicht ein Cent wurde in »Präventionsmaßnahmen« gegen den islamistischen Terrorismus gesteckt, also in die »geistige« Bekämpfung des religiösen Fanatismus der Madaris durch den Bau dringend benötigter säkularer Schulen. Ihr Besuch müsste – wie bei den Koranschulen – für alle Schüler kostenlos sein, die Lehrer müssten eine gute Ausbildung erhalten und angemessen bezahlt werden.

Auch sechzig Jahre nach der Befreiung vom englischen

Kolonialismus sind trotz einer jahrzehntelangen, großzügigen Entwicklungshilfe der westlichen Welt sind immer noch mehr als ein Drittel der Bevölkerung Analphabeten. Laut Erkenntnissen von UNICEF haben 50 Prozent der schulpflichtigen Kinder keinen Zugang zu öffentlichen Schulen. Und die Hälfte der Schulkinder ist so arm, dass sie die Ausbildung vorzeitig abbricht. Besonders trostlos ist die Situation in den Grenzregionen zu Afghanistan, dem Armenhaus Pakistans. Dort besuchen weniger als 25 Prozent der Schulpflichtigen eine Schule. Ihre Eltern sind meist einfache Bauern und Tagelöhner, die den Wert der Bildung nicht kennen, da sie in ihrer Kindheit selbst nie die Schule besuchen konnten. Außerdem benötigen sie die Hilfe ihrer Jungen und Mädchen bei der Feldarbeit.

Das Niveau an den viel zu wenigen öffentlichen säkularen Schulen ist katastrophal. Die Kinder werden dort ausschließlich in Urdu unterrichtet und erlernen nicht einmal die offizielle Behördensprache Englisch. Die mangelhafte fachliche und pädagogische Ausbildung der staatlichen Lehrer, die miserable Bezahlung und ihr geringer sozialer Status wirken sich verhängnisvoll aus: Langweiliger, fantasieloser Frontalunterricht und stumpfsinniges Auswendiglernen prägen den Schulalltag. Der Unterricht ist zwar kostenlos; Schulbücher, Hefte, Stifte etc. müssen allerdings vom Schüler beschafft werden. Selbst diese geringen Kosten können viele Eltern nicht aufbringen. Wer aber sein Kind auf eine solche öffentliche Schule schicken muss und ihm dennoch die Chance auf einen ordentlichen Beruf oder gar eine akademische Karriere nicht verbauen will, kommt ohne Nachhilfeunterricht nicht aus. Der wiederum ist teuer und damit für die wenigsten erschwinglich. Zudem wird der Nachhilfeunterricht von den eigenen Lehrern durchgeführt. Diese sind für das »Zubrot« dankbar und haben natürlich wenig Interesse daran, dass die Schüler schon im regulären Unterricht alles verstehen.

Der Besuch einer der zahlreichen kleinen privaten Schulen, die auch Englischunterricht und Computerausbildung anbieten, kostet im Schnitt 100 US-Dollar im Monat. Ein Taxifahrer oder *basari* – Kleinhändler – mit zwei bis drei Dollar Tagesverdienst, ein Lehrer mit 60 Dollar oder ein junger Krankenhausarzt mit 100 Dollar im Monat kann sich das nicht leisten. Die Kinder der Eliten des Landes haben natürlich alle Möglichkeiten, die hervorragenden Privatschulen etwa in Lahore, Karachi oder Islamabad zu besuchen. Diese Einrichtungen halten jedem Vergleich mit westlichen Schulen stand. Mit 10000 Dollar Gebühren im Jahr sind sie auch noch deutlich »günstiger« als die britischen oder amerikanischen Eliteinternate.

Die fachlich ebenfalls exzellenten Kadettenschulen der pakistanischen Armee stehen nicht nur den Söhnen von Offizieren offen. Bei einem Besuch der Kadettenschule von Kohat im Westen Pakistans erlebte ich einen Unterricht, der in den naturwissenschaftlichen Fächern dem eines deutschen Gymnasiums in nichts nachsteht. 80000 Rupien Schulgebühren (etwa 2000 Euro) pro Jahr verlangt der Staat von Eltern, die nicht der Armee angehören – das ist etwa das Vierfache des jährlichen Pro-Kopf-Einkommens der Bevölkerung.

Für die Millionen mittellosen Familien, die ihren Kindern dennoch Chancen eröffnen wollen, bieten die Koranschulen eine vermeintliche Alternative. An diesen Einrichtungen ist nicht nur der Unterricht kostenlos, die Kinder erhalten dort auch ohne Bezahlung Essen und Bekleidung. Diese Bildungseinrichtungen werden von religiösen Stiftungen oder islamischen Wohlfahrtsverbänden finanziert. Es ist in Pakistan ein offenes Geheimnis, dass die wahhabitisch geprägten radikalen Madaris mit Geldern aus Saudi-Arabien und den Vereinigten Arabischen Emiraten unterhalten werden. Der Unterricht an den Koranschulen konzentriert sich auf die Vermittlung religiöser Inhalte. Fremdsprachen, Mathematik, natur- oder geisteswissenschaftliche Fächer werden kaum gelehrt. Staatsbürgerlicher Unterricht, wie wir ihn in demokratischen Ländern kennen, ist dort regelrecht verpönt. Nicht eine selbstständig denkende und umfassend gebildete Persönlichkeit ist Ziel der

Ausbildung, sondern der im Glauben gefestigte Moslem. Dem Absolvent einer Koranschule bleibt häufig nur die Möglichkeit, als einfacher Religionslehrer oder als Prediger an einer Moschee zu arbeiten. Doch in Zeiten der vermeintlichen »Bedrohung des Islam« wird es an der Haqqania und vielen anderen Koranschulen Pakistans als »heilige Pflicht« der Schüler angesehen, ihren Glauben notfalls mit der Waffe in der Hand zu verteidigen.

Heute Morgen findet an der Haqqania die *annual graduation*, die jährliche Abschlusszeremonie der Oberklassen der Taliban, statt. Maulavi Abdul hat mich im Auftrag des Rektors dazu eingeladen, und somit habe ich die eher zweifelhafte Ehre, als erster Ausländer und Nichtmoslem an einem solchen Festakt teilnehmen zu dürfen. Es wäre nicht nur unhöflich, sondern auch gefährlich, die Einladung eines der mächtigsten religiösen Führer Pakistans abzulehnen.

Akora Khattak liegt im Zentrum der pakistanischen Nordwestlichen Grenzprovinz (NWFP). Seit den Wahlen 2003 wird diese Paschtunenprovinz – wie auch die pakistanische Süd-

Mit Talibanlehrer in der Bücherei der Haqqania

westprovinz Beluchistan – von Parteien* beherrscht, die den Taliban nahestehen. Sami ul-Haq gilt als einer der einflussreichsten Politiker der NWFP. Er ist Vorsitzender der Partei Jamiat-e-Ulama-e-Islam, dem politischen Sprachrohr der Taliban in Pakistan, und sitzt seit Jahren als Senator im Oberhaus der Nationalversammlung in Islamabad. Sein ältester Sohn Hamid, ebenfalls im Führungskader der Jamiat-e-Ulama-e-Islam, vertritt die Provinz als Abgeordneter im pakistanischen Parlament. Als stellvertretender Rektor der Haqqania ist er die rechte Hand seines Vaters.

In dieser Provinz unterhält die »Kinderhilfe Afghanistan« seit 1998 eine Mädchenschule und ein Computerzentrum für afghanische Flüchtlinge. Im Flüchtlingslager Kacha Gari unterstützen wir auch eine Mutter-Kind-Klinik mit zwei afghanischen Frauenärztinnen und drei Hebammen sowie eine große Zahnklinik, geführt von einer ebenfalls afghanischen Zahnärztin. Ohne Duldung durch die religiös und politisch Mächtigen hätten wir diese Einrichtungen zur Zeit des Talibanregimes in Afghanistan gar nicht erst bauen dürfen und nach dem Sturz der Gotteskrieger im Herbst 2001 schon lange schließen müssen. So wie wir uns jenseits der Grenze, in der afghanischen Provinz Nangahar, mit einem korrupten Polizeichef arrangieren müssen, der als Warlord und Drogenhändler die Taliban bekämpft, bleibt uns im Westen Pakistans keine andere Wahl, als uns ab und an mit religiösen Fanatikern zu treffen, die im Nachbarland die Gotteskrieger wieder an die Macht bringen wollen. »Wer in der Hölle arbeiten will, muss mit dem Teufel ab und zu Tee trinken«, habe ich vor sieben Jahren einer deutschen Journalistin auf die vorwurfsvolle Frage geantwortet, warum ich mit den Taliban überhaupt sprechen würde.

In dem winzigen Büro des Leiters der Haqqania finde ich zunächst kaum Platz zum Sitzen. Auf den drei Holzstühlen stapeln sich Ordner und Schriften, und auch der Fußboden ist belegt mit Stößen von Büchern. Einer der Assistenten Samis räumt eine Ecke des Zimmerchens leer und serviert uns auf dem Teppichboden dampfenden Minztee und ungesalzene Mandeln. Maulavi Abdul Sidiqqi nippt nur kurz am Teeglas, bevor er sich von uns verabschiedet. Er ist heute Vormittag erstmals für den Ablauf der Feier verantwortlich und muss in der großen Halle als Vertreter des Rektors Gäste begrüßen. Bevor die Zeremonie der Zeugnisübergabe beginnt, bleibt noch Zeit für ein Gespräch mit Sami ul-Haq, der sich heute besonders aufgeschlossen und redefreudig zeigt.

Mehr als viertausend Jungen und junge Männer zwischen sechs und fünfundzwanzig Jahren studieren derzeit an der Madrassa, so viele wie noch nie in der Geschichte der Haqqania. Selbst in den Jahren des Talibanregimes waren es nie mehr als dreitausend. Auf der Baustelle hinter der Moschee entsteht das neue Internat für die Schüler, denn aus Platzmangel müssen seit letztem Jahr mehr als eintausend bei Freunden in der Nachbarschaft untergebracht werden. Doch die Haqqania hat zur Zeit nicht nur Raumprobleme, sondern auch zu wenige Lehrer: Der Kampf gegen die *murtadd* hat in den vergangenen Jahren viele Opfer gefordert, und jetzt melden sich immer mehr Lehrer, um gegen die Amerikaner zu kämpfen. Finanziell scheint es dagegen keine Schwierigkeiten zu geben: Wie zur Zeit des Dschihad gegen die Russen fließen auch heute Gelder von einheimischen Sponsoren und religiösen Stiftungen in Saudi-Arabien und den Vereinigten Emiraten. Den Neubau des Internats finanziert ein Angehöriger der Königsfamilie aus Riad. Etliche Schüler, die aus dem Ausland zum Studium hierherkommen, entstammen wohlhabenderen Familien und übernehmen auch Stipendien für Mitschüler aus ärmeren Familien.

Die Talibanzöglinge leben bescheiden und werden von ihren Lehrern zur Anspruchslosigkeit erzogen: 20 US-Dollar pro Schüler reichen aus, um die Lebenshaltungskosten für einen Monat zu decken. Auch die Lehr- und Lernmittel werden aus Saudi-Arabien und den Vereinigten Arabischen Emiraten geliefert beziehungsweise bezahlt. Für diese Großzügigkeit erwarten die Gönner eine entsprechende Gegenleistung. Wie lässt sich das mit den bombastischen Palästen und dem an spätrömische Kaiser erinnernden dekadenten Lebensstil arabischer Prinzen und Scheichs vereinbaren? Diese Herrschaftsschicht unterhält enge politische und wirtschaftliche Beziehungen zu nicht islamischen Ländern und Politikern. Sie bekämpft den fundamentalistischen Islamismus im eigenen Land mit militärischen Mitteln. Den Außenstehenden mag es deshalb verwundern, dass sie hier im unterentwickelten Westpakistan die ideologischen Kaderschmieden der Taliban so massiv unterstützt. »Arabisch-islamische Dialektik«? Vielleicht ist das ja der Versuch, dem puritanischen Islamismus à la Taliban im eigenen Land Einhalt zu gebieten, indem man ihn in anderen Ländern mit Geld zu korrumpieren versucht.

Mein Besuch heute vermittelt mir allerdings nicht den Eindruck, dass dieser Versuch von Erfolg gekrönt ist. Nur drei Viertel der Talibanzöglinge haben in der großen Halle der Haqqania auf dem mit Teppichen belegten Fußboden Platz gefunden; etwa tausend müssen in den Gängen und auf dem Vorplatz zur Moschee verharren und den Festakt über Lautsprecher verfolgen. Die viertausend Koranstudenten sind in festliches Weiß oder Hellblau gekleidet und behalten auch in der Halle die runde Topi auf dem Kopf. Ihre älteren, mit dem Turban geschmückten Lehrer sitzen in den vorderen Reihen.

Sami ul-Haq und seine engsten Mitarbeiter haben sich ebenfalls auf dem Fußboden niedergelassen. Allerdings sitzen sie etwas erhöht auf einer Stufe mit Blick zum Auditorium. Im ganzen Raum gibt es keine Stühle oder Sessel. Als Ausländer und »Ehrengast« hat mir der Rektor den Platz an seiner Seite angeboten. Obwohl die Halle bestimmt zehn Meter hoch ist und alle Fenster geöffnet sind, lastet auf uns eine brütende Hitze. Nur das leise Brummen der Deckenventilatoren durchbricht die gespenstische Stille.

Bismillah ir-rahman ir-rahim – »Im Namen Allahs, des Barmherzigen, des Erbarmers« –, mit diesem »Ersten Wort«, das nach moslemischer Überzeugung Allah einst den Propheten

Tausend Taliban verlassen heute die Haqqania – »Eure Aufgabe ist es jetzt, in Afghanistan dem Islam zum Sieg zu verhelfen«

Mohammed niederschreiben ließ, beginnt auch Sami seine Rede an die Taliban, die wie Kinder an seinen Lippen hängen. Keiner unter den Studenten und Gästen erwartet eine fromme Gebetsstunde, und Sami enttäuscht sie nicht. So wie er im Herbst 2001 wochenlang in den Moscheen und auf den Plätzen von Peschawar die Angriffe der US-Luftwaffe auf die Talibanhochburgen im Nachbarland gegeißelt und mit der Kalaschnikow in der Hand die Menschenmassen zum Widerstand aufgerufen hat, feuert er auch heute ein rhetorisches Feuerwerk gegen die ausländischen Besatzer und ihre afghanischen Helfershelfer ab. Drei Stunden lang zählt er die Verbrechen der US-Soldaten und ihrer Verbündeten gegen die Paschtunen auf. Wie einst die sowjetische Armee seien die fremden Truppen ins Nachbarland eingedrungen, um ihnen die Freiheit zu rauben und den Islam zu unterdrücken. Doch anders als die Russen würden die feigen westlichen Besatzer den Krieg nicht von Mann zu Mann, sondern nur aus der Luft führen. Mit ihren

Bomben hätten sie schon Tausende unschuldiger Kinder und Frauen gemordet. Die Amerikaner mit ihren verderbten Sitten dienten *sheitan* – dem Teufel – als Werkzeug, um die Seelen islamischer Kinder zu vergiften. Alkohol, Drogen, Prostitution und Geldgier griffen in den Städten Afghanistans immer mehr um sich. Präsident Karzai und seine Regierung seien gefügige Lakaien, die diesem Treiben untätig zuschauten.

»Der Islam ist in großer Gefahr. So wie vor Jahren eure Väter die gottlosen Russen geschlagen haben, ist es jetzt eure heilige Pflicht, den Gesetzen Allahs in Afghanistan zum Sieg zu verhelfen und die neuen Besatzer zu vertreiben. Gott ist auf unserer Seite! *Allahu akbar!*« Viertausend Fäuste recken sich gen Himmel, und aus ebenso vielen Kehlen hallt der dreifache Antwortruf wider: »*Allahu akbar*« – »Gott ist größer«.

Beifallskundgebungen sind an der Haqqania verpönt. Die vor Begeisterung glühenden Gesichter und der Kampfruf der jungen Taliban sind Sami Zustimmung genug. Er streicht sich sichtlich zufrieden seinen frisch gefärbten roten Bart, als er den Jahrgangsbesten der Abschlussklassen Buchpreise überreicht. Die »frommen« Bücher sind in festes Packpapier gebunden, denn ihre Besitzer haben in den nächsten Tagen einen weiten Weg vor sich. Wie viele von den tausend Absolventen, die er heute mit kämpferischen Worten entlässt, werden sich demnächst in ein militärisches Ausbildungslager der Talibankämpfer begeben? Das weiß vermutlich nicht einmal Sami. Mit der ideologischen Vorbereitung auf den »Heiligen Krieg« haben er und seine Lehrer ihre Aufgabe erfüllt. Heutzutage gibt es an der Schule keine militärische Ausbildung mehr. Präsident Musharraf hat Sami ul-Haq eine klare Grenze aufgezeigt, als er ihn 2004 für einige Monate unter Hausarrest stellte.

Während des Krieges der Taliban gegen die Nordallianz (1994 bis 2001) war es allgemein bekannt, dass die Schüler der Haqqania eine kurze militärische Ausbildung durch pakistanische Offiziere erhielten, um dann direkt von der Moschee in den Kampf geschickt zu werden. Heute sind die Verbindungen zwischen radikalen Koranschulen, pakistanischen Militärs, dem allmächtigen Geheimdienst ISI und den Kommandeuren der paschtunischen Talibankämpfer in Ost- und Südafghanistan viel undurchsichtiger. Offiziell ist Islamabad ein Verbündeter Washingtons im *war on terror* und erhält dafür von den USA Militärhilfe in Milliardenhöhe. Moderne Kampfhubschrauber, Aufrüstung der F-16-Kampfflugzeuge und Aufklärungsmittel erhöhen das Drohpotenzial der pakistanischen Streitkräfte gegenüber dem Erzfeind Indien. Diese Unterstützung möchten die Generäle der Truppe und ihr Kamerad an der Spitze der Regierung auf keinen Fall verlieren.

Offiziell gibt es daher keinerlei Zusammenarbeit der pakistanischen Armee und des Geheimdienstes ISI mit den Aufständischen in Afghanistan. Die Ausbildungslager für den Nachwuchs der Talibankämpfer liegen nicht mehr bei Peschawar, sondern versteckt in den unzugänglichen Stammesgebieten der Grenzdistrikte Nord- und Südwaziristan. Und die Führungszentren der Aufständischen befinden sich heute in Miransha und Quetta, der Hauptstadt der Provinz Beluchistan. Trotz der Anwesenheit von 80 000 pakistanischen Soldaten in diesen

Schulabschluss an der Haqqania, Verteilung der Bestpreise

Regionen läuft der Nachschub von Talibankämpfern und Militärgerät aus dem pakistanischen Grenzgebiet nach Afghanistan weitgehend ungestört. »Für jeden im Heiligen Krieg in Afghanistan gefallenen Talib stehen fünf neue Kämpfer bereit«, erklärt Sami u-Haq mit sichtbarem Stolz. »Die Zeit ist auf unserer Seite. Irgendwann werden die Amerikaner abziehen, wie vor zwanzig Jahren die sowjetischen Truppen. Wir waren schon immer hier, und wir werden auch in tausend Jahren noch hier sein. Afghanistan ist unser Land.«

Seit sechs Jahren versuchen mehr als 50 000 hochgerüstete Militärprofis aus 34 Ländern unter Führung der USA die Talibankämpfer in den Bergen und Steppen am Hindukusch zu besiegen. Seit sechs Jahren drängt die US-Regierung Pakistan dazu, die »Talibanterroristen« im eigenen Land militärisch zu bekämpfen. Beide Strategien haben sich als wenig erfolgreich erwiesen. Die zunehmende Härte der Kämpfe und die jährlich steigenden Verluste unter der Zivilbevölkerung, den zivilen Aufbauhelfern und vor allem unter den ISAF- und OEF-Streitkräften sowie den afghanischen Truppen zeigen deutlich, dass eine rein militärische Bekämpfung der Taliban nicht ausreicht. Im Jahr 2004 lag die Anzahl der *fatalities* – Toten im Gefecht – der US-Truppen bei 52, ein Jahr später bei 99 und für 2007 im November bereits bei 111 Toten. Seit Kriegsbeginn am 7. Oktober 2001 verloren die US-Streitkräfte in Afghanistan 462 Soldaten. Bezogen auf die Kopfstärke der eingesetzten Soldaten sind die Verluste in Afghanistan um 25 Prozent höher als im Irakkrieg.

Die Alliierten der Amerikaner beklagten im Jahr 2004 sechs Tote im Gefecht. Im Jahr 2007 waren es bis Anfang November bereits 104. Die Anzahl der von den ISAF- und OEF-Truppen getöteten Zivilisten (Kollateralschäden) ist höher als die der zivilen Opfer des Talibanterrors. Auch die seit April 2007 eingesetzten Tornado-Aufklärungsflugzeuge der Bundeswehr haben entgegen den Erwartungen vieler Politiker keine Verbesserung der Sicherheitslage gebracht.

Wer die Talibankämpfer wirkungsvoll bekämpfen will, muss ihre Wurzeln am »Ursprungsort« austrocknen. Die Taliban sind primär eine »geistige« Bewegung, von einem menschenverachtenden Ungeist beseelt. Sie sind keine Kriegerkaste, die man mit militärischen Mitteln wirkungsvoll bekämpfen und besiegen kann. Wer eine menschenverachtende Ideologie bekämpfen will, muss eine andere, bessere Idee anbieten. Der »Ursprungsort« der Talibanidee ist bekannt: Es sind die radikalen Koranschulen Pakistans. Den »Ungeist Talib« an seiner geistigen Quelle zu bekämpfen ist einfacher, preisgünstiger, wirkungsvoller und weniger opferreich als der Versuch, ihn militärisch zu bezwingen. Radikale Koranschulen wie die Haqqania sind nur so lange für die mittellosen Pakistaner attraktiv, wie vergleichbare säkulare Schulen fehlen. Sie können nur so lange existieren, wie sie von arabischen Scheichs und Prinzen finanziert und unterhalten werden. Wenn man die Zahl der wahhabitischen Madaris in Pakistan und damit den Nachschub an Talibankämpfern in Afghanistan reduzieren will, muss man den Reichen und Mächtigen in den arabischen Ländern auf die Füße treten. Dies scheint unseren westlichen Politikern aus wirtschaftlichen Gründen schwerzufallen.

Wenn Pakistan von den westlichen Ländern, die jedes Jahr Milliarden an Wirtschafts- und Militärhilfe ins Land pumpen, dazu gedrängt würde, seinen Rüstungshaushalt um wenige Prozent zu senken und dafür die Bildungsausgaben von 2 auf 5 Prozent des Staatshaushalts zu erhöhen, könnte der Sumpf der Koranschulen in wenigen Jahren trockengelegt werden. Wenn es neben jeder Madrassa eine säkulare Schule mit kostenlosem Unterricht, gut ausgebildeten und angemessen bezahlten Lehrern gäbe, würde dies von den meisten Eltern begeistert begrüßt werden. Denn der Besuch einer säkularen Schule würde den Kindern ein breites Angebot an Berufsfeldern eröffnen und nicht nur die Stelle eines wenig geachteten Dorfmullahs. Natürlich erfordert diese Strategie Zeit. Und viel Zeit bleibt nicht mehr in Afghanistan. Der Krieg des Westens gegen die Taliban wird im Süden und Osten des Landes zunehmend als Krieg gegen die Paschtunen empfunden. Wenn sich diese Empfindung demnächst als Erkenntnis durchsetzt, stehen auf beiden Seiten der Grenze mehr als 40 Millionen Paschtunen bereit.

Von dem inzwischen pensionierten Chef des pakistanischen Geheimdienstes ISI, General Hamid Ghul, einem der besten Kenner der Paschtunen und der Taliban, stammt der Satz: »*Any Pashtoun is a warrior by birth and a Muslim by his belief. You can't move them from the part they have set for themselves.*« Und vor zwanzig Jahren, im Dschihad gegen die sowjetischen Besatzer, sagte ein alter Paschtune zu mir: »Man kann uns Paschtunen nicht besiegen, man kann uns höchstens alle töten.«

Schule, Kinder, Küche, Afghanistan

Meine Frau Annette erzählt von ihrer und der Arbeit unserer
Kinder an der »Heimatfront«:

Es ist ein typischer Spätnachmittag im April: kalt, grau und
regnerisch. Ein Tag, an dem man abends am besten zu Hause
bleibt, bei einem Glas Rotwein ein gutes Buch liest und sich
auf den Mai freut. Das klappt bei uns heute leider nicht. Mein
Mann und ich sind schon seit einer guten Stunde unterwegs,
um noch vor Einbruch der Dunkelheit unser Ziel zu erreichen.
Wir sind in einer winzige Gemeinde kurz vor der tschechischen
Grenze zu einem Vortrag über Afghanistan eingeladen. Unser
kleiner Škoda ist beladen mit zwei Kartons voll frisch ge-
druckter »Teeteufelchen«, wie wir unser erstes Afghanistan-
Buch liebevoll nennen, dazu der Diaprojektor, die klappbare
Dialeinwand und ein großer Packen unserer selbst gedruckten
Faltblätter.

Unsere Zwillinge Cosima und Veda sind daheim geblieben;
zum einen, weil sie am nächsten Morgen wieder in die Schule
müssen, aber auch, weil sie während unserer Abwesenheit als
»Aushilfssekretärinnen« des Familienunternehmens »Kinderhilfe Afghanistan« benötigt werden. Sie sollen heute Abend
fünfhundert Rundbriefe kuvertieren, Telefonanrufe entgegen-
nehmen und – wenn sie ihnen entsprechend wichtig erscheinen – auf unsere Handynummer weiterleiten. Eine echte Her-
ausforderung für zwei zehnjährige Mädchen! Urs, einer ihrer
drei großen Brüder, studiert und wohnt in Regensburg, nur eine
Viertelstunde von unserem Haus entfernt. Er weiß, dass seine

kleinen Schwestern heute Abend allein zu Hause sind. Also wird er sie zur »Tagesschau«-Zeit besuchen und dafür sorgen, dass die beiden spätestens um neun im Bett liegen. Danach übernimmt er den »Büro-Nachtdienst«, bis mein Mann und ich nach Hause kommen. Heute wird es sicher wieder spät.

Im Pfarrsaal der Tausend-Seelen-Gemeinde erwarten uns schon der Dorfpfarrer, der Bürgermeister und rund sechzig Frauen des katholischen Landfrauenbundes. Bei einigen sind heute sogar die Ehemänner mitgekommen. Die Frauen hatten einige Wochen zuvor einen Fernsehbericht über Afghanistan und unsere Schulprojekte gesehen und entschieden, uns zu unterstützen. Zuvor aber wollen sie uns persönlich kennenlernen und mehr über unsere Arbeit erfahren. Es ist – ein Jahr nach dem 11. September 2001 – der einhundertste Abend, den mein Mann und ich in Sachen »Afghanistan« außer Haus verbringen, um über das zerrissene Land am Hindukusch zu berichten. Wir präsentieren den Landfrauen erschütternde Geschichten und Bilder von Krieg und Zerstörung und berichten von ersten Schritten des Wiederaufbaus, von Mut, Zuversicht und Gottvertrauen der Afghanen.

Die meisten hier im Saal sind sogenannte einfache Bauersfrauen, die in ihrem Leben nicht viel von der »großen weiten Welt« gesehen haben. Die ältesten unter ihnen haben den Zweiten Weltkrieg und sein Ende noch erlebt. Sie erinnern sich an Zerstörung und Elend im eigenen Land und wissen um die Bedeutung von Hoffnung und Hilfe beim Wiederaufbau der eigenen Existenz und eines ganzen Landes. Es sind tief im christlichen Glauben verwurzelte Frauen mit einem klaren Weltbild und festen Wertvorstellungen, von bodenständiger Intelligenz, ungekünstelt und uneitel. Das wird dann auch bei der Diskussion nach dem Vortrag deutlich. Ihre Beiträge und Fragen sind intelligenter und zeigen mehr Herzensbildung als manche von »hochgebildeten Akademikern«. »Wir werden Sie bei Ihrer Arbeit in Afghanistan unterstützen. Sie hören wieder von uns«, geben sie uns mit auf den Weg.

Es war – wieder einmal – ein langer Abend, und als wir gegen ein Uhr morgens nach Hause kommen, finden wir unseren Sohn schlafend auf dem Sofa vor.

Acht Monate und weitere fünfzig Abendvorträge später ...

Ein Anruf der Landfrauen aus der Gemeinde an der tschechischen Grenze: »Wir würden Ihnen gern ein Weihnachtsgeschenk für die Kinder in Afghanistan überreichen.« Da Reinhard gerade wieder im Land am Hindukusch unterwegs ist, fahre ich diesmal allein zu den Frauen. Auch heute, am Abend des zweiten Adventssonntags, ist der Pfarrsaal bis auf den letzten Stuhl gefüllt. Journalisten aus der Stadt und Frauen aus den Nachbargemeinden sind gekommen. Fast schüchtern bittet mich die fünfundsiebzigjährige Vorsitzende nach vorn an den mit einem Adventskranz geschmückten Tisch. Ihr ist anzumerken, dass sie nicht gern »Reden« hält. Mit einfachen Worten dankt sie mir und meiner Familie für unsere christliche Nächstenliebe an den Kindern Afghanistans. Unbeholfen überreicht sie mir einen Scheck. Ich traue meinen Augen nicht, und auch die Journalisten staunen: »16 000 Euro von den Katholischen Landfrauen für die Kinder in Afghanistan«, steht in sauberen Druckbuchstaben auf dem kleinen Stück Papier. Die Bauersfrau wünscht uns und den Menschen in Afghanistan ein gesegnetes Weihnachtsfest und Gottes Segen bei unserer Arbeit. Kein Wort aus dem Mund dieser katholischen Frau über Islam, Kopftuchstreit, Kampf der Kulturen ... Für sie und ihre Mitstreiterinnen ist die Welt viel »unkomplizierter«: »Dort unten sind Menschen in Not. Wir können ihnen helfen, und das haben wir getan.«

Ich habe Mühe, die Tränen zurückzuhalten, und suche händeringend nach Worten des Dankes. Die alte Dame – wahrscheinlich würde sie beim Wort »Dame« heftig protestieren – legt ihren Arm um meine Schultern und führt mich an den Tisch, an dem der Pfarrer, der Bürgermeister und die beiden Journalisten aus der Stadt Platz genommen haben. Die Menschen in dieser rauen Gegend des Bayerischen Waldes sind nicht besonders gesprächig. Daher dauert es eine Weile, bis ich erfahre, auf welche Weise sie so viel Geld zusammengebracht haben. Acht Monate lang, von Mai bis Dezember, haben sich die Frauen einmal wöchentlich im Pfarrheim getroffen und aus Stoff, Krepppapier und Sicherheitsnadeln mehrere tausend kleiner Schmetterlinge zum Anstecken gebastelt. Ihre Männer wurden beauftragt, aus Sperrholz Sonnenblumen zu sägen und sie bunt anzumalen. Mit Beginn der Adventszeit waren Frauen und Männer gemeinsam Tag für Tag von Tür zu Tür unterwegs und haben die Schmetterlinge und die Sonnenblumen gegen eine Spende verschenkt. »Sonne und Freude für die Kinder Afghanistans«, stand auf ihren Sammelbüchsen.

Am Heiligen Abend steht der kleine Scheck mit dem großen Betrag neben einem Foto von unserer Mädchenschule in Afghanistan unter dem Christbaum. Er ist unser Grundstock für eine weitere Schule. Katholische Landfrauen bauen eine Schule für islamische Mädchen in Afghanistan. Das Christkind wird sich gefreut haben über die Frauen und Männer aus dem Dorf im Bayerischen Wald.

Das Kontrastprogramm folgt einige Monate später. Ich öffne die Post: Im Briefkopf steht eine der »ersten« Adressen Deutschlands – einstmals die Stadt mit den meisten Millionären und heute noch unter den reichsten Fünf der Republik. »Die Vereinigung der Wirtschaft ... erlaubt sich, Herrn Dr. Reinhard Erös zu einem Vortrag über Afghanistan einzuladen. Ort: ...baden, Grand Hotel ...« In der Anlage findet sich das letztjährige Vortragsprogramm mit hochkarätigen Referenten aus Politik und Wirtschaft. Ich bin beeindruckt. Am Ende der überaus freundlich formulierten Einladung bittet der Absender Professor Dr. ... um »Ihre Honorarvorstellungen«. Wir verlangen bei unseren Vorträgen nie Honorare, sondern überlassen es dem Veranstalter, ob und in welcher Höhe er unsere Projekte mit einer Spende unterstützt.

Mein Mann nimmt die Einladung dankend an und erklärt, dass er auf ein Honorar verzichtet. Da der Vortrag an einem Wochenende stattfinden soll, beschließen wir, zusammen hinzufahren.

»Das Ambiente in diesem Hotel passt zu meinem Vortrag über Afghanistan wie die Faust aufs Auge«, entfährt es meinem Mann, als er im Königin-Sophie-Saal des Grandhotels seinen Laptop an den Beamer anschließt. Die sicher über hundert Gäste nehmen zunächst im Foyer ein Glas Champagner zu sich, bevor sie der Präsident der Vereinigung in den Saal bittet und meinen Mann begrüßt und vorstellt. Ich habe die Ehre, während des Vortrags neben ihm sitzen zu dürfen. »Heute lauschen Ihrem Mann sicher ein bis zwei Milliarden«, flüstert mir der Präsident ins Ohr. Erst nach einigem Nachdenken verstehe ich, was er meint: Im Saal sitzen steinreiche Zuhörer, die jährlich zusammen ein bis zwei Milliarden Euro Umsatz machen!

Der Vortrag meines Mannes endet wie üblich mit einem Aufruf an die Zuhörer, sich für Afghanistan zu engagieren. Er appelliert an die Unternehmer und Manager, im Land am Hindukusch zu investieren und Arbeitsplätze zu schaffen, um der daniederliegenden Wirtschaft auf die Beine zu helfen. Aber auch heute verzichtet er darauf, um Spenden für unsere Projekte zu bitten. Diese Entscheidung überlassen wir der Intelligenz der Zuhörer. Die Diskussion bleibt kurz und oberflächlich, nachdem einer der Wirtschaftsführer festgestellt hat, dass Investitionen in Afghanistan derzeit wohl noch zu unsicher und kaum profitabel seien. Fragen nach den Menschen im Land, den Kindern und ihrer Bildung werden nicht gestellt.

Der Veranstalter hat für uns ein Zimmer im Hotel reserviert, und wir genießen die großzügige Ausstattung des Hauses mit Sauna und Schwimmbad. Bei der Abreise erwartet uns an der Rezeption des Grandhotels eine teure Überraschung: »250 Euro für Übernachtung und Frühstück. Die Vereinigung der Wirtschaft ... hat für Sie einen Rabatt ausgehandelt. Zahlen

Sie cash oder mit Kreditkarte? Hatten Sie noch was aus der Minibar?« Hatten wir nicht. Und mit Kreditkarte müssen wir zahlen, weil wir nicht so viel Bargeld dabeihaben. Wir sind – wie üblich – davon ausgegangen, dass der zahlungskräftige Veranstalter die Kosten für die Übernachtung übernehmen würde, nachdem Reinhard – wie üblich – kein Honorar verlangt hat. Ein Irrtum, wie wir an der Rezeption erkennen müssen.

Vier Wochen nach der Veranstaltung stellen wir auf dem Konto der »Kinderhilfe Afghanistan« den Eingang einer Spende fest. Absender: die Wirtschaftsvereinigung mit den ein bis zwei Milliarden Euro unter den Zuhörern. Spendenhöhe: 200 Euro. »Um baldige Übersendung einer Spendenbescheinigung wird gebeten«, steht auf der Überweisung.

Ach ja: Die Fahrtkosten für die 800 Kilometer lange Strecke haben wir auch selbst getragen.

Eine ganz andere, wunderbare Geschichte beginnt mit einem Telefonanruf um die Mittagszeit.

Wie jeden Tag um 13.00 Uhr bin ich am Herd und am Spülbecken zugange, um nach Unterrichtsschluss an der Schule, wo ich als Lehrerin arbeite, und Einkäufen ganz schnell das Mittagessen für unsere ebenfalls von der Schule heimkehrenden Kinder zu brutzeln, Salat zu waschen und anzurichten. Um diese Tageszeit geht mir das Telefon ganz besonders auf die Nerven. Zum Glück hängt der Hörer ja heutzutage nicht mehr fest an einer Strippe, und als »Managerin« einer siebenköpfigen Familie mit fünfundzwanzigjähriger »Berufs«erfahrung beherrsche ich die Kunst, mehrere Dinge gleichzeitig zu tun.

Das Telefonieren beim Kochen gehört zu den leichtesten Übungen. Meist wollen die Anrufer Auskünfte über uns und unsere Arbeit in Afghanistan, sie fragen nach unserem Spendenkonto und bitten um Vorträge in ihren Vereinen und Gemeinden. Also notiere ich, das Handy zwischen Schulter und Kopf geklemmt, den Rührbesen in der einen und den Bleistift in der anderen Hand, alle Adressen und Telefonnummern und trage neue Termine in unseren Vortragskalender ein. Heute ist ein Mann am Apparat, der sehr schnell und energisch spricht. Habe ich soeben beim Lärm des Dunstabzugs und der gerade zur Tür hereinstürmenden Kinder richtig gehört? Ein Herr aus Starnberg, Mitarbeiter von Peter Ustinov, ist am Telefon? Dem legendären Sir Peter Ustinov? Ich lasse alles stehen und liegen und ziehe mich in eine stille Ecke zurück.

Ich habe mich nicht verhört. Und es wird noch viel aufregender: Der Anrufer, Ustinovs langjähriger Manager und Freund, hat aus Zeitungen und dem Internet Informationen über die »Kinderhilfe Afghanistan« gesammelt und mit Sir Peter darüber gesprochen. Sir Peter möchte der Jugend Afghanistans helfen. Der Oscarpreisträger und UNICEF-Botschafter beabsichtigt, mit unserer Hilfe den Kindern Afghanistans eine Schule zu finanzieren. Zuvor will er uns und unsere Arbeit aber gern näher kennenlernen und lädt uns deshalb zu sich in sein Münchner Domizil ein. Ich zögere keinen Augenblick und sage freudig zu. Als ich Reinhard am Abend von dem Anruf erzähle, ist auch er hellauf begeistert.

Einige Wochen später ist es so weit. Wir besuchen Sir Peter in seiner Suite im Bayerischen Hof in München und fühlen uns schon nach wenigen Minuten wie in einer »Theateraufführung privatissime«. Mehr als drei Stunden erzählt Sir Peter aus seiner spannenden Vita, er spult quasi die Filmrolle seines Lebens zurück und spielt einige seiner lustigsten Episoden noch einmal für uns ab. Er schlüpft in die Rollen seiner berühmten Partner und Partnerinnen, imitiert ihre Stimmen und lässt uns in fünf verschiedenen Sprachen eine Filmszene nach der anderen erleben. Wir hatten bislang noch nie einen bedeutenden Schauspieler live erlebt, und heute dürfen wir ihm, einem der Größten, stundenlang lauschen. Ein Geschenk, das wir zeitlebens nicht vergessen werden. Dass wir für ihn eine Schule in Afghanistan bauen sollen, stand für ihn anscheinend schon vor unserem Treffen fest. Denn als wir uns von ihm verabschieden, hat er nur eine Bitte: Die Schule soll an einem Ort gebaut wer-

Zu Gast bei Sir Peter Ustinov, UNICEF-Botschafter und großer Gönner der »Kinderhilfe Afghanistan«

den, den er, der damals schon schwer kranke Mann, auch in seinem Rollstuhl erreichen kann.

Die Schule entsteht in Paghman, der einstigen Sommerresidenz afghanischer Könige in 2200 Meter Höhe, eine knappe Autostunde nördlich von Kabul. In den ersten Monaten der Bauarbeiten lässt sich Sir Peter von uns über die Fortschritte informieren. Bei der Einweihung möchte er unbedingt dabei sein.

Wie ein Königspalast ragt der hufeisenförmige Neubau am Neujahrsmorgen 2004 in den bitterkalten, klaren Winterhimmel. Tausend Jungen und Mädchen sind zur feierlichen Eröffnung der »Sir-Peter-Friedensschule« versammelt, mit ihnen die Granden der Provinz und der Erziehungsminister aus Kabul. Als Ehrengast haben wir den Kommandeur der ISAF-Truppen, den deutschen Drei-Sterne-General Götz Gliemeroth eingeladen. Zusammen mit drei weiteren hochrangigen deutschen Offizieren ist er unserer Einladung gefolgt und friert wie wir in der eisigen Kälte. Minus zwanzig Grad zeigt das Thermometer an diesem Morgen. General Gliemeroth weist in seiner Rede darauf hin, wie wichtig Bildung für den Wiederaufbau des Landes ist. Es wird ein großartiges Fest.

Doch einer ist leider nicht anwesend, zumindest nicht körperlich. Sir Peter ist wenige Monate zuvor, im Alter von 82 Jahren, gestorben. Dafür prangt auf einem großen Foto an der Frontseite seiner Schule das spitzbübisch lächelnde Gesicht dieses »Freundes aller Kinder der Welt«, wie er sich selbst bezeichnete. In seinem Testament hat er verfügt, dass nach seinem Tod die von ihm gegründete Sir-Peter-Ustinov-Stiftung weiterhin die Schule in Paghman begleiten und unterstützen soll. Mit ihrer Hilfe und mit der großartigen Unterstützung der Peter-Ustinov-Gesamtschule in Monheim bezahlen wir seither regelmäßig die Gehälter der Lehrerinnen und Lehrer und haben vor drei Jahren eine gut ausgestattete Bücherei und eine moderne Computerklasse eingerichtet. Rund eintausend Jungen und Mädchen der umliegenden Dörfer erhalten seither eine gute Schulausbildung.

Sir Peter kann stolz sein auf seine Schule in Paghman und vor allem auf seine »Stellvertreter« in Monheim. Die Monheimer Schülerinnen und Schüler lassen sich jedes Jahr soziale Aktivitäten einfallen, um ihre Kameraden in Afghanistan zu unterstützen. Bei ihrer Aktion »Einen Tag jobben – viele Tage helfen« haben sie enorme Fantasie entwickelt. Neben Autowaschen, Kistenschleppen, Babysitten und Rasenmähen erledigen sie Einkäufe, putzen Fenster und füllen Supermarktregale. Auf diese Weise erwirtschaften sie in ihrer Freizeit mehrere Tausend Euro: genügend Geld, um der Partnerschule in Afghanistan eine leistungsfähige Fotovoltaik-Anlage aufs Dach zu stellen. »Strom aus der Steckdose« war in Paghman bislang nicht verfügbar. Mit der neuen Solar-Anlage können Schüler jetzt rund um die Uhr an den Computern ausgebildet werden. Gleichzeitig wurden in den Klassenzimmern Deckenlampen installiert, sodass auch in den dunklen Wintermonaten schon am frühen Morgen und in den späten Nachmittagsstunden unterrichtet werden kann. Das Schulgebäude wird so durch einen ganzjährigen Zwei-Schichten-Unterricht voll ausgelastet.

Jedes Jahr laden uns die Lehrer und Schüler nach Monheim ein; sie sind mit Recht neugierig und wollen wissen, wie wir ihre mühsam erarbeiteten Spenden einsetzen. Mit Bildern und Filmen berichten wir ihnen von den Fortschritten an ihrer Patenschule und bitten sie, in ihren Aktivitäten nicht nachzulassen.

Beim eiligen Durchblättern der Post sticht mir heute ein mit kindlichen Druckbuchstaben adressierter Brief ins Auge:
Liebe Familie Erös, wir, die Schüler der Realschule von Wolfratshausen haben von unserer Lehrerin erfahren, dass Sie in Afghanistan Schulen bauen. Das finden wir gut; denn alle Kinder auf der Welt sollen die Möglichkeit haben, eine Schule zu besuchen. Wir würden gern mehr darüber erfahren und laden Sie zu uns an die Schule ein, damit Sie uns über das Leben der Kinder in Afghanistan erzählen. Vielleicht können wir Ihnen ja bei Ihrer Arbeit helfen. Unser Direktor weiß Bescheid. Er hat nichts dagegen.
Mit freundlichen Grüßen
A. M. und S. F.
Schüler der Klasse 6 B

Zwei Monate später sitzen achthundert Schüler der oberbayerischen Realschule mucksmäuschenstill auf dem Fußboden ihrer Turnhalle und lauschen gespannt meinen Erzählungen. Zwei Stunden ohne Pause begleiten sie mich auf meiner Bilderreise über die schneebedeckten Berge im Norden und durch glühend heiße Wüsten im Süden. Sie sind gefesselt vom wilden Reiterspiel Buskashi* und entsetzt über zerstörte Dörfer, brachliegende Felder und abgeholzte Wälder. Sie leiden mit den Kindern, die durch Minen verletzt werden, und freuen sich mit den Jungen und Mädchen, die mit der Unterstützung deutscher

Schüler jetzt endlich wieder zur Schule gehen können. Für mich als Lehrerin ist es immer wieder faszinierend zu erleben, dass Schüler, die ansonsten unaufmerksam in den Schulbänken dösen und aus Langeweile den Unterricht stören, plötzlich jemandem stundenlang mit wachen Augen und offenen Ohren zuhören können, ihn hinterher mit Fragen löchern und mehr wissen wollen über die »echte Welt da draußen«. Jemandem, der einfach nur spannend und authentisch erzählt.

In den vergangenen sechs Jahren erreichten uns Hunderte ähnlicher Briefe wie der aus Wolfratshausen. Wann immer es möglich war, sind wir den Einladungen gefolgt. Bislang haben wir uns an sechshundert Schulen aller Art, in allen Klassenstufen und in allen Bundesländern bemüht, am Beispiel Afghanistan bei Jungen und Mädchen politisches Interesse zu wecken. Politisch im weitesten Sinn des Wortes: Wir regen sie zum Nachdenken an über die »Eine Welt« und den Zusammenhang von Bildung, Gerechtigkeit und Frieden auf der Erde. Unsere Erzählungen von den primitiven arabischen Koranschulen in Pakistan, von dem rigiden aggressiven Islam, der dort gelehrt wird, von den Taliban als Produkt dieser Unbildung öffnen den Schülern die Augen. Ihnen wird klar, dass Fundamentalismus und Fanatismus die zwangsläufigen Folgen von fehlender Bildung und Unwissenheit sind. Sie begreifen unser Credo, dass religiös begründeter Terrorismus zuallererst mit Bildung bekämpft werden muss und nicht mit zerstörerischem Krieg. Wir ermuntern unsere jungen Zuhörer auch, die Politik nicht »denen da oben« zu überlassen, sondern sich selbst einzubringen und politisch zu engagieren. »Die Politik eines Staates ist immer nur so gut wie die Menschen, die diese Politik gestalten. Wenn ihr nicht wollt, dass charakterliches und intellektuelles Mittelmaß unsere Politik bestimmt, dann müsst ihr euch einbringen«, lautet unser Appell. Rund 100 000 Schüler in allen Bundesländern haben wir inzwischen erreicht. Und in zwei Bundesländern werden unsere Vorträge von den Kultusbehörden offiziell empfohlen.

Einige unserer Zuhörer aus den ersten Jahren haben schon ihr Studium abgeschlossen, sind inzwischen verheiratet und stehen trotzdem noch immer mit uns in Kontakt. Natürlich sind nicht alle »Politiker« geworden, aber aus ihren Briefen und den Gesprächen mit ihnen erfahren wir immer wieder, dass wir »damals« ihr politisches Interesse geweckt haben und sie sich seither gesellschaftspolitisch oder in Parteien engagieren.

Auf unseren Vortragstouren lernen wir Schularten kennen, über die wir bislang nur wenig wussten, und kommen mit Kindern in Kontakt, von denen wir oft sehr viel mehr lernen, als wir ihnen vermitteln. Ein Beispiel. Die Begegnung mit den Kindern an einer »Schule für schwerstkörperbehinderte Kinder« in Oberbayern erschüttert und begeistert mich zugleich. Mehrere Dutzend Jungen und Mädchen sitzen in ihren Rollstühlen aufmerksam vor mir. Darunter spastisch Gelähmte mit verrenkten Armen und Beinen, Kinder, denen die Erzieher immer wieder den Speichel abwischen müssen, der ihnen aus dem Mund tropft. Ich habe Mühe, mich beim Anblick dieser Kinder auf meinen Vortrag zu konzentrieren. Es fällt mir schwer, ausgerechnet vor einem solchen Kreis über Leid und Elend in Afghanistan zu erzählen, über Waisenkinder zu berichten, die ohne Eltern aufwachsen, über Kinder, die keine Schule besuchen können, weil es keine gibt. Natürlich zeige ich auch unsere kleinen Erfolge auf, die wir mit Hilfe deutscher Schulkinder bislang erzielen konnten: die einfachen Dorfschulen, zu denen die Bauernkinder jeden Tag zwei Stunden zu Fuß gehen müssen, um zu lernen. Das kleine Waisenhaus, in dem wir auch behinderte Kinder versorgen und unterrichten …

Mucksmäuschenstill lauschen die Kinder über eine Stunde meinen Erzählungen. Kaum habe ich das letzte Bild gezeigt und im Schlusswort von unseren weiteren Plänen gesprochen, rollen einige meiner kleinen Zuhörer in ihren Rollstühlen zu mir und fassen mit ihren spastisch verrenkten Armen meine Hand. Wegen ihrer Behinderung kann ich einige nur schwer verstehen: »Im Vergleich zu den Kindern in Afghanistan geht es uns in Deutschland ja richtig gut. Wie können wir den armen Kindern denn helfen?« – Ich weiß vor Rührung nicht, was ich sagen soll.

Sie aber machen sich in den kommenden Wochen eifrig daran zu helfen: Sie basteln und töpfern, sie kochen und backen. Auf dem Sommerfest der Schule verkaufen sie dann ihre selbst gekochten Marmeladen und die selbst gebackenen Kuchen, getöpferte und bemalte Schüsselchen und selbst angefertigtes Holzspielzeug. »1000 Euro für die armen Kinder in Afghanistan«, steht auf dem Scheck geschrieben, den mir die Kinder der Schule für Schwerstkörperbehinderte bei meinem nächsten Besuch stolz überreichen.

Wenige Monate später erlebe ich eine andere ergreifende Geschichte: Kurz vor Weihnachten erreicht mich der Brief zweier junger Münchner. Das achtzehnjährige Mädchen macht eine Ausbildung als Kauffrau, ihr ein Jahr älterer Freund hat soeben seine Automechanikerlehre abgeschlossen. Durch eine Zeitung haben sie von unserer Solarwerkstatt für Jungen und von der Computerausbildung für Mädchen erfahren.

Wir verdienen noch nicht viel Geld und wollten uns zu Weihnachten nur mit einer Kleinigkeit beschenken. Da haben wir von Ihrer Arbeit in Afghanistan gelesen und erfahren, dass Sie dort mit 50 Euro viel Gutes tun können. Deshalb verzichten wir heuer auf gegenseitige Geschenke und beschenken lieber die Kinder in Afghanistan.

Liebevoll in Papier mit Tannenzweigen verpackt haben die beiden einen 50-Euro-Schein beigelegt.

Drei Sechsjährige schenken uns den Ertrag aus dem Verkauf von Haselnüssen, die sie in ihrem Garten gesammelt haben. Ein Kindergarten bastelt Weihnachtskerzen und -sterne und überweist uns 70 Euro. Die Tochter einer Nachbarin hilft ihrer Mutter als »Krippendoktorin« auf dem Weihnachtsmarkt: Sie repariert die abgebrochenen Flügel von Engelchen und den Arm des Jesuskindes, klebt fehlende Eselsohren wieder an und

steckt den Arbeitslohn dafür in eine Spardose für Friedensschulen in Afghanistan. Die Liste mit Beispielen bewegender
Erfahrungen und Begegnungen mit Kindern und Jugendlichen
ließe sich lange fortsetzen. Auch wenn es sich manchmal nur
um kleine Beträge handelt, sind es diese in ihrer Menschlich-
keit so großartigen Erlebnisse, die unsere Arbeit beglückend
machen und uns über manchen Rückschlag hinwegtrösten.

Natürlich freuen wir uns auch über größere Spenden, die
bei Geburtstagsfesten und Firmenjubiläen gesammelt werden,
bei bewundernswerten Aktionen von »Eine-Welt-Gruppen«,
Service-Clubs wie Lions, Rotary, Zonta und Soroptimisten
zusammenkommen und aus den Einnahmen von großen und
kleinen Benefizkonzerten stammen. Diese im doppelten Sinne
wertvollen kleinen und großen Beträge, die uns die Menschen
hier anvertrauen, sollen auch zu 100 Prozent bei den Menschen
in Afghanistan ankommen. Deshalb arbeiten hier in Deutschland ausschließlich unbezahlte ehrenamtliche Mitarbeiter für
das »humanitäre Familienunternehmen Erös«, die »Kinderhilfe Afghanistan«.

Bei unserer Arbeit gibt es keine Gehälter, keine Spesen, keine
Unkostenerstattung. Reinhard, seit 2003 Offizier außer Dienst,
erhält seine Bezüge als ehemaliger Oberstarzt der Bundeswehr.
Ich arbeite als Lehrerin an der »Schule für Kranke« in der Kin-
der- und Jugendpsychiatrie der Universität Regensburg. Unsere
beiden Zwillingstöchter gehen noch zur Schule, die drei Söhne
studieren. Die Arbeit für Afghanistan ist zu einem wichtigen
Teil unseres Familienlebens geworden. Wir haben sie innerfa-
miliär aufgeteilt und »militärisch straff« organisiert.

Der »Frühpensionär« Reinhard trägt die Verantwortung für
die Projektarbeit vor Ort. Fünf- bis sechsmal im Jahr reist er
nach Afghanistan, um die bestehenden Projekte zu besuchen,
neue Projekte zu installieren, Kontakte zu den regionalen Behörden zu schaffen und zu erhalten und regelmäßig die Gehälter an die Lehrerinnen und Lehrer unserer Schulen, die
Ärztinnen und das Personal in unseren Mutter-Kind-Kliniken,

die Erzieher in unserem Waisenhaus, die Ingenieure und Bauarbeiter und die Mitarbeiter unseres kleinen Büros in Jalalabad
auszubezahlen. In meinen Schulferien begleite ich ihn dabei,
um mir selbst ein Bild vom Land und seinen Menschen zu machen und mich immer wieder aufs Neue für die Arbeit an der
»Heimatfront« zu motivieren.

Bis 2005 hatte sich die Caritas Regensburg um sämtliche fi-
nanztechnischen und buchhalterischen Aufgaben unserer Familieninitiative gekümmert. Damit waren wir weitgehend von
bürokratischem Aufwand entlastet. Aus innerbetrieblichen
Gründen war diese jahrelange, großartige Unterstützung dann
nicht mehr möglich. Nun sahen wir uns gezwungen, selbst zur
»gemeinnützigen juristischen Person« zu werden, um unsere
Spenden mit den Finanzbehörden abzurechnen und unseren
Spendern die entsprechenden Bescheinigungen zukommen zu
lassen. Die Alternative lautete: gemeinnütziger eingetragener
Verein oder gemeinnützige Stiftung. Wir haben die jeweiligen
Vor- und Nachteile lange abgewogen, bis ein guter Freund aus
Studienzeiten zum Geburtshelfer der richtige Lösung wurde:
Dr. Hans Fleisch, inzwischen Generalsekretär beim Bundesver-
band deutscher Stiftungen. Mit Hans verbindet uns das jahre-
lange politische Engagement in den Gremien der Hochschul-
politik der frühen siebziger Jahre des letzten Jahrhunderts.
Die gemeinsame Auseinandersetzung mit dem politischen
Extremismus in dieser Zeit hat uns geprägt. Obwohl wir uns
fast dreißig Jahre lang aus den Augen verloren hatten, wurde Hans zum *deus ex machina* bei der Ausgestaltung unserer
Trutz-Erös-Kinderstiftung. Zusammen mit unserem Sohn, dem
Jurastudenten Urs, formulierte er eine auf unsere Belange zu-
geschnittene Satzung. Am 30. Dezember 2005 überreichte uns
der Regierungspräsident der Oberpfalz die Urkunde unserer
Familienstiftung. Sie trägt den Namen unseres jüngsten Sohnes
Trutz, der 1989 im Alter von vier Jahren während unseres Aufenthalts in Pakistan gestorben war und seither als Schutzengel
über uns und unsere Arbeit für afghanische Kinder wacht. Die

Stiftung ist seit 2006 die »juristische Person«, die für unsere Arbeit steht.

Unsere Söhne Veit und Welf haben in ihren Studiengängen Wirtschaftsingenieur beziehungsweise Verkehrswirtschaft auch Buchführung und Betriebswirtschaft als Fächer belegt und bringen dies in die Arbeit der Stiftung mit ein. Der Patensohn meines Mannes, gelernter Informatiker und IT-Kaufmann, hat ein spezielles Softwareprogramm zur Bearbeitung der Spenden entwickelt. Bei Gründung der Stiftung war es unser Ehrgeiz, eigenständig und ohne bezahlte Mitarbeiter die Arbeit zu bewältigen. Mit regelmäßiger Unterstützung und Hilfe meiner Söhne und dem auf unsere Arbeit zugeschnittenen Computerprogramm komme ich als computer- und stiftungsunerfahrene Lehrerin mit den finanziellen Aufgaben gut zurecht. Die beiden Zwillinge, inzwischen 16 Jahre alt, helfen bei der Bewältigung der täglichen Post, kuvertieren unsere Rundschreiben, übernehmen den Telefondienst und begleiten mich ab und an bei meinen Vorträgen. Zur wichtigsten Informationsquelle über unsere Arbeit ist das Internet geworden. Mit Brigitte Neumann, Mutter dreier Kinder, studierte Ökotrophologin und Webdesignerin aus Leidenschaft, haben wir einen unbezahlten und unbezahlbaren »medialen Lotto-Sechser« gewonnen. Seit fünf Jahren gestaltet und aktualisiert sie unsere Website so fantastisch, dass mittlerweile der Großteil unserer Kommunikation über die Homepage läuft.

Wenn mein Mann nicht in Afghanistan unterwegs ist, reist er durch Deutschland und leistet Öffentlichkeitsarbeit, hält Vorträge, Seminare und Lesungen. Er gibt Interviews und ist häufig Gast in Talkshows und Infosendungen des Fernsehens. An über 1500 Afghanistan-Veranstaltungen in Schulen, Universitäten, Volkshochschulen, Kasernen, Kirchen, großen Stadthallen, kleinen Bücherstuben und gemütlichen Gasthöfen haben wir seit dem 11. September 2001 mitgewirkt. Rund 250000 Menschen haben wir damit persönlich erreicht und informiert und ein fantastisches bundesweites Netzwerk an freiwilligen Helfern geschaffen. Dank ihrer Hilfe, der hohen Medienpräsenz und der positiven öffentlichen Resonanz sind wir inzwischen auch über Deutschlands Grenzen hinaus bekannt. Wir wurden nach Österreich, in die Schweiz, nach Belgien, Frankreich, England, Holland und Portugal, ja sogar nach Übersee eingeladen.

Als Reinhard von der Princeton University, der University of Georgia, dem Carnegie Council in New York und der Loyola-Universität in Madras/Indien zu Vorlesungen über Paschtunen und Taliban gebeten wurde, konnten wir die Termine in die Zeit der deutschen Schulferien verlegen und haben unsere Zwillingstöchter mit auf die Reisen genommen. Die beiden Mädchen wachsen also mit unserem Engagement für Afghanistan auf; ob zu Hause oder im Ausland. Nach Afghanistan selbst dürfen sie erst in zwei Jahren reisen, wenn sie achtzehn Jahre alt sind.

Unsere drei Söhne Veit (28), Urs (27) und Welf (25) begleiten den Vater schon jetzt in den Semesterferien nach Afghanistan. Unsere afghanischen Mitarbeiter müssen sie als enge Mitarbeiter und als meines Mannes Nachfolger in spe auch persönlich kennenlernen. Nicht zuletzt wollen die drei auch ihre unterschiedlichen praktischen Begabungen in die Projekte einbringen: Veit hat inzwischen Erfahrungen als »Mechaniker« bei der Installation der Fotovoltaik-Anlagen und in der Solar-Werkstatt gesammelt, Welf in den Computerklassen und Urs, der angehende Jurist, bei Verhandlungen mit den Maliks und Verträgen mit den Ministerien.

Die gesamte Planung, Organisation und Koordination unserer afghanischen Projekte und aller Veranstaltungen wickeln wir in unserem Wohnhaus in Mintraching ab, einer 2500-Seelen-Gemeinde in der Oberpfalz, umgeben von Bauernhöfen mit Hühnern, Schweinen und Kühen, aber nur zwanzig Minuten entfernt von Universität und Kultur der zweitausend Jahre alten ehemaligen Römersiedlung und mittelalterlichen Reichsstadt Regensburg. Der Informationsaustausch mit unseren afghanischen Mitarbeitern und unseren Freunden und Helfern in Europa und Übersee läuft dank moderner Kommunikationstechnik fast ausschließlich per Computer und E-Mail und damit relativ schnell und ohne hohe Telefon- oder Portokosten. Wir versenden keine Spenden-Mailings durch professionelle Fundraising-Firmen, die Tausende von Euro an Spendengelder verschlingen. Auch verzichten wir bewusst auf alle Statussymbole und Insignien der großen Hilfsorganisationen – aus Prinzip und weil sie unserem Anliegen in Afghanistan nicht dienlich sind. Nicht seelenlose Bürokratie, die sich häufig mit sich selbst beschäftigt, und kostspielig gestylte PR-Arbeit, sondern familiärer Zusammenhalt und persönlicher Kontakt zu den Menschen, gegenseitiges Vertrauen und Respekt – in Afghanistan und zu Hause – sind unser Konzept.

»Die Tinte der Schüler ist heiliger als das Blut der Märtyrer«

Frühling 2007

Der Winter war mild im Tal und schneereich in den Bergen. Vor vier Wochen hat die Schneeschmelze eingesetzt, und sie verwandelt den Kabul-Fluss mit seinen unzähligen Zuflüssen auf dem Weg nach Pakistan in einen reißenden Strom. Der Frühling in Ostafghanistan ist nur von kurzer Dauer. Ein altes Gedicht der Paschtunen beschreibt die wenigen Frühlingstage mit dem wunderbaren Bild »Der Winter atmet aus, und der Sommer atmet ein«. Ich habe den Einzug des Frühlings heute Nacht erstmals verspürt, als ich im Halbschlaf nicht mehr gezwungen war, mir frierend die Bettdecke über den Kopf zu ziehen. Jetzt, um die Mittagszeit sehe ich ihn: Die Sicht über den immergrünen Feldern ist frei und klar, noch ohne das sommerliche grelle Flimmern.

Die beiden Erziehungsminister der Provinzen Nangahar und Laghman und ihr Vorgesetzter, der Staatssekretär aus der Hauptstadt Kabul, scheinen ebenfalls von Frühlingsgefühlen erfasst zu sein. Obwohl fünf Tage anstrengender Fahrten und jede Menge Arbeit vor ihnen liegen, scherzen und lachen sie ausgelassen in einer Runde fröhlicher Jungen und Mädchen vor dem Eingang der neu erbauten Dorfschule im Distrikt Hesarak. Das Programm, das Alem und ich für sie in dieser Woche vorbereitet haben, bietet aber auch jeden Grund zur Freude. Am Vortag haben wir an der pakistanischen Grenze gemeinsam den Grundstein für eine neue Mädchenschule gelegt, und heute und morgen wollen wir in zwei Ostprovinzen neue Schulen eröffnen. Übermorgen soll dann das erste Wai-

Waisenkinder bei Eröffnung unseres »Kinderhaus Afghanistan«

senhaus der »Kinderhilfe Afghanistan« eingeweiht werden. Und einen Tag später warten die Studenten der medizinischen Fakultät darauf, dass auf dem Dach der Universität von Nangahar die Fotovoltaik-Anlage für ihr Computerzentrum vom Staatssekretär aktiviert wird. Bevor dieser dann am letzten Tag seiner Dienstreise in den Osten des Landes wieder nach Kabul zurückfährt, wird er noch unsere »Zukunftswerkstatt« eröffnen: eine Art Miniberufsschule, in der ältere Waisenkinder lernen, wie man Solarkocher und Solarlampen konstruiert. Die drei älteren Herren haben also ein echtes Mammutprogramm zu absolvieren, und das in einer Region, deren Bewohner auch wegen der zunehmenden Unsicherheit bislang wenig vom sogenannten Wiederaufbau des Landes gesehen haben.

Gestern zelebrierte ich mit den drei Politikern im Distrikt Besud den »Ersten Stein« für den Bau einer Schule, wie man in Afghanistan eine Grundsteinlegung nennt. An der Grenze zwischen den beiden Provinzen Nangahar und Kunar werden in wenigen Monaten dreitausend Mädchen zum ersten Mal seit einer ganzen Generation wieder eine Schule besuchen können: die »Marion-Gräfin-Dönhoff-Schule«. Die Leser der Wochenzeitung *Die Zeit* waren zu Beginn des Jahres einem Aufruf des Chefredakteurs gefolgt und hatten für die »Kinderhilfe Afghanistan« in einer großartigen Spendenaktion den Betrag zum Bau dieser Schule aufgebracht. 6000 Kilometer von Hamburg entfernt entsteht in den nächsten Monaten eine Ausbildungsstätte für afghanische Bauernmädchen, über die sich die Namensgeberin, die vor fünf Jahren verstorbene Herausgeberin der *Zeit*, sicher riesig gefreut hätte.

Während der letzten halben Stunde haben an der Hesarak-Friedensschule die Teilnehmer der Eröffnungsfeier ihre Plätze eingenommen. Für die Ehrengäste stehen Stühle rechts und links des von vier schlanken Betonsäulen gerahmten Eingangs bereit, während die Schüler im weiträumigen Pausenhof auf der blanken Erde hocken. Der zweistöckige Flachbau wirft einen weiten Schatten über die mehr als tausend Jungen und Mädchen, für die heute mit der Schuleröffnung ein völlig neues Leben beginnt. Vor sechs Jahren stand hier noch eine primitive Koranschule der Taliban, an der ausschließlich die Jungen unterrichtet wurden. Mit dem Sturz der Gotteskrieger endete selbst diese Ausbildung. Etliche Male haben sich seither die Dorfältesten an die Regierung in Kabul gewandt und um eine neue Schule gebeten. Vergeblich. »Zuerst müssen die Kinder in Kabul und den anderen großen Städten Zugang zur Bildung haben. Dann bekommt auch ihr eine Schule.« Mit diesem Satz haben die Behörden der Hauptstadt jahrelang die zunehmend verärgerten Dorfbewohner zu beschwichtigen versucht.

Vor sieben Monaten suchten die Vertreter des Distrikts Hesarak dann das kleine Büro der »Kinderhilfe Afghanistan« in Jalalabad auf und trugen uns ihr Anliegen vor. Sie hatten ihr Gesuch bestens vorbereitet und bereits ein Grundstück festgelegt, das sich zum Bau einer Schule für die umliegenden sechs Dörfer hervorragend eignete. Das in einer flachen Ebene gelegene Stück Land war ausreichend groß und lag ziemlich zentral inmitten der Gemeinden. Kein Kind hatte einen Schulweg von mehr als einer Stunde; in den entlegenen Gebieten Afghanistans eine durchaus übliche Entfernung auch für die jüngsten Schüler. Vom Erziehungsminister der Provinz lagen auch schon die Baugenehmigung und eine Bestätigung vor, dass sie ausreichend Lehrer gestellt bekämen. Bei solch perfekter Vorbereitung wurden wir wurden uns schnell einig, und ich konnte ihnen noch am selben Tag die Finanzierung des Schulbaus zusagen.

Heute, nur sechs Monate später, ragt vor dem 4500 Meter hohen, schneebedeckten Berggipfel im Süden ein auf wuchtigen Steinquadern hochgezogenes Gebäude in die weite Ebene. Die fein verputzten Ziegelwände auf dem Steinfundament glänzen in edlem Dunkelgrün, und in den großflächigen Glasfenstern spiegelt sich die wärmende Frühlingssonne. Unser Architekt hat großartige Arbeit geleistet und die Schule dem Stil der paschtunischen Bergdörfer angepasst. Auch deren Steinhäuser erinnern an Trutzburgen, die Sicherheit ausstrahlen und jedem Feind zu widerstehen scheinen. Mehr als fünfhundert Männer aus den umliegenden Dörfern haben im Wechsel am Bau ihrer Schule mitgewirkt und mit primitiven Werkzeugen ein kleines Juwel afghanischer Dorfbaukunst geschaffen.

Mit ihren von der Wintersonne gegerbten Gesichtern sitzen sie heute bescheiden am Rande der Festgesellschaft. Aus ihren Augen strahlt berechtigter Stolz. Ich habe mir fest vorgenommen, in meiner Rede ihre und die Arbeit des Architekten besonders zu würdigen. Inzwischen kommt Bewegung in die Gruppe der Organisatoren am bunt geschmückten Rednerpult. Die schwarz-rot-goldene Fahne Deutschlands wird zum Dachfirst hochgezogen und neben der schwarz-rot-grünen Flagge Afghanistans befestigt. An den beiden Autobatterien neben dem Pult sitzen die Kabel zur Lautsprecheranlage anscheinend nicht richtig fest. Der als »Techniker« eingeteilte ältere Schüler bastelt daran herum, bis plötzlich ein schriller Pfeifton die Ehrengäste in den ersten Sitzreihen erschreckt. Sofort kommen ihm fünf, sechs weitere Schüler zu Hilfe und stürzen sich auf Mikrofon und Verstärker, obwohl sie vermutlich noch nie mit dieser Technik zu tun hatten.

Geliebtes Afghanistan, wie es leibt und lebt, kommt mir in den Sinn. Man versucht sich gegenseitig zu helfen, auch wenn man selbst ebenso wenig Ahnung hat wie der andere. Aber irgendwie klappt es dann doch. Ruhe kehrt in die Reihen der Gäste ein, und gespannt blicken die Augen der Jungen und Alten nach vorn. Ein ganz in Weiß gekleideter Mullah tritt ans Rednerpult und rezitiert ein Gebet. Mit wohlklingender Bassstimme dankt er Allah dafür, dass niemand beim Bau zu Schaden gekommen ist. Die ausgestreckten Arme zum Himmel erhoben, bittet er um Gottes Segen für das Gebäude und alle Lehrer und Schüler.

Hinter dem Mullah wartet schon eine Gruppe von Schülern der Unterstufe auf ihren Auftritt. Die Sechs- und Siebenjährigen sind sichtlich aufgeregt und trippeln nervös von einem Fuß auf den anderen. Sie haben in den vergangenen Wochen ein selbst geschriebenes Theaterstück geprobt, das sie heute erstmals aufführen werden. Über Lautsprecher kündigt der Moderator den Gästen eine lustige Familiengeschichte an, welche zu Ehren der Gäste aus Deutschland heute uraufgeführt würde. Titel des Stücks: »Die Kinder des Tagelöhners Rashid können endlich eine Schule besuchen«.

Die Afghanen sind vernarrt ins Theaterspielen, und so ist es nicht verwunderlich, dass auch das letzte Gemurmel verstummt, als das Stück beginnt. Der Längste unter den jungen Schauspielern hat sich einen künstlichen Schnurrbart an die Oberlippe geklebt und trägt einen viel zu großen, verfilzten Pakoll auf dem Kopf. Er spielt den hungrigen Familienvater Rashid, der soeben von der Arbeit erschöpft nach Hause gekommen ist. In seinem mit Lehm beschmierten, zerschlissenen Shalwar-Kamez hockt er im Schneidersitz vor einer graubraunen Plastikfolie auf dem blanken Boden und starrt auf einen leeren Teller und ein ebenfalls leeres Teeglas.

Ein rundlicher Pausbäckiger spielt die Ehefrau und Mutter. Der quirlige Bursche ist in ein Frauengewand geschlüpft und hat sich einen schwarzen Schleier über Kopf und Schulter geworfen. Mit Schwung klatscht »sie« dem »Ehemann« ein Stück *nan*, das afghanische Fladenbrot, auf den Teller und gießt aus einer zerbeulten, rostigen Blechkanne dünnen Tee in sein Glas. Die Enden des Kopftuchs wirbeln hin und her, als sie ihn wild gestikulierend und mit kreischender Stimme beschimpft. Sie nennt ihn einen Faulpelz und Nichtsnutz, der wieder einmal keine richtige Arbeit gefunden habe und mit nur 25 Afghani (etwa 40 Cent) nach Hause gekommen sei. Ängstlich zieht der »Vater« den Kopf ein, als erwarte er auch noch Prügel von seiner Frau. Hin und wieder versucht er, ihr vorsichtig zu widersprechen; da krakeelt sie umso lauter und beleidigt ihn mit Schimpfwörtern, die Außenstehende wie ich noch nie gehört haben. Vor allem die jungen Zuschauer sind hellauf begeistert und applaudieren mitten in der Szene. Wie ein echter Schauspielprofi wechselt die »Mutter« dann die Stimmlage und ruft mit Koseworten ihre im Hintergrund spielenden »Kinder« herbei. Die zwei Jungen und drei Mädchen stehen mit gesenkten Häuptern vor ihrem Vater und blicken traurig auf ihre leeren Teller.

»Deine Dummheit ist schuld daran, dass unsere Kinder wieder einmal nichts zu essen haben«, setzt die Mutter ihre Schimpftiraden fort. »Warum bist du nicht zur Schule gegangen und hast einen ordentlichen Beruf gelernt? Dann könnte ich auf dem Basar auch ab und zu frisches Gemüse und ein Stück Hammelfleisch kaufen. Wärst du nicht ein armer Tagelöhner, dann könnten wir unsere Kinder in die Stadt auf eine Schule schicken. Woher soll ich denn das Geld für den Schultransport und die Schulbücher und Hefte nehmen?«, prasselt es auf den Vater nieder, der sich inzwischen verzweifelt die Haare rauft. Jetzt heulen auch noch die Kinder los: »Wir möchten auch gern eine gute Schule in der Stadt besuchen, wie die Kinder des reichen Khan! Seine Kinder können später Ingenieur, Lehrer oder Ärztin werden und genügend Geld verdienen, um ihre Familien zu ernähren. Wir dagegen sind arm und können nicht zur Schule gehen. Wie unser Vater müssen auch wir einmal arme Tagelöhner werden«, jammern die Buben, »und wie unsere Mutter werden auch unsere Schwestern nur einen Tagelöhner zum Mann bekommen.« Und wieder klatschen und pfeifen die jungen Zuschauer vor Begeisterung, während die Älteren zustimmend nicken.

Da betritt, als *deus ex machina*, der Malik den Raum. Der kleine Bursche trägt einen riesigen Turban auf dem Kopf, und über seinem grauen Shalwar-Kamez glänzt eine silberbestickte teure Weste. Ohne die Mutter eines Blickes zu würdigen, hockt er sich neben den Vater auf den Boden, nestelt an seiner Weste und zieht bedächtig ein Schriftstück aus der Tasche. Voller Spannung starren die Zuschauer auf ihn. Er lässt sie einige Sekunden zappeln und setzt sich zunächst eine dicke Hornbrille auf die viel zu kleine Nase. Hüstelnd beginnt er aus dem halbmeterlangen Papier vorzulesen:

»Seine Exzellenz, der Erziehungsminister aus Kabul, und der Gouverneur freuen sich, Ihnen bekannt geben zu können ...« Jetzt wartet der Bürgermeister erneut einige Sekunden ab, bis er mit würdiger Stimme fortfährt: »Der Distrikt von Hesarak erhält noch in diesem Jahr eine neue Schule. Unsere deutschen Freunde der ›Kinderhilfe Afghanistan‹ haben auch die Kinder von Hesarak nicht vergessen und in Deutschland Geld für den Bau dieser Schule gesammelt. Alle Kinder von Hesarak werden die Schule besuchen können und erhalten eine kostenlose Schulspeisung. Unsere Freunde aus Deutschland bezahlen auch die Schulbücher und Hefte. Morgen schon wird mit dem Bau begonnen.« Der kleine Bürgermeister blickt in die Runde, faltet das Schriftstück und nimmt die viel zu große Brille von der Nase. Dann legt er dem verwirrt dreinblickenden Vater die Hand auf die Schulter und fährt fort: »Auch deine Kinder, lieber Rashid, gehören zu den Glücklichen. Schon bald werden sie lesen und schreiben lernen, später einen guten Beruf ergreifen und eines Tages ihrem alten Vater nicht mehr zur Last fallen, sondern für ihn sorgen können. Den Deutschen sei Dank und Allah sei gepriesen.«

Auf der Bühne fallen sich Vater und Mutter in die Arme, und ihre Kinder hüpfen und jauchzen vor Freude. Auch die jüngsten unter den Zuschauern haben die Analogie des Stückes zur Geschichte ihrer eigenen Schule verstanden. Sie klatschen und jubeln ihren Mitschülern auf der Bühne zu. Der Rais aus Kabul, der Gouverneur und die anderen Ehrengäste erheben sich von ihren Stühlen und schütteln meiner Frau und mir die Hände. Anschließend hält der Politiker aus Kabul eine temperamentvolle Rede:

Wir danken Ihnen und allen Freunden in Deutschland. Es ist uns eine große Ehre, dass Sie heute unser Gast sind. Mit dieser Schule beginnen wir in Hesarak einen neuen Krieg. Wir führen diesen Krieg gegen Unwissenheit und Dummheit. Denn nur mit Bildung für seine Kinder wird Afghanistan den Weg aus der Finsternis der vergangenen Jahre in das Licht einer guten Zukunft finden. Aus eigener Kraft kann uns dies nicht gelingen. Krieg und Terror haben unsäglichen Schaden angerichtet. Wir sind auf fremde Hilfe und Unterstützung angewiesen. Mit Deutschland verbindet uns eine jahrzehntelange Freundschaft, die heute in Hesarak auf wunderbare Weise erneuert wird. Siebzehn Schulen haben unsere Freunde der »Kinderhilfe Afghanistan« in den vergangenen Jahren bereits gebaut. Großartige Schulen, in denen über dreißigtausend Kinder mit Freude und Begeisterung studieren. In den Bergen von Hesarak werdet ihr, die Söhne und Töchter Afghanistans, ab heute ebenfalls eine Schule besuchen können. Ihr seid die Zukunft unseres Landes. Ich fordere euch auf, eure Lehrer zu achten und ihnen zu gehorchen, fleißig zu lernen und euren Eltern keine Schande zu bereiten. Ich fordere eure Eltern auf, alle Kinder zur Schule zu schicken und die Lehrer bei ihrer schwierigen Aufgabe zu unter-

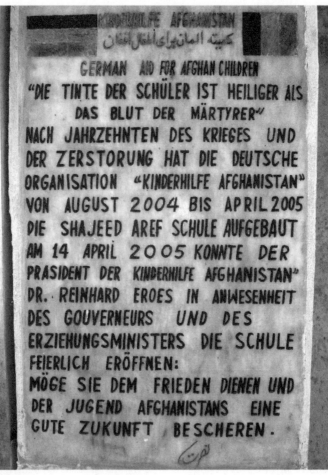

Marmortafel am Schuleingang

stützen. Und ich fordere die Lehrer auf, ihre Aufgabe ernst zu nehmen und ihre ganze Kraft einzusetzen, um aus euch fleißige und gut ausgebildete Schüler zu machen.

Über eine Stunde redet der wortgewaltige Mann auf die Zuhörer ein, bis er und auch die meisten Gäste erschöpft sind. Der Moderator begleitet ihn, den Gouverneur und mich zu

einem für alle gut sichtbaren kleinen Vorhang an der Längs-
seite des Gebäudes. Die linke Hälfte des Samttuches ist in
den deutschen Nationalfarben, die rechte in den Farben Afghanistans gehalten. An beiden Seiten hängen goldfarbene
Kordeln herab. Auf ein Zeichen des Gouverneurs ziehen der
Staatssekretär und ich zeitgleich an den beiden Kordeln und
enthüllen eine in die Mauer eingelassene edle Marmortafel.
Der Graveur hat tatsächlich eine fehlerfreie Arbeit abgeliefert.
Auf Deutsch und in Paschtu sind die Daten der Gründung und
der Eröffnung der Schule in den weißen Marmor eingemeißelt.
Die Überschrift sticht mit ihren großen Goldbuchstaben besonders hervor: »Die Tinte der Schüler ist heiliger als das Blut
der Märtyrer«.

Tausend große und kleine Hände klatschen Beifall, als wir
uns von den Hesarakis verabschieden, um noch vor Einbruch
der Dunkelheit die Stadt zu erreichen. Meine Frau und ich
sitzen auf der Rückfahrt nach Jalalabad zusammen mit dem
Gouverneur im gut gefederten und klimatisierten Dienstwagen
des Herrn Staatssekretärs. Schon nach wenigen Kilometern
lenkt der paschtunische Politiker aus Kabul unser Gespräch
auf die Überschrift der Marmortafel. Bevor ich ihm die Bedeutung erläutern kann, ergreift der Gouverneur schmunzelnd
das Wort. Wir beide kennen uns seit fünf Jahren, und er weiß
um die »Bauchschmerzen«, die so manchen gläubigen Paschtunen bei Tafelenthüllungen der Vergangenheit befallen haben.
»Herr Staatssekretär, mit diesem Satz will unser Freund aus
Deutschland keineswegs unsere Märtyrer beleidigen. Ganz im
Gegenteil! Der Text stammt auch nicht von ihm, sondern vom
Propheten Mohammed, Friede sei mit ihm. Jetzt, da auch wir
Afghanen wie einst der Prophet die Feinde geschlagen und verjagt haben, müssen die Waffen schweigen und durch Bücher
und Tinte ersetzt werden. Sie selbst haben heute in Ihrer groß-
artigen Rede die Bedeutung von Bildung und Erziehung für un-
ser Volk herausgestellt. Und genau das drückt dieser Satz aus.
Auch die Christen in Deutschland verehren ihre Märtyrer. Sie

Bauernkinder in den Bergen von Tora Bora

haben aber aus ihren Kriegen die richtigen Lehren gezogen und ihr Vaterland mit Bildung und harter Arbeit wieder aufgebaut. Wir sollten unserem Gast aus Deutschland also vielmehr dankbar sein, dass er, der gläubige Christ, uns heute daran erinnert hat.«

Meine Frau schaut mich überrascht an und flüstert mir ins Ohr: »So gut hättest du es sicher nicht formulieren können.«

Ehrenvolle Auszeichnung

Am 6. Dezember 2006 wurde unsere Arbeit mit der Verleihung des Marion Dönhoff Förderpreises für Internationale Verständigung[1] gewürdigt. Stolz und glücklich nahmen wir zusammen mit unseren Kindern den Preis entgegen, den uns die Fernsehjournalistin Anne Will im Hamburger Schauspielhaus mit folgenden Worten übergab:

Es ist ein einfacher Satz, aber er beschreibt genauso präzise wie umfassend Motivation, Wirken und Arbeit aller Dönhoff-Preisträger: »Menschen, die wissen, worum es geht«. Sechs Wörter, schnell erzählt, auf den berühmten Punkt gebracht. Denn sie beschreiben ganz vorzüglich, was auch die Menschen ausmacht, die den diesjährigen Marion Dönhoff Förderpreis erhalten werden. »Menschen, die wissen, worum es geht«. Es sind Annette und Reinhard Erös und ihre sechs Kinder: die Zwillingsschwestern Cosima und Veda, die Söhne Veit, Urs, Welf und auch Trutz, der vor siebzehn Jahren starb, der aber der Schutzengel der Familie ist und sie also nie wirklich verließ.

Worum es diesen Menschen geht und wovon sie sehr genau

---

[1] Um das Andenken an die 2002 verstorbene frühere Chefredakteurin und Herausgeberin der *Zeit* wachzuhalten, haben *Die Zeit*, die *Zeit*-Stiftung und die Marion Dönhoff Stiftung den Marion Dönhoff Preis für Internationale Verständigung und Versöhnung gestiftet. Er wird jährlich verliehen. Zu den Juroren zählen neben Vertretern der *Zeit* und der beiden Stiftungen langjährige Weggefährten der Gräfin: der Soziologe Ralf Dahrendorf, der Historiker Fritz Stern, Bundeskanzler a. D. Helmut Schmidt und Bundespräsident a. D. Richard von Weizsäcker.

wissen: Das ist dieses »gezeichnete« Land Afghanistan, von dem wir in diesen Tagen vor allem im Zusammenhang mit Militäreinsätzen hören. Von dem wir erfahren, dass die Deutschen dort endlich das Töten lernen sollten, weil besagte Militäreinsätze überhaupt nicht so verlaufen, wie es sich die Militärstrategen ausgedacht haben. Es ist das Land der wiedererstarkenden Taliban, der ebenso zu alter Macht zurückfindenden Warlords, der Terroristen, des Opiumhandels. Es ist ein minenverseuchtes Land, ein unwirtliches, eines mit einer Kindersterblichkeit von 40 Prozent und einer Müttersterblichkeit, die fast genauso hoch liegt, eines mit einer der höchsten Quoten an Analphabeten weltweit. Kurzum, so pflegt es Reinhard Erös zu sagen: »Es ist die Vorhölle!« Und doch liebt er Afghanistan. Und die Seinen haben sich mit ebensolcher Leidenschaft dem Land verschrieben. (…)

Afghanistan! Um wirklich verstehen zu können, was Reinhard Erös und seine Familie antreibt, den Menschen dort zu helfen und dies alles ehrenamtlich zu tun, damit jeder einzelne gespendete Cent ohne Verwaltungsverlust und Werbeaufwand in den Projekten ankommt – wer das verstehen will, muss gut zwanzig Jahre zurückblicken. In den Februar 1988. Die Familie zieht damals nach Pakistan. Die Eltern kannten die Gegend schon. Reinhard Erös war als Arzt der Bundeswehr für das Deutsche Afghanistan-Komitee dort, und seine Frau hatte ihn besucht. Beide waren tief beeindruckt und entscheiden nun von Bayern aus, für schließlich knapp drei Jahre dorthin zu ziehen. Mit den vier Söhnen Veit, Urs, Welf, die damals zwischen fünf und acht Jahre alt sind, und dem erst zweijährigen Trutz. Es geht in die Provinzhauptstadt Peschawar an der pakistanisch-afghanischen Grenze, die aber das Gebiet der Paschtunen eher willkürlich trennt. Afghanistan steht zu dem Zeitpunkt noch unter sowjetischer Besatzung.

Annette Erös schickt die Kinder zunächst auf die internationale amerikanische Schule in Peschawar und bewirbt sich auch selbst dort. Zum ersten Mal nach ihrem Examen arbeitet sie

*Familie Erös bei der Verleihung des Marion Dönhoff
Förderpreises 2006*

wieder als Lehrerin. Darüber freut sie sich, merkt aber schon bald, dass die Schule allzu amerikanisch tickt und keinen Raum für Sprache, Kultur, Brauchtum und Religion ihrer internationalen und meist nicht amerikanischen Schüler lässt. Das will sie ändern und gründet wild entschlossen die erste europäische Schule, gleichsam der Urtyp, das Modellprojekt aller sechzehn sogenannten Friedensschulen, die die Kinderhilfe Afghanistan mittlerweile unterhält. Eine, die schon damals einen Computer hatte, was die amerikanische Schule vor Neid erblassen ließ.

Die andere prägende Erfahrung dieser Zeit: Reinhard Erös bricht immer wieder von Peschawar aus illegal in den Osten Afghanistans auf. Und zwar unter höchster Lebensgefahr: Auf Ärzte hatten die Sowjets ein Kopfgeld ausgesetzt. Erös aber steht unter dem Schutz der Mudschaheddin. Es gibt ein Foto aus dieser Zeit. Er steht inmitten einer Gruppe schwer bewaffneter Männern, die den Arzt begleiten. Erst auf den zweiten Blick erkennt man, wer der Deutsche unter den Afghanen ist.

Erös trägt traditionelle Kleidung, die landestypische Kopfbedeckung, einen langen Bart. Und – das sieht man nicht und ahnt es nur – er hilft couragiert, deshalb schützen die Mudschaheddin ihn und nennen ihn einen der Ihren. Denn er baut in Felshöhlen, den später erst zur Berühmtheit gelangten Höhlen von Tora Bora, Krankenstationen. Und in diesen Höhlen-Kliniken versorgt er nicht weniger als 200000 Menschen pro Jahr. Das war der Grundstein für ein bis heute anhaltendes hohes Ansehen.

Ansehen, Respekt und Vertrauen. Das sind bis heute die zentralen Kräfte, auf denen die Kinderhilfe Afghanistan ruht. Und sie wirken wechselseitig. Weil auch die Erös' großes Vertrauen in die Menschen Afghanistans haben, beschäftigen sie in ihren Schulen, den Gesundheitsstationen, den Lehrlingswerkstätten und Mutter-Kind-Einrichtungen ausschließlich Afghanen und bezahlen sie gut. Ausdruck von Respekt, gepaart mit der Kenntnis und dem Verständnis für die Landeskultur und das Stammeswesen! Aber auch von klaren Idealen getragen, die nicht unbedingt immer auf Gegenliebe treffen müssen. So haben die Erös' in der Provinz Khost ein Projekt begonnen, das »Obstbäume statt Opium« heißt. Das soll den Bauern in naher Zukunft ein Einkommen sichern und ihnen gleichzeitig – im Wortsinne – den Boden für den Schlafmohnanbau entziehen. Unnötig zu sagen, dass Reinhard Erös auch die Landessprache spricht. Das alleine würde ihn aber noch nicht in die Lage versetzen, derart geschickt zu verhandeln, wie er das offenkundig tut.

»Tee mit dem Teufel trinken«, nennt er das. Und fügt hinzu: »Wer in der Vorhölle arbeitet, der muss mit dem Teufel ab und zu eine Tasse Tee trinken.« Und der Teufel ist – besser: sind – in dem Fall die Taliban. Denen ringt er im Sommer 1998 ab, im Flüchtlingslager in Peschawar die zweite Friedensschule der Kinderhilfe Afghanistan zu gründen. Und zwar – und das war das teuflisch Ungeheuerliche: eben keine Koranschule für Jungs, sondern eine Schule für Mädchen. Seine raffinierte Argumentation damals wie heute beim Tee – er fragt die Taliban: »Wenn eure Mütter, Töchter und Frauen krank werden, wer soll sie dann behandeln? Wollt ihr, dass sie von männlichen Ärzten untersucht werden?« Gespannte Unruhe, ablehnende Blicke, unwilliges Brummen. Was will der Fremde? Doch der fährt fort: »Wollt ihr, dass sie gar nicht behandelt werden? Dass die Mütter und Töchter Afghanistans sterben und euch keine Söhne mehr gebären?« Das wollen die Taliban nicht, deshalb kann Erös logisch schlussfolgern: »Dann müssen sie von weiblichen Ärzten gesund gemacht werden. Den Arztberuf aber muss man lernen wie das Schießen mit einer Kalaschnikow. Eure Ärztinnen müssen deshalb hier auf die Schule gehen, damit sie später auf die Universität gehen können.« So geht also der Dialog mit dem Teufel, und das ist der Zeitpunkt, an dem die Taliban für gewöhnlich kapituliert haben oder auch heute noch kapitulieren.

Ich habe von zentralen Kräften gesprochen, die die Arbeit der Familie Erös ausmachen. Respekt und Vertrauen, jeweils wechselseitig empfunden. Ich meine, es käme noch etwas anderes hinzu. Und ich nenne es einmal: das Wissen um die eigene Verletzlichkeit. Auch die macht die Erös' zu so engagierten Helfern. Zu wissen, worum es geht, heißt eben auch das.

Zwei Erlebnisse sind hier wohl entscheidend. Das erste im Sommer 1987 im Osten Afghanistans; Reinhard Erös ist auf einer seiner Hilfseinsätze, bei ihm ein zehnjähriger kleiner Junge. Sein Freund und Ziehsohn, und der kommt durch eine Granate ums Leben. Eine von etlichen Granaten und selbst 100-Kilo-Bomben, die in unmittelbarer Nähe der Mudschaheddin-Gruppe einschlagen, mit der Erös unterwegs ist. Der Dauerbeschuss, das Leid seiner Patienten, die wochenlangen Fußmärsche, die Mangelernährung und der Verlust des kleinen Freundes – das ist schließlich alles zu viel für ihn. Erös hört auf zu schlafen und zu sprechen. Er beginnt zu trinken, bricht zusammen und begibt sich schließlich in Therapie.

Nur zwei Jahre später, im September 1989: Die Familie lebt in Peschawar. Das Leben mit der neuen Schule nimmt gerade seinen fröhlichen Gang, als der kleine Trutz erkrankt. Durch-

fall und Erbrechen. Eigentlich nichts Ungewöhnliches, aber die Medikamente wollen einfach nicht wirken. Schließlich fliegt Reinhard Erös mit Trutz nach Deutschland, aber der Vierjährige stirbt in den Armen seiner Großmutter. Nur fünfhundert Meter vom Krankenhaus entfernt.

Der diesjährige Dönhoff-Förderpreis geht somit an Menschen, die auch hätten die Hoffnung verlieren können. So steht die Kinderhilfe Afghanistan vielleicht modellartig dafür, wie die Entwicklung des so hoffnungslos anmutenden Landes funktionieren könnte. Über Einfühlung, Hilfsbereitschaft, über Konsequenz und selbstverständlich über Erziehung und Bildung. Das ist der Schlüssel für eine dauerhafte Entwicklung hin zu Frieden und wirtschaftlichem Fortschritt. Deshalb gibt es in den Schulen der Kinderhilfe auch ein wunderbares Fach, das man eigentlich der ganzen Welt empfehlen möchte, weil es darum wirklich geht: Es heißt »Erziehung zum Frieden«. Dafür, dass sie wissen, worum es geht, ehren wir die Familie Erös mit dem Marion Dönhoff Preis 2006.

Glossar

Barfußarzt: Der Begriff stammt ursprünglich aus China. Man verwendet ihn unter anderem für eine in traditioneller chinesischer Medizin ausgebildete Person, die von Dorf zu Dorf zieht und die Kranken versorgt. In früheren Zeiten waren das Schamanen, Kräuterkundige, Philosophen und Wahrsager. Heute benutzt man diesen Begriff auch für Ärzte, die mit minimaler Ausstattung (= barfuß) in medizinisch unterversorgten Gebieten der Dritten Welt oder in Katastrophengebieten ambulante ärztliche Hilfe leisten.

Burka: Die Burka ist ein Kleidungsstück, das von Frauen in Afghanistan, Pakistan und bei moslemischen Minderheiten in Indien getragen wird. Die afghanische Burka dient zur Verschleierung des ganzen Körpers. Sie besteht aus einem großen Stofftuch, in dem oben eine flache Kappe vernäht ist. Im Bereich der Augen befindet sich ein Sichtfenster, eine Art Gitter aus Stoff oder Rosshaar. Das Gesicht ist bei der afghanischen Burka vollständig verdeckt. Der asymmetrische Stoff fällt hinten bis auf den Boden, vorn endet er an den Fußgelenken. Afghanische Burkas sind heute meist blau, werden aber auch in anderen Farben (Schwarz, Grün, Orange oder Weiß) gefertigt. Ursprünglich wurde die Burka nur in der Stadt getragen, in den Dörfern war sie unüblich. Bevor die Taliban die Burka zur Pflicht machten, war Blau eher eine seltene Farbe. Die ursprünglich teurere blaue Burka entwickelte sich unter den Taliban zu einer der wenigen Möglichkeiten, sozialen Status durch Kleidung auszudrücken. Nach dem Ende des Talibanregimes wurde die Burkapflicht abgeschafft. Dennoch wagen erst wenige Frauen, das Haus ohne diesen Ganzkörperschleier zu verlassen, vor allem aus Sorge um ihren Ruf oder ihre Sicherheit. Die

Burka ist auch ein willkommenes Mittel, die eigene Mittellosigkeit zu »verschleiern«. Bei den Paschtunenfrauen wird die Burka vor allem wegen des traditionellen Stammesdenkens getragen.

Buskashi (persisch »Ziege ziehen«) ist ein traditionelles Reiterspiel in Afghanistan und anderen persischsprachigen Teilen Zentralasiens. Es wird von zwanzig oder mehr Reitern gespielt. Zu Beginn wird eine tote Ziege auf dem Spielfeld, normalerweise ein freies Feld, abgelegt. Der Ziegenkadaver muss im freien Galopp aufgenommen werden, zunächst um einen Pfosten am Rand des oft kilometerlangen Spielfeldes befördert und zuletzt vor den Füßen des Schiedsrichters abgelegt werden. Jeder spielt gegen jeden. Buskashi ist also kein Mannschaftsspiel. Es ist alles erlaubt, um sich der Ziege zu bemächtigen. Auch die Reitpeitsche wird gegen andere Spieler eingesetzt. Das Spiel ist eine des rauesten Sportarten überhaupt. Der Sieg bei einem Buskashi ist mit hohem Sozialprestige verbunden. Der Preis für den Gewinner – *tschapanda* – ist zumeist ein äußerst wertvolles Pferd.

Clusterbomben sind US-amerikanische Bomben, die aus Tochtergeschossen – Clusters – bestehen und sich beim Aufprall in 650 Cluster zerlegen und explodieren. Aus technischen Gründen explodieren aber nur 95 Prozent beim Aufprall. 38 Kleinbomben pro Clusterbombe bleiben als Blindgänger liegen. Der beim Kampf gegen die Taliban vorwiegend eingesetzte B-52-Bomber warf pro Einsatz 45 Clusterbomben ab und produzierte damit 1700 Blindgänger. Die Blindgänger besitzen große Ähnlichkeit mit den ebenfalls abgeworfenen Lebensmittelpaketen. Daher wurden und werden vor allem Kinder Opfer dieses Kampfmittels. Die Minenräum-Organisationen schätzen die Anzahl der Cluster-Blindgänger auf mehrere Hunderttausend.

Dar ul-Ulum Haqqania: siehe *Haqqania*

Deobandi nennt man die Anhänger einer islamischen Lehre, die 1866 an der islamischen Hochschule Dar ul-Ulum Deoband im heutigen indischen Bundesstaat Uttar Pradesch begründet wurde. Nach der al-Azhar in Kairo ist diese Schule das zweitwichtigste islamische Zentrum der Welt. Sie steht für eine strenge Auslegung der sunnitisch-hanafitischen Glaubensrichtung und strebt eine Rückkehr des Islam zu seinen Wurzeln an. Wie die Wahhabiten lehnen auch die Deobandi Heiligen- und Gräberverehrung strikt ab. Da die Schule der Deobandi während der britischen Kolonialzeit entstanden ist, trägt sie stark antikoloniale und antiwestliche Züge.

Dorfmullah: siehe *Mullah*

»Emirat Afghanistan«: Nach der Machtübernahme in Kabul 1996 wurde das menschenverachtende Regime der Taliban von Pakistan, Saudi-Arabien und den Vereinigten Arabischen Emiraten fünf Jahre lang politisch und materiell unterstützt und sogar völkerrechtlich anerkannt. Erst nach den Terroranschlägen vom 11. September 2001 haben diese drei Staaten den Taliban ihre Unterstützung zumindest offiziell entzogen.

Geheimdienste: Die Zusammenarbeit deutscher Geheimdienste mit afghanischen Behörden geht zurück auf die Zeit des Ersten Weltkriegs. Werner Otto von Hentig, Legationsrat der Sektion III B der Zentralstelle des Geheimdienstes beim Generalstab der Ostfront, leitete 1915 im Auftrag Kaiser Wilhelms II. die erste Geheimmission in das Land am Hindukusch. Man wollte erreichen, dass die afghanische Armee auf der Seite Deutschlands in den Krieg gegen England eintrat und Geheimdienstaktivitäten gegen die Briten entwickelte. Während der Jahre 1933 bis 1945 organisierte die deutsche Polizei nicht nur die afghanische Polizei, sondern auch den Geheimdienst des Landes völlig neu. Nach Ende des Zweiten Weltkriegs setzte zunächst die Organisation Gehlen und später der BND diese Kontakte intensiv fort. Seit Ende der fünfziger Jahre gab es eine eigene BND-Residenz in Kabul. Wegen der gemeinsamen Grenze mit der UdSSR war Afghanistan für Deutschland ein wichtiger Partner im Kalten Krieg.

Bis zum Sturz der Regierung Muhammad Daud im April 1978 bildete die Bundesrepublik Deutschland den afghanischen Geheimdienst aus. Erst mit dem Einmarsch der sowjetischen Truppen im Dezember 1979 endete das Engagement des BND im Land selbst. Während des sowjetisch-afghanischen Krieges (1979–1989) unterhielt der deutsche Nachrichtendienst eine Art »Exilresidenz« im pakistanischen Peschawar und unterstützte von dort den Widerstand im Nachbarland. Während der sowjetischen Besatzung wurde der kommunistische afghanische Geheimdienst KHAD von KGB-Agenten geführt; seine Kader wurden in der UdSSR ausgebildet. In Abstimmung mit dem »großen Bruder« KGB übernahm der Staatssicherheitsdienst der DDR eine wichtige Rolle bei der praktischen Ausbildung und der Arbeit vor Ort. Die Zusammenarbeit endete erst 1992 mit dem Sturz des letzten kommunistischen Machthabers Dr. Najibullah. An der Machtübernahme der Taliban hatte der pakistanische Geheimdienst ISI – Inter-Services Intelligence – wesentlichen Anteil. Ab 1996 bildete er zusammen mit dem saudi-arabischen Geheimdienst al-Mabahith al-'Amma den Geheimdienst der Taliban Istakhbarat aus.

Erst seit Beginn der ISAF-Mission und der Wiedereinrichtung einer deutschen Botschaft in Kabul (2002) ist der BND wieder im Land engagiert. Auch dank der historisch guten Beziehungen gilt er in Fachkreisen als exzellent informiert. Die Geschichte der afghanischen Geheimdienste des 20. Jahrhunderts trägt also eine deutliche deutsche Handschrift. Seit 2002 haben die USA die Ausbildung des neuen afghanischen Geheimdienstes NDS übernommen. Der Einfluss des pakistanischen ISI ist allerdings weiterhin sehr groß.

Haqqani, Jalaludin: Der spindeldürre, kleinwüchsige Paschtune gilt für die US-Truppen der OEF – *Operation Enduring Freedom* – in Ostafghanistan als *most wanted terrorist.* Trotz einer erdrückenden technischen Überlegenheit der Amerikaner mit ihren unbemannten Aufklärungsdrohnen und gepanzerten, mit Raketen und Maschinenkanonen bestückten Kampfhubschraubern schafft er es immer wieder, den hervorragend ausgestatteten und kampferprobten US-Spezialtruppen schmerzhafte Nadelstiche zu verpassen. Dies gelingt ihm durch nächtliche Granatwerferangriffe und die schon im Krieg gegen die Sowjets erfolgreiche *hit and run*-Taktik auf die Stützpunkte (angreifen, zuschlagen und sofortiger Rückzug), aber vor allem durch IED – *improvised explosive devices* –, simple Bomben, mit einfachen Mitteln aus russischen Panzerminen zusammengebaut, die an Straßenrändern vergraben und mittels Funkzündung per Handys zur Explosion gebracht werden. Der sogenannte asymmetrische Krieg ist für die US-Truppen unverhältnismäßig kostspielig. So bezahlt der amerikanische Steuerzahler für den Einsatz der relativ kleinen Streitmacht von 12 000 Soldaten in Afghanistan pro Monat zirka eine Milliarde US-Dollar.

Haqqania: Die Madrassa Haqqania (ihr vollständiger Name lautet Dar al-Ulum Haqqania) befindet sich im Zentrum von Akora Khattack, einem unscheinbaren Ort in der Nordwestlichen Provinz (NWFP), etwa 100 Kilometer westlich von Islamabad. Die Haqqania wurde 1947 von Scheich ul-Hadith Hazrat Maulana Abdul Haq gegründet, einem charismatischen Religionsgelehrten, der in Nordindien an der berühmten Deoband-Madrassa studiert hatte. Mit der Haqqania gelang es ul-Haq, in Akora Khattack, seinem Heimatort, ein pakistanisches Pendant zur indischen Deobandi-Madrassa zu schaffen. Etwa dreitausend Studenten werden dort in Islamwissenschaft ausgebildet. Sie ist damit die größte Deobandi-Schule in ganz Pakistan. Das Studium dauert in der Regel acht Jahre. Die Ausbildung ist kostenlos. Finanziert wird die Schule durch Spenden religiöser Stiftungen, vor allem aus Saudi-Arabien.

Nach dem Tod von Abdul ul-Haq übernahm sein Sohn Sami ul-Haq die Leitung der Haqqania. Er wurde zum Führer der islamistischen Partei Jamiat-e-Ulema-e-Islam und vertritt wie schon sein Vater als Senator die Nordwestliche Grenzprovinz in Islamabad. Aus der Haqqania rekrutierten sich in den neunziger Jahren große Teile der Talibankämpfer. Wie die meisten Minister ihres Regimes soll auch Mullah Omar, der geistliche Führer der Gotteskrieger, an der Haqqania studiert haben.

Hawala-Finanzsystem: Ein weltweit funktionierendes Über-
weisungssystem, das bereits 1327 vom arabischen Rechtsgelehr-
ten Abu Bakr Mase-ud al-Kasani als Teil des islamischen Rechts
eingeführt wurde. Mit diesem System wird Geld schnell und kos-
tengünstig transferiert. Es basiert ausschließlich auf Vertrauen.
Will jemand Geld an eine dritte Person weiterleiten, müssen beide
ihrem Hawaladar – Geldhändler – vertrauen. Der Geldgeber erhält vom Hawaladar ein Codewort (Zahlen oder Wörter). Dieses
Codewort gibt er an den Empfänger weiter. Mit diesem Codewort kann dieser an fast jedem Ort der Welt von dem dortigen
Hawaladar den Betrag in Empfang nehmen. Die beiden Hawa-
ladare gleichen die Geldbeträge unabhängig von Geldgeber und
Geldempfänger unter sich wieder aus (zum Beispiel durch Waren-
lieferungen, Dienstleistungen, Gold, Edelsteine). Es fallen keine
Steuern oder Bankgebühren an; daher ist der Wechselkurs für
Geldgeber und -empfänger wesentlich günstiger als bei regulären
Banküberweisungen. Der Hawaladar nimmt normalerweise ein
Prozent des transferierten Betrags als Provision. Es gibt keinerlei
Unterlagen zum Geldtransfer; weder Geldgeber noch -empfänger
müssen sich beim Hawaladar identifizieren. Nach Schätzungen
von Interpol werden auf diesem Weg jährlich etwa 200 Milliarden
Dollar ohne rechtliche oder staatliche Kontrolle verschoben. Un-
kontrolliertes Hawala ist daher in allen Staaten verboten. Es kann
aber praktisch nicht kontrolliert und damit auch kaum verfolgt
werden.

Hekmatyar, Gulbuddin, geboren 1947 in Kunduz, Paschtune aus
ärmlicher Familie, ehemaliger Student der Ingenieurwissenschaf-
ten an der Universität Kabul. Trotz abgebrochenem Studium besteht er bis heute darauf, mit »Herr Ingenieur« angesprochen zu
werden. Ausgerechnet diesem brutalen Schlächter flossen während
des sowjetisch-afghanischen Krieges Hunderte Millionen Dollar
aus den USA zu. Einen Großteil dieser Gelder investierte der ge-
rissene Hekmatyar in gewinnbringende Projekte im islamischen
Ausland. So kaufte er in Malaysia riesige Speditionsunternehmen
auf, von deren Erträgen er heute seinen Kampf gegen die ISAF-

Truppen finanziert. Er war es auch, der 1986 von den USA über den pakistanischen Geheimdienst Stinger-Raketen zum Kampf gegen die sowjetische Luftwaffe erhielt. Heute, zwanzig Jahre später, steht Hekmatyar bei den Amerikanern ganz oben auf der Liste der meistgesuchten Terroristen. Sofern die Ein-Mann-Flugabwehrraketen in seinem Besitz noch funktionsfähig sind, stellen sie die größte Bedrohungen für die westlichen Truppen in Afghanistan dar. Er sympathisiert offen mit Osama Bin Laden. Die politisch kurzsichtigen Amerikaner haben damals mit diesem Terroristenführer den Bock zum Gärtner gemacht. Ihre Devise: »*He may be a son of a bitch, but he is our son*« ging wie so häufig in der jüngsten Geschichte nicht auf, sondern hat sich gegen sie gewendet. Ihm werden Anschläge auf deutsche ISAF-Soldaten und Polizisten zugeschrieben.

Henna: Das aus dem Hennastrauch (*Lawsonia inermis*) gewonnene Pulver wird in vielen islamischen Ländern von Frauen (zur Färbung der Hände und Füße) und Männern (für Kopf- und Barthaare) verwendet. Neben der Ästhetik soll es Kinder und Erwachsene vor dem »bösen Blick« schützen. Daher findet es bei Geburt, Beschneidung und Hochzeit Verwendung. Der betörende Duft der Blüten wird seit Jahrtausenden geschätzt und in Parfums verwendet. In Pakistan gibt es ein beliebtes Henna-Parfum mit dem Namen »Mohammeds liebster Duft«.

ISAF: Die Aufstellung der International Security Assistance Force (ISAF) erfolgte auf Ersuchen der neuen afghanischen Regierung an die internationale Gemeinschaft und mit Genehmigung des Weltsicherheitsrates (Resolution 1386 vom 20. Dezember 2001). Der Einsatz ist keine Blauhelm-Mission, sondern ein sogenannter friedenserzwingender Einsatz unter Führung der NATO. An ihm beteiligen sich auch zirka dreitausend deutsche Soldaten. Aufgabe von ISAF ist die Unterstützung der frei gewählten Regierung Afghanistans bei der Herstellung und Aufrechterhaltung der Sicherheit im Land. Der Einsatz von ISAF soll den Wiederaufbau, die Etablierung demokratischer Strukturen und die Durchsetzungsfähigkeit der Regierung gewährleisten. ISAF wird operational geführt durch das Allied Joint Force Command Headquarter in Brunsum/Niederlande.

Ketamin findet Anwendung als Schlafmittel zu Narkosezwecken und wird in der Notfallmedizin als Schmerzmittel eingesetzt. Das Medikament erzeugt Schlaf und Schmerzfreiheit unter weitgehender Erhaltung der Reflexe. In medizinisch entwickelten Ländern wie Deutschland wird es vorwiegend in der Pädiatrie und der Veterinärmedizin eingesetzt. In Ländern der Dritten Welt und bei Katastrophen findet es ebenfalls bei Erwachsenen Anwendung, weil es auch von Nichtmedizinern relativ unkompliziert, nämlich intramuskulär, verabreicht werden kann. Im Jargon der Katastrophen-Mediziner nennt man Ketamin deshalb das »Drei-K-Betäubungsmittel«: Kinder, Katzen und Katastrophen. In unseren Krankenstationen in Afghanistan ist es *das* klassische Schmerzmittel für Schwerverletzte.

Khalis, Yunis Muhammad, geboren 1919 in Nangahar, Paschtune, Maulavi, Islamist. Er ging 1974 unter der Regierung Daud ins Exil nach Pakistan und gründete 1979 in Peschawar die Widerstandspartei Hizb-I-Islami Khalis. Als Erster der in Peschawar ansässigen Parteiführer kehrte er schon einige Wochen nach dem Einmarsch der Sowjets nach Ostafghanistan zurück und kämpfte zusammen mit Jalaludin Haqqani und Abdul Haq gegen die Besatzer. Ab 1996 arbeitete er eng mit den Taliban und al-Qaida zusammen. Nach dem Sturz der Taliban wurde Khalis zum Gegner der Regierung Karzai. Als er im Sommer 2006 mit 87 Jahren starb, übernahm sein Sohn Anwar ul-Haq Mujahid den Parteivorsitz. Heute gehört er zu den erbittertsten Feinden von Präsident Karzai. Seit Winter 2006/2007 kämpft er in der Region von Tora Bora gegen die Amerikaner.

Lawrence, Thomas Edward: Der Hobby-Archäologe, Geheimagent und Schriftsteller Lawrence (1888–1935) wurde durch seine Beteiligung am Aufstand der Araber gegen das Osmanische Reich während des Ersten Weltkriegs bekannt. Er lebte als britischer Offizier wie ein Araber unter den Arabern.

Madrassa, Plural *Madaris* (arabisch), bedeutet wörtlich »Ort des Unterrichts«. Im engeren Sinne bezeichnet der Begriff eine islamische Hochschule. Sie besteht aus einer Moschee, Lehrräumen, Betsälen und einer Bibliothek. Meist ist auch ein Internat angeschlossen. Gegründet und finanziert werden die Madaris durch religiöse Stiftungen. Der Stifter bestimmt, nach welcher islamischen Rechtsschule unterrichtet wird, und legt den Lehrplan und die Anzahl der Studenten und Lehrer fest. Der Besuch einer Madrassa ist für die Schüler kostenlos, ebenso wie Unterkunft, Bekleidung und Verpflegung.

Madrassa Haqqania: siehe *Haqqania*

Malik: Afghanistan ist seit 2004 in 34 Provinzen *(wulayat)* gegliedert. Mit rund 1 500 000 Einwohnern ist Nangahar die bevölkerungsreichste Provinz nach Kabul. Aus den zwanzig Distrikten *(woluswali)* Nangahars entsenden die Bürger für jeweils vier Jahre ihre Vertreter in den sogenannten Rat der Provinz. Die Wahlen der Malik – Bürgermeister – und der Gemeinderäte werden alle drei Jahre durchgeführt.

Massud, Ahmad Sha: afghanischer Nationalheld, geboren 1953 in Panjir, ermordet am 9. September 2001. Der hochgebildete Tadschike sprach neben seiner Muttersprache Farsi auch Paschtu, Urdu, Arabisch und fließend Französisch. Nach dem Abitur an der französischen Oberschule Lycée Isteqlal studierte er am Kabuler Polytechnischen Institut für Ingenieurwesen und Architektur. Im Krieg gegen die sowjetischen Besatzer (1979–1989) wurde der »Löwe von Panjir« zum erfolgreichsten und weltweit bekanntesten Mudschaheddin-Führer. 70 Prozent aller Verluste der Sowjetarmee werden ihm und der von ihm entwickelten Guerillataktik zugeschrieben, obwohl er als einziger Widerstandsführer nie von den Amerikanern unterstützt wurde. Massud wird neben Marschall Tito (Jugoslawien), Ho Chi Minh (Vietnam), Mao-Tse-tung (China) und Che Guevara (Kuba) zu den erfolgreichsten Führern von Widerstandsbewegungen im 20. Jahrhundert gerechnet. Im Action-Film »Rambo III« hat ihm Hollywood in der Figur des afghanischen Freundes des US-Helden (gespielt von Sylvester Stallone) zu zweifelhaftem Ruhm in den von Massud nie besonders geschätzten Vereinigten Staaten verholfen.

Genauso erbittert wie gegen die Sowjetarmee kämpfte Massud von 1994 bis 2001 auch gegen die Taliban. Im April 2001 hielt er eine Rede vor dem Europaparlament, in der er vor einem großen Anschlag von Osama Bin Laden und al-Qaida warnte. Zwei Tage vor den Anschlägen am 11. September 2001 wurde Massud von al-Qaida-Mitgliedern, die sich als ausländisches Kamerateam ausgaben, ermordet. Wie man heute vermutet, war dieser Anschlag das Startsignal für die Attentäter vom 11. September 2001. Hätte Massud überlebt, wäre er heute sicher anstelle von Karzai Präsident seines Landes. Sein Poster mit dem keck in den Nacken geschobenen Pakoll findet sich in allen Behörden.

Mullah: Das Wort Mullah ist abgeleitet aus dem arabischen *maula* – »Herr«, »Meister«, »Beschützer«. In Afghanistan ist Mullah die allgemeine Bezeichnung für einen islamischen Religionsgelehrten auf niedriger Stufe. Der Dorfmullah wird von den Dorfbewohnern als Islamlehrer für die Kinder in den Koranschulen ernannt und bezahlt. Am Freitag spricht er das sogenannte Freitagsgebet und predigt in der Moschee. Sein Ansehen im Dorf hängt eher von seiner Persönlichkeit als von seinem Amt ab. Der Dorfmullah Nazruddin ist *die* Narren- und Witzfigur bei den Afghanen. Er taucht in vielen Schwänken auf, und die Geschichten über ihn haben oft einen hintergründigen Humor.

Nordallianz: Die Nationale Islamische Vereinigte Front zur Rettung Afghanistans wurde im Westen bekannt als »Nordallianz«. Im Oktober 1996 wurde sie als militärisches Zweckbündnis gegen die Taliban gegründet. Das lose Bündnis bestand im Wesentlichen aus rivalisierenden Gruppen tadschikischer, usbekischer und Hazara-Warlords. Paschtunen waren in der Nordallianz kaum vertreten. Hamid Abdullha[1] war einer der ganz wenigen paschtunischen Kommandeure, die sich ihr anschlossen. Ende 2006 konnte die Nordallianz durch die massive Unterstützung der US-Luftwaffe die Taliban aus ganz Afghanistan vertreiben. Wegen seiner Zusammenarbeit mit der Nordallianz genoss Abdullha später auch das Vertrauen der US-Streitkräfte, wovon er bis heute profitiert hat. Unter den Paschtunen hat sich Abdullha durch seine Zusammenarbeit mit den *panjiri*, wie man die Führer der tadschikischen Gruppe dort verächtlich nennt, wenig Freunde gemacht. Bei vielen gilt er gar als Verräter. Die tadschikischen Führungskader Shah Massud Fahim, Dr. Quanuni und Abdullah Abdullaha werden *panjiri* genannt, weil sie alle aus dem Panjir – Fünf Täler –, einem uneinnehmbaren Tal nordöstlich von Kabul, stammen. Die bedeutendste Gruppe innerhalb der Nordallianz war die tadschikische Gruppe Islamische Vereinigung Afghanistans unter dem legendären General Ahmad Sha Massud. Nach seiner Ermordung am 9. September 2001 durch Mitglieder von al-Qaida übernahm sein Stellvertreter General Fahim die Führung. Fahim wurde ein knappes Jahre später zum Marschall befördert und von Präsident Karzai zum ersten Verteidigungsminister Afghanistans ernannt. Obwohl er diesen Posten heute nicht mehr bekleidet, ist er immer noch ein mächtiger Kriegsherr und ein enger Freund von Abdullha.

Omar, Muhammad: Mullah, Gründer und geistlicher Führer der Talibanbewegung, wurde um 1959 als Sohn einer sehr armen Bauernfamilie in einem kleinen Dorf bei Kandahar geboren. Schon als Dreizehnjähriger verlor er den Vater und musste sich als ältester Sohn um die Familie kümmern. Angeblich ließ er sich Mitte der siebziger Jahre an der Haqqania zum Mullah ausbilden. Aus Pakistan zurückgekehrt, gründete er im Dorf Singesar bei Kandahar eine eigene kleine Koranschule. Von 1979 bis 1989 kämpfte Omar gegen die sowjetischen Besatzungstruppen und bis 1992 gegen deren Satrapen Najibullah. Er verlor im Kampf das rechte Auge

[1] Name geändert

und ein Bein. Nach dem Sturz des kommunistischen Regimes sammelte er junge Moslems um sich, die wie er selbst der üblen Machenschaften ehemaliger Mudschaheddin-Kommandeure und korrupter Warlords überdrüssig waren. Gemeinsam zogen sie gegen diese Verräter am Islam zu Felde. Die meisten seiner paschtunischen Mitstreiter kamen aus den Flüchtlingslagern und kleinen Koranschulen entlang der pakistanischen Grenze. Wegen ihrer Unerschrockenheit und tiefen Gläubigkeit wurden sie anfangs besonders von den ärmsten Schichten der paschtunischen Bevölkerung massiv unterstützt. 1994 nahmen die Talibankämpfer die Provinz Kandahar ein. Zwei Jahre später eroberten sie die Hauptstadt Kabul und verdrängten die Mudschaheddin-Milizen, die sich jahrelang untereinander bekämpft hatten. Im Sommer 1996 hatten die Taliban unter Omars Führung das gesamte Land mit Ausnahme zweier Provinzen im äußersten Nordosten unter ihre Kontrolle gebracht. In Kandahar, der früheren Hauptstadt Afghanistans, erklärte Omar sich zum *Amir al-Mu'minin* – »Führer der Gläubigen« – und war von nun an de facto Staatschef des Landes. Bis zu seinem Sturz im Herbst 2001 lebte und arbeitete Mullah Omar zurückgezogen in einer bescheidenen Villa in Kandahar. Er war ausgesprochen scheu gegenüber Fremden; Gespräche und Verhandlungen führte sein Sprecher Mullah Wakil. Es gibt kein gesichertes Foto von ihm.

Operation Enduring Freedom: Die *Operation Enduring Freedom*, abgekürzt OEF, zu Deutsch »Operation dauerhafte Freiheit«, ist eine von den USA geführte militärische Operation gegen den »Terrorismus«. Ursprünglich trug sie den Namen *Operation Infinite Justice*, zu deutsch »Operation grenzenlose Gerechtigkeit«. Dieser Titel musste jedoch geändert werden, weil aus islamischer Sicht die Gerechtigkeit allein bei Allah anzusiedeln ist. OEF besteht zur Zeit aus zwei weitgehend unabhängigen Teiloperationen, die im Seegebiet am Horn von Afrika und in Afghanistan stattfinden. Für die Teiloperation in Afghanistan hat Deutschland hundert Kommandosoldaten des KSK – Kommando Spezialkräfte – zur Verfügung gestellt.

Parteien in Pakistan: Landesweit bestimmen vier Parteien die Politik Pakistans:

1. die Pakistan Muslim League (PML-Q), die Präsident Musharraf unterstützt;
2. die Pakistan Muslim League Nawraz (PML-N), die dem im in saudi-arabischen Exil lebenden ehemaligen Präsidenten Nawaz Sharif nahesteht;
3. die Pakistan People's Party (PPP), geführt von der ehemaligen Präsidentin Benazir Bhutto, die erst im Oktober 2007 wieder aus dem Exil zurückgekehrt ist;
4. die Muttahida Majlis-e-Amal, ein Bündnis religiöser Parteien, deren bedeutendste die von Sami ul-Haq geführte Jamiat-e-Ulema-e-Islam (JUI) ist.

Daneben gibt es in den vier Provinzen Pakistans Hunderte kleinerer, religiöser Parteien, die landesweit keine Rolle spielen.

Paschtunen: auch Pakhtunen oder Pathanen genannt. Staatstragendes Volk in Afghanistan. Zurzeit leben weltweit rund 35 Millionen Paschtunen, davon etwa 14 Millionen in Afghanistan und etwa 20 Millionen in Westpakistan. Sie sind überwiegend sunnitische Moslems. Die Paschtunen sind in Stämme und Clans organisiert. Ein gemeinsames »Volksgefühl« existiert nicht. Jeder Stamm steht für sich und betrachtet die anderen Stämme als Fremde. Bedeutende Großstämme sind zum Beispiel die Durani, Ghilzai, Afridi. Ihr Rechtskodex und Gewohnheitsrecht ist der sogenannte *paschtunwali.* Er ist vorislamischen Ursprungs. Zu seinen wichtigsten Begriffen zählen: Zusammenhalt der Familie, Gastfreundschaft, Asylrecht, Ehre und Rache. Ihre Sprache – Paschtu – gehört zur iranischen Sprachfamilie und enthält deutliche indisch-dravidische Einflüsse. Sie wird ausschließlich von Paschtunen (in Afghanistan und Pakistan) gesprochen. Seit 1747 regieren Paschtunen Afghanistan. Die radikalislamischen Taliban rekrutieren sich aus dem von Paschtunen bewohnten Grenzgebieten zwischen Afghanistan und Pakistan. Der heutige Präsident Afghanistans, Hamid Karzai, ist ebenfalls Paschtune und entstammt dem südafghanischen Popolzai-Clan. Seit den neunziger Jahren, in denen der Bürgerkrieg in Afghanistan tobte, kamen etwa 50 000 Paschtunen als Flüchtlinge nach Deutschland.

PRT, Provincial Reconstruction Team. Diese »Wiederaufbau- teams« sollen in den abgelegenen Gebieten Afghanistans für Sicher- heit und Stabilität sorgen. Die aus fünfzig bis fünfhundert zivilen Helfern und Soldaten zusammengestellten Gruppen werden vor allem für Vermittlertätigkeit, Netzwerkbildung, Institution-Buil- ding zur Demokratieförderung und Organisation von Wiederauf- bauprojekten eingesetzt. Die deutschen PRT unterstehen vier Mi- nisterien: dem Auswärtigen Amt, dem Verteidigungsministerium, dem Innenministerium und dem Ministerium für wirtschaftliche Zusammenarbeit und Entwicklung. Bei ihnen liegt der Schwer- punkt auf dem wirtschaftlichen und politischen Wiederaufbau und nicht auf militärischer Stabilisierung. Das deutsche Modell wird als *peace-building instrument* – Werkzeug zur Gestaltung des Friedens – betrachtet. Bei den PRT der Vereinigten Staaten dagegen besitzt die militärische Komponente Vorrang vor der zivilen. Prägend sind hier traditionelle Strategien der US-Armee wie *counterinsurgency* – Bekämpfung der Aufständischen – und *Win the hearts and minds* – Gewinnung von Herz und Verstand der Einheimischen. Die amerikanischen PRT sind in Kampfopera- tionen eingebunden. Daher verstehen sie ihre Aktivitäten eher als *antiterror war support operations* – Unterstützungsoperationen im Krieg gegen Terror.

Ramadan: Fastenmonat der Moslems. Er wechselt jährlich, ab- hängig von der Sichtung der Mondsichel am Ende des Vormona- tes Scha'ban durch Astronomen beziehungsweise Mathematiker. Gefastet wird nur von Sonnenaufgang bis zum Sonnenuntergang. »... und esst und trinkt, bis ihr in der Morgendämmerung einen weißen von einem schwarzen Bindfaden unterscheiden könnt«, heißt es in Sure 2, Vers 187. Kinder bis zur Pubertät sowie Kranke und Schwangere sind vom Fasten ausgenommen. Ist man unter- wegs, kann das Fasten unterbrochen werden, muss aber nach Ende der Reise nachgeholt werden. Zum Fasten gehört der Verzicht auf alle Speisen und Getränke. Auch Rauchen und Geschlechtsverkehr sind untersagt. Im Fastenmonat sind üble Nachrede, Lügen, Beleidigungen unbedingt zu vermeiden. Am Ende des Ramadan feiern die Moslems drei Tage lang das Fest des Fastenbrechens – *Eid al-Fitr.* Man besucht Verwandte und beschenkt die Kinder. In seiner Festlichkeit entspricht es dem christlichen Weihnachten.

Salat (arabisch) oder *muns* (Paschtu) bezeichnet im Islam das tägliche Ritualgebet der Moslems in Richtung Mekka. Davor ist eine rituelle Waschung durchzuführen. Die zu festgelegten Zeiten zu verrichtenden fünf Gebete sind oberste Pflicht aller Moslems. Der Muezzin ruft die Gläubigen mit dem *adhan* (Gebetsruf) dazu auf. Das erste Gebet *(Salatu-i-fadschr)* wird zwischen Morgendämmerung und Sonnenaufgang verrichtet, das letzte *(Salatu-i-scha)*, sobald die Abendröte verschwunden ist.

Saur-Revolution: Im April 1978 (Saur ist das afghanische Wort für April) stürzten linksgerichtete Offiziere das Daud-Regime. Sie holten den marxistischen Schriftsteller Nur Muhammad Taraki aus dem Gefängnis und riefen ihn zum Präsidenten aus. Der Revolutionsrat proklamierte die »Demokratische Republik Afghanistan«.

Scharia (arabisch *schari'a)* bedeutet »Weg zur Wasserstelle«. Sie ist das religiös legitimierte, unabänderliche Gesetz des Islam. Die darin enthaltenen Vorschriften heißen *schara'i.* Sie erstrecken sich auf alle religiösen, politischen, sozialen, häuslichen und individuellen Lebensbereiche. Die Scharia beansprucht eine universale Geltung für alle Menschen. Nur einzelne Bereiche wie religiöse Riten (etwa die täglichen fünf Gebete, das Fasten im Ramadan) und das Familienrecht gelten ausschließlich für Moslems. Die Scharia regelt die Verpflichtungen und Beziehungen des Menschen zu Gott und seinen Mitmenschen. Es ist dem Moslem nicht gestattet, Kritik an ihr zu üben. Gott ist der oberste Gesetzgeber. Neben dem Koran betrachtet man auch die Sunna, die Überlieferung vorbildlicher Handlungen und Aussprüche des Propheten, als Rechtsquelle. Die

Scharia ist die Summe der islamischen Pflichtenlehre. Sie teilt die menschlichen Handlungen in fünf Kategorien ein:

- pflichtmäßige Handlungen (werden belohnt, Unterlassung wird bestraft);
- empfehlenswerte Handlungen (werden belohnt, Unterlassung nicht bestraft);
- erlaubte Handlungen (kein Lob, kein Tadel);
- verwerfliche Handlungen (nicht bestraft, Unterlassung wird gelobt);
- verbotene Handlungen (werden bestraft, Unterlassung wird gelobt).

Verbotene Handlungen wie Alkoholgenuss, Unzucht, Diebstahl werden durch die im Koran vorgesehenen Strafen im Diesseits geahndet. Die Scharia ist im Jahr 2007 Rechtsgrundlage in folgenden Ländern: Nigeria, Malediven, Iran, Saudi-Arabien, Bangladesch, Mauretanien, Nord-Sudan, Gambia, Senegal, Katar, Kuwait, Bahrain, Jemen, in Teilen Pakistans. Die Menschenrechte, wie sie durch das heutige Völkerrecht definiert sind, sind mit der Scharia grundsätzlich nicht vereinbar. Die Kairoer Erklärung der »Menschenrechte im Islam« von 1990 akzeptiert die UN-Menschenrechtscharta nur unter dem Vorbehalt der Scharia (»Gottes Gebot bricht Menschengebote«).

Schlafmohn (*Papaver somniferum*) ist eine einjährige, etwa ein Meter hohe Pflanze, deren Samen als Nahrungsmittel und zur Ölgewinnung genutzt werden. Sie besitzt außerdem einen morphinhaltigen Milchsaft, aus dem Opium hergestellt werden kann. Die Samen werden im Winter ausgesät. Von Mitte Mai bis August ist Blütezeit. Der lateinische Name *somniferum* (Schlaf bringend) verweist auf die Verwendung als Schlafmittel schon in der Antike. Mixturen des aus dem Schlafmohn gewonnenen Opiums lassen sich bis ins zweite vorchristliche Jahrhundert zurückverfolgen. Mit dem Opium stand den Menschen schon vor über dreitausend Jahren das erste wirksame Schmerzmittel zur Verfügung.

Shahid: Name für einen Moslem, der im Kampf »auf dem Weg Allahs« stirbt. Ihm ist das Paradies mit besonderen Vorrechten sicher: Durch seinen Opfertod entgeht der Shahid dem Verhör der beiden Todesengel und muss auch nicht das islamische Fegefeuer passieren. Denn Märtyrer sind von aller Schuld gereinigt. Im Paradies wird ihnen die höchste Stufe zugewiesen; ihr Platz ist direkt neben Gottes Thron. In der Frühzeit des Islam galt ein solcher Tod als Krönung eines frommen Lebens. Der Begriff Shahid wird im Koran mehrfach verwendet und taucht auch als Beiname Gottes auf.

Shahi Kot, eine Kleinstadt mit rund dreitausend Einwohnern, liegt ungefähr 60 Kilometer östlich von Jalalabad auf dem Weg zur pakistanischen Grenze. Einmal im Monat wird auf dem Hauptbasar von Shahi Kot auch Opium angeboten. Für ortsfremde Afghanen ist der Zugang zum Basar kaum möglich. Ausländer auf der Durchfahrt nach Jalalabad können mit ihrem Wagen selbst in der Stadt nicht gefahrlos anhalten. Die – auch von deutschen Polizeibeamten ausgebildete – Drogenpolizei von Nangahar ist natürlich über den Handel mit den Drogen informiert. Nach vorheriger Absprache mit den Händlern führt sie auch regelmäßig »Razzien« durch. Das dabei »erbeutete« Opium wird mit den regelmäßigen Zahlungen der Opiumhändler an die Polizei genau »verrechnet«. An einem normalen Basartag wird in Shahi Kot nach Schätzungen meiner afghanischen Freunde Opium im Verkaufswert von zirka zwei Millionen Afghani (etwa 50 000 Euro) umgesetzt. Pro Jahr sind das also allein in Shahi Kot etwa 600 000 Euro. Shai Kot ist aber nur einer von etwa zwei Dutzend Opiummärkten in der Provinz Nangahar. Ein Großteil des Opiums gelangt von Shahi Kot auf Eseln über die Berge in die Heroinlabore der pakistanischen Stammesgebiete. Der pakistanische Grenzort Landi Kotal ist der Umschlagplatz für Drogen und Schmuggelgüter aller Art.

Speznaz (russisch: *nazranie spetsialnoje* – Truppen zur besonderen Verwendung) nannte man in den siebziger und achtziger Jahren die streng geheimen Spezialverbände der Sowjetarmee.

Etwa 30 000 Mann zählte die Elitetruppe in den Jahren des sowjetisch-afghanischen Krieges (1979–1989). In Afghanistan waren die zu hartem Vorgehen ausgebildeten Einzelkämpfer und Fallschirmjäger gefürchtet. Sie wurden vorwiegend eingesetzt, um prominente afghanische Mudschaheddin gefangen zu nehmen oder zu töten. 1986 erschoss ein Sonderkommando der Speznaz einen meiner afghanischen Kollegen. 1987 lockten sie einen deutschen Arzt und die ihn begleitende Krankenschwester in einen Hinterhalt und verschleppten die beiden nach Kabul. Dort sollten sie in einem Schauprozess wegen Spionage verurteilt werden. Erst nach internationalem Protest wurden die beiden deutschen Helfer freigelassen. Von ihrer Ausstattung und Ausbildung her sind die Speznaz vergleichbar dem britischen SAS – Special Air Service –, den amerikanischen SEALs – Sea-Air-Land – oder den deutschen Kommandosoldaten der KSK – Kommando Spezialkräfte.

Sufi: Das Wort »Sufi« wird hergeleitet von *safa* und bedeutet: rein, gereinigt von Unwissenheit, Aberglauben, Dogmatismus, Egoismus und Fanatismus, frei von Vorurteilen gegenüber Rasse, Kaste oder Nation. In der Sprache der Sufis bedeutet Gott »der Liebende« und die Schöpfung Gottes »das Geliebte«. Gott der Liebende lebt so in allen Wesen. Er existiert nicht fernab der Welt: In jedem Lebendigen zeigt sich die Schönheit und Liebe Gottes. Dies zu erkennen ist der höchste Sinn des Lebens. Den Sufis ist jeder religiöse oder politische Fanatismus fremd. Sie leben und verstehen ihren Glauben gemäß dem Grundsatz »Den Glauben sieht man in den guten Taten«. Aufrichtigkeit und gutes Beispiel im täglichen Leben ist wichtiger, als nur über den Glauben zu reden oder äußere Riten einzuhalten. Daher sind nach den Vorstellungen der Sufis in allen großen monotheistischen Religionen, also auch im Christentum oder im jüdischen Glauben, grundlegende Wahrheiten zu finden. Diese Art des Islamverständnisses bringt die Sufis in diametralen Gegensatz zum arabisch-wahhabitischen Islam, der mit kompromissloser Strenge, mit Geboten und Verboten den Gläubigen dazu zwingt, in Allah den Mächtigen, Unerbittlichen und Gnadenlosen gegenüber den Ungläubigen zu sehen. Buchstabengetreue Auslegung des Korans und Einhaltung der Scharia, Kampf gegen Abweichler und Ungläubige ist für den Wahhabiten wichtiger als ein tugendhaftes Leben mit Toleranz und Verständnis für Andersdenkende.

Tadschiken: Die rund 10 Millionen Tadschiken sind nach den Paschtunen die zweitgrößte Bevölkerungsgruppe in Afghanistan. Ihre Sprache ist weitgehend identisch mit dem Persischen im Nachbarland Iran. Während die Iraner aber überwiegend schiitischen Glaubens sind, gehören die Tadschiken in Afghanistan mehrheitlich – wie die Paschtunen – dem sunnitischen Islam an. Einige der berühmtesten Wissenschaftler des Mittelalters waren Tadschiken, und ihr Wirken beeinflusst auch die moderne Welt: Der Arzt Ibn Sina, auch Avicenna genannt, gilt als »Vater der modernen Medizin«, und vom Namen des Mathematikers al-Chwarizmi sind die Begriffe *Algebra* und *Algorithmus* abgeleitet. Noch heute bilden die Tadschiken in Afghanistan die intellektuelle Elite. Sie leben hauptsächlich in den großen Städten. Der berühmteste Tadschike der Neuzeit und ein echter Volksheld aller Afghanen ist Ahmed Sha Massud, der erfolgreichste Gegner der sowjetischen Truppen und erbittertste Feind der Taliban.

Taliban ist der persische Plural des arabischen Wortes *talib* und bedeutet eigentlich »Studenten«. Im engeren Sinn versteht man darunter die Gruppe islamistischer Fundamentalisten, deren Mitglieder und Anführer in pakistanischen Koranschulen ausgebildet wurden. Praxis und Ideologie der Taliban sind geprägt vom arabischen, radikal-orthodoxen Wahhabitismus, dem nordindischen Deobandi-Islam und dem paschtunischen Nationalismus mit seinem Wertekodex. Die ausschließlich aus Paschtunen bestehenden Taliban formierten sich Anfang der neunziger Jahre nach dem Ende der sowjetischen Besatzung zunächst im Süden Afghanistans, als die ursprünglich vereinten Mudschaheddin-Gruppen sich beim Kampf um die Zentralmacht gegenseitig bekriegten. Der pakistanische Geheimdienst ISI unter Führung von General Hamid Ghul und der paschtunenstämmige pakistanische Innenminister Naserullah Babar gelten als »Väter« der Taliban. Saudi-Arabien und Pakistan stellten den Taliban die notwendigen finanziellen und militärischen Mittel zur Verfügung. Ab 1995 wurden die Taliban zur dominanten Kraft in Afghanistan. Nach Einnahme der Hauptstadt Kabul 1996 konsolidierten sie die Macht und beherrschten seit 1997 etwa 80 Prozent des Territoriums, das sie »Islamisches Emirat Afghanistan« nannten. Das Talibanregime wurde lediglich von Pakistan, Saudi-Arabien und den Vereinigten Arabischen Emiraten völkerrechtlich anerkannt und politisch sowie materiell unterstützt. Erst nach den Terroranschlägen des 11. September 2001 haben diese drei Staaten den Taliban ihren Beistand zumindest offiziell entzogen.

Seit 1997 fanden Osama Bin Laden und seine Terrororganisation al-Qaida im Süden und Osten des Emirats Afghanistan Schutz und Unterstützung. Die saudi-arabisch geprägte wahhabitische Scharia wurde von den Taliban besonders streng ausgelegt:

- Umstellung des Sonnenjahrs auf das Mondjahr und Einführung der islamischen Zeitrechnung;
- Verbot von Fotos, Kino, Fernsehen, Internet, weltlicher Musik;
- Verbot jeglicher Frauenarbeit außerhalb des Hauses. Frauen durften sich nur in männlicher Begleitung und unter der Burka in der Öffentlichkeit zeigen. Verbot der Schul- und Berufsausbildung für Mädchen;
- Prügelstrafen, Amputation von Körperteilen und öffentliche Hinrichtungen (Erschießungen, Steinigungen) bei Verbrechen;
- ab 2000 Verbot des Mohnanbaus.

Tasbih (oder *masbaha*) nennt man die islamische Gebetskette. Sie besteht aus 11, 33 beziehungsweise 99 Kunststoff- oder Holzperlen. Wohlhabendere Moslems benutzen auch Ketten mit Perlen aus Halbedelsteinen. Bei der Anrufung der neunundneunzig Namen Allahs oder anderen religiösen Formeln lässt man die Perlen durch die Finger gleiten, zum Beispiel jeweils 33-mal beim *Subhan Allah* – »Erhaben ist Gott« –, beim *Alhamdulillah* – »Gelobt sei Gott« und beim *Allahu akbar* – »Gott ist größer«.

Tora Bora war – entgegen allen Presseberichten nach dem 11. September 2001 – nie ein Hightech-Höhlenkomplex mit kilometerlangen Tunneln und befestigten Bunkern, in denen sich Generatoren und komplizierte Lüftungssysteme befanden. Auch existierten dort keine hochmodernen Labore, wo wissenschaftliche Experimente mit chemischen oder biologischen Waffen durchgeführt wurden. Als ich wenige Wochen nach dem Sturz der Taliban im Frühjahr 2002 die Höhlen aufsuchte, waren sie weitgehend im selben Zustand wie fünfzehn Jahre zuvor. Seit jener Zeit waren dort nur einfache, kleine Bunker und primitive infanteristische Trainingscamps errichtet worden. Auch hier hat die amerikanische Propaganda im Zuge des *war on terror* ein völlig verzerrtes Bild gezeichnet.

Verluste der Amerikaner in Afghanistan: Laut in Kabul kursierenden Meldungen sind durch die immer zahlreicheren Anschläge im Osten des Landes allein im ersten Halbjahr 2006 mehr als fünfzig GIs ums Leben gekommen. Angeblich mussten Hunderte von Schwerverletzten aus Afghanistan ins US-amerikanische Lazarett nach Landstuhl bei Kaiserslautern evakuiert werden. Dieses Hospital ist mit dreihundert Betten das größte Militärkrankenhaus in Europa. Die *casualty rate* – Verluste durch Tod und Verwundung – der amerikanischen Einheiten in Afghanistan ist – bezogen auf die Kopfstärke eingesetzter Truppen – etwa doppelt so hoch wie im Irak. Die Zahl der in Südafghanistan getöteten und verwundeten Soldaten aus Kanada und Großbritannien ist die höchste seit dem Zweiten Weltkrieg.

Wahhabiten nennt man die Anhänger einer konservativen und dogmatischen Richtung des sunnitischen Islam. Der Name geht zurück auf den arabischen Religionsgelehrten Muhammad Ibn Abd al-Wahhab (1703–1792). Sie selbst nennen sich Salafiten. Der Wahhabismus lehnt den Sufismus strikt ab und wendet sich gegen viele Formen des Volksglaubens; zum Beispiel die Verehrung von Heiligen, die Wallfahrt zu Gräbern und sogar die jährliche Feier des Geburtstages des Propheten Mohammed. Die meisten Wahhabiten leben in Saudi-Arabien. Dort ist ihre Lehre verbindliche

Staatsreligion. Ihr Einfluss hat gravierende Auswirkungen auf das öffentlichen Leben. So ist es Frauen untersagt, Auto zu fahren und sich in der Öffentlichkeit mit fremden Männern zu zeigen. Es gibt keine Religionsfreiheit. Zu den drakonischen Strafen zählen öffentliche Auspeitschungen und Hinrichtungen.

Zia ul-Haq: General Mohammed Zia ul-Haq (geboren 1924 in Jalandhar (Punjab/Indien) regierte Pakistan von 1977 bis 1988. Der General, der Anfang der sechziger Jahre in den USA ausgebildet worden war, putschte im Juli 1977 gegen den rechtmäßig gewählten und überaus beliebten Präsidenten Zulfikar Ali Bhutto und ließ ihn nach längerer Haft im April 1979 hinrichten. Zia ul-Haq rief das Kriegsrecht aus und führte in Pakistan die *Scharia* ein. Als enger Vertrauter der US-Regierung war er bis zu seinem Tod die treibende Kraft im Kampf gegen die sowjetischen Besatzer in Afghanistan. Im August 1988 kam er beim Absturz einer viermotorigen C-130 Hercules der pakistanischen Luftwaffe zusammen mit dem damaligen US-Botschafter ums Leben. Die als besonders sicher geltende Maschine explodierte wenige Minuten nach dem Start in der Luft. Die pakistanischen Medien machten den kommunistischen afghanische Geheimdienst KHAD für den Absturz verantwortlich. Deutliche Hinweise sprechen allerdings dafür, dass die Hintermänner bei der pakistanischen Luftwaffe zu suchen sind.